BOND DISPUTES

债券纠纷司法实务精解

曹明哲 —— 著

中国法制出版社
CHINA LEGAL PUBLISHING HOUSE

目录
CONTENTS

缩略语对照表

文件类别	简　称	全　　称
法律	《民法典》	《中华人民共和国民法典》（2020 年 5 月 28 日第十三届全国人民代表大会第三次会议通过）
	《民事诉讼法》	《中华人民共和国民事诉讼法》（2021 年 12 月 24 日第十三届全国人民代表大会常务委员会第三十二次会议修正）
	《证券法》	《中华人民共和国证券法》（2019 年 12 月 28 日第十三届全国人民代表大会常务委员会第十五次会议第二次修订）
	《信托法》	《中华人民共和国信托法》（2001 年 4 月 28 日第九届全国人民代表大会常务委员会第二十一次会议通过）
	《公司法》	《中华人民共和国公司法》（2018 年 10 月 26 日第十三届全国人民代表大会常务委员会第六次会议第四次修正）
	《企业破产法》	《中华人民共和国企业破产法》（2006 年 8 月 27 日第十届全国人民代表大会常务委员会第二十三次会议通过）
	《证券投资基金法》	《中华人民共和国证券投资基金法》（2015 年 4 月 24 日第十二届全国人民代表大会常务委员会第十四次会议第二次修正）
	《合同法》	《中华人民共和国合同法》（1999 年 3 月 15 日第九届全国人民代表大会第二次会议通过）
	《物权法》	《中华人民共和国物权法》（2007 年 3 月 16 日第十届全国人民代表大会第五次会议通过）
	《侵权责任法》	《中华人民共和国侵权责任法》（2009 年 12 月 26 日第十一届全国人民代表大会常务委员会第十二次会议通过）
	《担保法》	《中华人民共和国担保法》（1995 年 6 月 30 日第八届全国人民代表大会常务委员会第十四次会议通过）

续表

文件类别	简　称	全　　称
司法解释	《企业破产法司法解释二》	《最高人民法院关于适用〈中华人民共和国企业破产法〉若干问题的规定（二）》（法释〔2013〕22号，法释〔2020〕18号修正）
	《企业破产法司法解释三》	《最高人民法院关于适用〈中华人民共和国企业破产法〉若干问题的规定（三）》（法释〔2019〕3号，法释〔2020〕18号修正）
	《民间借贷司法解释》	《最高人民法院关于审理民间借贷案件适用法律若干问题的规定》（法释〔2015〕18号，法释〔2020〕6号第一次修正，法释〔2020〕17号第二次修正）
	《买卖合同司法解释》	《最高人民法院关于审理买卖合同纠纷案件适用法律问题的解释》（法释〔2012〕8号，法释〔2020〕17号修正）
	《财产保全司法解释》	《最高人民法院关于人民法院办理财产保全案件若干问题的规定》（法释〔2016〕22号，法释〔2020〕21号修正）
	《2003年若干规定》	《最高人民法院关于审理证券市场因虚假陈述引发的民事赔偿案件的若干规定》（法释〔2003〕2号，已失效）
	《2022年若干规定》	《最高人民法院关于审理证券市场虚假陈述侵权民事赔偿案件的若干规定》（法释〔2022〕2号）
	《会计师事务所侵权司法解释》	《最高人民法院关于审理涉及会计师事务所在审计业务活动中民事侵权赔偿案件的若干规定》（法释〔2007〕12号）
	《证券纠纷代表人诉讼规定》	《最高人民法院关于证券纠纷代表人诉讼若干问题的规定》（法释〔2020〕5号）
	《民诉法解释》	《最高人民法院关于适用〈中华人民共和国民事诉讼法〉的解释》（法释〔2015〕5号，法释〔2020〕20号第一次修正，法释〔2022〕11号第二次修正）
	《担保制度司法解释》	《最高人民法院关于适用〈中华人民共和国民法典〉有关担保制度的解释》（法释〔2020〕28号）
	《担保法解释》	《最高人民法院关于适用〈中华人民共和国担保法〉若干问题的解释》（法释〔2000〕44号）
	《独立保函司法解释》	《最高人民法院关于审理独立保函纠纷案件若干问题的规定》（法释〔2016〕24号，法释〔2020〕18号修正）
	《查封规定》	《最高人民法院关于人民法院民事执行中查封、扣押、冻结财产的规定》（法释〔2004〕15号，法释〔2020〕21号修正）

续表

文件类别	简　称	全　　称
司法文件	《破产会议纪要》	《全国法院破产审判工作会议纪要》（法〔2018〕53号）
	《九民会议纪要》	《全国法院民商事审判工作会议纪要》（法〔2019〕254号）
	《债券会议纪要》	《全国法院审理债券纠纷案件座谈会纪要》（法〔2020〕185号）
部门规章	《公司债券管理办法》	《公司债券发行与交易管理办法》（中国证券监督管理委员会令第180号，2021年2月26日）
机构	中国证监会	中国证券监督管理委员会
	中国银保监会	中国银行保险监督管理委员会
	国家发改委	国家发展和改革委员会
	中国银监会	中国银行业监督管理委员会
	中国保监会	中国保险监督管理委员会
	上海清算所	银行间市场清算所股份有限公司
	中债登	中央国债登记结算有限责任公司
	中证登	中国证券登记结算有限责任公司

导论：债券纠纷的审判理念

党的十九大报告指出，要深化金融体制改革，增强金融服务实体经济能力，提高直接融资比重，促进多层次资本市场健康发展。债券融资是直接融资的重要方式，在企业融资中发挥了重要作用，我国债券市场也不断蓬勃发展。但是近几年，因债券发行人无法按期或者依约兑付本息引发的“公司债券交易纠纷”“证券虚假陈述责任纠纷”等案件频发。在这些债券纠纷案件中，更是出现不少新类型且疑难复杂的实体与程序法律问题。

债券纠纷中涉及的市场主体、利益主体多样，有发行人、中介机构、受托管理人、债券持有人等；涉及的监管部门、交易场所多样，包括但不限于中国人民银行、中国银保监会、中国证监会、国家发改委、上海证券交易所、深圳证券交易所、银行间债券市场等；不同的债券品种也有不同的发行与交易规则，涉及的规则多样。因此人民法院妥善审理债券纠纷对于整个债券市场的健康发展意义重大。

《九民会议纪要》提出，民商事审判要树立正确的审判理念，“注意树立请求权基础思维、逻辑和价值相一致思维、同案同判思维，通过检索类案、参考指导案例等方式统一裁判尺度，有效防止滥用自由裁量权；注意处理好民商事审判与行政监管的关系，通过穿透式审判思维，查明当事人的真实意思，探求真实法律关系”。结合《九民会议纪要》所提出的民商事审判理念，从宏观上，本书认为，司法妥善审理债券纠纷应处理好以下五大关系。

一、应处理好债券品种多样性与司法裁判尺度统一性的关系

债券作为一种金融产品，可分为利率类债券与信用类债券，[①] 前者包括政

① 需要说明的是，此处的信用类债券是与利率类债券相对的，与债券是否有担保措施无关。

府债（国债、地方政府债券）和金融债（含政策性金融债），后者包括公司债券、企业债券、非金融企业债务融资工具等。就司法实践中较为常见的信用类债券而言，其种类比较多。具体而言，一是企业债券，发行主体为企业，经国家发改委注册后发行。国家发改委指定相关机构负责企业债券的受理、审核，其中，中债登为受理机构，中债登、银行间市场交易商协会为审核机构。二是非金融企业债务融资工具，在银行间市场交易商协会注册发行，发行主体为具有法人资格的非金融企业，在上海清算所登记托管，2010 年以前发行的非金融企业债务融资工具全部在中债登托管。三是公司债券，发行主体为上市公司或非上市公众公司，在中证登登记托管。四是可转换公司债券，发行主体为境内上市公司，在一定期间内依据约定条件可以转换成股份，在中证登登记托管。五是中小企业私募债券，发行主体为境内中小微型企业，在中证登登记托管。[①]可见，仅就信用类债券而言，上述债券品种的监管部门、交易场所、托管、登记结算机构、发行主体甚至投资者身份等均有所不同。[②]

但是，无论债券品种、名称、交易场所等要素如何不同，本质上债券属于还本付息的有价证券，从法律层面而言，这些债券品种并无实质不同，因此，《债券会议纪要》特别提到，“对具有还本付息这一共同属性的公司债券、企业债券、非金融企业债务融资工具适用相同的法律标准”。例如，在违约方面，人民法院除了要依据募集说明文件的约定事项进行裁判之外，还应统一适用《民法典》以及相关司法解释关于违约责任的相关规定。

与此同时，也可以看到，近年来债券市场统一的趋势不断加强，尤其是在统一债券执法以及债券信息披露规则方面，例如，中国人民银行、中国证监会、国家发改委《关于进一步加强债券市场执法工作的意见》（银发〔2018〕296 号）规定，由中国证监会依法对银行间债券市场、交易所债券市场违法行为开展统一的执法工作。2020 年 12 月，中国人民银行、国家发改委、中国证监会联合发布的《公司信用类债券信息披露管理办法》（中国人民银

---

① 详见中债研发中心：《中国债券市场概览》（2020 年版）。

② 相关分析详见洪艳蓉：《公司债券的多头监管、路径依赖与未来发展框架》，载《证券市场导报》2010 年第 4 期；邢会强：《我国〈证券法〉上证券概念的扩大及其边界》，载《中国法学》2019 年第 1 期。

行、国家发展和改革委员会、中国证券监督管理委员会公告〔2020〕第22号）明确指出，“本办法所称公司信用类债券（以下简称‘债券’）包括企业债券、公司债券和非金融企业债务融资工具”，以信用类债券统辖各类重要的债券品种。2021年，中共中央办公厅、国务院办公厅印发《关于依法从严打击证券违法活动的意见》，明确指出，“加强债券市场统一执法。强化对债券市场各类违法行为的统一执法，重点打击欺诈发行债券、信息披露造假、中介机构未勤勉尽责等违法行为。不断优化债券市场监管协作机制”。2021年8月17日，中国人民银行、国家发改委、财政部、中国银保监会、中国证监会和国家外汇局联合发布《关于推动公司信用类债券市场改革开放高质量发展的指导意见》，其中明确统筹多层次债券市场建设，健全产品工具谱系，壮大合格投资者队伍，丰富发展多层次交易服务体系。依法建设全国集中统一的登记结算制度体系，坚持一级托管为主、兼容多级托管的包容性制度安排，支持并鼓励银行办理债券交易的资金结算。统筹同步推进银行间债券市场、交易所债券市场对外开放，统一债券市场境外机构投资者准入和资金跨境管理，共同树立统一开放的良好形象。在债券违法行政执法实践方面，2021年中国证监会分别作出〔2021〕44号与57号行政处罚决定书，对银行间债券市场中的非金融企业债务融资工具发行人的违法行为作出行政处罚，成为中国证监会对银行间债券市场违法违规行为开出的首批罚单。2022年1月20日，为构建银行间债券市场与交易所债券市场互联互通规则基础，保障互联互通业务规范有序开展，经中国人民银行和中国证监会批准，上海证券交易所、深圳证券交易所、全国银行间同业拆借中心、中证登、上海清算所联合发布《银行间债券市场与交易所债券市场互联互通业务暂行办法》，所谓互联互通是银行间债券市场与交易所债券市场的投资者通过两个市场相关基础设施机构连接，买卖两个市场交易流通债券的机制安排，具有重要而深远的战略意义。

当然，债券品种的不同在具体案件的细节上仍有不同，例如，根据《债券会议纪要》第23条的规定，债券持有人请求发行人承担还本付息责任时，其仍然持有债券的，人民法院应当在一审判决作出前向债券登记结算机构调取该案当事人的债券交易情况，并通知债券登记结算机构冻结该案债券持有人所持有的相关债券。因债券品种的不同，人民法院调取交易情况与冻结债券的登记结算机构有所不同。

二、应处理好违约损害赔偿请求权与侵权损害赔偿请求权之间的关系

债券与股票不同，债券持有人与发行人之间有契约关系，在发行人无法到期偿付本息时，债券持有人可基于违约损害赔偿请求权要求发行人偿付本息；同时，若发行人构成欺诈发行或者存在信息披露虚假记载、误导性陈述、重大遗漏的行为，投资者可基于侵权损害赔偿请求权请求发行人承担赔偿责任。这两种请求权以及责任类型的构成要件不一致，并且对应着不同的诉讼实体和程序规则，从立案、管辖、被告、举证责任到损害赔偿计算方式、责任承担方式等，都存在明显的不同，因此债券投资者选择的请求权基础不同，人民法院在适用规则方面也存在差别。尤其是对于投资者以侵权损害赔偿请求权为基础、以证券虚假陈述责任纠纷为案由起诉时，在法律适用上尚有《2022 年若干规定》这一司法解释作为裁判依据。

同时，两种请求权基础之间也存在关联。例如，债券持有人以侵权损害赔偿请求权为基础提起诉讼请求发行人赔偿损失，根据《债券会议纪要》第 22 条的规定，如果在一审判决作出前债券持有人仍然持有债券的，债券持有人可以请求按照该纪要第 21 条第 1 款计算损失赔偿数额，即按照违约责任的范围确定损失数额。

还比如，在债券持有人请求损失赔偿方面，在一些案件中，债券持有人已经基于违约损害赔偿请求权，通过债券违约诉讼或者仲裁取得对发行人的执行依据，或者债券持有人已经在破产程序中向破产管理人申报了债权并获得确认，而后债券持有人又基于侵权损害赔偿请求权向发行人以及债券中介机构请求赔偿损失，由此出现债券持有人对发行人的损失请求能否获得支持的争议。对此应认为，在请求权竞合下，只能要求一次给付，如果其中一项请求权得到履行，其他请求权消灭，故前述背景下，债券持有人不能再基于侵权损害赔偿请求权要求发行人赔偿损失，但是债券持有人对债券中介机构的起诉不受影响。

此外，还有观点认为，出于防止债券持有人借由多种司法程序实现双重获利的考量，侵权之诉和兑付违约之诉择一适用成为司法实践中的常见现

象，但也导致债券持有人诉讼利益有所减损。因此，可以通过引入预备合并之诉，将债券虚假陈述侵权之诉和兑付违约之诉一体审理，有利于维护债券持有人的合法权益，实现纠纷一次性解决。在具体适用上，可考虑将请求发行人和对虚假陈述行为有过错的中介机构承担虚假陈述连带赔偿责任之诉作为在先诉讼，将请求发行人承担兑付违约责任之诉作为在后诉讼，由对虚假陈述纠纷有管辖权的法院管辖。[①]

三、应处理好债券市场规则与民商事裁判规则之间的关系

按照债券市场化、法治化的发展目标，近年来债券市场的相关规则不断完善。例如，在银行间债券市场方面，主要的市场规范有《全国银行间债券市场债券交易管理办法》（中国人民银行令〔2000〕第2号）、《银行间债券市场债券登记托管结算管理办法》（中国人民银行令〔2009〕第1号）、《全国银行间债券市场金融债券发行管理办法》（中国人民银行令〔2005〕第1号）、《银行间债券市场非金融企业债务融资工具管理办法》（中国人民银行令〔2008〕第1号）等；在交易所市场方面，主要的市场规范有《公司债券管理办法》、《证券登记结算管理办法》（2018年修正）、《上海证券交易所公司债券上市规则》（上证发〔2018〕109号）等。而在司法规则方面，处理债券纠纷的裁判依据则主要是《证券法》《民法典》以及配套司法解释；此外，专门针对债券纠纷的还有《债券会议纪要》《2022年若干规定》《九民会议纪要》《证券纠纷代表人诉讼规定》等。

上述两套规则体系并非泾渭分明、不相联系，以证券虚假陈述责任纠纷中的中介机构责任为例，投资者以侵权损害赔偿请求权为基础向中介机构主张责任，中介机构证明自己没有过错的依据主要是前述市场规则为其设定的工作职责和义务，判断中介机构是否有过错的依据并非只来自法律、司法解释，更多的是来自前述市场规则，《债券会议纪要》第29条、第30条关于承销机构过错判断的规则就参考了中国证券业协会《公司债券承销业务尽职

① 参见赵宸可：《论预备合并之诉在债券虚假陈述纠纷中的引入》，载《债券》2021年第12期。

调查指引》、中国银行间市场交易商协会《非金融企业债务融资工具主承销商尽职调查指引》(中国银行间市场交易商协会公告〔2020〕32 号)等。因此人民法院在依据法律、司法解释裁判案件时，亦应当充分关注债券市场中的交易规则。

还比如，在判断发行人的虚假陈述行为与债券持有人损失是否具有因果关系时，需要考察虚假陈述的信息是否具有“重大性”，即发行人虚假陈述所涉及的信息是否属于发行人财务业务信息等与其偿付能力相关的重要内容，那么如何在众多披露信息中确定是否具有“重大性”,《公司信用类债券信息披露管理办法》(中国人民银行、国家发展和改革委员会、中国证券监督管理委员会公告〔2020〕第 22 号)第 18 条规定了在债券存续期内，企业应当披露的可能影响偿债能力或投资者权益的重大事项，有助于人民法院对“重大性”的判断。

四、应处理好金融监管与司法审判之间的关系

债券纠纷的化解需要监管机关与司法机关的合力。近年来，金融监管与司法审判之间的“互动关系”成为理论与实践的热点。一方面，司法裁判的价值判断结论回应了监管要求。例如，在合同效力方面，“福建伟杰投资有限公司等与福州天策有限公司营业信托纠纷案”中，最高人民法院依据金融监管规章作出了保险公司股权代持无效的裁决；2018 年中国人民银行、中国银保监会、中国证监会、国家外汇管理局《关于规范金融机构资产管理业务的指导意见》(银发〔2018〕106 号)第 22 条明确提出，“金融机构不得为其他金融机构的资产管理产品提供规避投资范围、杠杆约束等监管要求的通道服务”，也在第 29 条明确按照“新老划断”原则，将过渡期设置为截至 2020 年底。《九民会议纪要》结合前述规则就通道业务的合同效力问题作出回应，与监管规则保持一致。①

---

① 对于司法与监管之间的关系，近年来的分析可参见杜一华、尹鑫鹏:《金融监管规章影响合同效力的公序良俗通道研究》，载《河北法学》2020 年第 11 期；赵尧:《金融司法监管化的逻辑审视》，载《华中科技大学学报》(社会科学版)2020 年第 5 期；周荃:《金融领域中监管与司法的博弈与融合》，载《法律适用》2020 年第 8 期。

另一方面，监管规则也积极回应司法规则。在债券纠纷方面，2021 年中国证监会修订发布《公司债券管理办法》，其中新增了主承销商的尽职调查原则，即“合理性、必要性和重要性”，主承销商需对公司债券发行文件进行审慎核查，并有合理谨慎的理由相信披露信息的真实性、准确性、完整性。这些规则与《债券会议纪要》一致，体现了监管对司法的回应。

因此，在债券纠纷中亦应妥善处理司法与监管的关系，促进二者的良性互动。当然，法院审判亦有其独立性，如《债券会议纪要》明确规定了在债券虚假陈述纠纷中不适用前置程序规则，监管机关对相关主体是否作出行政处罚不与债券持有人可否起诉挂钩，在债券虚假陈述的案件中，也已经出现人民法院判决没有受到行政处罚的债券中介机构承担相应责任；但是，也应注意的是，在个案中，监管机关对相关责任主体的行政处罚决定以及对违法违规行为的事实认定，对于人民法院衡量责任主体的过错以及大小具有重要的参考价值。

五、应处理好投资者保护的独特制度与司法程序的一般制度之间的关系

权利救济方式大抵分为公力救济与私力救济，作为公力救济方式的司法程序，其中的诉讼、执行、破产程序各自发挥着定分止争、财产分配以及“拯救”功能，对于纠纷化解至关重要。但债券纠纷的解决亦不应仅限于司法程序，“多元化”的救济渠道更有助于化解债券兑付危机，也与社会治理体系现代化的趋势相契合。

在私力救济方面，监管机关、交易所尊重市场规律，充分发挥市场配置资源的决定性作用，近年来不断推进违约债券的转让交易，如中国人民银行、国家发改委、中国证监会《关于公司信用类债券违约处置有关事宜的通知》（银发〔2020〕144 号）中提出，“支持各类债券市场参与主体通过合格交易平台参与违约债券转让活动，并由债券登记托管机构进行结算。鼓励具有专业资产处置经验的机构参与债券违约处置，促进市场有效出清……鼓励通过债券置换、展期等方式进行债务重组”，丰富市场化债券违约处置机制。中债登、上海清算所也发布了《全国银行间债券市场债券托管结算机构到期违

约债券转让结算业务规则》(中债字〔2020〕107号)。此外,2019年修订的《证券法》更是明确了债券受托管理人制度与债券持有人会议制度这两项重要机制，鼓励通过集体协商以及债券受托管理人勤勉尽责实现债券持有人的权益保护。

上述债券违约转让机制、债券置换（展期）、债券持有人会议制度、债券受托管理人制度等，在债券持有人保护方面发挥着独特作用，与司法处程序相得益彰。同时，公力救济与私力救济、独特制度与一般制度之间也互相关联，如债券持有人欲通过司法程序维权，应遵循《债券会议纪要》所确立的“集中起诉为原则、个别起诉为例外”的规则，原则上由债券受托管理人代表债券持有人参与民事诉讼、破产程序等。

最后，需要特别强调的是，在市场化、法治化的债券违约处置中，破产程序是司法化解债券违约危机的重要方式之一。事实上，当发行人出现《企业破产法》第2条规定情形从而进入破产程序，在客观上有利于债券持有人利益的保护。例如，在进入破产程序后，发行人的个别清偿无效（《企业破产法》第16条）、发行人被司法保全的财产将解除保全措施、正在进行的执行措施中止（《企业破产法》第19条）等，上述规定能够实现全体债券持有人的公平受偿。无论是破产清算、重整还是和解，对于债券持有人利益的维护均各有其优势，尤其是破产重整程序，是一种帮助债务人摆脱困境的“积极”拯救程序。因此在债券纠纷的化解中，除了诉讼程序之外，应高度重视并充分发挥破产程序的功能与作用。

第一章

债券纠纷的诉讼主体

本章导读 〉〉〉

债券纠纷中的诉讼主体看似简单，实则较为复杂。债券持有人作为权利享有者与被侵害者，其作为原告无可厚非，但是债券交易实践的交易模式导致债券纠纷的原告有其特殊性，故本章主要就裁判实践中有关适格诉讼主体尤其是适格原告的相关问题进行分析。

本章主要有以下几个方面的内容，一是就资管计划作为债券持有人的相关问题进行澄清，在裁判实践中律师、法官经常就此问题产生疑惑，本书将在司法实践的基础上，结合理论尤其是信托法理进行剖析；二是就债券受托管理人的原告资格，以及《债券会议纪要》关于债券持有人单独起诉与集中起诉的问题进行分析；三是在证券虚假陈述案件中，就机构投资者作为原告以及机构投资者的举证责任进行阐述，此问题在司法实践中争议颇多；四是就因债券违约所衍生出的债券质押式回购纠纷中的责任主体进行分析。

第一节
资管计划、信托财产与债券纠纷适格原告

在金融市场中，证券公司、信托公司等具有资产管理职能的金融机构往往通过其发起设立的证券投资基金、资管计划等参与金融市场投资，一旦发生争议，涉及资管计划的纠纷往往产生权利主体和诉讼主体资格上的争议。例如，在股权认定和股东权利行使上，资管计划、证券投资基金持股的情形已经非常普遍，而这就诱发了争议，“宝万之争”即为著例。在万科《关于提请查处钜盛华及其控制的相关资管计划违法违规行为的报告》中，万科就提出，宝能系的九个资管计划不符合上市公司收购人的条件，“九个资管计划根据《基金公司特定客户资产管理业务试点办法》和《证券公司客户资产管理业务办法》分别设立，既不是法人，也不是自然人，不符合《公司法》关于股东的条件，无法在工商登记机关办理登记。因此，九个资管计划不符合《上市公司收购管理办法》中关于‘收购人’的条件”①。

而在债券市场上，由于资管计划参与购入债券，一旦发生债券本息的兑付纠纷，债券发行人以原告不适格为由进行抗辩已经成为案件的常态。这是因为，在一些涉及债券本息兑付的纠纷中，登记结算机构的持有人信息往往显示某资管计划为持有人，而向法院起诉的则是资管计划的管理人。由此，在不少案件中，发行人均对此提出抗辩，认为资管计划的管理人非适格原告，或认为资管计划管理人需要征得委托人的同意，或认为资管计划的委托人才

---

① 邵好:《万科向监管层举报宝能资管计划违法违规》，载中国证券网，2016 年 7 月 19 日，http://www.cnstock.com/v_news/sns_bwkx/201607/3847911.htm。

是适格原告，抑或认为资管计划的管理人没有起诉的权利。例如，在“某成基金管理有限公司（以下简称某成基金）诉某雾科技集团股份有限公司、吴某洪、李某合同纠纷案”中，被告发行人即认为，“原告某成基金的诉讼主体不适格，其一，根据中国证券登记结算有限责任公司出具的‘证券账户开户办理确认单’和‘投资者证券持有信息（深市）’，本案债券的持有人名称为：‘某成基金—工商银行—华泰证券（上海）资产管理有限公司’和‘某成基金—广州农商银行—汉口银行股份有限公司’，而不是某成基金；其二，根据现有证据，无法排除华泰证券（上海）资产管理有限公司和汉口银行股份有限公司会另行起诉，因此某成基金主体不适格”。[①]

这样的争议使得以下问题值得进一步探讨：第一，根据登记结算机构的信息显示，债券持有人资产管理计划，而非资管计划的管理人即金融机构，那么资管计划是否为真正的持有人，其是否才是案件真正的原告？应如何看待资管计划为债券持有人这一命题？第二，如果资管计划不能作为适格原告，那么资管计划管理人作为原告起诉的依据是什么？第三，作为资管计划的投资人即委托人（自益信托中的受益人）均另有他人，那么管理人是否需要征得投资人的同意才能够起诉？是否需要资管计划的投资人、委托人作为原告起诉？

上述问题，一方面涉及信托法、民事诉讼法等基本民商事实体法与程序法，另一方面涉及由相关监管机关、金融行业协会、金融服务机构的相关规章和规定，需一一厘清，本节以下将对上述问题进行研究。

一、涉资管计划的交易的内外法律关系

（一）资管业务的信托法属性

依照《证券投资基金法》、原中国银监会《信托公司集合资金信托计划管理办法》（中国银行业监督管理委员会令 2009 年第 1 号）以及原中国保监会《保险资金间接投资基础设施项目管理办法》（中国保险监督管理委员会

① 北京市第一中级人民法院（2018）京 01 民初 460 号民事判决书。

主席令第 2 号）等相关法律法规的规定，[①] 在债券市场中，进行债券投资的多为证券公司、基金公司、信托公司以及保险资产管理机构等金融机构，上述机构亦多通过其管理的资产管理计划也即资管计划投资于债券市场。在司法实践中涉及的公司债券类案件，已经很少见到由证券公司、资产管理公司直接购入债券，绝大部分案件均是通过资管计划购入。

囿于信托业与其他金融业的分业经营监管体制，虽然上述资管计划的名称各不相同，如信托计划、证券投资基金、投资计划等，但是本质上资产管理业务均是在信托法的框架与信义义务之下开展，即“在法律上，资产管理业务本质上是一种信托法律关系。信托法不仅应适用于信托公司的资产管理业务，也应适用于银行、证券、保险等其他金融机构的资产管理业务”。[②]

2018 年 4 月 27 日，中国人民银行、中国银保监会、中国证监会、国家外汇局共同发布的《关于规范金融机构资产管理业务的指导意见》（银发〔2018〕106 号）也将资产管理业务进行了统一规范，其指出，资产管理业务是指银行、信托、证券、基金、期货、保险资产管理机构、金融资产投资公司等金融机构接受投资者委托，对受托的投资者财产进行投资和管理的金融服务。金融机构为委托人利益履行诚实信用、勤勉尽责义务并收取相应的管理费用，委托人自担投资风险并获得收益。资产管理产品包括但不限于人民币或外币形式的银行非保本理财产品、资金信托、证券公司、证券公司子公司、基金管理公司、基金管理子公司、期货公司、期货公司子公司、保险资产管理机构、金融资产投资公司发行的资产管理产品等。《关于规范金融机构资产管理业务的指导意见》（银发〔2018〕106 号）旨在实现对资产管理产品的统一规范。

---

① 如《证券投资基金法》第 72 条规定，基金财产应当用于上市交易的股票、债券投资；《集合资金信托计划管理办法》第 26 条规定，信托公司可以运用债权、股权、物权及其他可行方式运用信托资金；《保险资金间接投资基础设施项目管理办法》第 10 条规定，投资计划可以采取债权、股权、物权及其他可行方式投资基础设施项目。

② 王涌：《让资产管理行业回归大信托的格局》，载《清华金融评论》2018 年第 1 期。也有观点认为，相对于回归《大信托》的诉求，在资管行业推动“信义义务”的共识更关键，可参见刘燕：《大资管〈上位法〉之究问》，载《清华金融评论》2018 年第 4 期。

2019年最高人民法院颁布《九民会议纪要》，其第88条明确指出："根据《关于规范金融机构资产管理业务的指导意见》的规定，其他金融机构开展的资产管理业务构成信托关系的，当事人之间的纠纷适用信托法及其他有关规定处理。"该条实际上规定，涉及资产管理的纠纷，在司法以及私法层面，应当适用信托法及其法理，承认了信托法为资管业务的私法基础。

在此基础上，由于资产管理业务的信托法属性，在涉资管计划的案件中，资管计划的管理人除了与债券发行人之间构成基于债券的购买而产生债权债务关系，另基于信托法律关系，其同时为信托关系中的受托人。故所谓的信托计划、证券投资基金等资管计划实质为信托财产。"证券投资信托契约即为信托契约，则信托基金即为信托财产，其法律地位的解释即应回归信托法的规定"。[①]

（二）内外法律关系：信托关系与交易关系

因而，在涉及资管计划的交易中，实际涉及两个法律关系，即内部的"信托关系"和外部的"交易关系"。"信托关系是委托人、受托人和受益人作为信托关系当事人之间的关系。特别是受益人和受托人的关系，属于'信义关系（fiduciary relationship）'，其中受托人对受益人承担信义义务，受信托法的调整。而受托人管理信托财产的过程中和第三人所产生的各种关系，被实务界称为'交易关系'，这种关系只是受托人对第三人所从事的普通债权关系或者投资关系等。"[②]

二、信托财产主体化的实践、理论与比较法基础

司法实践和交易实践中，登记结算机构的登记情况以及相关持有人信息往往显示，资管计划成为持股人、债券持有人。从前述分析可知，资管计划的本质是信托财产，这实际上表明资管计划即信托财产是真正的权利人。那

---

① 赖源河、王志诚：《现代信托法》（增订三版），中国政法大学出版社2002年版，第17页。

② 赵廉慧：《信托财产确定性和信托的效力——简评世欣荣和诉长安信托案》，载《交大法学》2018年第2期。

么，由此产生的疑问是，信托财产是真正的权利主体吗？事实上，从我国资管业务的交易实践和信托法的发展情况看，资管计划、信托财产的主体化的主张有其实践、理论和比较法基础。

（一）实践基础

第一，资管计划的独立名称。按照监管机关的相关要求，资管计划事实上均有独立的名称，而这样的名称就是主体化的首要前提。如《证券投资基金法》第 52 条规定，公开募集基金的基金合同应当包括募集基金的目的和基金名称；《信托公司集合资金信托计划管理办法》（中国银行业监督管理委员会令 2009 年第 1 号）第 12 条规定，信托计划说明书应当包括信托计划的名称及主要内容；《保险资金间接投资基础设施项目管理办法》（中国保险监督管理委员会主席令第 2 号）第 13 条规定，投资计划应当包括委托人与受托人签订的受托合同，合同至少应当包括投资计划名称。类似上述的规定存在于诸多金融业的相关规范中。因此，在我国资管业务的实践中，各个资管计划也即信托财产均有特定的名称，这样的名称为其作为独立主体的存在于交易实践中打下了基础。

第二，资管计划被视为合格投资者。在中国证监会《证券期货投资者适当性管理办法》（2020 年修正）中，资管计划被视为与金融机构相并列的“合格投资者”，其中第 8 条第 2 项规定，证券公司、期货公司、基金管理公司及其子公司、商业银行、保险公司、信托公司、财务公司等、经行业协会备案或者登记的证券公司子公司、期货公司子公司、私募基金管理人面向投资者发行的理财产品为合格投资者，包括但不限于证券公司资产管理产品、基金管理公司及其子公司产品、期货公司资产管理产品、银行理财产品、保险产品、信托产品、经行业协会备案的私募基金；第 3 项规定，社会保障基金、企业年金等养老基金，慈善基金等社会公益基金，合格境外机构投资者（QFII）、人民币合格境外机构投资者（RQFII）均为合格投资者。在中国证监会《公司债券管理办法》中亦作出了相同的规定。

此外，在中国人民银行 2016 年第 8 号文中，资管计划被视为“非法人类合格投资者”，即“非法人类合格机构投资者是指金融机构等作为资产管理人，在依法合规的前提下，接受客户的委托或授权，按照与客户约定的投资计划和方式开展资产管理或投资业务所设立的各类投资产品，包括但不限于：证券投资基金、银行理财产品、信托计划等。保险产品，经基金业协会备案的私募投资基金，住房公积金，社会保障基金，企业年金，养老基金，慈善基金等，参照非法人类合格机构投资者管理”。上述规定将资管计划作为一种“主体”对待。

第三，资管计划在我国债券市场的登记结算规则中亦拥有单独的账户。如上海清算所《银行间市场清算所股份有限公司债券登记托管、清算结算业务规则》（清算所公告〔2014〕13号）规定，债券持有人通过债券账户持有债券，其中第6条规定，证券投资基金等非法人产品投资者应按监管部门规定单独开立债券账户；根据《中国证券登记结算有限责任公司特殊机构及产品证券账户业务指南》（2020年修正），持有人名称即为账户名称，名称命名规则为“信托公司全称—信托产品名称”“基金管理公司简称—托管人简称—产品名称”等。这导致在实践中，依据债券登记结算机构的相关规则，登记机构出具的书面证据往往显示，债券持有人的名称就是资管计划的名称。

（二）理论基础

在理论上，传统理论认为信托财产就是权利客体，即“唯权利客体论”，但是立法、实务与学界也开始正视信托财产实体化、主体化的现实需求和发展趋势，分别产生了“作为客体的实体化”“选择性主体化”“特殊类型的组织形态”和“广泛地承认主体地位”等层次。[①]

我国理论界不少学者主张应将信托财产视为法律主体，认为“传统信托下，信托财产不具有独立的法律主体地位，受托人作为信托财产的所有权人，以自己的名义代表信托对外进行活动。以证券投资信托为代表的商事信托兴起后，频繁的对外投资运作以及内部关系的复杂化，导致法律上逐渐接受了信托的独立化甚至主体化”。[②]“若需要与现行法律主体形式对接，则资管计

---

① 此方面的论述详见陈一新：《论信托财产的主体性》，载《交大法学》2019年第2期。

② 刘燕、楼建波：《企业并购中的资管计划——以SPV为中心的法律分析框架》，载《清华法学》2016年第6期。

划至少可属于非法人组织一类，与合伙或分公司属于同一序列。”[①]亦有学者提出借鉴美国法中的商业信托（Business Trust），通过修订我国信托法或制定商业信托法明确规定商业信托的法人资格，可在不突破现有民法理论体系、不对现行法制作较大范围改动的前提下，改变由各种规章零散规定个别类型商业信托的“碎片化”现象。[②]

同时，也有观点反对将信托财产作为主体对待，认为“信托不是人”，且不赋予信托财产主体资格，保留了将受托人的信用引入信托结构的可能性，即“我国信托法和日本信托法等的备用性规则都确立了这样的原则：没有约定或者适用限定责任信托的规定之时，作为原则，受托人是信托财产之债权人的债务人，要承担个人责任。受托人的固有财产可能被信托财产的债权人强制执行，这对信托财产的债权人是一个保障”[③]。

（三）比较法基础

比较法上，已有一些国家与地区采信托财产主体化的模式，主要有两种模式。

第一种是选择性主体化模式，即虽整体否认信托财产主体资格，但为破产、强制执行债务、登记等特定目的，临时赋予信托财产“权利主体”名义甚至只是独立名称，当特殊目的达成、消灭或与该特殊目的无关的情形下信托财产又恢复至作为“物和权利”的财产集合状态。这种方式体现立法为降低成本、便利操作、易于识别的实用主义倾向。[④]典型如《日本信托法》第74条规定，受托人职责因第56条第1款第1项的事由终止时的，信托财产视为法人；前款规定情形下，法院认为必要时，可依利害关系人的申请发布法人信托财产管理令，由信托财产法人管理人管理信托

---

① 刘燕、楼建波：《企业并购中的资管计划——以SPV为中心的法律分析框架》，载《清华法学》2016年第6期。

② 李宇：《论作为法人的商业信托》，载《法学》2016年第8期。相同观点还可参见姜昭：《集合资金信托商事法律关系主体化研究》，载《法学论坛》2015年第2期。

③ 赵廉慧：《信托法解释论》，中国法制出版社2015年版，第216页。

④ 详见陈一新：《论信托财产的主体性》，载《交大法学》2019年第2期。

事务。[①] 此外，意大利和瑞士在强制执行债务以及破产等特定目的上，单独授予信托法人人格。[②] 在其他国家和地区，信托财产的主体化均没有大规模普及，只是偶尔在破产清算等场合将信托财产视为一种法律实体。[③]

第二种是主体化模式。在比较法上，目前信托财产主体化的著名案例是美国法中的商业信托，又称麻州信托（Massachusetts Trust），因起源于美国麻州，也称为普通法信托（Commom-Law Trust），其本质是一种企业的经营组织，以信托形式成立，其目的是规避该州当时禁止以公司组织形态经营不动产业务的法律规定。虽然披着信托的外衣，但本质上是一种企业组织机构。商业信托是一个为了就信托财产享有受益权的凭证持有人的利益，以契约成立的非公司的企业经营组织，其财产由受托人持有并管理。商业信托虽然没有公司之名但是有公司之实。美国的一些法院将商业信托完全视为公司，但是有的法院则认为，至少为了若干目的，商业信托不应视为公司。在某些州的法典用语，将商业信托视为公司，或者适用公司法，而美国国会在 1938 年制定法律，也扩张联邦贸易委员会法对公司的定义，使商业信托包括在公司的定义范围内。[④]《美国信托法》第三次重述指出，愈来愈多的现代普通法和法典的概念和用语，模式地承认信托是法律实体（legal entity），其构成是信托财产。法律主体的承认，表示受托人可以受托人地位起诉和应诉；独立信托财产的承认，表示信托财产独立于信托当事人的财产之外，而这两项要件，也是法律主体的必备条件。[⑤]

三、信托财产主体化的司法应对与立法政策

上述金融交易实践中的这种资管计划的主体化现象，是否应延续至司法裁判？如在本书所述债券交易纠纷中，司法裁判应否将资管计划认定为适格

---

① 译文参见何宝玉：《信托法原理研究》（第二版），中国法制出版社 2015 年版，第 582 页。

② 赵廉慧：《信托法解释论》，中国法制出版社 2015 年版，第 213 页。

③ 参见谢哲胜：《信托法》，元照出版公司 2009 年版，第 235 页。

④ 参见谢哲胜：《信托法》，元照出版公司 2009 年版，第 236–239 页。

⑤ 李智仁、张大为：《信托法制案例研习》，元照出版公司 2010 年版，第 28 页。

原告？本书认为，司法裁判中，资管计划暂时不能成为适格原告。

第一，资管计划成为适格原告并不符合现行法律的规定。《民法典》第2条规定，民法调整平等主体的自然人、法人和非法人组织之间的人身关系和财产关系。依此，现行民事主体只有自然人、法人和非法人组织，就目前而言，资管计划无法归入其中任何一类，“契约型资管计划不能归入其中任何一类，所以其不具有权利能力，不是私法主体”。[①]登记结算机构的账户设置直接以资管计划的名称命名，除了便捷交易和资金使用、便于清晰监管和审查之外，落实“信托财产独立性”也是其内在机理，但是这种信托财产的独立性并不必然导致主体化，主体化仍然需要法律的承认。

第二，资管计划成为诉讼主体暂时无法适应现行司法运作体系。若资管计划作为原告起诉，则首先面临着立案登记的问题，由于资管计划无法在工商登记，自然无营业执照等相关材料，更无组织机构，无法通过立案审查，如此反倒对权利保护不利，使得权利都空洞化。

第三，金融实践与司法过程二者的价值取向有所不同。金融实践更侧重于交易的便捷与效率，因此，给予资管计划一定的主体化身份，可直接对外进行交易。而司法过程更侧重责任归属和责任分担，与监管政策中的“穿透”监管原理相当。因此，在法律未将资管计划构造为法律主体之前，“应借鉴《证券投资基金法》中‘实质重于形式’的立法态度，在资产管理计划中，由于资金的所有人是资产管理公司，其自主决策资产计划的投资等事宜，故应由资产管理人来行使股东权利，而非机械、僵硬地认准股东名册上的名字，使股东权利无法落到实处”[②]。

第四，区分价值判断与立法选择问题。应当承认，将信托财产视为主体无疑有助于起诉和应诉的便捷。但是也应当注意，首先，信托作为一种灵活的组织结构，若完全将信托财产的组织化与公司法人同等对待，则信托的灵活性就会被削弱，尤其是信托享受优惠的税收待遇，这是在立法中应该考虑

① 叶名怡：《结构化资管计划的私法规制——以宝万之争为例》，载《法学》2018年第3期。

② 梅慎实、郭禹辰：《钜盛华九大资管计划表决权归谁？》，载《董事会》2016年第8期。

的问题。“美国立法机关和许多州法院为了规范和课税的目的，倾向于将商业信托和公司等同看待，所以，商业信托的原有的优点，在某种程度上已经消失了。”[①] 其次，目前信托财产主体化仍然未成为世界潮流，即便承认其主体化，也只是基于特定目的而认可，况且在美国亦非形成绝对主流。是否采纳信托财产主体化模式，本质上系立法选择问题，即便不采用此种模式，相关问题亦可在传统信托法理论框架下得以解决，不影响相关问题的价值判断结论。

综上，基于金融实践和理论的发展，资管计划、信托财产主体化并非空谈，是否赋予信托财产主体身份是一个立法政策问题，但是当前司法裁判暂不能将资管计划列为诉讼主体。事实上，前述争议的产生本质上是在我国金融业务实践中，已经将资管计划作为主体看待，但是民事法律、诉讼法以及信托法的构造上没有将信托财产视为主体，二者之间的矛盾反映在司法裁判中。在司法实践中，为了解决这一问题，有裁判文书在原告部分中注明，受托人系代表某某资管计划，如“原告上海某方证券资产管理有限公司（代表某证资管—浦发—东方红利增利 1 号限额特定集合资产管理计划）”,[②] 此不失为一种处理方式。

四、受托人（管理人）原告资格的正当性

（一）交易关系的第三人与信托受益人的关系

前述分析解决了资管计划的性质问题，但仍有疑问的是，究竟在涉及资管计划纠纷中，何种主体才是真正的权利主体？在一些案件中，发行人认为资管计划的委托人（受益人）才具有原告资格。本书认为，此种主张不能成立。

第一，按照信托法的基本原理，一般而言，“如果受托人对信托的管理和运作是恰当的，在管理行为持续过程中，受益人（也是自益信托中的委托

---

① 参见谢哲胜:《信托法》，元照出版公司 2009 年版，第 238 页。

② 天津市南开区人民法院（2016）津 0104 民初 8573 号民事判决书。

人）并没有权利干涉，而只能等待信托利益的给付。但如果受托人对信托财产进行了不当的管理和运作，没有及时给付信托利益，受益人可以采取措施，强迫受托人适当管理、及时给付”[①]。因此，受益人对于其应享有的信托利益，只能基于信托合同以及受托人负有的信义义务向受托人主张。

第二，基于合同的相对性，对于受托人与第三人之间的交易行为，受益人也无权干涉，更不能“越俎代庖”直接向第三人主张损害赔偿。依照我国信托法的规定，委托人、受益人对于受托人与第三人交易行为的干涉，可依照《信托法》第22条的撤销权方式，即受托人违反信托目的处分信托财产或者因违背管理职责、处理信托事务不当致使信托财产受到损失的，委托人有权申请人民法院撤销该处分行为；同时，依据《信托法》第49条的规定，该权利受益人也可享有。

同样，若受托人因处理信托事务需对第三人承担责任，第三人亦无权直接要求委托人或者受益人承担责任，“由于信托财产名义上的权利人及出面处理信托事务者均为受托人，因此，因管理信托所签订的契约和所生的侵权行为而发生的对第三人责任，承担人只能是受托人，受到损害的第三人无权请求委托人及受益人负责”。[②]

离开本书的语境，在其他涉及信托的纠纷中，这种内外法律关系区分的理念已经在司法实践中获得了承认与应用。如在“某建投信托有限责任公司与深圳某佶绿能投资控股有限公司、深圳市某建业房地产开发有限公司等合同纠纷案”中，法院指出，“委托人与受托人之间的信托法律关系，与受托人以自己名义管理处分信托财产时发生的投资、贷款、受让债权等法律关系，是相互区别的法律关系”。[③]

（二）资管计划委托人的诉讼资格

对于资管计划的委托人能否起诉发行人，在债券纠纷中存在争议，“福

① 赵廉慧：《信托法解释论》，中国法制出版社2015年版，第405页。

② 周小明：《信托制度：法理与实务》，中国法制出版社2012年版，第78页。

③ 浙江省高级人民法院（2015）浙商初字第15号民事判决书。

建漳州某银行股份有限公司（以下简称漳州某银行）与安徽某运环保（集团）股份有限公司、某证券股份有限公司合同纠纷案”中，法院驳回了资管计划委托人的起诉：“漳州某银行虽然是资产管理计划的委托人，但不是债券持有人、债券投资者，仅与本案有间接利害关系，与本案无直接利害关系，不是本案的适格原告，其起诉不符合法定条件。”[①] 但是，在“某银行与某迪生态环境科技股份有限公司公司债券交易纠纷案”中，法院支持了委托人的起诉，“某银行是否为本案的适格原告。在某银行提交的债券账户总对账单中，载明的债券持有人为‘中信建投证券某银行定向资产管理计划’，因资产管理计划的性质属于财产的集合，不具有人格属性，不能作为民事主体。在上述资产管理计划中，某银行作为资产委托人，依法享有委托资产；资产管理合同亦明确约定委托人某银行享有委托资产投资于票据所产生的权利。据此，某银行作为本案原告主体适格，被告的辩称理由不成立”[②]。

本书认为，依照信托法理，原则上资管计划的委托人不能越俎代庖直接向与资管计划具有法律关系的第三人主张权利，在债券纠纷中，资管计划委托人原则上不能自行起诉。但是有以下两个例外：其一，资管计划管理人未能勤勉尽责，委托人依据《信托法》第 22 条撤销信托后，可向第三人主张权利，抑或者依据《民法典》合同编第 535 条有关代位权的规定行使权利；其二，当事人在合同中对权利主张有着明确的约定，尤其是一些通道业务中，资管计划管理人不负有主动管理的职责，此时作为信托财产的委托人或者受益人会想办法自行起诉或者应诉，在实践中各方当事人一般通过合同约定的方式解决，如在“某农村信用联社股份有限公司与四川某亨矿业（集团）有限公司等合同纠纷案”中，委托人与受托人约定，“若出现任何付款义务人未能按照相关约定及时向定向资产管理业务对应的账户付款等致使委托资产无法收回本金或遭受损失情形的，由委托人自行负责通过协商、仲裁、诉讼等方式予以解决，费用由委托人承担，管理人不承担任何责任。如所投资信

---

① 安徽省合肥市中级人民法院（2020）皖 01 民初 2380 号之一民事裁定书。

② 湖北省武汉市中级人民法院（2019）鄂 01 民初 4964 号民事判决书。

托计划在本合同终止时无法变现的，委托人承诺同意接受以该信托计划现状形式向委托人分配，委托人承担原状返还相关费用（包括信托向管理人及管理人向委托人进行的原状返还），并解除管理人的全部责任”[①]。总之，此种例外模式必须通过合同约定的方式实现。

（三）受托人享有实体权利

如前所述，在涉及资管计划的纠纷中，资管计划的管理人也就是信托财产的受托人应为适格原告。依照我国《信托法》第 2 条的规定，信托是指委托人基于对受托人的信任，将其财产权委托给受托人，由受托人按委托人的意愿以自己的名义，为受益人的利益或者特定目的，进行管理或者处分的行为。依此规定，“因处理信托事务，受托人与第三人发生纠纷和责任，也以受托人自己名义处理和承担。无论如何，受托人因处理信托事务涉及第三人的权利义务和责任，均归属于受托人，该第三人不与委托人和受益人发生直接的法律关系”[②]。

故受托人以自己的名义起诉当属受托人的基本权利，亦属受托人的义务。《证券投资基金法》第 19 条规定，基金管理人的职责包括以基金管理人的名义代表基金份额持有人利益行使诉讼权利或实施其他法律行为。前述《关于规范金融机构资产管理业务的指导意见》（银发〔2018〕106 号）第 8 条第 9 项也规定，金融机构应当履行的管理人职责包括金融机构以管理人名义，代表投资者利益行使诉讼权利或者实施其他法律行为。这些法律、部门规章的相关规定都是信托法理的体现。

在其他信托纠纷中，信托财产的受托人起诉亦无疑义，如在“某融信托公司与王某展、某厦建设集团有限公司金融借款合同纠纷案”中，法院即指出，“某融信托公司为受托人，接受某邦源宝公司的委托而对信托财产负有管理和处分的职责。某邦源宝公司为本案信托法律关系中的委托人和受益人。某融信托公司有权管理信托财产和处理信托事务，是本案适格的

---

① 最高人民法院（2017）最高法民终 880 号民事判决书。

② 周小明:《信托制度：法理与实务》，中国法制出版社 2012 年版，第 171 页。

原告”。[①]

故在司法实践的债券纠纷中，尽管登记结算机构的信息显示资管计划为持有人，但是资管计划的管理人以自己的名义起诉是没有任何问题的，符合《民事诉讼法》第 122 条规定的“原告是与本案有直接利害关系的公民、法人和其他组织”。对此，《债券会议纪要》第 7 条也规定，通过各类资产管理产品投资债券的，资产管理产品的管理人有权以自己的名义提起诉讼。

此处便可以对前述相关问题作出相应的回答：第一，资管计划作为持股人、债券持有人在金融交易实践中广泛存在，有着理论和实践基础，本质上是“信托财产主体化”的一种体现。第二，资管计划中的委托人（受益人）与受托人之间是信托法律关系，资管计划受托人作为原告起诉来源于信托法律关系中受托人以自己的名义对财产的管理和事务的处理，代表委托人（受益人）起诉既是受托人的权利，也是受托人的义务。第三，基于信托法理，除非另有约定，否则委托人（受益人）一般不能直接向交易关系中的第三人主张权利和义务，因此，受托人起诉一般无须获得委托人（受益人）的授权与同意。

实际上，上述问题的缘起在于我国金融业务实践，信托财产的主体化已经颇具雏形，但是民事法律、诉讼法以及信托法的构造上没有将信托财产视为主体，二者之间的矛盾反映在司法裁判中，而这实际上也是诉讼与非诉的连接和在统一的法秩序下的解释问题。本节的分析只是建立在基础的信托关系之上，但是无论如何，把握信托中基础法律关系以及其中的权利义务，有助于在复杂的交易结构中抽丝剥茧，如同样是在债券兑付纠纷中的债券受托管理人诉讼资格问题，亦可借助信托关系分析与破解，对此，本章第二节的债券受托管理人部分将进行详述。

---

① 北京市第四中级人民法院（2016）京 04 民初 115 号民事判决书。

第二节
债券受托管理人起诉与债券持有人自行起诉

一、债券受托管理人的起诉资格

2015 年《公司债券管理办法》第 50 条第 8 项规定：“发行人不能偿还债务时，可以接受全部或部分债券持有人的委托，以自己名义代表债券持有人提起民事诉讼、参与重组或者破产的法律程序。”2021 年修订的《公司债券管理办法》第 59 条第 8 项也规定，“发行人不能按期兑付债券本息或出现募集说明书约定的其他违约事件的，可以接受全部或部分债券持有人的委托，以自己名义代表债券持有人提起、参加民事诉讼或者破产等法律程序，或者代表债券持有人申请处置抵质押物”。尽管文字表述有所变化，但是核心含义没有变化，都明确了债券受托管理人的起诉资格。在中国证券业协会《公司债券受托管理人执业行为准则》（中证协发〔2015〕121 号）、《公司债券受托管理人处置公司债券违约风险指引》（中证协发〔2017〕44 号）等相关规范中均有类似的规定。因此，一般认为债券受托管理人在发行人违约时提起对发行人的诉讼，既是债券受托管理人的权利，也是债券受托管理人的义务。

但是，当债券受托管理人真正向法院提起对发行人的诉讼时，在既往的司法实践中，其诉讼主体资格往往产生争议。裁判实践中，一种观点认为，债券受托管理人可以向发行人起诉，为适格原告；而另一种观点认为，债券受托管理人不具有起诉资格，非适格原告，既不存在诉讼担当，也不存在因设立信托而获得的起诉资格。司法裁判中，较为典型的案件是“太合汇投资管理（昆山）有限公司与绍兴众富控股有限公司买卖合同纠纷案”，该案的一审法院即否定了债券受托管理人的起诉资格，并提出五点理由：“1. 太合汇公司此种起诉方式不符合代理制度。民事行为通常需要本人为之，但也可以通过代理制度由他人代劳。但代理人应当以被代理人名义实施民事行为。就如律师可以作为委托诉讼代理人参与诉讼，但不能依据委托合同直接成为原被告。2. 太合汇公司此种起诉方式也不符合信托法……虽然认购协议约定持有人委托太合汇公司作为债权人的全权代表处理事项，受托管理协议也约定太合汇公司接受持有人委托代表持有人提起诉讼，但上述协议未提及设立信托，也无任何持有人将‘融资工具’转让给太合汇公司的约定。所以太合汇公司不是这些‘融资工具’实际或名义上的持有人，也就无法以自己的名义由信托制度直接提起诉讼。而且，根据《信托法》第十一条的规定，专以诉讼或者讨债为目的设立信托是无效的。在不转移信托财产的前提下，仅将事务以信托方式授予受托人，在我国是不能设立一项有效信托的。3. 法院审理民事案件必须依据民事诉讼法进行。就案件的受理条件，法院应当根据民事诉讼法的规定审查确定，而不是根据当事人的合同或协议确定。4. 在民事诉讼法理论上，民事案件的原被告必须是诉讼标的法律关系的主体，只有在法律有特别规定的情形下，法院才能准许非法律关系主体为他人进行诉讼。这在学理上被称为诉讼担当。但诉讼担当只是理论对法律具体规定的归纳和总结，而不是法律创设。民事诉讼程序作为程序法，遵循法无规定即禁止的原则。在法律和司法解释尚未就本案所涉情形允许诉讼担当的情况下，太合汇公司直接起诉缺乏法律依据。5. 在法律没有规定的情况下，禁止采用诉讼担当方式替代真正权利人进行诉讼，还因为诉讼担当需要符合诸多条件并辅以相应的配套制度，否则会衍生出很多复杂问题。”①

但是二审法院持相反意见，该案二审法院认为：“案涉《受托管理协议》第 12.3 条规定，在知晓甲方（众富公司）发生未偿还本定向债务融资工具到期本金和收益的，乙方（太合汇公司）应当召集定向债务融资工具持有人会议，按照会议决议规定的方式追究甲方的违约责任，包括但不限于向甲方提起民事诉讼、参与重组或者破产等法律程序。根据《产品说明书》第六部分第 6 条‘定向债务融资工具持有人会议’的规定，在发行人（众富公司）不能偿还本定向债务融资工具本金和收益，决定委托定向债务融资工具受托管理人（太合汇公司）通过诉讼等程序强制发行人和保证人（精功公司）偿还

① 最高人民法院（2019）最高法民终 1502 号民事裁定书。

定向债务融资工具本金和收益。《认购协议》第10条第3款第1项规定，投资人和发行人在此不可撤销地特别授权受托管理人作为债权人（即投资人、认购人）的全权代表，对与本定向债务融资工具的发行和管理有关的事项进行债权处理，包括但不限于代为办理与本案定向债务融资工具发行及管理有关的各项事宜等。根据当事人之间上述协议条款约定，在众富公司未能按期足额偿付到期应付本金和收益的，太合汇公司可以自己名义代表定向债务融资工具持有人提起诉讼。本案二审审理过程中，太合汇公司提交了《关于众富控股定向债务融资工具系列产品持有人会议之见证法律意见书》及《确认函》，证明其通过召开持有人会议以及持有人出具《确认函》的方式取得了持有人的授权。众富公司和精功公司对该法律意见书及确认函均不持异议，认可太合汇公司的原告主体资格。因此，太合汇公司已按照各方当事人协议约定及证券管理部门相关规范履行了债券受托管理人的职能，其接受全部或部分债券持有人委托，以自己的名义代表债券持有人提起民事诉讼，符合现行债券发行和交易市场的规则体系以及《公司债券发行与交易管理办法》的相关规定，亦符合证券法的立法趋势。”①

本书认为，对于适格当事人的判断，民事诉讼法理论一般以当事人是否为民事法律关系的主体作为判断当事人适格与否的标准。但是，也存在例外，其中的典型情形就是基于法律的规定而承认有权实施诉讼的人，如破产程序中的管理人（《企业破产法》第25条第7项）、失踪人的财产代管人（《民法典》第43条、第44条）等。上述当事人适格的依据均来自法律直接规定，其能够成为适格当事人的基础，有的系基于对他人财产具有管理权和处分权，有的系基于身份权、继承权等人身性质的权利，还有的系基于职务上的权限。因而对于债券受托管理人原告资格的判断，也应基于民事诉讼法理论上的标准进行分析。

首先，债券受托管理人是否是争议法律关系的主体？显然，在受托管理人不持有债券的情况下，其非争议法律关系主体。其次，债券受托管理人向发行人起诉的原告资格是否有法律的明确规定？如前所述，过往对于债券受

① 最高人民法院（2019）最高法民终1502号民事裁定书。

托管理人诉讼资格的规定只存在于中国证监会《公司债券管理办法》，但是其属于部门规章。2019 年修订的《证券法》第 92 条第 3 款规定，“债券发行人未能按期兑付债券本息的，债券受托管理人可以接受全部或者部分债券持有人的委托，以自己名义代表债券持有人提起、参加民事诉讼或者清算程序”。在法律层面明确了债券受托管理人提起诉讼的原告资格。

此外，仍然需要分析的是，债券受托管理人具有作为适格当事人的基础是什么？从债券受托管理人的起源以及比较法的角度看，债券受托管理人与债券持有人之间往往借助信托产生法律关系，在信托的法理下，信托受托人即有资格以自己的名义向发行人起诉。然而，有力的观点指出，在债券受托管理人与债券持有人之间，并没有信托财产的移转。因为我国《信托法》第 2 条明确规定，委托人应将其财产权委托给受托人，第 7 条规定“设立信托，必须有确定的信托财产”。我国债券持有人的所有权是完整的，实践中难以将其转移给其他当事人行使，①因此债券受托管理人也不能基于信托受托人的身份向发行人起诉。

但是，也有信托法学者指出，并非要拘泥于信托的构成要件，信托作为一种法技术和法思想，不一定要在构成要件的意义上适用，只要能为当事人提供方便，均可以参照信托法原理。②还有观点指出，信托关系从法理上赋予受托管理人更为灵活的自由裁量权，享有类似所有人对信托财产的权利，可调动其为债券持有人利益服务的积极性；《证券法》第 92 条明定受托管理人为本次发行的承销机构或者其他经国务院证券监督管理机构认可的机构，本就有“借助金融管理的专才，有效监督发行公司之履行付息还本义务”的考量；由于受托管理人属于专业机构，债券受托管理人的治理成本显著低于公司债券持有人会议。③

本书作者认为上述观点深值赞同。在信托法的框架下，借助委托人、受

---

① 赵磊、于晗：《债券受托管理人诉讼地位的法理困境》，载《债券》2021 年第 6 期。

② 赵廉慧：《债券受托管理人的信托受托人地位》，载微信公众号“InlawWeTrust”，2019 年 12 月 25 日。

③ 郑丁灏：《论公司债券治理的组织法构造——以〈公司法〉修订为进路》，载《证券市场导报》2021 年第 8 期。

益人与受托人之间的权利义务关系规则以及信义义务，可直接适用并解决债券受托管理人相关的问题；换言之，借助信托法律关系以及信托法中提供的备用性规范，关于债券受托管理人与债券持有人之间便有法可依。因此，本书建议，在法律明确规定债券受托管理人的起诉资格的同时，应借助信托法律关系来建构债券受托管理人的相关制度。

尽管如此，或许仍有疑义的是，即便《证券法》规定了债券受托管理人的原告资格，那么其是否适用于银行间债券市场。在过往，由于债券市场的分割，银行间债券市场并没有债券受托管理人制度。本书认为，无论是从债券本质是还本付息的有价证券来看，还是从目前对于构建统一债券市场的政策与趋势来看，债券受托管理人具有诉讼资格的规则应统一适用。目前，债券受托管理人制度已经成为债券市场的“标配”，中国人民银行、国家发展改革委、中国证监会《关于公司信用类债券违约处置有关事宜的通知》（银发〔2020〕144 号）中明确指出，充分发挥受托管理人和债券持有人会议制度在债券违约处置中的核心作用，建立健全受托管理人制度，债券发行人应当聘请受托管理人或履行同等职责的机构，并在债券募集说明书等发行文件中明确受托管理人的职责、权利和义务及违反受托管理协议的责任等事项。鼓励熟悉债券市场业务、具备良好风险处置经验或法律专业能力的机构担任受托管理人；受托管理人可以根据债券募集文件、受托管理协议或债券持有人会议决议的授权，代表债券持有人申请处置抵质押物、申请财产保全、提起诉讼或仲裁、参与破产程序等。

二、债券持有人自行起诉与集体起诉

在过往的司法实践中，有募集说明书或者债券持有人会议规则作出规定：当发行人出现违约情形时，对发行人提起诉讼等行为需要由债券持有人会议决定，或者只能由债券受托管理人对发行人提起诉讼。在上述限制规则下，产生了在发行人违约时债券持有人是否还可以单独提起诉讼的问题。

例如，在“某河资本资产管理有限公司与某光控股集团有限公司公司债券交易纠纷案”中，被告某光控股集团有限公司称，系争债券的募集说明书第四节中约定，应由债券受托管理人代理债券持有人处理诉讼事务，“当本公司未按时支付本期债券的本金、利息和/或逾期利息，或发生其他违约情况时，债券受托管理人将依据《债券受托管理协议》代表债券持有人向本公司进行追索。如果债券受托管理人未按《债券受托管理协议》履行其职责，债券持有人有权直接依法向本公司进行追索。”而法院认为，“债券到期或持有人依约申报回售而未获清偿者，持有人有权依诉讼手段保护自身合法权益，乃当然之理……该条款对债券持有人的法定权利形成严重限制，是否有效已滋疑义……根据该条文义，受托管理人代为起诉须以债券持有人另行委托为前提，而非仅依《募集说明书》本身即从债券持有人处受让渡获得诉权”。①

本书作者曾认为，不能轻易限制债券持有人的诉权。其一，因诉权乃法定权利不得任意限制。其二，此种规定往往是募集说明书中的模板性规定，也只是一种宣示性的条款。其三，基于实践状况，亦不能限制债券持有人单独起诉，主要是因为，按照之前我国债券受托管理人的构造模式，债券受托管理人与债券持有人容易形成利益冲突，债券受托管理人一般都由债券发行的承销商来担任，承销商一人分饰两角，一方面其作为承销商与发行人存在利益关系，利益来源于债券顺利发行后发行人提供的报酬；另一方面其又对债券持有人负有勤勉义务。其四，实践中我国债券受托管理人的运行并不完善，债券受托管理人是否能够提起对于发行人的诉讼还存在不小的理论与实践争议；并且债券持有人会议也在运行中存在需要完善之处。故从保护投资者的角度看，即便存在上述限制债券持有人单独起诉的条款，也不能禁止债券持有人单独提起对于发行人的诉讼。②

但是我国债券市场法治化进程发展较快，2019年修订的《证券法》明确写入了债券受托管理人与债券持有人会议制度，在顶层设计上为债券持有人集体行权奠定了基础，无论是公司债融资工具还是非金融企业债券融资工具，债券受托管理人制度与持有人会议规则日趋完善，债券持有人集体行权具备了现实与法律基础。但另一方面，限制债券持有人起诉的“无起诉条款”（No-Action Clause）有一定的作用，其主要作用在于，防止某些债券持有人

---

① 上海金融法院（2018）沪74民初1169号民事裁定书。

② 详见曹明哲:《债券违约纠纷中适格原告的判定》，载《债券》2020年第2期。

为了优先于其他债券持有人得到清偿而抢先提起诉讼，进而损害其他债券持有人在债券本息受偿方面所享有的平等的权利，防止众多的债券持有人提起多头诉讼等。应当说限制起诉条款具有一定的合理性。

也正是基于此，《债券会议纪要》就债券持有人自行起诉与集体起诉作出了明确的规定，即“同期发行债券的持有人利益诉求高度同质化且往往人数众多，采用共同诉讼的方式能够切实降低债券持有人的维权成本，最大限度地保障债券持有人的利益，也有利于提高案件审理效率，节约司法资源，实现诉讼经济。案件审理中，人民法院应当根据当事人的协议约定或者债券持有人会议的决议，承认债券受托管理人或者债券持有人会议推选的代表人的法律地位，充分保障受托管理人、诉讼代表人履行统一行使诉权的职能”，并明确指出，对于债券违约合同纠纷案件，应当以债券受托管理人或者债券持有人会议推选的代表人集中起诉为原则，以债券持有人个别起诉为补充。

《债券会议纪要》的上述规则系基于提高效率、节约司法资源、实现诉讼经济的考量，但是也应关注的是，有部分债券持有人仍然倾向于自行起诉，如前所述，对于诉权的问题不宜完全限制，因此，也应当为债券持有人自行起诉保留空间。

债券持有人自行起诉规定在《债券会议纪要》第 6 条有所体现，该条规定，“在债券持有人会议决议授权受托管理人或者推选代表人代表部分债券持有人主张权利的情况下，其他债券持有人另行单独或者共同提起、参加民事诉讼，或者申请发行人破产重整、破产清算的，人民法院应当依法予以受理。债券持有人会议以受托管理人怠于行使职责为由作出自行主张权利的有效决议后，债券持有人根据决议单独、共同或者代表其他债券持有人向人民法院提起诉讼、申请发行人破产重整或者破产清算的，人民法院应当依法予以受理。”因此，根据上述规定，债券持有人会议自行起诉，应以债券持有人会议决议为前提，一方面，债券持有人通过债券持有人会议明确表达了自行起诉的意愿，按照《债券会议纪要》第 15 条，起诉问题不适用于少数服从多数规则，“债券持有人会议根据债券募集文件规定的决议范围、议事方式和表决程序所作出的决议，除非存在法定无效事由，人民法院应当认定为合法有效，除本纪要第 5 条、第 6 条和第 16 条规定的事项外，对全体债券持有人具有约束力”。因此，在形成债券受托管理人集中起诉的决议后，部分反对的债券持有人可以自行起诉。另一方面，债券受托管理人未能勤勉尽责的情况下，债券持有人会议作出了单独起诉的决议，各债券持有人可以单独起诉。

第三节
机构投资者作为原告的注意义务与举证责任

关于机构投资者作为原告的问题目前主要体现在股票的证券虚假陈述纠纷中，但是在债券纠纷中此种抗辩亦会存在，故本节主要以股票虚假陈述为案型进行分析。对于机构投资者在证券虚假陈述责任纠纷中的主体适格性以及因果关系的判断，理论与实践关注不多，但在司法实践中存在一些争议。

一、资管产品终止与诉讼前置程序而产生的“时间错位”

如本章第一节所述，在确定《信托法》作为涉及资管业务、资管产品的基本法后，资管产品的管理人作为适格原告便能够成立。但是，在一些案件中，仍然存在一些特殊的问题。

例如，当资管产品投资的股票发生股价下跌并进而导致信托财产价值减少，触发终止资管产品（如信托计划）的约定条件时，资管产品的管理人往往根据合同约定，将所投资的股票抛售并将变价款按照合同约定向受益人分配。此时，无论是资管产品的受益人还是受托人（管理人）均不知晓证券虚假陈述行为的存在及其造成的损失。根据《2003 年若干规定》第 6 条的规定，投资者以自己受到虚假陈述的侵害为由向人民法院起诉的“前置程序”是行政处罚决定书或者公告、人民法院刑事裁判文书的作出，而这往往发生在虚假陈述行为实施日之后的相当一段时间。[①]因而，资管产品终止与证券虚假陈述行为在法律上被确定，二者之间产生了“时间上的错位”。换言之，当机构投资者可以向人民法院起诉虚假陈述行为人要求损害赔偿之时，资管产品早已经终止并清算完毕。

由此产生的争议是，证券虚假陈述所导致的侵害确定了，但是谁来作为原告起诉？在实践中，有资管产品的管理人作为原告向法院起诉，而发行人等虚假陈述行为人则抗辩，由于资管产品早已终止并清算，已经终止的资管产品管理人无权代表资管产品或受益人再提起诉讼。

本书认为，此种抗辩并不成立，即便资管产品已经终止并经清算，资管产品的管理人仍然有权代表受益人和资管产品提起对于虚假陈述行为人的诉讼。如前所述，信托法是涉及资管业务的基本法，当涉及资管业务的相关问题时，仍然可以继续用信托法理来分析。

在信托法理中，当信托终止后，“受托人已经不再是信托财产之名义所有权人，亦不得再行使其对信托财产之管理处分权，而应将信托财产移转于信托财产归属人”[②]。但是，这个过程“客观上需要一定的时间，为保证信托事务的连续和顺利清算，大陆法系的信托法就此规定了一项法定信托”[③]。对于此种法定信托与原信托的关系，有的观点认为是原信托法律关系的延续，[④]有的观点认为是一项基于法定而成立的独立的信托，与原信托关系无关。[⑤]但是无论如何，都承认信托法律关系的存在。在此种法定信托期间，受托人的主要职责是信托财产的清理、收集和清算，包括收取信托财产的债权、清偿信托财产的债务等。[⑥]我国《信托法》第55条规定，“依照前条规定，信托财产的归属确定后，在该信托财产转移给权利归属人的过程中，信托视为

---

① 《2022年若干规定》已经将证券虚假陈述责任纠纷中的前置程序废除。

② 王志诚：《信托之基本法理》，元照出版公司2005年版，第207页。

③ 何宝玉：《信托法原理研究》（第二版），中国法制出版社2015年版，第548页。

④ 王志诚：《信托之基本法理》，元照出版有限公司2005年版，第208页；徐孟洲主编：《信托法学》，中国金融出版社2004年版，第204页。

⑤ 周小明：《信托制度：法理与实务》，中国法制出版社2012年版，第340页。

⑥ 参见何宝玉：《信托法原理研究》（第二版），中国法制出版社2015年版，第549页。

存续，权利归属人视为受益人”。此即前述信托法理的体现。之所以会出现此种规定，系因为“如果不这样规定，信托财产将处于悬空状态”。[①]

依据这样的法定信托原理，为避免权利保护与信托财产的悬空，只要存在信托财产尚未分配完毕的情形，则推定受托人仍然负有对受益人的受托义务，因证券虚假陈述而产生的侵权之债则尚未追索并分配，此亦属于受托人未完成信托财产的清算义务。因而，在因证券虚假陈述而产生的侵权之债具备追索条件时，此时仍有法定信托的存在，或者说此时仍有受托义务的存在，赋予受托人起诉的权利和义务，此亦显然有利于保护投资者。如前所述，信托财产的清算并非一瞬间完成，而法定信托的成立也并非拘泥于一段时间之内。

除此之外，在证券虚假陈述中，因发行人虚假陈述而生的侵权之债虽已发生但不具备追索条件，但此种不具备追索条件非投资者、资管产品管理人的原因所致，而系当前法律规则的设计，若因人为设置的法律规则影响了投资者主张权益，这显然不是法律规则设计的初衷。

有观点或许认为，前述情形中，虽不允许受托人起诉，但是仍然允许受益人自己提起诉讼，此同样可实现保护投资者的价值目标。但是本书认为，之所以需要赋予受托人前述权利和义务，系因受托人作为机构，其具有第一时间了解信息的优势，同时亦具备专业知识和技能向虚假陈述行为人提起诉讼；否定其向发行人起诉的资格而必须要求资管产品的受益人起诉，可能因为受益人的信息不对称等原因，反而可能产生诉讼时效经过等不利情形，此不利于保护投资者。

综上，无论是基于信托终止后推定法定信托的存在还是基于对投资者的保护，都应认可已经终止的资管产品管理人可以对虚假陈述行为人提起证券虚假陈述民事赔偿诉讼。

二、消极（被动）信托是否影响受托人起诉

在一些资管产品合同如资金信托合同中，往往约定管理人不具备积极主

---

① [日]道垣内弘人:《信托法入门》，姜雪莲译，中国法制出版社2014年版，第150页。

动管理的义务，其任何一个投资指令都来源于委托人或者受益人的指示。此种信托类型，即为所谓的消极信托或者被动信托。在对信托的分类上，“依据受托人义务是积极的还是消极的，信托可以区分为积极信托和消极信托。积极信托（active trust）是指受托人对于信托财产承担积极的管理和处分义务的信托，消极信托（passive trust）是指受托人对信托财产不承担积极的管理和处分义务的信托，也称‘被动信托’”①。

事实上，对于消极信托的讨论由来已久，尤其是关于银信合作而产生的“通道业务”。由于消极信托中受托人不具备所谓的积极管理职能，与信托的本意相悖，有观点认为消极信托不属于真正的信托，是无效的。尤其是通道业务，由于存在规避投资范围等目的，更被监管部门作为重点监管对象。正是基于对消极信托和通道业务无效的讨论，在前述证券虚假陈述责任纠纷中，有发行人抗辩认为，在消极信托或者被动信托下，由于信托无效，资管产品管理人不具备起诉的资格。本书不赞同此种观点。

就通道业务而言，《关于规范金融机构资产管理业务的指导意见》（银发〔2018〕106 号）采取“新老划断”的态度，将过渡期设置为截至 2020 年底，确保平稳过渡。《九民会议纪要》也同样采取此类观点，其第 93 条规定，“在过渡期内，对通道业务中存在的利用信托通道掩盖风险，规避资金投向、资产分类、拨备计提和资本占用等监管规定，或者通过信托通道将表内资产虚假出表等信托业务，如果不存在其他无效事由，一方以信托目的违法违规为由请求确认无效的，人民法院不予支持”。因此，至少在过渡期内，通道业务是有效的。对于银信合作的通道业务尚且如此，而对于不涉及规避法律、行政法规的强制性规定的普通消极信托，更没有否定之理。“仅仅因为受托人承担的义务是消极的，就确认信托无效，并无信托法上的依据”②。消极信托中委托人与受托人之间的权利义务安排系基于当事人之间的意思自治，“商业法律制度原本就是当事人达到自己合法目的的工具，只要不滥用

① 周小明：《信托制度：法理与实务》，中国法制出版社 2012 年版，第 59 页。

② 周小明：《信托制度：法理与实务》，中国法制出版社 2012 年版，第 60 页。

这种工具、不对第三人产生损害（产生外部性）即可”。[①] 况且，即便是所谓的消极信托，受托人也并非任何权力和管理都没有，账户的开立、收益的分配等，都是受托人管理职能的体现。

故除非当事人另有约定，否则不能仅仅因为资管产品为消极信托就否定受托人的起诉资格。

三、机构投资者的注意义务与因果关系判断

《2003 年若干规定》在投资者损失与发行人侵权行为之间的因果关系判断上，“按照我国民法的侵权赔偿诉讼的因果关系理论，参考国外普遍采用的市场欺诈理论和信赖推定原则”。[②]《2022 年若干规定》也依然将这一理论作为基础。而当机构投资者提起诉讼时，对于机构投资者是否直接可以适用《2003 年若干规定》或者《2022 年若干规定》中关于因果关系的信赖推定原则，我国理论与实践有不同的观点。

一种观点认为，即便是机构投资者也应当适用信赖推定，因为不论是《证券法》还是《2003 年若干规定》抑或《2022 年若干规定》，都没有对一般投资者与专业投资机构在获得赔偿方面规定不同的认定标准。如在“贵州长征天成控股股份有限公司（以下简称天成控股公司）与桐庐秋阳成长投资管理有限公司（以下简称桐庐秋阳公司）证券虚假陈述责任纠纷申请再审审查与审判监督案”中，最高人民法院根据全案情况认定，本案机构投资者的身份不影响其索赔与因果关系认定：“关于桐庐秋阳公司的投资损失与天成控股公司的虚假陈述之间是否存在因果关系的问题。《最高人民法院关于审理证券市场因虚假陈述引发的民事赔偿案件的若干规定》（2003 年）第十八条规定，投资人具有以下情形的，人民法院应当认定虚假陈述与损害结果之间存在因果关系：（1）投资人所投资的是与虚假陈述直接关联的证券；（2）投资人在虚假陈述实施日及以后，至揭露日或者更正日之前买入该证券；（3）投资

① 赵廉慧：《信托法解释论》，中国法制出版社 2015 年版，第 309 页。

② 李国光主编：《最高人民法院关于审理证券市场虚假陈述案件司法解释的理解与适用》，人民法院出版社 2015 年版，第 17 页。

人在虚假陈述揭露日或者更正日及以后，因卖出该证券发生亏损，或者因持续持有该证券而产生亏损。本案中，桐庐秋阳公司在天成控股公司虚假陈述实施日及以后至更正日之前买入天成控股公司股票，并在虚假陈述更正日及以后，卖出或持有该股票而产生亏损。按照上述司法解释规定，应认定桐庐秋阳公司的投资损失与天成控股公司的虚假陈述之间存在因果关系。至于此期间是否存在其他因素影响投资者决策，不影响投资者的投资损失与天成控股公司虚假陈述行为之间因果关系的成立。故天成控股公司称投资者的损失不是因其信息披露违规行为造成的再审理由亦不成立，不予支持。"[①]

而另一种观点认为，在判断"推定信赖"是否成立的问题上，对机构投资者应适用高于普通证券市场投资人的标准。"之所以对机构投资者提出更高的要求，是因为其具备相应的技能、知识、经验及专业分析研究能力，也有着严格的投资决策程序。"[②]"在没有证据充分证明机构投资主体是善意投资人的前提下，如果等同于对自然人投资主体信赖推定的证明标准而适用因果关系认定，支持投资机构的诉讼请求，不仅不利于保护中小投资人，而且无辜加重了虚假陈述行为人的民事责任，更重要的是危害了民事赔偿诉讼制度。"[③]此种观点的典型案件为"某成基金管理有限公司与某夏（银川）实业股份有限公司（以下简称某夏公司）证券虚假陈述责任纠纷上诉案"，该案一审法院认为："《2003 年若干规定》根据'欺诈市场理论'，针对非特定个人之间的证券交易市场，将投资人'合理信赖'这一连接虚假陈述行为与损害结果之间的要件，通过投资人信赖股票价格，进而信赖虚假陈述的推定方式来确定。这种推定信赖原则，是为保护善意投资人而设定的，如果证据证明投资人是非善意的或者是有其他因素作出的投资行为，则不能运用推定信赖。依照《2003 年若干规定》，如果被告能够提出相反的证据证明投资人的交易是基于其他原因，或即使原告知道信息虚假也仍然会进行交易等，只要被告能够证明其一，就可以推翻这种推定的信赖，进而否定损害结果与虚假

① 最高人民法院（2020）最高法民申 2710 号民事裁定书。

② 樊健：《我国证券市场虚假陈述交易上因果关系的新问题》，载《中外法学》2016 年第 6 期。

③ 贾纬：《证券市场侵权民事责任之完善》，载《法律适用》2014 年第 7 期。

陈述行为之间的因果关系。应当明确,《2003年若干规定》确定的现阶段民事赔偿的价值取向是:从我国基本国情和证券市场现状出发,兼顾市场主体各方合法权益,通过依法追究虚假陈述行为人的民事赔偿责任,有效填补投资人的合理损失,从而预防和遏止侵权行为的发生,依法规范证券市场程序。据此,结合本案具体情况,对上述合理信赖的判断,应根据投资人情况的不同而有区分,并作为进一步认定能否推翻推定信赖的依据。基金公司属于专业投资机构,其具备证券市场投资的特别技能、知识、经验及专业分析研究能力,也有着严格的投资决策程序,因此,基金公司不同于普通证券市场投资人。基金公司进行证券投资,不但要严格遵循其投资决策程序,而且必须对其专业分析研究能力、特别技能、知识和经验加以运用,否则,如果其信赖一个不具备这些条件的普通投资人可能合理地信赖的虚假陈述,那么就是不合理信赖。本案中,原告是具备专业分析研究能力、技能、知识和经验的专业投资机构,其为广大基金持有人利益投资时,尤其是重仓持有某一只股票时,应尽到充分的审核、注意义务。原告称,媒体报道,股评分析人员的点评是其投资的重要依据,并且从2000年8月至2001年6月先后派研究员、基金经理以及相关投资人员等十余人次分别前往被告银川总部、天津分公司及芜湖分公司进行实地调研,没有发现被告存在虚假陈述的情况。但是,从2001年8月被告虚假陈述行为被有关媒体披露,中国证券监督管理委员会对被告连续数年重大虚假陈述事实的认定来看,难以确定原告通过其所谓的实地调查、调研等措施及对部分媒体报道、股评分析人员点评的信赖尽到了充分的审慎、注意义务。基金某宏是在某夏公司实施每10股转增10股分红方案,股价短期内再次急速攀升,绝对涨幅达到330.36%以后,股价处于异常高位期间而连续、大量买入某夏公司股票的。原告作为专业投资机构,其投资行为具有重大不合理性。尤其是被告举证证明,原告大笔买入某夏公司股票始于2000年8月8日,而某夏公司公布包括虚假财务数据的2000年中报的日期却是在2000年8月10日。原告的行为使人难以相信其是正常、善意地对待上市公司公开披露的重要信息。被告主张原告买入某夏公司股票的行为属于恶意投资、操纵证券价格,证据虽然不充分,但根据被告提供的证据以及原告买入某夏公司股票的时间段、买入的价格、基金公司的性质等事实,认定原告的损失结果与被告的虚假陈述之间不存在因果关系”。该案二审法院维持了一审的观点。[①]

本书认为，对于机构投资者仍应适用信赖推定，不应对机构投资者科以更高的注意义务，理由如下。

第一，《2003 年若干规定》或者《2022 年若干规定》在适用因果关系推定上，并没有区分机构投资者和自然人投资者，苛责机构投资者尽到特殊的注意义务，对其有更重审查标准和证明责任并无法律依据。

第二，机构投资者的确可能具备自然人投资者所不具备的技能、知识、经验及专业分析能力，但是这不意味着机构投资者具有发现虚假陈述行为的义务，更不能成为苛责机构投资者必须或者应当发现虚假陈述行为的理由，甚至因此豁免虚假陈述行为人对机构投资者的赔偿责任。虚假陈述行为的发现和认定是一个需要进行调查、取证以及判断的复杂过程，绝非通过简单的信息披露与市场上的传言信息所能断定的，因而要求机构投资者具有更高的注意义务并不现实。尤其是在诱空型虚假陈述中，所谓要求机构投资者具备对信息的更高审查义务是完全做不到的。

第三，有观点指出，在要求机构投资者具备更高的注意义务时，也应防止对机构投资者造成过多的约束，因此“只要机构投资者在投资决策时没有故意或重大过失，其依旧适用交易上因果关系成立的推定”[②]。事实上，故意和重大过失的情形本就属于不存在因果关系的情形。一方面，故意的情形本身即被排除具有交易因果关系，这与是不是机构投资者无关；另一方面，重大过失系指“行为人的极端疏忽或极端轻信的心理状况，疏于特别的注意义务往往属于重大过失”。[③] 此种重大过失几乎等同于故意，存在这样的重大过失其实就是存在故意，况且对于机构投资者在避免因虚假陈述行为而遭受损失方面，并没有特殊的注意义务要求。因此，所谓机构投资者只要没有故意和重大过失就应适用交易因果关系的推定，实际上就是认为在因果关系的认

---

① 宁夏回族自治区高级人民法院（2007）宁民商终字第 74 号民事判决书。

② 樊健：《我国证券市场虚假陈述交易上因果关系的新问题》，载《中外法学》2016 年第 6 期。

③ 张新宝：《侵权责任法》（第二版），中国人民大学出版社 2010 年版，第 40 页。

定上，机构投资者与自然人投资者没有区别。

第四，有观点认为，“法人或者其他组织等机构投资主体还须提交其投资可行性调研或分析报告、投资决策报告，以证明其投资行为是理性和善意的”[①]。无论是基于对于委托人或者受益人的受托义务，还是基于信托公司、证券公司等机构内部流程与合规的需要，有些机构投资者具有此种调研或者分析报告，当机构能够提供此种证据时，对于证明其善意显然具有补强的作用。但是，若机构投资者未提供此种证据，是否就认定机构的损失与虚假陈述行为之间没有因果关系？本书认为，不能得出此种结论。一方面，如前所述，存在受托人按照委托人或者受益人指示作出投资的消极信托，由于机构不具备主动管理的权限，因而可能并不存在前述报告；另一方面，机构在进行债券投资时或许具有此种调查、分析报告，分析发行人的偿债能力，但是股票市场瞬息万变，基于对于信息和市场环境的判断，有时可能在没有调查或者分析报告时投资行为就已经完成，要求此时的投资必须具备调查、分析报告有加重义务之嫌，也是不现实的。因此，本书作者认为，不能因为提起诉讼的机构未提出前述的报告，就认定损失与虚假陈述行为之间不具有交易上的因果关系。

第四节

债券质押式回购纠纷中的责任主体与责任范围

一、因债券违约导致的债券质押式回购纠纷

债券质押式回购是我国在特定市场环境下，充分借鉴国外经典回购推出

① 贾纬:《证券市场侵权民事责任之完善》，载《法律适用》2014 年第 7 期。

的一种适应我国当时债券市场实际的融资工具，2001 年以来，我国的待购回债券余额中，质押式回购占比一直在 90% 以上，且大部分时间占比超过 95%，近年来才稍微有所回落。自债券回购业务推出以来，有效降低了市场参与者的交易成本，提高了交易效率，融资方能够灵活配置抵押证券，减轻交易中的操作负担，对我国经济和金融发展起到了很好的促进作用。①

不过，近年来随着债券违约的发生，因发行人违约、相关信用债折算率下调，证券公司经纪业务客户正回购业务中相应的质押品不足额，面临风险敞口，而根据中证登、上海证券交易所、深圳证券交易所对回购经纪业务模式的管理要求，证券公司应就其客户回购还款义务承担交收责任，客户回购到期违约风险由证券公司承担。由此导致证券公司垫付巨额资金的案例屡见不鲜。②

例如，在某债券质押式回购纠纷中，某公司为某私募证券投资基金管理人，2017 年某公司代该基金（甲方）与某证券公司营业部（乙方）签订回购协议，约定：甲方（机构投资者）为该基金，甲方委托乙方办理证券交易所市场实施标准券制度的债券质押式回购交易及相关事宜。债券质押式回购交易是指在证券交易所挂牌、实施标准券制度并采用多边净额结算的回购交易。其中提交质押权并以标准券折算率（值）计算出的标准券数量为额度取得资金的一方为“融资方”，其对手为“融券方”。融资方开展的债券质押式回购交易，称为债券质押式融资回购交易。回购交易期间是指自回购交易成交当日（T 日）起，至回购到期日（L 日）止的期间。透支是指资金账户内资金不足以履行清算交易义务的情形。甲方享有如下权利：使用自有资金账户的资金和证券账户的债券进行回购交易；获得回购交易融入资金的使用权或获得相应的利息……甲方承担如下义务：在回购到期日履行到期结算义务。乙方有义务为甲方建立回购交易明细账，受理甲方提出的查询申请。甲方提交回购交易委托的，视为同意委托并授权乙方按相关

---

① 洪玲：《探寻交易所债券质押式回购市场的风险》，载《金融市场研究》2017 年第 12 期。

② 于天宇：《证券公司债券质押式回购经纪业务痛点与解决思路》，载《债券》2021 年第 7 期。

业务规则的规定，以某证券公司名义将相应债券作为质押券向证券登记结算公司进行申报，并以某证券公司名义与证券登记结算公司建立质押关系。第9条回购交易申请和审查。乙方收到《债券回购交易申请表》或回购委托申报后，有权对甲方的回购交易申请进行审查，并确定甲方债券回购交易的最大融资额度。乙方审查无异议的，乙方应根据甲方申请的时间、品种、数量及价格等及时办理。第12条正回购。甲方发生透支、欠库等情形（透支、欠库发生日为T日）的，须在T日收市前予以补足；甲方未能按本条约定履行清算交收义务导致账户出现透支的，乙方有权按照本协议第六章相关约定及证券登记结算公司相关规则的规定进行处理。第五章第15条，甲方应在资金账户内存入足够的客户交易结算资金或在证券账户内托管足够的债券，并按时、足额履行交收义务。第六章违约处理与法律责任。第19条，甲方违反本协议相关条款……给乙方造成实际损失的，乙方有权向甲方要求赔偿，赔偿的范围包括但不限于相应款项、利息、罚息、违约金、赔偿金和追索费用等。第22条，甲方在回购到期日（R日）未能按本协议第12条第9款约定履行交收义务的，则甲方行为构成融资回购业务应付资金交收违约，乙方有权参照证券登记结算公司相关规则进行处理，并自违约之日起按本协议及相关规则的规定向甲方收取违约金。甲方发生融资回购业务应付资金交收违约的，应在次一交易日（即R+1日）11点前（或乙方规定的其他时间点前），支付融资回购业务应付资金（本金+回购利息）、违约金及垫付资金利息。

后，某公司使用前述基金证券账户进行证券的买入卖出，并使用买入的证券进行质押融资。其中涉及“16皖经01”等证券。2019年6月底，评级机构下调了上述相关债项信用等级的评级。某证券公司营业部出具《情况说明》，其上载明：某公司一码通账户自2019年6月28日开始出现透支，至2019年7月，透支金额达到1800余万元，其后透支金额未再变动。截至2019年7月，某证券公司营业部已代某公司向中证登垫付透支款本金共1800余万元。某证券公司营业部主张，因回购协议约定的“及时清偿欠库资金”等义务并不是针对该基金的，而是为基金管理人某公司设定的，因为义务是主动的操作行为，不可能由没有自主意识的私募基金实施，故某公司应用固有资金清偿欠库资金。某公司则认为，根据《证券投资基金法》以及《信托法》等相关法律规定，案涉债券质押式回购业务所产生的债务应当由某公司管理的某基金的基金财产承担。

二、债券质押式回购纠纷与《信托法》第37条的理解

目前，就交易所债券质押式回购的业务，主要由《中国证券登记结算有限责任公司　上海证券交易所　深圳证券交易所债券质押式回购交易结算风险控制指引（2021年修订）》（中国结算发字〔2021〕111号）、《上海证券交易所债券交易实施细则（2019修订）》、《深圳证券交易所债券交易实施细则》等规范性文件确定相应的业务规则。根据上述规范性文件，所谓债券质押式回购交易，是指在证券交易所挂牌、实行标准券制度并采用多边净额结算的回购交易。其中，提交质押券并以标准券折算率（值）计算出的标准券数量为额度取得资金的一方为“融资方”，其对手方为“融券方”。融资方开展的债券质押式回购交易，称为债券质押式融资回购交易。参与债券质押式回购交易的机构，是指自营业务模式下的回购融资主体，经纪或托管人结算业务模式下产品类回购融资主体的管理人，以及开展经纪或托管人结算业务的结算参与人。债券质押式回购交易中回购融资主体，是指通过开立证券账户参与融资回购交易，主要是各类专业投资者。

上述案件即为因所质押的债券违约，导致债券质押式回购的担保品不足，[①]进而证券公司依据与中证登之间的业务模式，证券公司就其客户回购还款义务承担了交收责任。之后，证券公司向其客户即上述案件的某公司就其垫付的资金进行追偿。

该案虽然属于债券质押式回购纠纷，亦属于合同纠纷范畴，但是由于直接参与交易的是证券投资基金。而如本书前述，证券投资基金并非民事法律主体，证券投资基金的管理人不得不被推至“台前”。也就是说，证券公司

---

① 对于证券质押式回购中有关担保属性的分析，详见王乐兵:《〈民法典〉股票质押制度的完善与建构——与〈证券法〉的联动》，载《环球法律评论》2020年第4期；洪艳蓉:《股票质押式回购的法律性质与争议解决》，载《法学》2019年第11期。

所垫付的资金，究竟应由证券投资基金以基金为限偿还，还是由管理人偿还，抑或是由证券投资基金、管理人共同偿还？如果继续循着信托法理的思路，本案实际上涉及的问题是，受托人操作信托财产进而对外对第三人负债，受托人应否以固有财产承担。对此，我国《信托法》第37条规定，“受托人因处理信托事务所支出的费用、对第三人所负债务，以信托财产承担。受托人以其固有财产先行支付的，对信托财产享有优先受偿的权利。受托人违背管理职责或者处理信托事务不当对第三人所负债务或者自己所受到的损失，以其固有财产承担”。

但是，从文义解释角度看，似乎无法从《信托法》第37条看出，受托人对第三人负债时，受托人是否应以固有财产承担。在理论上，也对此存在争议。一种观点认为应区分情况，受托人实施信托的过程中如果是正当履行职责，与第三人发生交易的，由此产生的权利义务归属信托财产，所支出的费用、对第三人的负债等，允许受托人直接用信托财产支付，或者先以固有财产垫付，再以信托财产予以补偿；但是，受托人违反信托文件或法律的规定与第三人进行交易的，受托人不仅应当以固有财产对第三人承担责任，而且，如果该项交易使信托财产遭受损失，受托人还应当承担恢复信托财产原状或者赔偿损失的责任。[①]一种观点认为，原则上受托人应以固有财产承担，除非当事人之间约定仅以信托财产承担。如有学者指出，我国信托法关于信托债务清偿责任的规定应当以“受托人对信托债务原则上应当承担无限责任，受托人与作为债权人的第三人书面约定受托人只应当承担有限责任的除外，但即便有此书面约定因故意或者重大过失造成信托财产损失的受托人仍然应当承担无限责任”为其内容。[②]“从条文分析、比较法和实务应用等角度对该问题进行梳理、论证，则原则上应是信托受托人对第三人承担个人责任，当然当事人可通过和第三人约定的方式限制责任范围，立法也可以提供有限责任信托制度供当事人选择，但不可像公司法一样把受托人的责任一律规定

---

① 周小明:《信托制度：法理与实务》，中国法制出版社2012年版，第289页。

② 张淳:《对我国信托法关于信托债务清偿责任的规定的修改》，载《社会科学家》2014年第2期。

为有限责任”。[①] 还有观点认为，原则上受托人应承担有限责任，即仅以信托财产为限对外承担责任。

比较法上对此也有不同立法模式。例如，学者指出，日本 2006 年信托法的一般性规则仍然是受托人对第三人承担无限责任，但是，该法提供了一个限定责任信托的特别规则，受托人不需要单个和第三人达成合意，可以更方便通过选择限定责任信托制度来达到限制责任的目的。如果符合了限定责任信托的条件，受托人仅在信托财产范围内对第三人承担责任，其固有财产不再承担财产责任。[②]

本书认为，上述不同观点实际上涉及债权人保护与受托人保护两种不同的价值判断冲突。由于信托财产在我国当前法律中不属于民事权利主体，因而，对于与信托财产进行交易的对手方而言，真正让交易对手方信赖的理由，或者说愿意与信托财产进行交易的理由，是受托人的个人财产，受托人的个人财产状况使得交易对手方产生信赖。因此，从这一点出发，原则上，受托人应以个人固有财产清偿对第三人的负债。不过，这确实会产生令受托人承担过重责任的情况，如日本法中即有观点指出，受托人并不从信托财产取得利益，必须就信托债务承担无限责任对受托人是一个巨大的风险。例如，受托人受托土地，为了达到流动化的效果，把信托的受益权转移给特别目的公司（SPC），在这样的结构安排中，受托人仅仅是受托不动产的管理人，因此得到的报酬并不多，若对外承担无限责任的话，受托人承担的风险就太大了；比如，作为受托财产的施工工地若对附近住户造成损害，受托人就有承担无限损害赔偿责任的风险。若把受托人的责任进行限定，以很低的报酬就可以找到接受信托的人；反之，若受托人承担无限责任的话，若不能提供相应高的报酬，恐怕很难找到受托人。因此在这种情形下，有限定责任信托的适用可能。[③] 也正是基于此，日本信托法承认了限定信托。换言之，对于受托人责任过重的情况，当事人间可以通过协议排除一般规则的适用，即约定受托

---

① 赵廉慧：《信托受托人对第三人责任机理研究》，载《广东社会科学》2016 年第 4 期。

② 赵廉慧：《信托受托人对第三人责任机理研究》，载《广东社会科学》2016 年第 4 期。

③ 赵廉慧：《日本信托法修改及其信托观念的发展》，载《北方法学》2009 年第 4 期。

人仅以信托财产为限承担有限责任。这样，当事人间的利益可达至平衡。

在上述案件中，该案最终选择了债权人保护的立场，法院指出，“《证券投资基金法》第5条、《信托法》第37条虽然没有明确规定信托财产（基金财产）对第三人负债时，第三人可以要求受托人（管理人）以固有财产清偿债务，但上述法律规定也没有否定受托人在因处理信托财产而负债时，第三人有向受托人固有财产主张支付的权利，若管理人（受托人）以其固有财产先行支付的，其对基金财产享有优先受偿权。上述结论的合理性在于，在我国，信托财产（基金财产）并非法律、司法解释所明确的民事权利主体，没有法律人格，虽然信托财产（基金财产）独立于管理人（受托人）固有财产，但是本案对于相对人而言，是管理人代表基金与其签订回购协议，其交易的对象是管理人”[①]。

---

① 除此之外，该案的裁判也综合考虑了案件的其他情况，进而得出上述结论。详见北京市第一中级人民法院（2021）京01民终7188号民事判决书。

第二章

债券纠纷的管辖争议

本章导读 〉〉〉

对于投资者要求债券发行人兑付债券本息的纠纷，无论是基于违约损害赔偿请求权还是基于侵权损害赔偿请求权，其中的管辖争议一般只需要依据《民事诉讼法》及司法解释的一般规则处理即可。但是，由于债券发行和交易的一些特殊性，债券纠纷的管辖仍存在不少争议。本章拟结合司法实践的相关案例，首先，就债券纠纷的案由以及相应的管辖问题进行阐述；其次，分别就债券纠纷的地域管辖、协议管辖进行分析；再次，结合《2003 年若干规定》与《2022 年若干规定》的差异，就证券虚假陈述纠纷中的选择管辖与移送管辖问题进行分析；最后，结合破产程序的专属管辖规则与证券虚假陈述纠纷的专属管辖规则发生的冲突进行分析。

第一节
债券纠纷案由及其地域和级别管辖

"民事案件案由的确定与民事案件管辖（地域管辖）的确定密切相关。"[①]在当前司法实践的债券纠纷中，常见的案由大致有：证券纠纷、公司债券交易纠纷、债券回购合同纠纷、合同纠纷、证券欺诈纠纷、证券虚假陈述责任纠纷等。由此产生的疑问是，一些相同的诉讼请求为何在实践中有不同的案由？不同案由如何影响管辖？以下就债券纠纷的合同类和侵权类案由分别阐述。

一、债券纠纷的合同类案由与管辖

首先，公司债券交易纠纷，是指"当事人之间因公司债券的买卖、转让、质押等产生的纠纷"，[②]该含义较广。但是，结合其上级案由即"证券交易合同纠纷"的含义，此处的证券交易系指在证券的流通市场（又称二级市场）、在证券交易的法定场所进行的证券交易。而司法实践中的债券本息兑付纠纷显然发生在发行人与投资者之间，而非投资者与投资者之间。因此，严格意义上，公司债券交易纠纷并非此类纠纷合适的案由。但即便定性为"公司债券交易纠纷"，其也应适用合同纠纷管辖的一般规则，即《民事诉讼法》第24条，由被告住所地或者合同履行地人民法院管辖。

---

① 孙佑海等：《2011年修改后的〈民事案件案由规定〉的理解与适用》，载《人民司法》2011年第9期。

② 景汉朝主编：《民事案件案由新释新解与适用指南》（第二版）（下册），中国法制出版社2017年版，第977页。

其次，以往的司法实践中，部分债券纠纷以证券回购纠纷为案由，进而适用《最高人民法院关于如何确定证券回购合同履地问题的批复》（法复〔1996〕第9号，已失效）确定管辖，即“凡通过证券交易所进行的证券回购交易产生的纠纷，证券交易所所在地或者被告所在地人民法院有管辖权；对未通过交易所进行的回购交易产生的纠纷，最初付款方（售方）所在地或者被告所在地的人民法院有管辖权。”但一方面，证券回购纠纷是指“证券持有人与买受人之间因证券回购合同的成立、履行、内容等发生的各种纠纷”，“证券回购实质上是一种以有价证券作为抵押品拆借资金的信用行为”。这与实践中投资者与发行人之间的债券纠纷样态不符。另一方面，前述批复已被《最高人民法院关于废止部分司法解释及相关规范性文件的决定》（法释〔2020〕16号）所废止。故证券回购纠纷仍然不是合适的案由。

综上，本书认为，就以违约损害赔偿请求权为基础的债券本息兑付纠纷，司法实践中使用“证券纠纷”“合同纠纷”作为案由或许更为合适。但是，无论是采用合同纠纷还是证券纠纷中合同类案由，在地域管辖的判断上，均应依照《民事诉讼法》第24条。

二、债券纠纷的侵权类案由与管辖

在司法实践中，有一些投资者选择“证券虚假陈述责任纠纷”或“证券欺诈纠纷”作为案由起诉，与前面的合同纠纷案由不同，此时投资者的请求权基础为侵权损害赔偿责任请求权。司法实践中有债券持有人以证券虚假陈述纠纷起诉债券发行人，法院则依照《2003年若干规定》将案件移送至发行人住所地有管辖权的中级人民法院，如“某金创新（北京）资产管理有限公司与江苏某极皓天科技有限公司等公司债券交易纠纷”。[①] 但是事实上，就《2003年若干规定》是否适用于债券纠纷存在争议，这一争议在司法上的典型案例是“超日债”纠纷案。在“超日债”纠纷案中，部分投资者以证券虚假陈述纠纷为案由向南京市中级人民法院起诉，发行人某日公司（某鑫集成公司）认为，《2003年若干规定》所规制的证券虚假陈述不包括债券。如在

① 如江苏省宜兴市人民法院（2017）苏0282民初6889号民事裁定书。

“张某福与某鑫集成科技股份有限公司证券虚假陈述责任纠纷案”中，法院认为，涉案债券系在证券法规制的范围内，应适用《2003 年若干规定》。[①]

本书作者认为，首先，从《2003 年若干规定》中的相关规则尤其是投资差额损失计算方法来看，其是以股票作为原型而设计；其次，《2003 年若干规定》第 3 条明确：“在国家批准设立的证券市场以外进行的交易、在国家批准设立的证券市场上通过协议转让方式进行的交易，不适用本规定。”就债券市场中的银行间债券市场而言，其由中国人民银行设立，中国人民银行是全国银行间债券市场的主管部门；且《全国银行间债券市场债券交易管理办法》（中国人民银行令〔2000〕第 2 号）第 15 条规定，债券交易以询价方式进行，自主谈判，逐笔成交。因此从形式上看，至少在银行间债券市场发行交易的债券属于《2003 年若干规定》的除外范围。但是，从保护投资者、为投资者增加救济途径以及司法裁判有法可依的角度，应当认为《2003 年若干规定》中的部分规则可以适用于债券的虚假陈述纠纷；或者说，至少《2003 年若干规定》中的“程序性规则”可以适用于债券的虚假陈述案件。故投资者以证券虚假陈述责任纠纷为案由起诉发行人，应适用《2003 年若干规定》的管辖规则。《债券会议纪要》第 11 条规定，“债券持有人、债券投资者以发行人、债券承销机构、债券服务机构等为被告提起的要求承担欺诈发行、虚假陈述民事责任的侵权纠纷案件，由省、直辖市、自治区人民政府所在的市、计划单列市和经济特区中级人民法院管辖。多个被告中有发行人的，由发行人住所地有管辖权的人民法院管辖”。该条的精神与《2003 年若干规定》的管辖规则基本一致。

《2022 年若干规定》在条文中未提及“债券”，第 1 条只是说“信息披露义务人在证券交易场所发行、交易证券过程中实施虚假陈述引发的侵权民事赔偿案件，适用本规定”，第 27 条、第 28 条有关虚假陈述损失计算方式的规定中，前提也是“集中竞价的交易市场、原告买卖股票”，因此似乎仍然不适用于债券。不过，如前所述，程序性规则仍然在股票虚假陈述和债券虚假陈述案件的审理中通用，因此，《2022 年若干规定》第 3 条有关证券虚假

---

① 详见南京市中级人民法院（2018）苏 01 民初 585 号民事判决书。

陈述侵权民事赔偿案件的管辖规则可以适用于债券虚假陈述。该条指出，“证券虚假陈述侵权民事赔偿案件，由发行人住所地的省、自治区、直辖市人民政府所在的市、计划单列市和经济特区中级人民法院或者专门人民法院管辖。《最高人民法院关于证券纠纷代表人诉讼若干问题的规定》等对管辖另有规定的，从其规定。省、自治区、直辖市高级人民法院可以根据本辖区的实际情况，确定管辖第一审证券虚假陈述侵权民事赔偿案件的其他中级人民法院，报最高人民法院备案”。该条明确只有发行人住所地有管辖权的法院管辖；结合上海金融法院与北京金融法院的改革实践，增加了专门法院作为管辖法院；并允许各地基于审判实践调整管辖法院。

三、债券违约纠纷中合同履行地的认定

（一）“接收货币一方所在地”的争议

在司法实践中，投资者以违约损害赔偿请求权作为请求权基础起诉的案件较多，在没有协议管辖的情况下，《民事诉讼法》第 24 条中合同履行地的判断往往成为争议焦点。对此，《民诉法解释》第 18 条有具体的规定。在实践中，有投资者即依据《民诉法解释》第 18 条第 2 款“争议标的为给付货币的，接收货币一方所在地为合同履行地”确定管辖法院并起诉。

但是，有观点认为，对于债券纠纷应依据债券交易的特殊性判断合同履行地，应适用《民诉法解释》第 18 条第 2 款“其他标的，履行义务一方所在地为合同履行地”。如在“武汉某裕物流产业集团有限公司与某城证券股份有限公司合同纠纷案”中，发行人认为：“适用‘争议标的为给付货币的’是指案件内容本身为给付货币，比较典型的情形为借贷合同纠纷和不当得利纠纷。而本案中，上诉人与被上诉人之间存在的是债券投资关系，受到特定法律规范的约束，并非单纯的借贷关系。本案合同履行地的判断应适用争议标的为‘其他标的’的法律适用规则即将履行义务一方所在地视为合同履行地。”① 但是裁判实践中，法院多认为投资者所在地就是接收货币一方所在地，

① 广东省高级人民法院（2018）粤民辖终 770 号民事裁定书。

如“某联安基金管理有限公司与中国某建设控股集团有限公司（以下简称中某建公司）公司债券交易纠纷案”[①]“山东某水泥集团有限公司与某诚信托有限责任公司公司债券交易纠纷案”[②]等。

上述争议实际上是《民诉法解释》第18条第2款“争议标的为给付货币的，接收货币一方所在地为合同履行地”本身的争议的反映。对于该条有“诉请义务说”和“特征义务说”两种观点。[③]本书认为，首先，从管辖权异议的审理不涉及或者尽量不涉及实体权利义务关系角度看，“诉请义务说”更为妥当。其次，债券本息兑付纠纷在一定意义上与纯粹给付金钱的借款合同有些相似，实践中有法院也认为可以类推适用借款合同的相关规定，如在“中某建公司与某润深国投信托有限公司（以下简称某润信托公司）公司债券交易纠纷案”中，法院认为：“本案虽然是公司债券交易纠纷，但案涉债券是具有法人资格的非金融企业在银行间债券市场按照计划分期发行的，并约定在一定期限还本付息的债务融资工具，因此案涉债券发行与认购实质也是中某建公司与某润信托公司之间的借款合同关系，可以适用《合同法》中关于借款合同的规定。”[④]因此，从纯粹给付金钱的角度，债券纠纷中适用诉请义务说亦合理。故在投资者起诉发行人请求偿付本息时，投资者所在地为接收货币一方所在地。

（二）资管计划与合同履行地的确认

本书第一章在解决了资管计划的管理人为债券纠纷的适格原告后，许多与之相关的诉讼问题也一并得到解决。例如，资管计划购入发行人发行的多只债券，多只债券均发生违约，在实践中，有资管计划的管理人起诉发行人，在一个诉讼中要求发行人偿付多只债券的本息。如在“山东山水水泥集团有限公司与中融基金管理有限公司合同纠纷案”中，原告是将其资管计划

---

① 上海市第一中级人民法院（2017）沪01民初716号之一民事裁定书。

② 北京市高级人民法院（2017）京民辖终371号民事裁定书。

③ 详见王亚新、陈杭平、刘君博：《中国民事诉讼法重点讲义》，高等教育出版社2017年版，第47页。

④ 北京市高级人民法院（2018）京民终410号民事判决书。

持有的“15 山水 SCP001”“15 山水 SCP002”一并起诉。[①] 由此产生的疑问是，资管计划持有同一发行人发行的不同债券，是否能够一并起诉？

本书认为，如前所述，资管计划并非适格原告，资管计划的管理人才是适格原告。因而，实际上是资管计划的管理人持有被告发行人发行的不同债券。对于此时是否能一并起诉，属于诉讼法中诉的客观合并问题。此一问题存在共识，即“原告可以在作为同一案件和分别起诉之间进行选择。原则上，法院对于原告的这些选择应当予以尊重”[②]。

此外，在资管计划购入债券之时，也产生了案件管辖的争议。如在“永泰能源股份有限公司与平安养老保险股份有限公司等债券交易纠纷案”中，发行人即指出：“平安养老保险并不是债券持有人，不应以其住所地为接收货币一方所在地……债券持有人，即有权接收货币的是‘招商银行江苏省电力公司（国网）企业年金计划平安养老组合’等，平安养老保险系资管计划的管理人或投资顾问，其住所地并非接收货币一方所在地。因此，平安养老保险并非债券持有人，原审裁定以平安养老保险住所地为接收货币一方所在地，进而属于合同履行地系事实认定及法律适用错误。”[③] 本书认为，在债券交易中，资管计划显示为债券持有人时，由于资管计划并非法律主体，资管计划的管理人是适格原告，故其作为原告，其所在地当然属于“接收货币一方所在地”。

（三）登记结算机构所在地能否作为合同履行地

在司法实践中，有一些观点认为债券交易中的登记结算机构所在地为合同履行地。如在“中某建公司与某顺长城基金管理有限公司（以下简称某顺长城公司）公司债券交易纠纷案”中，法院认为：“本案应当由被告住所地或合同履行地法院管辖。本案中根据系争票据募集说明书的相关内容，可以确

---

① 最高人民法院（2017）最高法民终 149 号民事判决书。

② 王亚新、陈杭平、刘君博：《中国民事诉讼法重点讲义》，高等教育出版社 2017 年版，第 12 页。

③ 最高人民法院（2019）最高法民辖终 335 号民事裁定书。

定本案合同中约定了上海清算所为本案合同履行地。”[①]

本书认为，登记结算机构虽然属于与债券交易相关的重要基础设施机构，但是登记结算机构主要的职能是记账、结算、托管等，并不直接涉及债券交易中的主合同权利义务。这一点在执行以及同为证券的股权交易司法实践中也能够得到印证。

首先，在执行中，登记结算机构所在地一般无法作为管辖的连结点。如2010年7月15日，《最高人民法院执行局关于法院能否以公司证券登记结算地为财产所在地获得管辖权问题的复函》（〔2010〕执监字第16号函）指出：“证券登记结算机构是为证券交易提供集中登记、存管与结算服务的机构，但证券登记结算机构存管的仅是股权凭证，不能将股权凭证所在地视为股权所在地。由于股权与其发行公司具有密切的联系，因此，应当将股权的发行公司住所地认定为该类财产所在地。”

其次，在涉及股权的纠纷中，法院一般也不将登记结算机构所在地作为管辖的连结点。如“甘肃建新实业集团有限公司与成都合聚投资有限公司等合同纠纷案”中，法院认为：“《证券登记结算管理办法》第29条关于由证券登记结算机构办理相应的证券过户登记手续的内容，是根据现代证券交易信息化的特点，对证券过户登记方式的规定。证券登记结算机构本身并不是股票过户、股权转让义务的义务人。”[②]

但是，本书也认为，登记结算机构所在地法院在一些情形下认定为合同履行地并非绝对不可以。如在发行人提起的管辖权异议能够明显被认定为一种滥用的时候，如常见的被告在证券虚假陈述纠纷中逐案提出管辖权异议拖延诉讼，法院认定受诉法院具有管辖权且不移送案件，从推进诉讼进程、减少诉讼成本的角度来看是有一定合理性的。事实上，在管辖权异议的案件中，法院移送案件的比例占管辖权异议案件的极少数，这一结论得到实证的支持。有研究指出，某法院3年间的19014件管辖权异议案件中，仅有约15%

---

① 上海市第二中级人民法院（2017）沪02民辖终932号民事裁定书。

② 最高人民法院（2013）民二终字第132号民事裁定书。

即2852件被法院裁定移送，绝大部分案件的最终结果是被法院裁定驳回。[①]况且，登记结算机构也并非与债券交易毫不相关。因而，法院在特定案件中，根据特定情形，只要能够自圆其说、充分说理，认定登记结算机构所在地为合同履行地亦无不当。

第二节

债券协议有关争议解决方式的冲突

债券交易中，募集说明书中的内容对于当事人至关重要，其中的相关条款对于投资者和发行人具有约束力，因此，若募集说明书中记载着纠纷解决方式，则在纠纷发生时自然应以此为准。但是因募集说明书内容的模糊、债券交易中其他文件的出现以及不同文本之间的矛盾和理解上的分歧，导致在司法实践中产生争议。

一、债券募集说明书与债券受托管理协议的冲突

（一）债券受托管理协议中仲裁条款的约束范围

实践中，很多债券募集说明书都记载“投资者认购或持有本期债券视作同意债券受托管理协议、债券持有人会议规则等等”，“凡通过认购等合法方式取得并持有本期债券的投资者，均视为同意债券受托管理协议的条款和条件，并由债券受托管理人按债券受托管理协议的规定履行其职责”。而债券受托管理协议则载明“债券受托管理协议所产生的或与债券受托管理协议有

---

① 参见郝廷婷、龚成：《滥用民事管辖权异议程序的规制路径》，载《法律适用》2018年第3期。

关的任何争议，首先应在争议各方之间协商解决。如果协商解决不成，应将争议提交某某仲裁委员会”。

由此，有观点认为，此即表明债券持有人与债券发行人之间存在仲裁协议，因而在投资者向法院起诉时，法院应裁定不予受理。如在“某海信托股份有限公司与无锡某洲国际装饰城有限公司等公司债券交易纠纷上诉案”中，法院指出：“《募集说明书》第156页约定，凡通过认购、交易、受让、继承、承继或其他合法方式取得并持有本期债券的投资者，均视为同意《债券受托管理协议》的条款和条件。本案中，某海信托股份有限公司认购无锡某洲国际装饰城有限公司发行的债券表明其明知《债券受托管理协议》的存在，且其在认购时未对仲裁条款提出异议。此外，《募集说明书》中并未单独对争议解决条款进行约定，某海信托股份有限公司关于仲裁条款对本案不具有约束力的主张不能成立。因此，案涉仲裁条款有效，人民法院对本案纠纷不具有管辖权。”①

而相反观点认为，上述仲裁条款只是表明发行人与债券受托管理人之间因债券受托管理而产生的纠纷存在仲裁协议，而非投资者与发行人之间存在仲裁协议。如在“某光控股集团有限公司与上海某叶投资有限公司公司债券交易纠纷案”中，法院认为：“上述约定仅适用于债券发行人与债券受托管理人之间因债券受托管理协议引发的纠纷，对债券持有人不具有约束力，因此本案并不适用上述约定仲裁条款。”②在“某鼎控股集团有限公司与某时国际投资管理（北京）有限公司债券交易纠纷上诉案”中，法院也指出，“某鼎控股集团有限公司上诉认为《募集说明书》债券受托管理人一节第四项法律适用和争议解决载明：《债券受托管理协议》项下所产生的或与《债券受托管理协议》有关的任何争议，首先应在争议各方之间协商解决。如果协商解决不成，发行人、债券受托管理人双方均有权向北京仲裁委员会申请仲裁。故应当将案件移送北京仲裁委员会。但该仲裁条款中明确约定该条款约束的是债券发行人与债券受托管理人之间因《债券受托管理协议》引发的争议。某时

---

① 江苏省高级人民法院（2019）苏民终1062号民事裁定书。

② 上海市高级人民法院（2019）沪民辖终11号民事裁定书。

国际投资管理（北京）有限公司并非《债券受托管理协议》签订的主体，且某时国际投资管理（北京）有限公司与某鼎控股集团有限公司之间争议，并未涉及《债券受托管理协议》，故某时国际投资管理（北京）有限公司针对某鼎控股集团有限公司所提诉讼不应受该仲裁条款约束”[①]。

本书认为，就募集说明书的前述条款的结构、行文逻辑，前述约定应理解为发行人与债券受托管理人就债券受托的相关事宜发生纠纷时，应由仲裁管辖，而非发行人与投资者之间存在仲裁协议。若认为前述约定系投资者同意因债券兑付产生的与发行人之间的纠纷由仲裁管辖，则实际上发行人是采用隐蔽的方式限制并剥夺投资者诉讼的基本权利。因此，不能因前述条款而认为投资者与发行人之间的争议解决方式受债券受托管理协议的约束。

（二）债券受托管理人提起诉讼或者仲裁时的管辖

债券受托管理人的诉权问题得到了《证券法》第92条的确认，因此当发行人无法兑付本息时，除了投资者向发行人主张权利外，债券受托管理人亦可以向发行人提起诉讼或仲裁。在债券受托管理人代投资者向发行人主张权利时，债券募集说明书中载明的投资者与发行人之间的争议解决方式，很有可能就与债券受托管理协议中载明的发行人与债券受托管理人之间的争议解决方式不同。例如，债券募集说明书中载明争议解决方式为仲裁，而债券受托管理协议中载明争议解决方式为诉讼并约定管辖法院，则此时究竟是适用募集说明书中的争议解决方式还是适用债券受托管理协议中的争议解决方式？

对此，本书认为，适用何者应视债券受托管理协议的具体内容以及债券受托管理人的权利主张是否是基于债券受托管理协议而定。在一些债券受托管理协议中明确约定了债券发行人的违约事件，当触发约定的违约事件时，债券受托管理人可以向债券发行人主张权利。此时，债券受托管理人的权利主张应依照债券受托管理协议；而当债券受托管理协议中未明确约定债券受托管理人可提起诉讼的违约事件，则此时债券受托管理人起诉时应受募集说

---

① 北京市高级人民法院（2020）京民辖终28号民事裁定书。

明书中纠纷解决方式的约束。在“某兴证券股份有限公司与某弘控股股份有限公司公司债券交易纠纷上诉案”中，法院即认为，“本案中，某弘控股股份有限公司在本案首次开庭前提出，《募集说明书》中对于争议解决的方式明确约定由华南国际经济贸易仲裁委员会进行仲裁，因此本案争议应由该仲裁机构仲裁解决。某兴证券股份有限公司主张《募集说明书》是某弘控股股份有限公司单方出具的，其未在上面盖章，不能表明双方针对管辖达成一致意见，根据《债券受托管理协议》第11.2条约定，产生争议先协商解决，协商不成提交中国证券业协会证券调解中心申请调解，调解不成的向有管辖权的人民法院起诉。因本案系某兴证券股份有限公司代表债券持有人依据《募集说明书》的约定要求某弘控股股份有限公司偿付本期债券本金及利息，而非因《债券受托管理协议》产生纠纷向某弘控股股份有限公司主张权利，某兴证券股份有限公司关于依据《债券受托管理协议》的约定由法院审理本案的主张没有合理依据”。[①]

二、债券募集说明书与担保合同的约定冲突

在债券发行中，有些债券存在增信措施，或物保或人保，而此时募集说明书中的争议解决方式又可能与担保合同中的纠纷解决方式不同。此一问题实际上不是债券纠纷所独有，本质上是主合同与担保合同纠纷解决方式的冲突，故以下仅简要陈述。

（一）募集说明书与担保合同均载明诉讼管辖，但约定并不一致

原《担保法解释》第129条规定：“主合同和担保合同发生纠纷提起诉讼的，应当根据主合同确定案件管辖。担保人承担连带责任的担保合同发生纠纷，债权人向担保人主张权利的，应当由担保人住所地的法院管辖。主合同和担保合同选择管辖的法院不一致的，应当根据主合同确定案件管辖。”如前所述，发行人与投资者基于债券募集说明书而成立债券合同，此为当事人之间的主合同，债券募集说明书中的争议解决方式进入主合同。而担保合同

① 北京市高级人民法院（2019）京民终631号民事裁定书。

则为从合同，故此时依据原《担保法解释》第 129 条确定管辖即可。《担保制度司法解释》第 21 条第 2 款基本延续前述规则，规定债权人一并起诉债务人和担保人的，应当根据主合同确定管辖法院，这里涵盖了多种情形，如主合同与担保合同均未约定管辖法院、主合同与担保合同均约定了管辖但存在不一致、主合同约定管辖而担保合同未约定管辖、主合同未约定管辖而担保合同约定管辖等。

在债券持有人可以单独起诉担保人且仅起诉担保人的情形下，应当根据担保合同确定管辖法院，此种情形大抵有三，分别是连带责任保证情形，依据《民法典》第 687 条保证人丧失先诉抗辩权的一般保证情形，以及担保人为物上保证人情形。就物的担保，债权人既可以通过“实现担保物权案件”实现权利，也可以单独起诉物上担保人。

（二）募集说明书载明仲裁管辖，但担保合同没有仲裁条款

此时，投资者对发行人以及担保人提起仲裁时，对于担保合同是否适用仲裁管辖存在争议，有观点认为：“应尽量扩大主合同仲裁协议的效力，使保证合同纠纷可以受主合同的仲裁协议的约束。”[①] 还有观点认为，尽管存在主从关系，但是担保合同也具有一定的独立性，且仲裁管辖需要当事人明确的一致意思表示，因而在担保合同没有仲裁条款时，担保合同的争议解决方式不应认定为仲裁管辖。此结论也在最高人民法院的相关裁判中得以体现。如《最高人民法院关于成都优邦文具有限公司、王国建申请撤销深圳仲裁委员会（2011）仲裁字第 601 号仲裁裁决一案的请示的复函》(〔2013〕民四他字第 9 号）指出：“案涉担保合同没有约定仲裁条款，仲裁庭关于主合同有仲裁条款，担保合同作为从合同应当受到主合同中仲裁条款约束的意见缺乏法律依据。仲裁庭对没有约定仲裁条款的担保合同进行审理并作出裁决，担保人王国建申请撤销该仲裁裁决中涉及其作为担保人部分的裁项的理由成立。”在“惠州纬通房产有限公司与惠州市人民政府履约担保纠纷案”中，法院也

① 宋春龙：《保证合同纠纷是否受主合同仲裁条款约束问题研究》，载《北京仲裁》第 94 辑。

认为主合同仲裁管辖条款约定不及于从合同保证人。[①] 依据《担保制度司法解释》第 21 条第 1 款，仲裁条款排斥法院管辖，当事人间就主合同或者担保合同约定了仲裁条款的，人民法院对约定了仲裁条款的当事人纠纷无管辖权。

（三）募集说明书中未载明争议解决方式，但担保合同约定仲裁管辖

此时，当投资者向法院起诉发行人与担保人时，有观点认为法院应一并审理。也有观点认为，鉴于仲裁条款的独立性、合意性，此时不应置仲裁条款于不顾。如在“方正东亚信托有限责任公司与北京政泉控股有限公司等金融借款合同纠纷案”中，法院指出：“《担保法解释》第 129 条适用的前提是因主合同和担保合同发生的纠纷均属人民法院主管。”[②] 如前所述，依照《担保制度司法解释》第 21 条第 1 款，仲裁条款排斥法院管辖。

第三节
证券虚假陈述纠纷中的选择管辖与移送管辖

《2003 年若干规定》第 10 条曾经规定，“人民法院受理以发行人或者上市公司以外的虚假陈述行为人为被告提起的诉讼后，经当事人申请或者征得所有原告同意后，可以追加发行人或者上市公司为共同被告。人民法院追加后，应当将案件移送发行人或者上市公司所在地有管辖权的中级人民法院管辖。当事人不申请或者原告不同意追加，人民法院认为确有必要追加的，应当通知发行人或者上市公司作为共同被告参加诉讼，但不得移送案件”。该条涉及多被告时案件的选择管辖以及人民法院的移送管辖，在司法实践中争

① 最高人民法院（2001）民二终字第 177 号民事裁定书。
② 最高人民法院（2016）最高法民辖终 122 号民事裁定书。

议较大。不过,《2022 年若干规定》已经没有该条规定。本书作者以下先就《2003 年若干规定》第 10 条涉及的选择管辖与移送管辖进行分析，再结合《2022 年若干规定》有关管辖的规则就新规则作简要分析。

一、《2003 年若干规定》第 10 条“当事人申请”的司法歧见

根据《2003 年若干规定》第 7 条，证券虚假陈述责任纠纷中的被告除了发行人之外，根据具体情况还可能存在董事、监事、高级管理人员以及中介机构等所谓“其他虚假陈述行为人”，因此，对投资者而言，其可以根据具体情况选择被告起诉。在作为原告的投资者以发行人以外的其他虚假陈述行为人为被告在其他虚假陈述行为人所在地法院起诉，而未在发行人所在地法院将发行人作为被告起诉时，根据《2003 年若干规定》第 9 条第 2 项的规定，由被告所在地有管辖权的中级人民法院管辖。而《2003 年若干规定》第 10 条则是共同被告追加的问题以及追加共同被告后案件移送管辖的规定。根据该条，其他虚假陈述行为人所在地法院是否应当将案件移送至发行人所在地人民法院，因当事人是否申请追加被告、原告是否同意追加被告而不同。

那么，由此产生的问题是：投资者以其他虚假陈述行为人为被告，在其他虚假陈述行为人所在地法院起诉，当作为被告的其他虚假陈述行为人申请追加发行人为共同被告，而原告却拒绝申请追加被告且不同意追加被告时，对受诉人民法院而言，究竟是适用《2003 年若干规定》第 10 条第 1 款还是第 2 款？因为此时同时触发了该两款中的“当事人申请”和“原告不同意”，案件是否应该移送至发行人所在地法院，司法实践存在以下两种观点。

第一种观点认为，人民法院不应移送案件。原因在于，根据《2003 年若干规定》第 10 条第 2 款的规定，原告有权利通过选择共同被告的方式决定管辖法院。在原告仅以其他虚假陈述行为人为被告起诉，且“原告拒绝追加发行人或者上市公司为共同被告，意味着原告不同意由发行人或者上市公司所在地法院管辖此案，法院基于查明案件事实的需要，依职权追加发行人或者上市公司为共同被告是为了解决私权纠纷行使公权力的结果，这种结果不

是原告的自愿选择，不能强加到原告的身上。也就是说，原告不同意将发行人或者上市公司列为被告，即使法院依职权追加其为共同被告，也不能以发行人或者上市公司为共同被告为理由，决定由发行人或者上市公司所在地法院管辖本案”[①]。

第二种观点认为，人民法院应移送案件。原因在于，《2003 年若干规定》第 10 条第 1 款为“经当事人申请或者征得所有原告同意”，二者为或的关系，只要有“当事人申请”，就符合该条该款的规定，在原告不申请亦不同意追加被告而其他虚假陈述行为人申请追加被告时，人民法院追加被告后应移送案件。司法实践中出现此种情形时，有人民法院据此将案件移送至发行人住所地法院管辖。如在“郑某与李某、广东某雅集团股份有限公司（以下简称某雅公司）证券虚假陈述赔偿纠纷案”中，原告郑某最初是以某雅公司的独立董事李某为被告提起诉讼，在原告明确反对追加发行人某雅公司为被告的情形下，人民法院依被告李某申请追加，并认为，“经被上诉人李某申请，原审法院依法追加某雅公司为共同被告，并将本案移送广东省广州市中级人民法院审理并无不当。至于上诉人所辩称的本案应当适用《2003 年若干规定》第 10 条第 2 款的主张，因该条款系适用于人民法院依职权追加共同被告的情形，而本案为人民法院依当事人申请追加共同被告，故本案不应适用该条款”[②]。

前述两种观点与案件原被告之间的分歧在对《2003 年若干规定》第 10 条“当事人申请”“当事人不申请”中的“当事人”的理解，即究竟是仅指原告，还是指除原告之外的其他当事人。若为前者，则在原告不申请、不同

---

① 李国光主编：《最高人民法院关于审理证券市场虚假陈述案件司法解释的理解与适用》，人民法院出版社 2015 年版，第 156 页。

② 浙江省高级人民法院（2009）浙辖终字第 258 号“郑某与李某、广东某雅集团股份有限公司证券虚假陈述赔偿纠纷上诉案民事裁定书”。此外，最早以上市公司以外的其他虚假陈述行为人为被告单独起诉的案件为“某光实业案”，该案原告最初以某泰君安证券股份有限公司为被告向上海市第一中级人民法院起诉，随后上海市第一中级人民法院以上市公司某光实业所在地为四川省成都市为由，将案件移送至成都市中级人民法院，可参见上海市第一中级人民法院（2002）沪一中民三（商）初字第 91 号“龚某仪诉某泰君安证券股份有限公司等虚假陈述民事侵权赔偿纠纷案民事裁定书”。

意追加被告时，即便被告申请追加、人民法院依职权追加共同被告，根据《2003 年若干规定》第 10 条第 2 款人民法院不得移送案件；而若为后者，当案件被告申请追加被告时，人民法院依照《2003 年若干规定》第 10 条第 1 款应当移送案件。

从《2003 年若干规定》第 10 条的文义本身而言，该条中当事人应指一般意义上的当事人概念，即《民事诉讼法》第 51 条的当事人概念，应包括原告之外的其他当事人。但是，根据《2003 年若干规定》起草者对该条的释义，该条中的当事人概念应仅指原告，“因原告申请或者同意追加发行人或者上市公司为共同被告的，人民法院应当将案件移送到发行人或者上市公司所在地有管辖权的中级人民法院管辖；原告不申请或者不同意追加发行人或者上市公司为共同被告，而人民法院认为确有必要，依职权予以追加的，案件仍然由原人民法院管辖，不得将案件移送”①。也即司法解释起草者是从尊重原告诉权的角度认为，对第 10 条中的“当事人”进行限缩解释，仅在原告同意、申请的情形下才可以移送案件。

二、《2003 年若干规定》第 10 条“当事人申请”的含义与解释

（一）被告是否有权追加被告

事实上，在出现前述问题时，司法审判首先面临的一个普遍性问题是，被告是否有申请追加共同被告的权利？具体至本节所述主题，其他虚假陈述行为人是否有权追加发行人为共同被告呢？对此，司法实务和理论中一直存在争议。

一种观点基于“不告不理”的原则、原告处分权的尊重角度认为只有原告才有申请追加被告的权利。② 被告申请追加被告既无法律依据，也无理论依据，“如果同意被告申请追加被告，实际上就是混淆了被告与原告的权利，

---

① 李国光主编：《最高人民法院关于审理证券市场虚假陈述案件司法解释的理解与适用》，人民法院出版社 2015 年版，第 156 页。

② 详见许平：《民事诉讼中追加被告之问题分析》，载《山东审判》2011 年第 3 期。

原告方的合法权益就得不到保障”。[①]司法实践中，最高人民法院公报案例“王某刚与王某安、第三人岚县大源采矿厂侵犯出资人权益纠纷上诉案”中，法院认为，“无论陈某平是否构成共同侵权，均不能作为王某安免除责任的理由，并且是否起诉陈某平或者追加其为被告的选择权在于王某刚，作为被告一方，王某安无权以遗漏被告为由主张追加被告”[②]。在“北京某开发建设股份有限公司、北京某开发建设股份有限公司第三建筑工程分公司与北京某特盛商贸有限公司买卖合同纠纷案”中，法院指出，“追加被告系原告的诉讼权利，北京某开发建设股份有限公司系本案原审被告，无权申请追加被告”[③]。

另一种观点认为，被告具有申请追加被告的权利。因法无明文禁止性规定，应当视为法律允许。《民事诉讼法》规定当事人可以申请追加被告，此当事人是广义的，应当包括被告，且有的案件如果不允许追加被告，势必无法查清事实，增加当事人诉累。[④]

还有观点认为，只有在必要共同诉讼下，被告才有申请追加被告的权利。如在“东莞市大岭山某基小学与刘某、谢某龙运输合同纠纷、教育机构责任纠纷申请再审案”中，法院指出，“本案并非必要共同诉讼，被告申请追加被告，没有法律依据”[⑤]。《民诉法解释》第 73 条规定，“必须共同进行诉讼的当事人没有参加诉讼的，人民法院应当依照民事诉讼法第一百三十五条的规定，通知其参加；当事人也可以向人民法院申请追加。人民法院对当事人提出的申请，应当进行审查，申请理由不成立的，裁定驳回；申请理由成立的，书面通知被追加的当事人参加诉讼”，似是肯定必要共同诉讼中被告申请追加被告的权利。

本书认为，所谓必要共同诉讼中被告有申请追加被告的权利实为伪命题，原因在于，作为一项权利，其应当有权利的行使效果，但是在必要共同

---

① 详见董林华:《关于民事诉讼中“被告能否申请追加被告”问题的探讨》，载《法学杂志》2009 年第 2 期。

② 最高人民法院（2012）民一终字第 65 号民事判决书。

③ 天津市高级人民法院（2015）津高民二终字第 0003 号民事判决书。

④ 详见许平:《民事诉讼中追加被告之问题分析》，载《山东审判》2011 年第 3 期。

⑤ 广东省高级人民法院（2015）粤高法民一提字第 35 号民事裁定书。

诉讼中，无论被告是否申请，人民法院均需追加共同被告，与被告是否申请无关。被告的所谓申请，最多是对法院的一种“建议”。因而，才有观点指出，在目前法律不明确的情况下，“法院完全可以采取变通的方式来解决被告能否申请追加被告问题……如果该案是必要共同诉讼，在法院建议原告追加被告的情况下，原告仍然不追加被告的，法院可以依职权追加被告；如果不是必要共同诉讼，法院不得依职权追加被告。”[①]

而且，即便认为必要共同诉讼中，被告具有申请追加被告的权利，证券虚假陈述责任纠纷在《2003 年若干规定》的规定下，也很难认定为必要共同诉讼。首先，《2003 年若干规定》第 9 条和第 10 条的规范表述与《民事诉讼法》《民诉法解释》关于必要共同诉讼的典型规定并不符合，[②]证券虚假陈述责任纠纷在目前很难解释为必要共同诉讼。其次，在相关的判例中也明确指出，证券虚假陈述责任纠纷目前并非必要共同诉讼，如在最高人民法院公报案例“陈某华等 23 名投资者诉大庆联谊公司、申银证券公司虚假陈述侵权赔偿纠纷案”中，裁判指出，“根据《2003 年若干规定》，对发行人或者上市公司的上市文件，证券承销商、证券上市推荐人或者专业中介服务机构都有责任审核，都可能对发行人或者上市公司的虚假陈述行为承担连带责任。以上述主体为被告的诉讼，属于普通共同诉讼。在一审诉讼中，原告基于其诉讼利益的判断而选择其中某些人当被告，不违反法律规定。法院根据原告的请求确定诉讼参加人，是尊重当事人的诉讼选择权，并无不当。”[③]因而，即便认为在必要共同诉讼中被告可以申请追加共同被告，证券虚假陈述责任纠纷至少在当前规定下也并非必要共同诉讼。

---

① 丁稳静:《民事诉讼中被告能否申请追加被告》，载河南省高级人民法院网，http://www.hncourt.gov.cn/public/detail.php?id=118765。

② 典型的必要共同诉讼如《民诉法解释》第 70 条，“在继承遗产的诉讼中，部分继承人起诉的，人民法院应通知其他继承人作为共同原告参加诉讼；被通知的继承人不愿意参加诉讼又未明确表示放弃实体权利的，人民法院仍应将其列为共同原告”;《民诉法解释》第 72 条，“共有财产权受到他人侵害，部分共有权人起诉的，其他共有权人为共同诉讼人”。

③ “陈某华等 23 名投资人诉大庆联谊公司、申银证券公司虚假陈述侵权赔偿纠纷案”，载《最高人民法院公报》2005 年第 11 期。

（二）证券虚假陈述责任纠纷中的特别考量

除了基于普遍性的被告不具有追加被告权利的理由外，在证券虚假陈述责任纠纷中，《2003 年若干规定》第 10 条的当事人申请应仅为原告申请，还基于以下四点理由。

第一，基于《2003 年若干规定》第 10 条的内部逻辑一致。如前所述，当被告申请追加共同被告，而原告不同意追加被告，此时，同时触发了《2003 年若干规定》第 10 条第 1 款的“当事人申请”和第 2 款的“原告不同意”，由此造成了法条的内部矛盾，对于人民法院而言，究竟适用哪款？只有改为原告申请，方能避免此种矛盾的发生。

第二，基于选择管辖中的制度平衡。根据《2003 年若干规定》第 9 条，原告在此时实际面临选择管辖的局面，从共同管辖与选择管辖的角度而言，当原告面临着选择管辖情形时，选择其中一个受诉法院起诉是原告的权利，而这种权利来源于管辖制度设计中的利益平衡，即“一旦原告起诉时面临共同管辖的局面，就有权通过向其中一个法院实际提起诉讼的方式来选择对自己的案件最为有利的法院进行管辖。这意味着‘选择管辖’成为一种方便或有利于原告一方的制度安排……法律上作为原则的‘一般地域管辖’以成本负担的分配向原告倾斜的方式，构成了对被告一方利益的适用保护。但出于防止这项原则的运用过于僵硬的政策性考虑，并为了在当事人之间实现成本分担的合理均衡，也采取了如‘特定地域管辖等方法来进行调整。在此意义上，“选择管辖”同样可以理解为调整当事人之间成本分担的一种可操作性手段，旨在向着有利于原告的方向与保护被告利益的价值保持某种平衡’”。[①] 在此背景下，当原告就案件在多个受诉法院中作出选择时，人民法院应尊重原告选择，并不能因现有被告追加共同被告的因素而产生变化。此为选择管辖的机理所致的当然结论，否则将使选择管辖的平衡被打破。故《2003 年若干规定》第 10 条中的“当事人”为原告。

---

① 王亚新、陈航平、刘君博：《中国民事诉讼法重点讲义》，高等教育出版社 2017 年版，第 49–50 页。

第三，基于《2003 年若干规定》第 10 条与第 9 条第 1 项的体系解释。《2003 年若干规定》第 9 条规定，“投资人对多个被告提起证券民事赔偿诉讼的，按下列原则确定管辖：（一）由发行人或者上市公司所在地有管辖权的中级人民法院管辖。但有本规定第十条第二款规定的情形除外……”也就是说，只有在符合“投资人对多个被告提起证券民事赔偿诉讼”的情形时，案件的管辖权才自然归属于发行人所在地法院管辖，受诉其他法院应将案件移送至发行人所在地法院。而当投资者仅以其他虚假陈述行为人为被告起诉时是不符合《2003 年若干规定》第 9 条第 1 项规定的，只有原告申请或者同意追加发行人为共同被告时，在诉讼构造上才符合第 9 条第 1 项的前提即“投资人对多个被告提起民事赔偿诉讼”。如果仅为所谓被告申请追加被告或者法院依职权追加被告，则并不符合“投资人对多个被告提起民事赔偿诉讼”。因而，只有对第 10 条的当事人作限缩解释即仅为原告，方能使《2003 年若干规定》第 10 条第 1 款与第 9 条第 1 项吻合。

第四，基于保障原告选择管辖的诉权。若将《2003 年若干规定》第 10 条的当事人申请理解为包括被告，则其他虚假陈述行为人无论是基于自身免除责任的利益考虑还是拖延诉讼时间的考虑，都必然会提出申请追加共同被告并提出管辖权异议，此时按照《2003 年若干规定》第 10 条第 1 款的规定，人民法院将案件移送，会架空《2003 年若干规定》第 9 条第 2 项，使原告的选择管辖权利被完全架空，其他虚假陈述行为人所在地法院管辖即《2003 年若干规定》第 9 条将成为具文。

综上，无论是基于被告无权申请追加被告这一普遍性理由，还是基于选择管辖中的利益平衡、原告选择管辖的权利保障、规范的体系解释和内在逻辑，《2003 年若干规定》第 10 条中的当事人申请都应仅为原告申请。

三、《2003 年若干规定》第 10 条的规范漏洞及两种解释路径

（一）无法移送管辖所导致的弊病

在上述结论下，依照《2003 年若干规定》第 10 条的逻辑，只有在原告同意、原告申请追加被告时，人民法院追加被告后才能够移送案件，原告不

同意追加、不申请追加发行人为共同被告，人民法院就不能移送案件至发行人所在地法院。但是事实上，在前述关于原告以其他虚假陈述行为人为被告提起诉讼且原告不同意追加、不申请追加发行人为被告时的讨论和司法裁判中，忽视了证券虚假陈述责任纠纷的本质是涉众型纠纷，分散于全国各地的投资者会陆续分别起诉，因此，这并非个案情形下管辖权的确定问题。而在依照前述结论即不移送案件的指引操作下，会造成两地甚至多地法院审理，浪费司法资源，增加司法成本，增加当事人诉累，影响裁判尺度的统一。

详言之，若在此种情形下，人民法院仍不移送案件，会造成因同一侵权行为而产生的案件，由两个或者两个以上法院审理，若一部分投资者以控股股东为单独被告在控股股东住所地法院起诉，另一部分投资者以中介机构作为单独被告在中介机构住所地法院起诉，以此类推，仅以原告不同意且不申请追加发行人为被告为理由不移送案件至最先立案受诉法院，会造成案件审理的混乱局面。

与此同时，为查明案件事实，发行人若被追加至每一个案件中，原被告需要多地奔波；在被告多地奔波中，受诉法院之间的开庭审理时间需要法院之间协调，影响案件审理；更为重要的是，证券虚假陈述责任纠纷中关于重大性、揭露日确定、因果关系认定、系统风险扣除、投资差额损失计算等诸多问题均为当前司法实践中的疑难问题和裁判尺度不统一之处，为避免同案出现不同判，受诉法院之间需要耗费更多的成本就案件相关问题达成统一意见；而一旦达不成一致意见，再报请共同上级法院，又增加审理难度和成本，造成诉讼的拖延，与《2003 年若干规定》“避免此类案件的审理在全国遍地开花和判决结果互相冲突可能性”[①] 的目的不符。

因此，本书作者认为，在此种情形下，《2003 年若干规定》第 10 条出现了规范漏洞抑或法律漏洞，所谓“法律漏洞，涵义如下：其一，指现行制定法体系上存在缺陷即不完全性；其二，因此缺陷的存在影响现行法应有功能；其三，此缺陷之存在违反立法意图。可将法律漏洞定义为，现行法体系上存

① 李国光主编：《最高人民法院关于审理证券市场虚假陈述案件司法解释的理解与适用》，人民法院出版社 2015 年版，第 152 页。

在影响法律功能，且违反立法意图之不完全性”[①]。即若此时受诉法院不将案件移送至先立案的法院，则如前所述，此种情形将违反立法意图。

（二）两种解释路径

本书认为，为避免上述情况的出现，自解释论而言，有以下两个解释方案。

第一，采类推适用和目的性限缩的方法对上述规范漏洞进行填补。具体而言，一方面，类推适用《民事诉讼法》第36条、《民诉法解释》第36条关于共同管辖的基本规则，即后立案的法院应将案件移送有管辖权的先立案法院。另一方面，在此情形下，则应当对《2003年若干规定》第10条作目的性限缩解释，即该条仅仅适用于没有受诉法院对此类案件先行立案的情形。

该方案能够避免基于同一侵权行为产生的案件由不同法院受理，但是该方案仍有以下两点不足。首先，从《民事诉讼法》第36条“原告可以向其中一个人民法院起诉；原告向两个以上有管辖权的人民法院起诉的，由最先立案的人民法院管辖”的表述看，共同管辖的前提是同一当事人，而非此种情形下，不同的原告针对不同被告进行的起诉，故此种解释方案有强行解释之嫌。其次，在此种解释下，可能会出现另外一种极端，即若不存在有先立案的法院情形，能够移送管辖的情形几乎就不存在，因为原告既然选择了管辖法院，一般就意味着原告为自身权益而进行了目的性选择，其申请、同意追加被告的情形就不会出现，移送管辖的条件就不可能发生。由此导致《2003年若干规定》“为了节约诉讼成本、为了集中审结众多的投资人起诉发行人或者上市公司的同一类型的案件、为了便于判决的执行，从而规定由发行人或者上市公司所在地的中级人民法院进行管辖”[②]的目的落空。更多的原告会在其他虚假陈述行为人所在地法院起诉，尽可能地选择北京、上海、深圳等地的法院起诉，更多的案件也将集中到上述地区。

---

① 梁慧星：《民法解释学》，中国政法大学出版社1995年版，第251页。

② 李国光主编：《最高人民法院关于审理证券市场虚假陈述案件司法解释的理解与适用》，人民法院出版社2015年版，第152页。

第二，其他虚假陈述行为人所在地法院受理案件后，中止审理，等待发行人所在地法院的审理结果。《民事诉讼法》第 153 条第 1 款规定了诉讼中止的六种情形，其中第 5 项为“本案必须以另一案的审理结果为依据，而另一案尚未审结的”，第 6 项为“其他应当中止诉讼的情形”。解释上适用上述两项规定，以发行人所在地法院为主。

但是，此种解释方案仍有以下可疑之处：首先，从严格意义上讲，其他虚假陈述行为人所在地法院审理案件并不存在客观障碍，追加发行人为被告后进行审理亦无须等待发行人所在地法院审结；其次，《民事诉讼法》第 153 条经常涉及的是民事案件与刑事或行政诉讼案件的复杂关系，[①]本节所述情形与此相差较大；最后，中止审理所导致的结果是投资者不再在其他虚假陈述行为人所在地法院起诉，《2003 年若干规定》第 9 条亦可能被司法实践架空，更为重要的是，由于需要较长时间的等待，具有相同情况的投资者在不同法院诉讼方面受到差别对待。

可以看到，《九民会议纪要》大抵采纳了第一种方案，第 79 条关于“共同管辖的案件移送”中规定，“原告以发行人、上市公司以外的虚假陈述行为人为被告提起诉讼，被告申请追加发行人或者上市公司为共同被告的，人民法院应予准许。人民法院在追加后发现其他有管辖权的人民法院已先行受理因同一虚假陈述引发的民事赔偿案件的，应当按照民事诉讼法司法解释第 36 条的规定，将案件移送给先立案的人民法院”。其明确了被告可以申请追加被告，同时指出，若有先立案法院的，则应当将案件移送至先立案的法院。《九民会议纪要》第 79 条的规定是妥当的。实际上，在以前的司法解释中已经对类似情况作出了可以参考的规定，比如 2012 年《最高人民法院关于审理因垄断行为引发的民事纠纷案件应用法律若干问题的规定》（法释〔2012〕5 号，法释〔2020〕19 号修正）第 6 条规定，“两个或者两个以上原告因同一垄断行为向有管辖权的不同法院分别提起诉讼的，后立案的法院在得知有关法院先立案的情况后，应当在七日内裁定将案件移送先立案的法院；受移

① 王亚新、陈航平、刘君博：《中国民事诉讼法重点讲义》，高等教育出版社 2017 年版，第 225 页。

送的法院可以合并审理。被告应当在答辩阶段主动向受诉人民法院提供其因同一行为在其他法院涉诉的相关信息”。

四、《2022 年若干规定》所确定的管辖规则

因此，在立法论上，本书作者认为，证券虚假陈述责任纠纷案件应由发行人住所地法院集中管辖，一个重要理由就是便于法院审理、查明事实和执行，此种集中管辖的优势明显体现在破产案件中，《企业破产法》第 3 条规定“破产案件由债务人住所地人民法院管辖”，系因“住所地作为企业法人的注册地，最容易识别企业法人的国籍等因素，有利于确定法律的适用；住所地企业的管理机关拥有企业的信息，可以为破产案件的审理提供信息支持与其他方面的支持；住所地通常是企业的主要营业地，能够降低破产债务人与债权人之间参加破产程序的成本，提高破产程序的效率；住所地法院的管辖有利于破产有关事务的外部协调”。[①]

尤其在证券虚假陈述责任纠纷前置程序被废除的情况下，在没有中国证监会等行政机关对发行人虚假陈述行为进行调查、处罚的前提下，投资者起诉发行人请求赔偿，便需要贯彻民事诉讼举证的基本规则即“谁主张、谁举证”，一些事实也需要人民法院依职权调查。这样的背景下，案件在发行人所在地法院管辖的优势便得以凸显。

或许正是因《2003 年若干规定》第 10 条引发的裁判争议，并考虑到证券虚假陈述责任纠纷的特殊性，《2022 年若干规定》在证券虚假陈述责任纠纷的案件管辖上作了大量“减法”。《2022 年若干规定》第 3 条指出，“证券虚假陈述侵权民事赔偿案件，由发行人住所地的省、自治区、直辖市人民政府所在的市、计划单列市和经济特区中级人民法院或者专门人民法院管辖。《最高人民法院关于证券纠纷代表人诉讼若干问题的规定》等对管辖另有规定的，从其规定。省、自治区、直辖市高级人民法院可以根据本辖区的实际情况，确定管辖第一审证券虚假陈述侵权民事赔偿案件的其他中级人民法院，报最高人民法院备案”。该条一方面明确只有发行人住所地有管辖权的

---

① 韩长印主编:《破产法学》，中国政法大学出版社 2016 年版，第 55 页。

法院可以管辖证券虚假陈述责任纠纷案件，没有保留《2003 年若干规定》第 9 条、第 10 条有关多被告时的管辖规则，之后无论原告在起诉中介机构等其他责任主体时是否同时起诉发行人，案件的管辖均不再发生变动；另一方面也允许高级人民法院结合本辖区实际情况，调整证券虚假陈述责任纠纷的管辖法院，这也契合了本书作者前述提及的，在前置程序取消后，发行人住所地法院管辖案件更有利于案件事实的查明。

第四节
破产管辖规则与债券虚假陈述诉讼管辖规则的冲突

一、破产集中管辖与证券虚假陈述专属管辖的冲突

这种冲突所针对的情形是，发行人破产申请受理后，债券持有人以发行人为被告的债券虚假陈述责任纠纷应该如何确定管辖?

按照破产专属管辖的规则，债券虚假陈述责任纠纷应由发行人住所地法院直接管辖，《企业破产法》第 21 条规定，法院受理破产申请后，涉及债务人的案件，只能向受理破产申请的法院提起。但按照司法解释关于证券虚假陈述的特殊管辖规则，该案件应由发行人住所地的省会城市、单列市或经济特区中院管辖，《债券会议纪要》第 11 条规定，涉及债券欺诈发行和虚假陈述民事责任的侵权纠纷案件，由省、直辖市、自治区人民政府所在的市、计划单列市和经济特区中级人民法院所在地管辖，多个被告中有发行人的，由发行人住所地有管辖权法院管辖。

对此，《企业破产法司法解释二》第 47 条规定，“人民法院受理破产申请后，当事人提起的有关债务人的民事诉讼案件，应当依据企业破产法第二十一条的规定，由受理破产申请的人民法院管辖。受理破产申请的人民法

院管辖的有关债务人的第一审民事案件，可以依据民事诉讼法第三十八条的规定，由上级人民法院提审，或者报请上级人民法院批准后交下级人民法院审理。受理破产申请的人民法院，如对有关债务人的海事纠纷、专利纠纷、证券市场因虚假陈述引发的民事赔偿纠纷等案件不能行使管辖权的，可以依据民事诉讼法第三十七条的规定，由上级人民法院指定管辖”。从司法解释的态度看，这类情形是交由上级法院指定管辖。

因此，部分高院对此作出了一些规定，如《北京市高级人民法院企业破产案件审理规程》第59条规定，受理破产申请后，以债务人为被告提起的第一审民事诉讼，由受理破产申请的人民法院管辖，不受有关司法解释关于地域管辖、级别管辖和专属管辖规定的限制。《四川省高级人民法院关于审理破产案件若干问题的解答》（川高法〔2019〕90号）第9条则与之相反，规定“证券市场因虚假陈述引发的民事赔偿纠纷等衍生诉讼案件，案件通常影响较大，专业技术性较高，仍应由特定人民法院管辖；例外情况下，破产法院也可以申请上级法院，指定破产法院审理”。《2022年若干规定》第3条规定，高级人民法院可以结合本辖区实际情况，调整证券虚假陈述责任纠纷的管辖法院，因此，后一种做法更为妥当，也具有法律依据。

二、重整计划执行中的管辖规则与虚假陈述管辖规则的冲突

这里所述问题与第三节的选择管辖与移送管辖相关，即将第三节所述问题置于发行人破产重整计划执行期间的背景下。详言之，由于发行人重整计划无法完全偿付债券持有人的债权，在发行人破产重整计划执行期间，有债券持有人即以其他虚假陈述行为人如中介机构为被告，在中介机构所在地有管辖权的中级人民法院提起证券虚假陈述责任纠纷，在诉讼中被告同样申请追加发行人为被告，此时产生的问题是，从破产案件集中管辖的角度，人民法院是否应将案件移送至发行人所在地法院？

首先，一般意义上，就重整计划执行期间发行人诉讼的管辖，司法实践中历来存在两种观点。一种观点认为，根据《企业破产法》第91条、第93条第1款规定，重整期间只是破产案件整个审理期间的一部分，重整计划执行阶段仍然属于破产案件审理期间，因此重整计划执行期间，有关债务人的

民事诉讼仍应当适用《企业破产法》第21条有关集中管辖的规定。另一种观点认为重整计划执行期间，法律没有明确规定破产程序终结，甚至还存在向清算程序转化的可能，此期间主要的内容是债务人实施重整计划，确保重整目的的实现，法院除了听取管理人的监督履职报告之外，基本上无其他破产程序需要处理，在此意义上，继续由破产受理法院集中审理有关债务人的民事诉讼案件，尤其是新事实或者事件引发的诉讼已无太多必要。①

《九民会议纪要》第113条第2款规定，重整计划执行期间因重整程序终止后新发生的事实或者事件引发的有关债务人的民事诉讼，不适用《企业破产法》第21条有关集中管辖的规定，除重整计划有明确约定外，上述纠纷引发的诉讼不再由管理人代表债务人进行。即《九民会议纪要》并没有“一刀切”，而是作出了区分，引发诉讼的新事实或者事件是发生在重整程序终结后的，则不适用集中管辖的规定，因此，是否需要集中管辖，重点要视新诉讼是否应当与重整计划案件相协调。在“江苏国安建筑安装工程有限公司（以下简称国安建筑公司）与大庆油田建设集团有限公司等建设工程施工合同纠纷上诉案”中，法院就指出，“《企业破产法》第21条规定，‘人民法院受理破产申请后，有关债务人的民事诉讼，只能向受理破产申请的人民法院提起。’其目的在于通过集中管辖确保破产程序的有序进行，避免在破产程序进行中发生的有关债务人的民事诉讼，由不同的法院审理导致其与破产案件的审理进度难以协调，影响破产程序的顺利进行，故有必要将这些诉讼集中于审理破产案件的人民法院一并审理。根据《企业破产法》第86条、第87条的规定，人民法院裁定批准重整计划或重整计划草案的，重整程序终止。第89条规定，重整计划由债务人负责执行。第90条规定，自人民法院裁定批准重整计划之日起，在重整计划规定的监督期内，由管理人监督重整计划的执行。本案中，国安建筑公司重整计划执行期间的主要工作系债务人执行重整计划，并由管理人进行监督和报告，并无证据表明大丰法院有关破产重整案件的审理工作仍在进行，本案作为在破产重整执行期间新发生的有关债

① 最高人民法院民事审判第二庭：《〈全国法院民商事审判工作会议纪要〉理解与适用》，人民法院出版社2019年版，第572–573页。

务人的民事诉讼，并无与国安建筑公司破产重整案件审理相协调的必要，故本案国安建筑公司提起的建设工程施工合同纠纷不应适用《企业破产法》第21条的规定”。[①]

其次，在债券虚假陈述责任纠纷领域，该问题也一样存在争议。如在“深圳市某通资本管理股份有限公司（以下简称某通资本公司）等与某阳集团股份有限公司（以下简称某阳集团）等证券虚假陈述责任纠纷案”中，债券持有人以中介机构为被告在中介机构所在地法院起诉，被告提出管辖权异议，认为应移送至发行人（破产债务人）所在地法院管辖，法院认为，“《企业破产法》第21条规定：人民法院受理破产申请后，有关债务人的民事诉讼，只能向受理破产申请的人民法院提起。某信信托公司、某通资本公司、某外经贸信托公司向本院提起本案诉讼时，某阳集团已向哈尔滨中院提起破产重整申请。现某阳集团虽处于重整计划执行阶段，但某信信托公司、某通资本公司、某外经贸信托公司起诉主张的发行人存在虚假陈述行为及承销机构未尽勤勉尽责义务等相关事实发生在哈尔滨中院受理某阳集团重整申请之前，本案不属于重整计划终止后发生的事实或事件引发的有关某阳集团的诉讼。且三原告均认可已向相关管理人申报涉案债权，申报数额与本案诉请金额一致。故本案审理结果与某阳集团重整程序密切相关，哈尔滨中院对于某阳集团重整案件的整体情况更为了解，应当由哈尔滨中院集中管辖，本案应当由哈尔滨中院审理”。[②]相反观点则认为不应移送。

就债券纠纷而言，由于法院受理破产案件后，未到期的债权视为已到期，故无论债券是否发生实质违约，在重整计划中必然会涉及发行人（破产债务人）就债券的兑付问题；况且司法实践中，在破产案件受理前，绝大多数发行人早已发生债券违约，无法兑付债券本息。因此，债券违约事实是发生在重整程序终结之前的。此外，债券持有人以证券虚假陈述责任纠纷为由起诉中介机构，指向的是中介机构在债券发行中未勤勉尽责，上述行为并非重整计划执行阶段新发生的事实。故本书认为，债券持有人在发行人破产重整计

---

① 最高人民法院（2019）最高法民辖14号民事裁定书。

② 北京市第一中级人民法院（2020）京01民初480号民事判决书。

划执行期间，以其他虚假陈述行为人如中介机构为被告，在中介机构所在地有管辖权的中级人民法院提起证券虚假陈述责任纠纷，人民法院应将案件移送至发行人所在地法院。

不过，《2022 年若干规定》第 3 条明确规定只有发行人住所地有管辖权的法院可以受理证券虚假陈述责任纠纷案件，没有保留《2003 年若干规定》第 9 条、第 10 条有关多被告时的管辖规则，因此，就证券虚假陈述责任纠纷这一案由而言，发行人重整计划执行期间，债券持有人只能在发行人住所地有管辖权的法院起诉。至于这一管辖法院为发行人住所地的法院还是发行人住所地的省、自治区、直辖市人民政府所在的市、计划单列市和经济特区中级人民法院或者专门人民法院，如前所述，取决于所在高级人民法院是否另行确定。

第三章

债券违约纠纷中的违约责任

本章导读 〉〉〉

实践中，“债券违约”既有狭义含义，也有广义含义，前者仅指发行人到期不能还本付息，后者则还包括发行人存在虚假陈述行为。本书在此处使用的是在法律上具有特定含义的狭义概念，仅指发行人违反合同义务。一般而言，募集说明书对发行人各项权利义务约定得比较完善，发行人合同义务的指向也比较明确，因此，单纯的债券违约，在民法典合同编中可以寻找规则依据。但是，鉴于债券发行与交易的特殊性，在单纯的债券违约纠纷中仍然存在需要特别讨论的问题。首要的问题即约束发行人与持有人之间的合同依据是什么，作为债券发行与交易中最重要的债券募集说明书，其发挥着何种作用。其次，在司法实践中，发行人预期违约的判定存在较大争议，应如何妥当认定。最后，就债券违约纠纷中相关费用的处理，司法裁判的认定亦存在一些分歧。本章拟就当前债券违约纠纷中的上述问题展开讨论。

第一节
债券募集说明书的性质及其体系效应

债券募集说明书是债券发行以及交易中信息披露的重要文件，为规范募集说明书的制作、披露，维护投资者权益，中国证监会曾经专门制定了《公开发行证券的公司信息披露内容与格式准则第 23 号——公开发行公司债券募集说明书》（现已废止），2021 年 8 月 13 日，上海证券交易所发布了《上海证券交易所公司债券发行上市审核业务指南第 1 号——公开发行公司债券募集说明书编制（参考文本）》，银行间交易商协会也制定了《非金融企业债务融资工具募集说明书投资人保护机制示范文本（2021 版）》，以此来规范募集说明书的内容。就私法层面而言，募集说明书这一文本则是投资者认购债券的依据，并承载着投资者的权利与发行人的义务。在司法实践中，当债券发行人违约时，投资者亦往往根据募集说明书中发行人的承诺条款主张权利，如主张发行人承担违约责任。由此产生的问题是，募集说明书这一文本究竟是什么性质？既然投资者引用募集说明书中的条款，那么募集说明书是合同吗？抑或是要约、要约邀请？就此问题，理论和实务均少有涉及。

一、募集说明书性质的重要意义

探究债券募集说明书的性质，并非仅仅是获得一种理论的逻辑自洽，募集说明书性质的确定对于司法实践中发行人与投资者之间的纠纷处理具有重要的意义。

首先，募集说明书是发行人与投资者之间仅有的书面文本。债券作为有价证券的一种，为便于流通交易，投资者在认购债券时并不与发行人单独签订所谓的认购合同或者买卖合同；同时，由于登记结算系统的电子化发展，投资者认购、交易债券通过登记结算系统呈现出无纸化。对于投资者而言，与发行人之间具有合同关系的权利义务载体仅仅是募集说明书。

其次，募集说明书中发行人披露和承诺的内容亦十分丰富，包括但不限于发行人基本情况、风险因素、增信措施等重要内容。比如，根据中国证监会《公司债券管理办法》第65条规定，“发行人应当在债券募集说明书中约定构成债券违约的情形、违约责任及其承担方式以及公司债券发生违约后的诉讼、仲裁或其他争议解决机制”，即募集说明书存在争议解决机制等重要条款。

基于上述两点，募集说明书的内容能否成为投资者和发行人之间合同关系的内容变得至关重要，对于司法实践而言意义重大。比如，募集说明书中约定的管辖条款能否约束投资者与发行人？若认定募集说明书为双方之间的合同，则合同约定管辖当无异议；若认为募集说明书仅为要约或者要约邀请，则募集说明书中的管辖条款不能直接约束债券持有人。再比如，若债券发行人预期违约，依据合同解除的相关规定，在履行期限届满之前，当事人一方明确表示或者以自己的行为表明不履行合同义务，债券持有人可解除合同。在募集说明书存在性质争议且在债券认购中无其他合同文本的情况下，债券持有人解除的对象是什么？是债券募集说明书本身吗？上述问题，只有在债券募集说明书的性质明晰后方能解决。

二、募集说明书的性质争议

就债券募集说明书的性质，在民法典颁布之前，法律以及相关规范并未明确规定，有观点认为募集说明书为要约；[①] 还有观点认为，募集说明书是一种要约邀请，“债券发行人经过材料准备阶段、正式申报及审核阶段顺利获得发行批文后，需要履行事后承诺，向社会公众披露债券募集说明书、债券募集说明书摘要、发行公告，三项文件性质上虽为要约邀请，不具有合同约

① 安义宽：《企业债券市场发展的根本出路在于市场化》，载《宏观经济管理》2000年第8期。

束力。”[①]“募集说明书虽规定大部分债券合同预设条款，但依其通常六个月的时限性及要约邀请之性质，不可解释为实质上的合同。”[②]

作为同样是有价证券的股票，在股票发行过程中的招股说明书，其性质在法律上有明确的界定，即《民法典》第473条规定，“要约邀请是希望他人向自己发出要约的意思表示。拍卖公告、招标公告、招股说明书、债券募集办法、基金招募说明书、商业广告和宣传、寄送的价目表等为要约邀请”。根据权威解释，“招股说明书是向社会发出的要约邀请，邀请公众向公司发出要约，购买公司的股份，认股人认购股份，为要约，公司卖出股份，为承诺，买卖股份的合同成立。但是，如果发起人逾期未募足股份的情况下，则依法失去承诺的权利，认股人撤回所认购的股份。招股说明书是要约邀请，但并非一般的要约邀请，是具有法律意义的文件。这一点与一般的要约邀请不同”。[③]

尽管《民法典》第473条对招股说明书的性质作了明确规定，但是，理论上对于招股说明书仍然存在争议。一种观点仍然认为，招股说明书就是要约邀请，“投资者依照招股说明书所公布的发行人之经营状况、财务状况进行投资判断之后的申购股票的行为系要约，申购成功则表明发行人予以了承诺，因此，投资者与发行人之间存在合同关系，发行人违反信息公开义务的行为属于在合同订立过程中违反了诚实信用原则，应当承担缔约过失责任”[④]。这一关系是通过如下程序建立的：发行公司通过招股说明书（实际是要约邀请文件）向社会公众发出要约邀请，社会公众通过认股书（实为要约书）向发行公司发出要约（有人认为，仅备妥认股书是要约行为），发行公

---

① 李冀：《公司债券合同及其保护性条款的界定与分析——兼论可量化保护性条款风险补偿机制的探索建立》，载《上海金融学院学报》2016年第5期。

② 李冀：《公司债券合同及其保护性条款的界定与分析——兼论可量化保护性条款风险补偿机制的探索建立》，载《上海金融学院学报》2016年第5期。

③ 胡康生主编：《中华人民共和国合同法释义》，法律出版社2009年版，第38-39页。

④ 张虹、何湘渝：《试论违反〈证券法〉信息公开制度的民事责任——证券法第63条及第161条对投资者的保护》，载《政治与法律》2000年第3期；持相同观点的还有饶爱民：《证券虚假陈述民事责任性质之界定》，载《法治研究》2010年第4期；万国华、王才伟：《论我国股权众筹的证券法属性》，载《理论月刊》2016年第1期。

司交付股票即为承诺，此时合同成立。[①]另有观点则认为，招股说明书是要约，“向投资者进行路演宣讲，一般被认为是口头要约，而路演时向投资者发放含有价格区间的初步招股说明书则被认为是书面要约。”[②]“发行人的招股说明书便是要约，投资者申购、中签并交纳认购金即是承诺和合同的完成，发行人和每个特定的投资者是一对一的关系。”[③]

三、募集说明书为要约邀请

前述提及，由于募集说明书内容的丰富性，该内容应进入投资者与发行人之间的“认购合同”，据此，本书认为，无论将募集说明书解释为要约还是要约邀请，募集说明书中的内容成为合同内容在理论上并不存在障碍，但从法律规范和目前债券发行的过程来看，将募集说明书解释为要约邀请更为恰当，理由如下。

第一，无论将募集说明书解释为要约还是要约邀请，募集说明书中的内容成为合同内容在理论上并不存在解释障碍，均可逻辑自洽。

若认为募集说明书为要约邀请，则投资者认购的行为为要约，该要约中的实质性内容便与募集说明书中发行人陈述与承诺的内容相同，即“将债券投资者认购债券的行为理解为与债券募集说明书的陈述具有相同明确内容的要约，债券发行人接受投资者交纳的投资款的行为理解为对投资者具有明确内容的要约的承诺”。[④]

此外，根据所谓要约邀请的“容纳规则”，要约邀请的内容进入合同，此并不存在理论障碍。所谓“容纳规则”，即“要约邀请的内容如果不被要约所否定，则自动进入要约之中，要约的内容不被新要约所否定，自动进入新要约之中”[⑤]。一项要约邀请中的条款，被要约所接受，最终被承

---

① 张远忠：《论发行公司虚假陈述的民事责任》，载《法学》1998年第1期。

② 唐应茂：《论中国证券发行静默期的遵守》，载《法学》2010年第7期。

③ 贾纬：《审理证券市场虚假陈述民事赔偿案件的几个疑难问题》，载《人民司法》2002年第5期。

④ 郑国栋、何星亮：《关于中小企业采用抵押担保方式发行债券的设想——对解决中小企业融资困境的新思考》，载《浙江金融》2012年第7期。

⑤ 隋彭生：《论要约邀请的效力及容纳规则》，载《政法论坛》2004年第1期。

诺所接受，那么它就是协商一致的条款，就是双方共同构建的交易条件，就是合意的内容，尽管它可能未被用明确的文字写进合同书。因此，募集说明书即便为要约邀请，其内容仍进入双方的合同，对双方当事人具有约束力，关于管辖、违约责任等条款自然成为司法实践中法院裁判的依据和基础。

而若认为募集说明书为要约，投资者认购的行为属于承诺，根据要约承诺的“镜像规则”，募集说明书的内容自然成为双方的合意。司法实践中，即有裁判采此观点，如在“广东顺德某银行股份有限公司大良支行与中某建公司债券交易纠纷案”中，法院即认为，“中某建公司刊登《发行公告》及《募集说明书》属于发出要约的行为，大良支行购买债券是对该要约作出承诺，双方之间的债券合同自大良支行购得债券时成立”。[①] 在“某新力合股份有限公司与台州市某强燃气有限公司、某市燃气有限公司等合同纠纷案”中，法院指出：“某云鹏控股出具的募集说明书系针对不特定对象的合同要约，在投资人投资认购本期债券时，即视为对该要约作出的承诺，合同成立。”[②] 因此，无论将募集说明书理解为要约还是要约邀请，其内容作为投资者与发行人之间的合同内容在解释上均可得证成。

第二，从法律规范和目前债券发行的过程来看，将募集说明书解释为要约邀请更为恰当。

一方面，《民法典》第473条规定招股说明书为要约邀请，作为同属有价证券的股票和债券，二者具有同质性，募集说明书亦应为要约邀请，“虽然没有明确的法律规定，但可以参照合同法有关招股说明书之规定，将债券发行人就当期发行债券所发布的书面形式的债券募集说明书理解为合同法意义上的要约邀请”；[③] 另一方面，就招股说明书而言，其为要约邀请，本质系因为，招股说明书没有包含一个影响投资者购买决策的重要内容——发行价

---

① 北京市西城区人民法院（2017）京0102民初17384号民事判决书。

② 浙江省温岭市人民法院（2016）浙1081民初2952号民事判决书。

③ 郑国栋、何星亮：《关于中小企业采用抵押担保方式发行债券的设想——对解决中小企业融资困境的新思考》，载《浙江金融》2012年第7期。

格，从而也没有包含此次所能公开募集到的筹资金额，[①] 招股说明书是在投资者申购、缴款、冻结资金后，发行人公布招股意向书的补充文件——《价格公告》后，才最终完成的。也就是说，投资者必须在发行价格确定前作出投资决定。[②] 同时，将招股说明书解释为要约邀请，更能妥当解决超额认购和新股认购不足的情况，避免强制缔结合同的出现。

相同地，在债券募集说明书发布初始，是并不含利率条款的，募集说明书往往规定，票面利率需根据询价、认购情况等协商确定。比如，《某集团股份有限公司 2018 年面向合格投资者公开发行公司债券（第二期）募集说明书》载明，“债券利率及其确定方式：本期债券为固定利率。本期债券票面利率由发行人和主承销商按照发行时网下询价簿记结果共同协商确定”；《2018 年某投资有限公司公司债券募集说明书》载明，“本期债券为 7 年期固定利率债券，票面年利率为 Shibor 基准利率加上基本利差确定，基本利差上限为 4.06%，即簿记建档利率上限为 7.8%……最终基本利差和最终票面利率将根据簿记建档结果，由发行人与簿记管理人按照国家有关规定协商一致确定，并报国家有关主管部门备案，在本期债券存续期内固定不变”。因募集说明书缺少债券交易中的重要内容，将募集说明书解释为要约邀请更符合债券实务的操作。有观点更是指出，“债券发行是由一系列复杂流程构成的活动，债券募集办法在初期推介阶段只能作为要约邀请而存在。以债券招标发行为例，如果将债券募集办法认定为一种要约，则与后续债券发行中的招投标行为相互矛盾”[③]。

综上，无论募集说明书性质是要约还是要约邀请，募集说明书中的内容具有约束力且为投资者和发行人之间债券合同的内容此当无疑义，双方均应按照募集说明书的内容履行各自的义务。此观点也得到司法裁判的认可，如

① 沈朝晖：《我国的招股意向书为什么不是要约——来自首次公开发行实践的考察》，载《金融法苑》第 77 辑。

② 沈朝晖：《我国的招股意向书为什么不是要约——来自首次公开发行实践的考察》，载《金融法苑》第 77 辑。

③ 祁畅：《债券市场投资者权利救济路径研究——从民法典中债券募集办法的法律性质展开》，载《债券》2020 年第 7 期。

在“齐鲁证券（上海）资产管理有限公司与山东山水水泥集团有限公司证券回购合同纠纷、买卖合同纠纷案”中，法院认为：“山水集团发行超短期融资券 15 山水 SCP001 以及中期票据 14 山水 MTN001、14 山水 MTN002，并作出发行公告以及募集说明书，经齐鲁证券购买持有后，双方之间形成合同关系，合同双方均应严格按公告及募集说明书的内容履行各自的权利义务。”[①]换言之，债券募集办法是要约邀请，但要约邀请的性质并不影响其在合同中作为发行人的义务。[②]

同时，根据中国证监会《公司债券管理办法》的相关规定，募集说明书内容成为认购合同的内容也具有“法定性”，如该办法第 5 条规定，“发行人及其控股股东、实际控制人应当诚实守信，发行人的董事、监事、高级管理人员应当勤勉尽责，维护债券持有人享有的法定权利和债券募集说明书约定的权利”，即募集说明书中约定的权利具有法律意义；第 57 条第 2 款规定，“发行人应当在债券募集说明书中约定，投资者认购或持有本期公司债券视作同意债券受托管理协议、债券持有人会议规则及债券募集说明书中其他有关发行人、债券持有人权利义务的相关约定”，即只要投资者认购该协议，按照《公司债券管理办法》的规定上述协议的内容自然对投资者生效。

四、债券发行人预期违约与解除对象

发行人预期违约时，依照合同一般原理，投资者解除的对象应为双方之间的合同关系。但是，由于前述募集说明书和债券交易的特性，导致此问题在司法实践中产生争议。

司法实践中，发行人预期违约时，一种方式为投资者请求解除募集说明书，法院判决解除募集说明书，如在“中某建公司与某人寿保险公司公司债券交易纠纷案”中，法院判决“某人寿保险公司与中某建公司《募集说明书》

---

① 最高人民法院（2016）最高法民终 393 号民事判决书。

② 祁畅：《债券市场投资者权利救济路径研究——从民法典中债券募集办法的法律性质展开》，载《债券》2020 年第 7 期。

于2017年9月11日解除”，[1] 即解除的对象募集说明书；而在“广东顺德某银行股份有限公司大良支行与中某建公司债券交易纠纷案”中，法院则判决“中某建公司与广东顺德某银行股份有限公司之间的债券合同于2017年8月2日解除”，[2] 即解除的是双方之间的“债券合同”。

本书认为，尽管募集说明书的内容成为投资人与发行人之间的合同内容，但是无论如何，募集说明书本身无法成为双方之间的合同。事实上，依照前述分析，双方之间的合同可称为债券合同或者认购合同，尽管该合同没有明确的书面文本，但是该合同内容即为募集说明书中所载明的内容，即双方之间实际上存在以募集说明书为内容的事实合同关系。因此，在发行人预期违约时，投资者所解除的应该是双方之间的债券合同或者认购合同，而非募集说明书本身。至于合同名称，有观点认为，公司债券合同为包括债券主合同（承载于债券票面）、债券受托管理协议、证券登记与服务协议、股权质押担保合同、信托合同、债券上市协议等服务于债券流通及还本付息的一系列相关合同的联立体。[3] 本书认为，债券合同或认购合同均可，在中国证监会《公司债券管理办法》中，投资者购买债券称为认购，因而称为认购合同亦无不可。

综上所述，债券募集说明书作为债券交易中投资人与发行人之间仅有的文本，对于司法实践中争议的处理具有重要意义，包括债券募集说明书内容能否成为双方之间合同的内容以及在发行人预期违约时投资者的解除对象。无论将募集说明书解释为要约还是要约邀请，募集说明书中的内容成为合同内容在理论上并不存在障碍，但从法律规范和目前债券发行的过程来看，将募集说明书解释为要约邀请更为恰当。在发行人预期违约时，投资者所解除的应该是双方之间的债券合同或者认购合同，而非募集说明书本身。

---

① 上海市高级人民法院（2018）沪民终71号民事判决书。

② 北京市西城区人民法院（2017）京0102民初17384号民事判决书。

③ 李冀：《公司债券合同及其保护性条款的界定与分析——兼论可量化保护性条款风险补偿机制的探索建立》，载《上海金融学院学报》2016年第5期。

第二节

债券发行人预期违约的司法判定

“契约作为私法自治的重要表征，应成为解决债券违约纠纷的基础。”[①] 就合同严守的角度而言，在一般意义上，投资者认购债券后不能随意要求发行人提前兑付债券本息，这也是发行人作为债务人所保有的期限利益。若投资者要求发行人提前兑付本息，其必须摆脱双方之间的合同束缚，其法律基础只能为解除债券合同，抑或加速到期，前者使双方从债券合同中解脱出来，后者视为发行人兑付本息的期限到达。

在发行人的债券募集说明书中有提前解除条款或者加速到期条款时，投资者依据条款主张即可，当无疑义。如在“威海某德投资有限公司（以下简称某德公司）与潍坊某丰面业股份有限公司（以下简称某丰公司）、袁某圣等合同纠纷案”中，双方签订的《托管协议》第 4 条违约条款第 4.1 款第 3 项约定“发行人不履行或违反本协议约定，在其资产、财产或股权上设定担保权利以致对发行人对本次债券的还本付息能力产生实质不利影响”为违约事项，同时第 4.4 款约定，“如果发生本协议第 4.1 款项下违约事件，债券持有人可以作出决议，授权受托管理人以书面方式通知发行人，宣布所有未偿还的本次债券本金和相应利息，立即到期应付”。法院认为，“从双方合同约定来看，当某丰公司在其资产上设定担保权利影响到涉案私募债的偿还能力时，某德公司即有权要求某丰公司提前偿还涉案私募债本金”。[②]

但是，若债券募集说明书中并无因违约事件可提前解除的条款或者加速到期条款，司法实践中，投资者便依据合同法中的预期违约规则请求解

① 冯果、段丙华:《债券违约处置的法治逻辑》，载《法律适用》2017 年第 7 期。

② 山东省潍坊市中级人民法院（2016）鲁 07 民终 3147 号民事判决书。

除合同，即依据《民法典》第 563 条第 1 款第 2 项[①]、第 578 条[②]的规定。因为在解除合同后，依据《民法典》第 566 条第 1 款合同解除恢复原状、赔偿损失的规定，发行人即应当向投资者返还本金并赔偿损失。因此，司法裁判的主要工作是判断发行人是否构成预期违约并达到可解除合同的程度。

一、不安抗辩权规则与预期违约规则的区分

债权人在履行期限届满前可以解除合同的依据，除了《民法典》第 563 条第 1 款第 2 项规定的预期违约解除合同之外，尚有《民法典》第 527 条和第 528 条的行使不安抗辩权并解除合同。[③]那么，在债券兑付的纠纷中，投资者依据的是不安抗辩权解除合同规则还是预期违约合同解除规则?

事实上，无论是就不安抗辩权与预期违约在解释论方面的区分以及适用条件的界定，还是在立法论上重塑二者的关系，理论界和实务界多有讨论。[④]就本节所研究的论题，在司法实践中，有判决即认为，因发行人在债券存续期内的诸多违约行为，投资者可据此行使不安抗辩权。如在“中某建公司与某顺长城公司公司债券交易纠纷上诉案”中，法院指出，“……上述事实充分体现了中某建公司的偿债能力在合同签订后已明显下降，某顺长城公司据

---

① 该条规定:“有下列情形之一的，当事人可以解除合同:(一)因不可抗力致使不能实现合同目的;(二)在履行期限届满前，当事人一方明确表示或者以自己的行为表明不履行主要债务;(三)当事人一方迟延履行主要债务，经催告后在合理期限内仍未履行;(四)当事人一方迟延履行债务或者有其他违约行为致使不能实现合同目的;(五)法律规定的其他情形。以持续履行的债务为内容的不定期合同，当事人可以随时解除合同，但是应当在合理期限之前通知对方。”

② 该条规定:“当事人一方明确表示或者以自己的行为表明不履行合同义务的，对方可以在履行期限届满前请求其承担违约责任。”

③ 第 527 条规定:“应当先履行债务的当事人，有确切证据证明对方有下列情形之一的，可以中止履行:(一)经营状况严重恶化;(二)转移财产、抽逃资金，以逃避债务;(三)丧失商业信誉;(四)有丧失或者可能丧失履行债务能力的其他情形。当事人没有确切证据中止履行的，应当承担违约责任。”第 528 条规定，“当事人依据前条规定中止履行的，应当及时通知对方。对方提供适当担保的，应当恢复履行。中止履行后，对方在合理期限内未恢复履行能力且未提供适当担保的，视为以自己的行为表明不履行主要债务，中止履行的一方可以解除合同并可以请求对方承担违约责任”。

④ 可参见王利明:《预期违约与不安抗辩权》，载《华东政法大学学报》2016 年第 6 期。

此要求行使不安抗辩权并无不当”[①]。在“某钢集团财务有限责任公司与保定某威集团有限公司证券纠纷案”中，法院亦指出，“从《合同法》的规定来看，原告主张的被告经营状况恶化、涉及多起诉讼从而可能丧失兑付能力的情形，是我国合同法上关于不安抗辩权行使的前提”[②]。

但本书认为，在债券合同的兑付纠纷中，投资者要求提前解除债券合同，并非依据《民法典》第527条和第528条的不安抗辩权，而是依据《民法典》第563条第1款第2项的预期违约。主要原因在于，不安抗辩权的适用前提是应当先履行债务的当事人，在自己履行前，发现对方有《民法典》第527条所规定的情形时，可依法行使不安抗辩权，中止自己应当先履行的债务。但是，在因债券兑付引发的纠纷中，投资者认购债券时已经履行了支付债券本金的义务，无所谓“中止履行”，“不安抗辩权人全部履行之后，才发现自己原有不安抗辩权，已经谈不上中止履行。”[③] 在此之后发行人出现主观履行不能和客观履行不能，均非不安抗辩权的涵摄范围，只能是预期违约的规范范畴。即“合同履行抗辩权的意义在于阻却抗辩权人陷于履行迟延，如先给付义务人已依约按时履行给付义务，即无行使抗辩权的意义”。[④]

在解决上述问题后，下一步需要解决的是如何判断发行人构成预期违约。根据《民法典》第563条第1款第2项，发行人是否构成预期违约的关键是其是否明确表示或者以自己的行为表明不履行合同义务。在司法实践中，发行人明确表示不履行合同义务的较为少见，如在“山东山水水泥集团有限公司与招商银行股份有限公司公司债券交易纠纷案”中，“山水公司2015年12月20日向招商银行明确表示无法履行本案涉诉债券清偿义务”。[⑤] 大多数投资者所主张的主要是，在债券存续期间发行人出现了诸多违约行为，其以自己的行为表明其将不履行合同义务。在目前司法实践中，投资者所主张的发行人违约行为主要有以下七种：第一，发行人在付息日未能兑付当期利息；第

① 上海市第二中级人民法院（2018）沪02民终3136号民事判决书。
② 上海市浦东新区人民法院（2015）浦民六（商）初字第4310号民事判决书。
③ 隋彭生：《律师民法业务思维》，中国政法大学出版社2016年版，第85页。
④ 李建星：《不安抗辩权与预期违约的完全区分论》，载《政治与法律》2017年第12期。
⑤ 最高人民法院（2016）最高法民终395号民事判决书。

二，发行人发行的其他债券有实质违约，即无法到期兑付本息；第三，发行人存在信息披露问题；第四，发行人涉及诸多诉讼，有应偿债务未偿还，经营存在困难，公司财产被查封、扣押、冻结；第五，发行人存在转移财产的行为；第六，发行人的信用评级降低；第七，发行人存在变更募集资金用途的行为。以下就上述违约行为是否构成发行人预期违约进行分析。

二、发行人未付息时的合同解除

就发行人未兑付当期应付利息而言，司法裁判一般均支持投资者要求提前解除债券合同并返还本息的请求。[①] 但是，在解除依据上存在差别。一种观点认为，发行人未兑付当期利息属于迟延履行主要债务，解除合同依据的是《民法典》第 563 条第 1 款第 3 项，即一方当事人迟延履行主要债务，经催告后在合理期限内仍未履行，对方当事人可以解除合同，如在“中某建公司与某人寿保险公司公司债券交易纠纷案”中，法院认为，“某人寿保险公司购买债券的主要目的亦是获得利息收益，故中某建公司未按期支付债券利息之行为，已构成迟延履行合同主要债务”。[②] 另一种观点认为，发行人未兑付利息属于《民法典》第 563 条第 1 款第 2 项所规定之情形，如在“某资产管理有限责任公司与中某建公司公司债券交易纠纷案”中，法院认为，“原告购买被告发行的涉案债券，被告的主要义务即按期支付利息，原告购买涉案债券的主要目的亦在于获得稳定的利息收益，被告未能支付利息的行为实际违反合同的主要义务，也使原告的合同目的不能实现，故原告主张解除合同，于法有据”[③]。

本书作者认为，上述两种观点均有值得商榷之处。首先，若将付息作为发行人的主要债务，由于发行人未在付息日兑付利息，则发行人已经是在付息的此项义务上实际违约，非《民法典》第 563 条第 1 款第 2 项规定

---

① 如上海市高级人民法院（2018）沪民终 70 号民事判决书；上海市第二中级人民法院（2016）沪 02 民初 637 号民事判决书；北京市高级人民法院（2018）京民终 410 号民事判决书。

② 上海市高级人民法院（2018）沪民终 71 号民事判决书。

③ 上海市第二中级人民法院（2016）沪 02 民初 637 号民事判决书。

的“一方明确表示或者以自己的行为表明不履行主要债务”，不再是预期违约，因此将付息认为是发行人的主要债务并进而依据《民法典》第563条第1款第2项解除合同或并不准确。其次，投资者认购债券除获得利息之外，尚需获得本金，因此，发行人的主要债务除付息外，还要还本，况且《民法典》第563条第1款第3项并非规制预期违约的解除情形，因而仅将付息作为主要债务并适用《民法典》第563条第1款第3项亦不准确。事实上，发行人逾期付息，是发行人以自己的行为表明其将不履行后续付息和返还投资者本金的重要标志，未付息是发行人将不履行整个债券合同的重要表现情形，如此，方符合《民法典》第563条第1款第2项预期违约解除合同的条件。

三、交叉违约与合同解除

发行人在发行的其他债券上存在实质违约时，能否认为发行人预期违约？对此，在司法实践中，存在不同情况。

如在“中某建公司与某润信托公司公司债券交易纠纷案”中，中某建公司发行的“11中城建MTN1”债券等多期债券均出现到期不能兑付本金、利息的违约事件，法院认定投资者请求解除“15中城建MTN001”债券合同的主张成立。[①]但是，在“某钢集团财务有限责任公司与保定某威集团有限公司证券纠纷案”中，法院认为，“既然原告主张被告预期违约，则应根据预期违约的构成条件进行判断。被告虽对其他债券存在违约行为，但每一项债券的发行和兑付均系被告的独立履约行为，对其中任何一项债券丧失兑付能力并不必然延及其他债券的兑付结果，且被告对涉案债券一直按期兑付利息，无论从主观上还是行为的外化表现上，均未‘表明’其将不履行涉案债券的兑付义务，因此，在案证据不足以证明被告出现了《合同法》第108条规定的预期违约的情形”。[②]该案的裁判意义中指出，“债券交易的实质是发行人与债券持有人之间就该债券在一定期限内进行还本付息的约定，仍应受

---

① 北京市高级人民法院（2018）京民终410号民事判决书。

② 上海市浦东新区人民法院（2015）浦民六（商）初字第4310号民事判决书。

到合同法律规范的约束。鉴于债券违约事件对于金融市场的稳定和秩序具有较大影响，判断债券发行人是否构成‘预期违约’或‘拒绝履行’，应当依据合同法规定的条件，严格加以认定”[①]。

尽管上述两案在裁判结果上存在差异，但是应当注意的是，上述两案在案件事实中存在差别。在前案中，除在其他债券中存在违约行为外，发行人在涉案的债券中未向投资者兑付利息；而在后案中，发行人在涉案债券利息兑付上未存在违约。

因此，发行人是否因其他债券违约而导致涉案债券构成预期违约，应具体分析：首先，若债券募集说明书中有“交叉违约”条款，则依据交叉违约条款处理即可。交叉违约条款在银行贷款中比较常见，在债券市场，“自2015年我国发行首只附交叉违约条款的债券以来，附交叉违约条款债券发行规模占信用债的比重开始逐年抬升，截至2018年9月底的比重已超18%”[②]。其次，若债券募集说明书没有交叉违约条款，则应视发行人是否按期兑付利息而定，若发行人仍然能够在涉案债券中兑付利息，则投资者并不存在合同目的不能实现的情形，此时并不符合法定解除权的行使条件；若发行人未兑付利息，投资者基于交叉违约请求解除合同的请求应予支持。因此，交叉违约出现时，投资者是否能够提前解除，仍然需视具体情况而定。

四、其他违约行为与解除权行使

在投资者发现发行人违反募集资金使用用途时，能否主张发行人预期违约？对此，有裁判观点认为，债券合同在一定意义上可参照民法典中的借款合同。如在“中某建公司与某润信托公司公司债券交易纠纷案”中，法院认为，“《合同法》第196条规定，借款合同是借款人向贷款人借款，到期返还借款并支付利息的合同。本案虽然是公司债券交易纠纷，但案涉债券是具有法人资格的非金融企业在银行间债券市场按照计划分期发行的，并约定在一定期限还本付息的债务融资工具，因此案涉债券发行与认购实质也是中某建

① 该案为上海法院2016年度金融商事审判十大案例之一。

② 孙超：《关于近期债券市场信用风险的思考》，载《债券》2018年第10期。

公司与某润信托公司之间的借款合同关系，可以适用《合同法》中关于借款合同的规定”[①]。同时,《民法典》第673条规定,“借款人未按照约定的借款用途使用借款的，贷款人可以停止发放借款、提前收回借款或者解除合同”。该条如此规定的理由在于“借款人按照合同约定的借款用途使用借款，不仅可以实现借款的目的，而且能够最大限度地发挥借款的效益，增加如期返还借款的可能性、确定性”[②]。如此，投资者即可依上述逻辑和规定解除合同。值得注意的是，此处依据《民法典》第673条只能是类推适用，同时，可提前解除合同的前提必须是募集说明书对于募集资金用途使用明确，且发行人有证据证明发行人违反约定使用募集资金。

投资者认为发行人预期违约的情形还有债券发行人的主体信用评级和债项信用评级降低。《中国人民银行信用评级管理指导意见》(银发〔2006〕95号)对银行间债券市场金融产品信用评级要素、标识及含义进行了明确规定，不同的标识表示不同主体和债券的各自违约风险、偿债能力。在司法实践中，绝大多数案件均是将债券发行人的主体信用评级和债项信用评级降低作为判断发行人是否预期违约的一个要素，即信用评级仅仅是证据之一，而非决定因素。

而关于发行人存在信息披露问题，本书作者认为，仅因信息披露存在问题不能成为提前解除合同的依据，因为信息披露的问题不能代表发行人无法到期还本付息，仅从债券合同的主合同义务而言，信息披露问题尚无法达到根本违约的程度。即“拒绝履行构成预期违约的核心要件是，债务人必须明确、彻底地声明不能或不愿履行债务。作此要求的根本原因是，在履行期限届满之前，允许债权人在债务人轻微违约的情况下解除合同并要求损失赔偿，会使有约必守原则沦为虚设”。[③] 与此相同的是，若发行人涉及诉讼、财产被采取司法措施等，并不能代表发行人到期不能还本付息，亦不能认定发行人清偿能力的明显下降，仅依此不能认定发行人预期违约。

---

① 北京市高级人民法院(2018)京民终410号民事判决书。

② 王利明:《合同法分则研究》(上卷)，中国人民大学出版社2012年版，第231页。

③ 朱广新:《合同法研究》，中国人民大学出版社2018年版，第758-759页。

五、特定债券中提前解除的特殊考察

投资者认购债券，发行人按期还本付息为一般债券法律关系中的典型权利义务，但是，基于特定目的发行的特定债券，发行人是否构成预期违约、投资者的合同目的等，尚需在具体情况中具体考察。

如在公司发行债券时，根据是否附有担保，可分为附担保公司债和无担保公司债。在前者中，除了有第三人提供的保证外，亦有可能存在发行人或者第三人提供的物保如抵押或者质押。由此产生的问题是，若抵押物或者质押物的价值在债券存续期间降低，投资者能否要求提前解除合同并要求发行人提前清偿?

《民法典》第408条和第433条规定了“抵押物(质物)价值恢复请求权”，如第408条规定，“抵押人的行为足以使抵押财产价值减少的，抵押权人有权请求抵押人停止其行为；抵押财产价值减少的，抵押权人有权请求恢复抵押财产的价值，或者提供与减少的价值相应的担保。抵押人不恢复抵押财产的价值，也不提供担保的，抵押权人有权请求债务人提前清偿债务”。其中的“请求提前清偿全部债权的效果，实际上等于合同解除”。[①]此即意味着《民法典》第408条存在一种提前解除合同的情形。基于此，若债券存续期间，发行人或第三人提供的抵押物、质押物价值减少，投资者应首先要求发行人增加担保；在发行人不增加担保时，是否能够基于《民法典》第408条解除合同，本书认为仍然不可一概而论，原因在于，抵押物（质物）价值恢复请求权的构成要件中，除了抵押物（质物）价值减少外，尚有危及担保权、可归责于担保人等构成要件，该请求权的行使需以构成要件完备为前提。比如发行人提供的是股票质押，则尚需考察价值降低的原因，如担保物自然属性以外的原因，包括市场走势和自然灾害等，通说认为，经济周期、市场波动和供求关系等导致担保物贬值，均不能产生恢复权。[②]因此，投资者以担保

---

① 谢鸿飞:《抵押物价值恢复请求权的体系化展开——兼及抵押权保全的立法论》，载《比较法研究》2018年第4期。

② 谢鸿飞:《抵押物价值恢复请求权的体系化展开——兼及抵押权保全的立法论》，载《比较法研究》2018年第4期。

物价值降低为由请求提前解除合同仍需要具体分析。

又如，依据中国证监会《上市公司股东发行可交换公司债券试行规定》（中国证券监督管理委员会〔2008〕41号），上市公司的股东可发行可交换公司债。可交换公司债券是指上市公司的股东依法发行、在一定期限内依据约定的条件可以交换成该股东所持有的上市公司股份的公司债券。因此，在可交换公司债中，对于发行人是否存在预期违约以及投资者是否不能实现合同目的，应作出与一般债券不同的考察。在可交换公司债中，投资者除了可以与一般债券一样等待发行人还本付息，还可以依据募集说明书载明的换股条件将持有的债券换股。因而，投资者实现合同目的和债权保障的方式更为多样，只要投资者仍然有实现其合同目的的可行路径和保障手段，裁判就不应轻易终结双方之间的合同关系。

再如，发行人可依法发行可续期公司债等永续债，“永续债持有人如援用预期违约或是行使法定解除权，起诉请求发行人支付本金和利息，承担的举证责任难度较高，获得法院支持可能很小”。[①] 但是，在司法实践中根据具体情况，已经有投资者请求提前解除并获支持的案例，如“中某建公司与某顺长城公司公司债券交易纠纷案”中，法院指出，“永续债是指不规定到期期限，债权人不能要求发行人清偿本金，但可按期取得利息的一种有价证券。永续债的发行人存在怠于履行相关披露义务等行为，足以影响持有人出卖债券获益的可能性的，发行人构成根本违约，持有人享有解除合同的权利”。[②] 该案的裁判意义中指出，“永续债是近年来发展较快的国内非金融企业债券产品，与普通债券相比，其最大的特点是无固定到期日、发行人可递延支付利息并有权决定是否行使赎回权。该特点导致永续债持有人在救济途径上较为被动，对于发行人在募集期及债券存续期未尽到如实披露义务是否足以影响投资者理性的投资判断、后续的投资决策，以及对于发行人递延支付利息、不予赎回的行为，持有人无法援引法律层面的依据加以限制，并且在永续债是否到期及利息是否支付几乎完全取决于发行人的情况下，持有人如何举证

① 陶丽博、王守璞、成睿:《永续债的法律谜题》，载《金融市场研究》2018年第4期。
② 上海市第二中级人民法院（2018）沪02民终3136号民事判决书。

证明发行人存在根本违约、要求解除合同，存在巨大的法律障碍。本案判决体现了法院对于新类型金融产品的结构性深度理解、法律规定的透彻掌握以及法律技巧的适当运用，在缺乏具体法律规定和监管规则的情况下，尊重双方合同约定，并以《合同法》第 94 条关于根本违约的规定出发，综合分析发行人怠于履行披露义务、重大资产变更、相关评级下降等因素，结合永续债持有人的投资目的和获利方式，从而认定发行人的行为足以构成根本违约，支持持有人要求解除合同、支付票据款并赔偿相应利息的诉请。本案判决对于维护债券市场稳定、保护投资者权益而言存在重要意义”①。

综上，对于投资者基于发行人预期违约而提起的提前解除债券合同并请求返还本息的请求，司法裁判很难仅依据发行人单一的违约行为作出判断，发行人是否构成预期违约，是一个多因素的综合衡量过程，不应一概而论。发行人是否构成预期违约，应依募集说明书中的条款约定、发行人是否兑付已到期利息、发行人其他违约行为的严重程度以及特定债券中的特定因素等综合、具体判断。可以看到，《债券会议纪要》第 21 条第 2 款即规定，“债券持有人以发行人出现债券募集文件约定的违约情形为由，要求发行人提前还本付息的，人民法院应当综合考量债券募集文件关于预期违约、交叉违约等的具体约定以及发生事件的具体情形予以判断”。

第三节

债券违约中债券持有人的损失认定

就债券违约合同纠纷中债券持有人的损失认定，虽然《债券会议纪要》第 21 条第 1 款规定，“债券发行人未能如约偿付债券当期利息或者到期本息

① 该案为上海法院 2017 年度金融商事审判十大案例之一。

的，债券持有人请求发行人支付当期利息或者到期本息，并支付逾期利息、违约金、实现债权的合理费用的，人民法院应当予以支持”，但是司法实践中的案例类型较为复杂，不少问题仍然存在争议。因此，本节拟结合司法实践中的案例，就债券违约合同纠纷中债券持有人损失的认定问题作进一步的分析。

一、债券持有人债券利息与违约金的司法认定

《债券会议纪要》第 21 条第 1 款明确规定，债券持有人可以向发行人主张逾期利息、违约金，但是在司法实践中应注意以下问题。

首先，对于发行人提出的酌减违约金、逾期利息的抗辩，人民法院应不予支持。《民法典》第 585 条规定，当事人可以约定一方违约时应当根据违约情况向对方支付一定数额的违约金，也可以约定因违约产生的损失赔偿额的计算方法。约定的违约金过分高于造成的损失的，人民法院或者仲裁机构可以根据当事人的请求予以适当减少。在司法实践中，不少发行人均提出了违约金酌减的抗辩，但是发行人的此一抗辩多没有得到法院的支持。例如，在“某东港集团有限公司（以下简称某东港公司）与某元基金管理有限公司（以下简称某元公司）公司债券交易纠纷上诉案”中，法院指出：“本案争议焦点为被上诉人某元公司所主张的违约金是否过高。根据《最高人民法院关于适用〈中华人民共和国合同法〉若干问题的解释（二）》第 29 条第 1 款的规定，违约金应当以实际损失为基础，兼顾合同的履行情况、当事人的过错程度以及预期利益等综合因素，根据公平原则和诚实信用原则予以衡量。从合同的履行来看，当某元公司行使票据回售权时，某东港公司的主要合同义务即为按回售价格足额支付资金，但其至今未按约履行，构成违约。从当事人过错程度来看，某东港公司的违约行为虽存在一定的客观因素，但某元公司本身并无过错，作为守约一方有权根据合同向某东港公司主张违约责任。某东港公司是否就其违约行为具有主观过错，并非属于减免其违约责任的法定事由。从双方对违约损失的约定来看，募集说明书中明确约定，某东港公司应按照延期支付金额以日利率 0.21‰计算支付违约金，该条款对双方具有法律拘束力。并且，该募集说明书系由

某东港公司作为发行人单方拟定的格式合同，关于违约损失的约定并未超出其可以预见的范围。某东港公司虽主张违约损失应以中国人民银行同期贷款基准利率4.35%计算，但在实际经营活动中，金钱债务逾期所致的资金占用成本往往高于该利率，故某东港公司仅以该利率为标准举证违约金过分高于实际损失，其主张不能成立。”①

本书作者赞同上述处理方式，因为违约金的计算标准为债券募集文件所明确约定，属当事人意思自治，且从约定形成的过程看，债券募集文件的约定多为债券发行人单方拟定，有关违约损失的约定均在发行人的预见范围内；从违约金调减的因素看，作为守约方的债券持有人并无过错，而商事主体的违约金调整应更为谨慎。

其次，逾期利息与违约金原则上应二选一。债券发行人违约后，债券持有人除要求发行人兑付债券本金和到期应付利息之外，一般还会要求债券发行人支付债券逾期利息和违约损失，债券持有人相应的诉讼请求主要有三种类型，即请求逾期利息、请求违约损失或者同时请求逾期利息和违约损失。司法实践中对上述三种诉讼请求的裁判结果有所差异，一种裁判意见是只支持其一，如在“安徽省某外经建设（集团）有限公司（以下简称安徽某外经公司）与某泰证券（上海）资产管理有限公司（以下简称某泰公司）公司债券交易纠纷上诉案”中，法院指出：“某泰公司关于系争债券本金5400万元及自2018年7月13日起计至2019年7月12日止的债券利息暂计3132000元的诉请，符合双方约定，可予支持。某泰公司关于违约金的主张（以2019年7月15日应付本息57132000元为基数，按日利率万分之一，自2019年7月16日起计算至实际清偿之日止），亦不违反法律规定，一审法院予以支持。某泰公司还向安徽某外经公司主张以本金5400万元为基数、按年利率7.3%、自2019年7月13日计算至实际清偿之日止的利息损失，认为该笔利息为安徽某外经公司的资金占用费，与其违约金主张有所重叠，且该资金占用费的

---

① 上海金融法院（2019）沪74民终247号民事判决书。持相同意见的还有广东省高级人民法院（2020）粤民终1026号民事判决书；山西省高级人民法院（2019）晋民终590号民事判决书。

诉请并无合同依据，某泰公司的资金损失已通过违约金予以补偿。故此，一审法院对某泰公司的该项诉请不予支持”。[①] 另一种裁判意见是一并支持逾期利息与违约损失，如在“安徽某外经公司与某证券公司公司债券交易纠纷上诉案”中，法院指出，“某证券公司以未偿还债券本金为基数按每日万分之一的罚息率计算违约金的主张，并不违反法律规定，应予支持。关于某证券公司主张安徽某外经公司应向其支付逾期利息（以本息金额 10580 万元为基数，按年利率 5.8% 自 2019 年 7 月 15 日起计算至本息结清之日止）的问题。一审法院认为，根据《最高人民法院关于审理民间借贷案件适用法律若干问题的规定》（2015 年）第 29 条第 2 款第 2 项‘约定了借期内的利率但未约定逾期利率，出借人主张借款人自逾期还款之日起按照借期内的利率支付资金占用期间利息的，人民法院应予支持’的规定，某证券公司以本金 1 亿元为基数按年利率 5.8% 计算逾期利息的主张，并未违反法律规定，应予支持。逾期利息应自 2019 年 7 月 16 日起算”。[②]

对此本书认为，一方面，发行人违约之后其应向债券持有人赔偿损失当无疑义，有的募集文件明确约定为逾期利息，有的募集文件明确约定为违约金，就此应根据募集文件的约定确定是否支持债券持有人相应的诉讼请求；另一方面，发行人违约之后给债券持有人造成的损失实为资金占用的损失，因此无论称逾期利息还是违约金，并无本质差异，二者具有同质性，债券持有人要求发行人同时支付逾期利息和违约金的诉讼请求不应得到支持，除非募集文件明确约定二者可同时主张，或债券持有人有证据证明募集文件所约定的逾期利息或违约金不能覆盖因发行人违约而给其造成的损失，此时债券持有人可依据《民法典》第 585 条，请求人民法院调整违约金。

再者，未约定逾期利率，债券持有人依据期内利率或者以 LPR 标准为基础加计 30%—50% 确定，均无不可。有的债券募集文件并没有就发行人违

---

① 上海市高级人民法院（2020）沪民终 466 号民事判决书。持相同意见的还有广东省佛山市中级人民法院（2019）粤 06 民初 77 号民事判决书；北京市第二中级人民法院（2020）京 02 民初 380 号民事判决书；上海金融法院（2019）沪 74 民初 68 号民事判决书。

② 重庆市高级人民法院（2020）渝民终 2187 号民事判决书。

约之后的逾期利息计算标准作出约定，当债券持有人要求发行人支付逾期利息时，就如何确定逾期利息的计算标准，司法实践中主要有两种请求与裁判方式，一种为按照期内利率计算逾期利息，[①] 如在“安徽某外经公司与某睿资产管理有限公司（以下简称某睿资产公司）公司债券交易纠纷上诉案”中，一审法院即认为：“在某睿资产公司依约选择回售后，其亦未按期支付债权本金，此后的利息如何计算双方没有明确约定，现某睿资产公司主张参照合同期内的利息标准计收利息，并无不当，一审法院予以支持。”[②]

另一种是以中国人民银行同期同类人民币贷款基准利率为基础，参照逾期罚息利率标准计算，[③] 或者以违约行为发生时中国人民银行授权全国银行间同业拆借中心公布的一年期贷款市场报价利率（LPR）标准为基础，加计30%—50% 计算逾期付款损失，如在“某融证券公司与东北某钢公司证券发行纠纷案”中，法院指出：“东北某钢公司发布的《第三期募集说明书》虽然没有约定逾期兑付债券本息的违约金标准，东北某钢公司不能如期兑付债券本息的违约行为，致使某融证券公司的资金被占用，东北某钢公司应赔偿某融证券公司占用资金的损失，现某融证券公司要求以 10630 万元为基数从逾期之日即 2016 年 9 月 26 日起至 10630 万元全部付清之日止，按照中国人民银行公布的同期一年期金融机构人民币贷款基准利率上浮 50% 的标准计算违约金，该请求应视为某融证券公司要求的占用资金的损失赔偿，该请求符合法律规定，损失的计算标准亦不过高，东北某钢公司关于某融证券公司的违约金计算标准过高的抗辩理由不能成立。”[④]

本书认为，这实际上涉及债券合同参照适用的问题，《民法典》第 467 条规定，“本法或者其他法律没有明文规定的合同，适用本编通则的规定，并可以参照适用本编或者其他法律最相类似合同的规定”。上述第一种意见的主要法律依据是《民间借贷司法解释》第 28 条第 2 款第 2 项，“约定了借期内利率但是未约定逾期利率，出借人主张借款人自逾期还款之日起按照借

---

① 北京市高级人民法院（2020）京民终 52 号民事判决书。

② 北京市高级人民法院（2020）京民终 52 号民事判决书。

③ 北京市第二中级人民法院（2016）京 02 民初 185 号民事判决书。

④ 北京市第二中级人民法院（2016）京 02 民初 185 号民事判决书。

期内利率支付资金占用期间利息的，人民法院应予支持”；第二种意见的主要法律依据是《买卖合同司法解释》第 18 条第 4 款。债券合同作为一种无名合同，与借贷、买卖均有相似性，但也均有不同之处，在此情下，本书作者认为债券持有人选择上述两种方式，均无不可，不宜对债券持有人的选择作出限制。此外，由于募集文件没有就逾期利息的计算确定标准，而有的债券票面利率相对较低，因此不排除债券持有人不采用上述两种方式而采用其他方式计算逾期利息或违约损失，如期内利率为基础加计 30%—50%，只要有相应证据并具有合理性，亦无不可。

最后，逾期利息的基数应为“未付的债券本金与未付利息”之和。在计算逾期利率时，对于逾期利率的基数，司法实践中一种观点认为，逾期利息的基数应为未付的债券本金与未付利息之和；[①]另一种观点认为，逾期利息的基数只应为未付的债券本金，因为募集文件一般都约定了不计复利，以“本金＋利息”为基数计算逾期利息是收取复利，与募集文件的约定不符。[②]本书认为，首先，应按照募集文件的约定确定，在实践中有些募集文件约定比较明确，例如，“如果发行人未按时偿付本次债券本金和/或利息，对于逾期未付的本金和/或利息，发行人将根据逾期天数按逾期利率向债券持有人支付逾期利息。”其次，逾期利息的基数一般应为未付的债券本金与未付的利息之和，因为发行人违约客观上给债券持有人造成资金占用的损失，这部分损失计算的基数包括债券本金以及到期应付的利息。

二、债券持有人实现债权合理费用的司法认定

《债券会议纪要》第 21 条第 1 款规定，“实现债权的合理费用”属于债券持有人可以请求的损失项目，司法实践中主要表现为律师费与诉讼保全保险费。

---

① 上海市高级人民法院（2020）沪民终 518 号民事判决书；江西省高级人民法院（2020）赣民终 682 号民事判决书。

② 浙江省金华市中级人民法院（2019）浙 07 民初 166 号民事判决书；重庆市第一中级人民法院（2019）渝 01 民初 1041 号民事判决书。

（一）律师费

债券持有人向发行人主张支付律师费的请求较为普遍，但是在司法实践中能否得到支持争议颇大。第一种观点认为，在债券募集文件没有明确约定在诉讼中由发行人承担律师费的情形下，债券持有人的该项请求欠缺合同依据，虽然债券募集文件中约定了发行人承担债券持有人实现债权的费用，但是律师费并非实现债权必须支付的费用；[①] 同时，债券作为一种证券，具有文义性特征，持券人的权利一般限于债券记载范围。[②] 第二种观点认为，在债券募集文件对律师费有明确约定的情形下，债券持有人的该项请求应获支持。[③] 第三种观点认为，即便债券募集文件对律师费承担没有明确约定，但这是债券持有人实现债权所支出的合理费用，是因为债券发行人违约而造成的支出，故债券持有人的该项请求应获得支持；[④] 与此同时，通过发挥律师费用的杠杆作用，可以加大对虚假诉讼、恶意诉讼等非诚信诉讼行为的打击力度，有利于引导当事人诚信理性诉讼。[⑤]

就此，本书认为，募集文件对此有约定的从约定，没有约定的原则上不应支持。一方面，就诉讼中律师费承担的问题，并非债券违约合同纠纷所独有，在民商事案件中均存在此方面的争议，目前，在特定类型的案件中，尤其是知识产权案件，对于律师费的转付有明确的法律规定，如《最高人民法院关于审理商标民事纠纷案件适用法律若干问题的解释》（2020 年修正）第 17 条，[⑥] 债券违约合同纠纷显然并非此类特定案件。另一方面，有观点指出

---

① 广东省高级人民法院（2020）粤民终 1026 号民事判决书；重庆市高级人民法院（2020）渝民终 2187 号民事判决书。

② 上海金融法院（2020）沪 74 民终 513 号民事判决书。

③ 山东省高级人民法院（2020）鲁民终 1482 号民事判决书。

④ 广东省深圳市中级人民法院（2019）粤 03 民终 25490 号民事判决书。

⑤ 闻长智：《律师费转付制度在民事诉讼中的运用——以创金合信基金管理有限公司债券交易纠纷案为例》，载《法律适用》2019 年第 2 期。

⑥ 该条规定："商标法第六十三条第一款规定的制止侵权行为所支付的合理开支，包括权利人或者委托代理人对侵权行为进行调查、取证的合理费用。人民法院根据当事人的诉讼请求和案件具体情况，可以将符合国家有关部门规定的律师费用计算在赔偿范围内。"

不能仅因当事人之间无约定而完全将律师费排除在必要费用之外，可基于《民法典》第584条将律师费纳入违约损害的赔偿范围，同时结合可预见性原则进行处理，如果合同架构新颖、合作安排复杂，则就律师费的赔偿责任，违约方可预见的范围相对较大，反之亦然。[①]具体到债券违约纠纷，虽然债券违约诉讼属于专业事宜，但是债券还本付息并不属于复杂的交易架构，通过考察司法实践的案例，一般而言发行人对于债券持有人还本付息的基础请求也并无异议。

但是，在没有约定的情形下，本书认为可依据是单独起诉还是集体起诉作一定区分。《债券会议纪要》特别强调"对于债券违约合同纠纷案件，应当以债券受托管理人或者债券持有人会议推选的代表人集中起诉为原则，以债券持有人个别起诉为补充"，为鼓励债券受托管理人代表持有人集体行权，在债券受托管理人集中起诉情形下，律师费的请求应获支持，这也与《债券会议纪要》第24条破产管理人无正当理由不予确认债权的赔偿责任立场一致，该条规定，"因破产管理人无正当理由不予确认而导致的诉讼费用、律师费用、差旅费用等合理支出以及由此导致债权迟延清偿期间的利息损失，受托管理人另行向破产管理人主张赔偿责任的，人民法院应当予以支持"，该条专门规定了受托管理人可以请求赔偿律师费用；在债券受托管理人具备集中起诉条件下，债券持有人仍单独起诉的，虽符合法律规定，但在无特别约定时，原则上不应支持此时的律师费请求。

此外，有些案件中，律师费负担的约定系在担保合同中，而非在募集文件中，也就是说，担保人担保范围中有债券持有人律师费这一项目，在债券持有人起诉债券担保人时，亦会产生担保人是否应负担债券持有人律师费的问题。对此，本书认为，基于担保的从属性特征，担保人承担的责任范围不能大于主债务人，因此，在主债务人不承担律师费的情形下，即便担保合同明确约定了律师费用，也不能认定律师费属于债权担保范围。[②]

---

① 姚明斌：《〈合同法〉第113条第1款（违约损害的赔偿范围）评注》，载《法学家》2020年第3期。

② 高圣平：《担保法前沿问题与判解研究》（第五卷），人民法院出版社2021年版，第33-34页。

（二）诉讼保全保险费

根据《民事诉讼法》及相关司法解释的规定，当事人可以在诉讼开始后或诉前，向法院申请对被申请人裁定采取保全措施。依照《财产保全司法解释》第1条，当事人应提交“为财产保全提供担保的财产信息或资信证明，或者不需要提供担保的理由”；依照第7条，当事人可以与保险人签订财产保全责任险合同，由保险人向人民法院出具担保书。目前，在财产保全的司法实践中，当事人采用保险公司出具担保书的方式作为财产保全的担保非常普遍，也由此产生了如果财产保全申请人胜诉，其向保险公司交纳的诉讼保全保险费是否应由败诉方承担的争议，在债券违约诉讼中亦不例外。

在债券违约纠纷中，人民法院支持债券持有人该项请求的主要理由在于，债券持有人申请诉讼保全措施，是防止判决难以执行而依法行使诉讼权利的正当行为，因申请采取诉讼保全措施而支出的诉讼保全保险费，属于因发行人违约而导致债券持有人支出的实现债权的合理费用，且有相关证据予以证明。[①] 而不支持的主要理由在于，募集文件中并没有对诉讼保全保险费的负担作出明确约定，[②] 虽属合理范畴，但缺乏合同依据；[③] 诉讼保全保险费是申请保全人基于诉讼风险的不确定性为自己购买财产保全责任保险而支付的保险费用，该费用不属于违约后所必然发生的损失；[④] 债券持有人申请财产保全提供担保是其应尽义务，担保的方式不仅限于保险公司投保，还可以用其他财产担保，因保险公司提供担保产生的保险费不是实现债权必需的合理费用，应当由债券持有人自行承担；募集文件已明确约定了违约金条款，而违约金金额中已包含对守约方损失的赔偿，债券持有人未能举证该违约金不足以弥补其损失。[⑤]

---

① 北京市高级人民法院（2020）京民终52号民事判决书；广东省高级人民法院（2020）粤民终1026号民事判决书。

② 重庆市高级人民法院（2020）渝民终2187号民事判决书。

③ 上海市高级人民法院（2020）沪民终518号民事判决书。

④ 最高人民法院（2019）最高法民终1567号民事判决书。

⑤ 湖北省武汉市中级人民法院（2019）鄂01民初9725号民事判决书。

本书认为，原则上债券持有人的该项请求应获支持。一方面，依照《财产保全司法解释》第 9 条，[①] 只有特定类型纠纷的财产保全不需要提供担保，对于一般的民商事争议而言，原告申请财产保全需提供担保，以保险公司担保书的方式提供担保对于原告而言是相对便利的方式，也就是说，财产保全申请人交纳诉讼保全保险费是现行法律、司法解释规定下的合理选择与应然选择，并非故意扩大损失和支出费用；另一方面，有学者指出，在我国现行的司法背景下，申请保全人购买财产保全责任险已经不仅是被动选择，更是法院积极引入社会第三方参与民事诉讼和纠纷解决而增加的诉讼成本，保全保险费已经成为当事人申请财产保全的必要、稳定支出，几乎不可替代和豁免。[②]

但是，也应同时考虑债券交易的特殊性。依据《财产保全司法解释》第 9 条第 6 项，申请保全人为商业银行、保险公司等由金融监管部门批准设立的具有独立偿付债务能力的金融机构及其分支机构的，财产保全可不提供担保；《债券会议纪要》也特别强调，“应当允许符合条件的受托管理人、债券持有人和债券投资者以自身信用作为财产保全的担保方式”。债券市场与股票市场不同，前者机构投资者占多数，尤其是债券市场中的银行间债券市场，因此司法实践的案件原告多为证券公司、信托公司、基金公司、商业银行等金融机构。结合上述规定和债券交易实践，前述金融机构在诉讼中的财产保全是可以不提供担保的，此时若其因申请财产保全而支出诉讼保全保险费，不属于合理的必要费用，债券持有人的该项请求不应获得支持。[③]

---

① 该条规定：“当事人在诉讼中申请财产保全，有下列情形之一的，人民法院可以不要求提供担保：（一）追索赡养费、扶养费、抚育费、抚恤金、医疗费用、劳动报酬、工伤赔偿、交通事故人身损害赔偿的；（二）婚姻家庭纠纷案件中遭遇家庭暴力且经济困难的；（三）人民检察院提起的公益诉讼涉及损害赔偿的；（四）因见义勇为遭受侵害请求损害赔偿的；（五）案件事实清楚、权利义务关系明确，发生保全错误可能性较小的；（六）申请保全人为商业银行、保险公司等由金融监管部门批准设立的具有独立偿付债务能力的金融机构及其分支机构的。法律文书生效后，进入执行程序前，债权人申请财产保全的，人民法院可以不要求提供担保”。

② 参见刘君博：《财产保全责任险保险费承担机制研究》，载《法学杂志》2020 年第 6 期。

③ 值得关注的是，目前司法实践中有法院可能不接受个别金融机构的信用担保。

综上所述，债券违约合同纠纷围绕“契约”展开，因此对其中多数问题的分析应遵循意思自治，以债券募集文件的约定为基础作为逻辑起点；此外，在具体问题上还需结合以下三方面要素：其一，债券的“证券属性”，即债券属于证券的一种，债券交易属于商事交易、标准化交易，应当考虑债券交易的商事和金融特性；其二，债券的“团体属性”，例如，债券受托管理人制度就是解决债券投资者集体决策难题和降低交易成本的独特制度，此外《证券法》还设置了债券持有人会议制度，因此应考虑债券持有人的自治以及与发行人的协商机制；其三，债券违约纠纷的“多元属性”，债券违约纠纷呈现在诉讼、仲裁以及破产程序中，呈现在债券持有人、债券受托管理人、发行人、担保人等不同主体之间，因此在特定的程序中，也应考虑相应的程序规则对实体权利的影响，对此本书也将在后续章节中展开。

第四章

证券虚假陈述纠纷中的揭露日认定

本章导读 〉〉〉

在因发行人虚假陈述而引发的证券民事赔偿责任纠纷中，依据司法解释所确立的投资差额损失赔偿与计算规则，投资者投资差额损失的计算前提是确定发行人虚假陈述的实施日、揭露日（更正日）、基准日，因此，上述三个日期的确定是证券虚假陈述责任纠纷中投资差额损失计算最为重要的部分。而在其中，揭露日（更正日）无疑是最重要和最具决定性作用的时点，具有“分水岭”般的作用，其直接决定了可索赔的投资者范围以及投资者获赔金额的多少，揭露日（更正日）的认定也成为司法实践中的关键以及争议问题。就债券虚假陈述责任纠纷而言，《债券会议纪要》第 22 条采用了与股票虚假陈述类似的投资差额损失计算方式，也以实施日、揭露日为标准，虽然目前司法实践中多数债券虚假陈述纠纷均为到期债券，尚无采用此种方式计算的案件，但是揭露日的重要性不容忽视，因此本章拟结合证券虚假陈述责任纠纷尤其是股票类案件的司法实践，对揭露日相关问题进行研究与阐述。

第一节
揭露日表现形式的司法考察

一、立案调查通知的“独占鳌头”

（一）立案调查通知公告之日作为揭露日的司法考察

揭露日在证券虚假陈述责任纠纷中属于“必争之地”。[①]《2003 年若干规定》第 20 条第 2 款和第 3 款分别对揭露日和更正日作出规定，“虚假陈述揭露日，是指虚假陈述在全国范围发行或者播放的报刊、电台、电视台等媒体上，首次被公开揭露之日”。“虚假陈述更正日，是指虚假陈述行为人在中国证券监督管理委员会指定披露证券市场信息的媒体上，自行公告更正虚假陈述并按规定履行停牌手续之日。”对于上述定义，理论界多有异议，如认为该定义“更侧重于虚假陈述的表现形式（例如揭露载体、揭露方式等），但对更重要的内容未加以规定。即便是侧重于表现形式，规定也是较为原则、笼统”，[②]“这一定义虽规定了发布范围、媒体与首次等要素，但对司法实践中

---

① 揭露日（更正日）的争议也可从相关案件报道中可见一斑，如王立杰:《大唐电信案二审虚假陈述揭露日成认定焦点》，载《中国经营报》2009 年 11 月 2 日，第 B12 版；杜舒:《揭露日不好定》，载《证券时报》2003 年 2 月 28 日，第 12 版；刘国华:《两个焦点问题永远是个谜——记天津磁卡虚假陈述证券民事赔偿案》，载《中国证券报》2006 年 10 月 19 日，第 A16 版；庄会:《欣泰电气被立案调查未被认定为虚假陈述揭露日——兴业证券赔付方案关键节点认定又起争议》，载《中国经营报》2017 年 6 月 19 日，第 B05 版。

② 陶雨生、武峰、刘磊:《投资人索赔的分水岭——关于虚假陈述揭露日的确定》，载《中国律师》2009 年第 7 期。

揭示日的具体认定意义不大”。[①]

为解决在证券虚假陈述责任纠纷案件中对于揭露日（更正日）认定的争议，明晰司法裁判规则，妥当解释《2003年若干规定》第20条的含义，更为完善证券侵权类案件司法解释的相关规定，本书从中国裁判文书网、北大法宝、威律先行案例数据库中已公开的案件以及由刘俊海、宋一欣主编的《中国证券民事赔偿案件司法裁判文书汇编》中的案件进行检索，剔除不涉及揭露日（更正日）认定的案件，[②]共有57件案件涉及揭露日（更正日）的认定。[③]

这些案件中，揭露日（更正日）共表现为以下五种形态：第一，行政机关、司法机关对上市公司的立案调查通知书公告之日，这其中以中国证监会的立案调查通知书公告之日为绝大多数，以该日作为虚假陈述揭露日的案件共有27件；第二，虚假陈述行为人自行更正之日作为更正日，以自行更正作为虚假陈述行为被揭示形式的案件共有13件；第三，媒体对虚假陈述行为的报道之日，以此种形式作为揭露日的案件共有7件；第四，以行政机关的行政处罚决定书（或事先告知书）或者刑事判决书公告之日作为揭露日的案件共有6件；第五，以证监会的行政监管措施决定书公告之日作为揭露日的案件共有4件。

可以看出，以中国证监会的立案调查通知公告之日为绝大多数。中国证监会的立案调查通知公告之日在揭露日的表现形式中“独占鳌头”，其占到了研究样本的47%；而在这27件以立案调查通知公告之日作为揭露日的案件中，又有14件案件即超过50%的案件，在当事人以及人民法院看来，立案调查通知公告之日作为揭露日是没有任何争议的，双方当事人径直将立案调查通知公告日作为揭露日。

---

① 杨祥：《论证券虚假陈述诉讼中揭示日的认定》，载郭锋主编：《证券法律评论》（2017年卷），中国法制出版社2017年版，第99页。

② 在这些案件中，主要有以下两类：一类是由于法院不认为虚假陈述行为具有重大性，所以此类案件不涉及投资差额损失的计算，也就没有揭露日的认定问题，如“某利控股案”“某闻传媒案”；另一类是法院裁判文书中并未涉及揭露日的具体阐述。

③ 同时，因证券虚假陈述责任纠纷属于群体性纠纷，投资者分散起诉较多，每一案件中当事人的诉辩请求以及人民法院对揭露日的认定可能均不相同，本书仅以具有代表性的投资者案件为例进行研究，特此说明。

（二）立案调查通知公告之日作为揭露日的司法歧见

从司法实践的结果看，中国证监会立案调查通知公告之日作为虚假陈述行为的揭露日似乎具有“先天性”，这不禁令人反思与疑惑，仅仅是一个立案调查通知的公告，未说明任何问题，未来是否被处罚也悬而未决，那么其作为虚假陈述揭露日的正当性为何？而对于立案调查通知公告之日到底能不能作为揭露日，无论在理论中还是实践中，均存在争议。

第一种观点认为，立案调查通知公告之日不能作为虚假陈述行为的揭露日。主要理由在于仅仅是立案调查并没有揭露虚假陈述行为的内容，“仅宣布‘开始调查’亦不能给公众投资者一个‘类型化的、可信赖的’答案”[①]；“因这类信息都是不确定信息，相比上市公司发布已收到证监会《行政处罚决定》或《行政处罚决定事先告知书》，后者显然是相对确定的重大利空消息，证券市场对后一信息的反应强度、剧烈程度都是远远超过前一信息的，给受损投资人造成损失的范围、程度，后者也是远大于前者的”；[②]“其缺乏信息揭露中最基本的要素——虚假陈述行为，且在我国的司法实践中，常发生证监会对某上市公司立案调查后又无下文之情形。投资者无法基于该消息得出被立案调查者一定实施了某虚假陈述行为的结论，如果要求投资者必须判断该信息并作出反应，实质上是将对虚假陈述者的惩罚转嫁到投资者身上，使投资者处于风险之中”。[③]

在本书作者研究的样本中，亦有 5 例案件采此观点，[④]如“刘某与上海某

---

① 梁爽：《日本证券虚假陈述责任法律适用对我国的启示》，载《法学》2011 年第 1 期。

② 陶雨生、武峰、刘磊：《投资人索赔的分水岭——关于虚假陈述揭露日的确定》，载《中国律师》2009 年第 7 期。

③ 林一青：《证券虚假陈述中揭露日之确定问题刍议》，载顾耕耘主编：《公司法律评论》（2012 年卷），上海人民出版社 2012 年版，第 156–157 页。

④ 当然，在一些案件中，当事人也提出了该主张，但最终未被法院采信，如“某牛化工”案、“某成矿业”案，详见“秦某泽与河北某牛化工股份有限公司证券虚假陈述责任纠纷上诉案”，河北省高级人民法院（2014）冀民二终字第 56 号民事判决书；“王某成与青海某天药用资源科技股份有限公司（原青海某成矿业股份有限公司）上诉案”，青海省高级人民法院（2017）青民终 186 号民事判决书。

智慧股份有限公司（以下简称某智慧公司）证券虚假陈述责任纠纷案”中，法院指出：“虽然某智慧公司于该日公告其被中国证监会立案调查，但公告的内容仅提及‘公司信息披露涉嫌违反证券法律规定’，并未指出信息披露涉嫌违法的具体表现，而依照证券法律法规规定，上市公司就多种内容的信息均具有披露义务，不同内容的信息对证券价格的影响亦各不相同。现该公告仅提示市场某智慧公司有违规嫌疑，并未明确相关信息披露的具体内容，故对于普通市场投资者而言，仅阅看该公告并不必然将其与某智慧公司2013年年度报告建立联系，亦无从知晓某智慧公司可能存在的信息披露违法事项属于诱多行为还是诱空行为，更无法据此合理判断该公司股票价格之后的走向，客观上不具备收到足够警示的条件。”① “徐某禄、周某娴与上海某兴资源开发股份有限公司等证券虚假陈述责任纠纷案”中，法院也指出：“被告发布的关于收到中国证监会《调查通知书》中仅提及被告因涉嫌违反《证券法》及相关法规被中国证监会立案稽查，该公告不仅对本案被告虚假陈述行为的实质内容完全没有涉及，甚至也未能反映出被告被稽查的行为性质系涉嫌未按规定披露信息，故该公告的发布并不符合揭露的内容应与证券监督管理机构行政处罚决定书中认定的虚假陈述行为相一致的要求，该公告发布之日不应认定为虚假陈述揭露日。”②

第二种观点认为，立案调查通知被公告之日可以成为虚假陈述行为的揭露日。理由有二，其一，中国证监会调查的权威性，“中国证监会通常是在已经掌握大量事实依据、极有可能认定该行为违法的情况下，才对上市公司进行立案调查，而且中国证监会的权威性、专业性也足以令市场相信，被立案调查的事项很有可能真实、从而比较确定地引起灌水被挤

① 上海市第一中级人民法院（2016）沪01民初653号民事判决书。

② 上海市高级人民法院（2016）沪民终109号民事判决书。采此观点的案件还有“某虹精化案”“某都基业案”“某泰电气案”，详见“丁某平与深圳市某虹精细化工股份有限公司证券虚假陈述责任纠纷案”，广东省高级人民法院（2015）粤高法民二终字第1058号民事判决书；“某都基业投资股份有限公司与王某证券虚假陈述责任纠纷上诉案”，浙江省高级人民法院（2016）浙民终879号民事判决书；“石某峰与某业证券股份有限公司证券虚假陈述责任纠纷案”，福建省福州市中级人民法院（2017）闽01民初459号民事判决书。

压。”[①]“官方的调查通知虽然并不一定必然导致处罚的结果，但是至少已经给投资者一个相对可靠的警示，而且信息受众广泛，投资者对政府监督行为的信任已经足以使诸多投资者采取一定的降低风险的措施。”[②]其二，从理性投资者的认知角度看，“鉴于证监会的职能（其负有揭露瑕疵信息的义务）及权威性，其立案调查的公告发布以后，足以说明被调查的股票存在虚假陈述的可能。对于理性的投资者，已经起到了充分的风险提示作用，具有高度的警示性，足以影响投资决策。”[③]“因为投资者一般听闻公司被立案调查，就会重新考虑持股的风险，很有可能选择减持公司股票，而不会等到调查结束，证监会的行政处罚公告发布才卖出股票。因此，将虚假陈述的揭露日确定为虚假陈述人告知投资者本单位被证券监管部门认案调查的日期能够合理、充分地保护投资者的利益，不至于不合理地人为减小可索赔的受害者范围，损害投资者利益。”[④]司法实践中采此观点的案例占多数。

从上述司法分歧可以看出，立案调查通知公告之日能否作为揭露日的争议主要在两个方面：第一，立案调查通知未明确揭露具体的虚假陈述行为，是否仍然可以成为揭露形式？第二，立案调查通知是否具有警示性？或者说，股价波动在认定立案调查公告成为揭露日中的作用为何？

二、立案调查通知内容之繁简对判断揭露日的影响

（一）立案调查通知的三种表现形式

从司法实践看，中国证监会立案调查通知的表述，共有以下三种形式和内容具有递进关系的方式：第一，公司因涉嫌违反证券法及相关法规或违反证券法律法规被立案调查；第二，公司因涉嫌信息披露违法违规（或未按规

---

① 杨祥：《论证券虚假陈述诉讼中揭示日的认定》，载郭锋主编：《证券法律评论》（2017年卷），中国法制出版社2017年版，第112页。

② 郭矗：《证券虚假陈述中的因果关系研究》，载《福建法学》2012年第3期。

③ 石一峰：《违反信息披露义务责任中损失计算的利益衡量》，载《法学评论》2017年第4期。

④ 邓见智：《证券虚假陈述实施日和揭露日法律分析——以陈锦棠、莫川东分别诉广东美雅案为例》，载《法商论坛》2011年第1卷。

定披露信息或涉嫌虚假陈述）被立案调查；第三，直接涉及虚假陈述行为类型，前两种表述形式均没有涉及具体的虚假陈述行为类型，而此种形式则直接表明虚假陈述行为的内容，如“某天利案”中，“因某天利公司关联关系及相关事项未披露，证监会根据《证券法》的有关规定，决定对某天利公司进行立案调查”；[①] 如“大庆联谊案”中，“1999 年 4 月 21 日，根据有关部门要求，大庆联谊公司在《中国证券报》上发布董事会公告，称该公司的《1997 年年报》因涉嫌利润虚假、募集资金使用虚假等违法、违规行为，正在接受有关部门调查”[②]。

既然立案调查公告具有以上三种形式，而且三种形式的表述不同，那么由此引发的问题及争议是，上述三种方式，是否在被认定成揭露日上存在不同?

在本章研究的 57 件样本案件中，无一件案件对二者进行了明确的区分适用，只有在个别案件中，当事人对此提出应区别对待，如在“刘某与某电广通股份有限公司（以下简称某电广通）证券虚假陈述赔偿纠纷案”中，当事人提出，“某电广通的立案调查公告仅笼统说明因‘涉嫌违反证券法律法规’，对虚假陈述的行为只字未提，而某龙电器、某唐电信、ST 某雅均披露了立案调查的原因是虚假信息披露，而某电广通的行为与前述情形截然不同”。[③]

（二）立案调查通知之内容繁简与揭露日认定

前述第三种方式直接表明虚假陈述行为的内容，其可以作为揭露日，对于前两种方式，本书作者认为，其内容的繁简程度在人民法院认定揭露日时应有所不同。

首先，从表述内容看，第二种表述方式显然比第一种表述方式更具体，因为违反证券法律法规的行为不仅仅有虚假陈述行为，还可能是操纵市场、内幕交易等违法行为，“中国证监会立案调查的公告通常满足了‘确定性’

---

① “某无线天利移动信息技术股份有限公司（以下简称某天利公司）与李某春、钱某耀证券虚假陈述责任纠纷案”，北京市高级人民法院（2017）京民终 751 号民事判决书。

② “陈某华等 23 名投资人诉大庆联谊公司、申银证券公司虚假陈述侵权赔偿纠纷案”，载《最高人民法院公报》2005 年第 11 期。

③ 北京市第一中级人民法院（2010）一中民初字第 17839 号民事判决书。

要求，但诸如‘因涉嫌违规被调查’的信息，则欠缺‘指向性’”。①

其次，从司法实践看，尽管人民法院没有明确将二者区分适用，但是从案件的认定结果上能够得出二者实际上有所区别。在本章研究的样本中，采用第一种立案调查表述方式的案件有 16 件，在这 16 件案件中，立案调查通知公告之日成为揭露日的案件有 9 件，占比 56%；采用第二种立案调查表述方式的案件共有 20 件，其中立案调查通知公告之日成为揭露日的案件有 16 件，占比 80%。显然，由于后者的内容更为具体，在司法实践中被认定为揭露日的可能性更大。②

因此，笼统地说，立案调查通知这种形式能否作为虚假陈述行为的揭露形式并不准确，因为立案调查通知本身就具有内容详尽程度上的区别，所以，该项因素成为人民法院判断揭露日时应考量的因素。

第二节
揭露日中“内容一致性”的含义

如前所述，立案调查公告具有三种内容不同的表现形式，其中有的只是阐述发行人涉嫌存在虚假陈述行为或者信息披露问题，存在内容不具体、不明确的问题，但是这并不妨碍其作为揭露日表现形式，那么虚假陈述行为的揭露到底是否需要揭露形式的内容完整准确？

一、揭露内容是否应与虚假陈述行为一一对应

从揭露的本身含义讲，现代汉语分类大词典中意为“揭示隐蔽的、掩盖

① 杨祥：《论证券虚假陈述诉讼中揭示日的认定》，载郭锋主编：《证券法律评论》（2017 年卷），中国法制出版社 2017 年版，第 112 页。

② 也正是因为其内容更为详尽，导致在该日之后的市场反应更为明显，被认定为揭露日的概率增加。

的事物，使显露出来”，[1]因此，只有揭露的内容就是之前虚假陈述行为人所实施的且被掩盖的虚假陈述行为，才算得上真正意义的揭露，“媒体揭露信息中披露的虚假陈述行为应与事后证监会或其他有权机关作出行政处罚决定所认定的虚假陈述行为相吻合”，[2]故揭露内容的一致性是在虚假陈述行为中应该考量的因素，换言之，虚假陈述揭露形式的内容中应当有具体的虚假陈述行为。

对此，司法实践中有不少法院在认定揭露日时均采此标准，认为确定虚假陈述揭露日“应当着重考虑揭露的内容与证券监督管理机构行政处罚决定书中认定的虚假陈述行为相一致”，[3]司法实践中，很多案件均在论理中阐明此点，如在“某天利案”中，“某天利公司在发布涉案《招股说明书》及相关公告中，未对相关关联关系进行披露；其在收购上海誉好公司时，未对相关关联交易进行披露，未依法履行关联交易程序……行政处罚……此结论性事实与某天利公司于2015年6月23日发布的《关于收到中国证券监督管理委员会调查通知书暨复牌公告》的内容前后呼应，且完全相符，是国家行政监管机构对某天利公司存在虚假陈述行为的最终证实和确定”[4]。同时，若揭露的内容与中国证监会行政处罚决定书中认定的揭露事实不一致，则难以构成揭露，如在“汉某科技案”中，有投资者认为，“2011年5月20日深圳证券交易所中小板公司管理部向汉某科技公司董事会发出问询函，国内各大主流媒体对汉某科技公司涉嫌虚假陈述和违反会计准则也作出了相关报道，因此虚假陈述揭露日应认定为2011年5月20日。但是根据本院查明的事实，2011年5月20日深圳证券交易所中小板公司管理部向汉某公司董事会发出问询函中仅涉及了三个问题……并未涉及汉某科技公司未披露其与汉某信息公司之间的关联关系和关联交易的问题。因此，问询函和2011年5月20日

---

① 董大年主编:《现代汉语分类大词典》，上海辞书出版社2007年版，第440页。

② 陶雨生、武峰、刘磊:《投资人索赔的分水岭——关于虚假陈述揭露日的确定》，载《中国律师》2009年第7期。

③ “黄某江与海南某实业发展股份有限公司证券虚假陈述责任纠纷案”，海南省海口市中级人民法院（2016）琼01民初160号民事判决书。

④ “北京某天利移动信息技术股份有限公司与李某春、钱某耀证券虚假陈述责任纠纷上诉案”，北京市高级人民法院（2017）京民终751号民事判决书。

媒体的相关报道均不能构成对汉某科技公司存在未披露其与汉某信息公司之间的关联关系和关联交易行为的揭露”[①]。

在此标准之上，有的法院即认为，立案调查通知并没有揭示出任何的虚假陈述行为，故其不应作为揭露日。如前述的“某兴资源”与“某智慧案”。但是，也有法院认为，“《2003年若干规定》第20条所规定的虚假陈述揭露日其核心在于虚假陈述首次被公开揭露，对市场产生了影响及该违法行为被中国证监会认定等因素，对其是否揭露了全部违法事实并未作强制性规定”[②]。

二、具有“弹性”的内容一致性标准

本书认为，虚假陈述行为揭露日的判断中，揭露内容的一致性是应当考量的重要因素，也即揭露形式中应当有虚假陈述行为且能够与发行人实施的虚假陈述行为相一致、相对应，但是，此种内容一致性具有“弹性”，非绝对的完全一致。

首先，一致性的对比标准决定了完全一致性的不可能。揭露内容一致性的对比标准是中国证监会最终作出的行政处罚决定书中所认定的虚假陈述行为，而中国证监会认定的虚假陈述行为实际上是一种“法律事实”而非“客观事实”，就如同人民法院的裁判认定事实亦非客观事实一样，“法律事实一般应当与客观事实相符，但由于种种原因，也可能产生不一致的情况，包括无奈的不一致、错误的不一致和有意的不一致”[③]。既然是一种“法律事实”，就表明与原始的客观虚假陈述行为存在差别，在此情形下，要求揭露日揭露的内容符合“法律事实”的虚假陈述行为，要求苛刻，甚至是不可能的。

其次，中国证监会自身对虚假陈述行为的认定也存在变动，要求其他的虚假陈述揭露形式在内容上完全一致并不合理。由于在中国证监会具体调

① “张某与汉某科技股份有限公司证券虚假陈述责任纠纷上诉案”，北京市高级人民法院（2016）京民终277号民事判决书。

② “王某成与青海某药用资源科技股份有限公司（原青海某矿业股份有限公司）上诉案”，青海省高级人民法院（2017）青民终186号民事判决书。

③ 孔祥俊：《论法律事实与客观事实》，载《政法论坛》2002年第5期。

查过程中的各种情况，如发现新的证据、事实，或者基于对违法行为和事实的考量，中国证监会决定进行处罚的具体违法行为与其先前立案调查时认为发行人存在的虚假陈述行为可能存在差异，即中国证监会最终的处罚结果与先前公布的（无论是自行更正还是揭露）信息不一定就是一一对应的。以中国证监会自身作出的行政监管措施决定书为例，在前述提及，中国证监会的行政监管措施决定书同样可以作为揭露形式，但是即便是行政监管措施决定书，也无法做到与行政处罚决定书在内容上的完全一一对应。

在前述本书作者考察的法院最终将行政监管措施决定书公告之日作为揭露日的案件中，几乎没有能够与中国证监会行政处罚决定书认定的违法行为内容完全一致的情况。如在“天津磁卡案”中，行政监管措施决定书确认，“公司 2006 年 7 月 24 日受让天津环球化学科技有限公司 73% 股份，成为其控股股东，该事项始终未予披露；公司 2012 年 12 月 28 日与天津港保税区管委会签订了土地款补偿《补充协议》，涉及金额 19560 万元，该事项未及时披露；公司 2012 年 10 月 20 日与控股股东天津某磁卡集团有限公司、天津某木业有限公司签署《三方转债协议》，涉及金额 500 万元，该事项涉及关联交易未经审议且未披露”。而行政处罚决定书确认则认定，“公司 2006 年半年报至 2013 年半年报期间均未披露天津某化学科技有限公司是其子公司；未将控股子公司天津某化学科技有限公司纳入合并财务报表的合并范围，虚计 2006 年至 2012 年各期年报合并利润”。[①] 因而，二者内容并不一致。同样在宏磊股份、神开股份与佛山照明案中，行政监管措施决定书与中国证监会行政处罚决定书中认定的违法行为也无法做到完全的内容一致性。

尽管如此，上述案件中，行政监管措施决定书中均涉及违法行为，且违法行为与最终被认定的违法行为具有较大的关联性，若将前者的违法行为比作 A，后者的违法行为比作 B，则二者的关系基本为 B 包含 A 或 AB 有交叉。所以，揭露日中所谓的内容一致性是几乎不可能的。

最后，完全的一致性要求与司法实践不符、不利于保护投资者。从客观

① 详情参见“王某文与天津某磁卡股份有限公司证券虚假陈述责任纠纷案”，天津市第二中级人民法院（2016）津 02 民初 702 号民事判决书。

角度而言，若要求高度的一致性，则虚假陈述行为的揭露日就只剩下一种可能，就是在中国证监会行政处罚决定书（或行政处罚事先告知书）公告之日，而若将此作为揭露日，根据司法实践以及证券市场规律看，股价多数情况下仅发生极小的变动甚至没有变动，原因在于中国证监会的行政处罚决定书公告之日相对于虚假陈述行为首次被揭示往往时间靠后，在此之前，关于发行人涉嫌虚假陈述的利空消息在市场中早就存在并出尽，在前期利空消息出尽的情况下，行政处罚决定书被公告之日股价已经难以发生波动，甚至出现上涨的情况。在此种情况下，依照当前投资差额损失的计算方法，投资者的损失则无法得到完全弥补，前期因真正的揭露导致股价下跌而产生的损失，投资者在案件中无法获得赔付，“如果坚持认为只有真相被完整揭示才构成揭示日，显然是罔顾市场实际、股价反应，必然放纵虚假陈述，鼓励信息操纵，损害众多投资者利益”①。

《九民会议纪要》第 84 条也指出，“虚假陈述的揭露和更正，是指虚假陈述被市场所知悉、了解，其精确程度并不以‘镜像规则’为必要，不要求达到全面、完整、准确的程度”。

三、立案调查通知中违法内容的概括性解释

综上，虚假陈述行为揭露日的判断中，揭露内容的一致性是应当考量的重要因素，但是，此时的一致性具有“弹性”，非绝对的完全一致，“并不是说要从严格意义上必须将事实完全揭露，为消除对该证券价格的错误认识，进行了必要程度的事实揭露就足够了”②。

由此，此种具有弹性的内容一致性要求，便给立案调查通知公告之日作为揭露日留下了解释的空间，也即，尽管立案调查通知公告之日在揭露违法行为内容上有所欠缺，但是可将前述第一、二种立案调查通知的形式理解为

① 杨祥：《论证券虚假陈述诉讼中揭示日的认定》，载郭锋主编：《证券法律评论》（2017 年卷），中国法制出版社 2017 年版，第 111 页。

② ［日］三井秀范：《罚金制度与民事赔偿责任——条解证券交易法》，载《金融财政研究会》2005 年，第 159 页。转引自刘晓杰：《虚假陈述损害赔偿范围的认定探讨——以日本 LiveDoor 公司证券诉讼案为借鉴》，华东政法大学 2011 年硕士学位论文。

“内容概括性”，其毕竟在最低限度上明确了违法行为。在司法实践中，也有法院作此解释，如在“某投生态（某大地）案”中，法院认为，“2010 年 3 月 18 日中国证监会的立案调查通知书的内容表述为‘涉嫌信息披露违规’，并未特指针对的是某大地公司某个阶段或某个文件的虚假陈述行为，具有不特定性，应当涵盖虚假陈述的所有行为和内容”①。又如，“某越花雕（某龙发展）案”中，法院指出，“某龙发展于 2003 年 10 月 24 日在《上海证券报》刊登的《被立案调查的公告》虽仅记载某龙发展因涉嫌违反证券法规，证监会决定对该公司立案调查，但虚假陈述行为亦属违反证券法规行为之一，且 2004 年 9 月 16 日中国证监会作出证监罚字（2004）34 号行政处罚决定书，亦是认定某越花雕公司在 2001 年、2002 年年报中存在虚假陈述”②。

但是，仅凭此种对内容一致性的宽泛和概括性解释就认定立案调查通知公告之日作为揭露日仍显不足，那么，是否仍然有其他因素共同影响人民法院对揭露日的判断呢？前文提及的股价是否对揭露日的判断有影响？

第三节

揭露日中的“价格波动”因素

一、价格波动与揭露日的关系之争议

前文提及，绝大多数立案调查公告其实均在内容上具有欠缺性，法院拒绝将其作为揭露形式的观点亦均持此理由。与此同时，法院接受其作为揭露

① “魏某东与云南某投生态环境科技股份有限公司等证券虚假陈述责任纠纷上诉案”，云南省高级人民法院（2015）云高民二终字第 144 号民事判决书。

② “葛某与福建省某越花雕股份有限公司（以下简称某越花雕公司）、上海某会会计师事务所有限公司、某勤万信会计师事务所有限公司上诉案”，福建省高级人民法院（2007）闽民终字第 356 号民事判决书。

日的案例理由基本同一，除了前述中国证监会的立案调查具有权威性等原因，立案调查通知公告后发行人公司的股价发生了波动（主要是指诱多型证券虚假陈述中股价的下跌）则是更为重要的因素，在司法实践中，在很多以立案调查通知公告之日作为揭露日的案件中，股价往往都发生波动（如表1所示）。

表1　揭露日与股价波动

案　件	案　号	股价跌幅
唐某与湖北某新型建材股份有限公司证券虚假陈述责任纠纷案	湖北省武汉市中级人民法院（2016）鄂01民初3483号民事判决书	较前一交易日收盘价下跌9.95%
廖某松与某天海龙股份有限公司证券虚假陈述责任纠纷案	山东省高级人民法院（2016）鲁民终1682号民事判决书	发布公告当天股价下跌9.21%，且此后的交易日股价持续走低
刘某与某电广通股份有限公司证券虚假陈述赔偿纠纷案	北京市第一中级人民法院（2010）一中民初字第17839号民事判决书	较前一交易日收盘价下跌9.83%
上海某达化工新材料股份有限公司与徐某川证券虚假陈述责任纠纷案	上海市高级人民法院（2015）沪高民五（商）终字第35号民事判决书	较前一交易日收盘价下跌10.03%
李某芹与山东某邦冶炼股份有限公司证券虚假陈述责任纠纷案	山东省青岛市中级人民法院（2016）鲁02民初1004号民事判决书	较前一交易日收盘价下跌4.62%
北京某天利移动信息技术股份有限公司与李某春、钱某耀证券虚假陈述责任纠纷案	北京市高级人民法院（2017）京民终751号民事判决书	12个跌停板
上海某资贸易股份有限公司与王某宏等证券虚假陈述责任纠纷上诉案；卫某海信科龙电器股份有限公司证券虚假陈述责任纠纷案；秦某泽与河北某牛化工股份有限公司证券虚假陈述责任纠纷上诉案；某电器照明股份有限公司与汪某华证券虚假陈述责任纠纷案	上海市高级人民法院（2016）沪民终496号民事判决书；广东省广州市中级人民法院（2007）穗中法民二初字第221号民事调解书；湖北省高级人民法院（2014）冀民二终字第56号民事判决书；广东省高级人民法院（2015）粤高法民二终字第13-967号民事判决书	未有明确数字，但均表述股价下跌

在上述案件中，法院均以立案调查通知公告后股价发生剧烈变动为由将立案调查通知公告之日作为揭露日。而据此引发出的问题是，股价波动是否与认定揭露日相关？此问题在理论与实践中均存在争议。

第一种观点认为，“市场反应是确定揭露日的首要判断标准”。[①]“揭露的信息导致该股票价格急剧下跌和交易数量激增，是揭露日之后市场反应的基本特征。”[②]“《2003年若干规定》第20条第2款没有将导致价格异常波动作为确定揭露日的一个条件，因为在损害赔偿案中，媒体报道导致相关股票的价格异常波动是一个不言而喻的情节，没有价格的异常波动就不会有投资人的损失，没有投资人的损失就不会形成索赔诉讼。”[③]

第二种观点认为，证券市场对揭露信息的剧烈反应不是判断虚假揭露日的要件，虚假陈述揭露并不必然导致证券市场波动。[④]“以市场反应作为标准实际上以‘市场能够迅速对信息揭露作出反应且不受其他因素影响’为前提，即瑕疵信息直接导致股价波动从而造成损失。这符合可预见性标准，即信披义务人应当预见到瑕疵信息的揭露会对股价造成波动，但不符合投资者方面的利益，因为市场可能对瑕疵信息的揭露存在滞后反应，股价波动也可能是嗣后的其他因素导致的。按照《2003年若干规定》第19条第1款的规定，揭露日的延后就可能使得在股价剧烈波动前卖出的不在计算范围之内。同时由于揭露日延后，在原本的揭露日之后买入又在股价波动后卖出的将得到赔偿，这增加了信披义务人的负担。因而从实际出发的角度来看，市场反应程度只能作为一项辅助指标来看待。”[⑤]

---

① 陶雨生、武峰、刘磊：《投资人索赔的分水岭——关于虚假陈述揭露日的确定》，载《中国律师》2009年第7期，第61页。

② 陶雨生、武峰、刘磊：《投资人索赔的分水岭——关于虚假陈述揭露日的确定》，载《中国律师》2009年第7期，第60页。

③ 张勇健：《论虚假陈述侵权行为的几个时间点》，载《法律适用》2003年第4期。

④ 莫涛：《虚假陈述揭露日确定问题研究——以徐某诉大唐公司证券虚假陈述赔偿纠纷案为例》，西南政法大学2011年硕士学位论文。

⑤ 石一峰：《违反信息披露义务责任中损失计算的利益衡量》，载《法学评论》2017年第4期。

二、价格波动与揭露日认定无法形成充分必要关系

本书认为，股价的波动性在绝大多数案件中均应作为判断揭露日的一个重要因素，但不是单一因素，也不是判定揭露日的必要条件，二者之间无法建立起充分必要条件，具体而言。

首先，信息披露之后发生股价波动的一般应作为揭露日。以本章所探讨的立案调查公告为例，支持立案调查通知公告之日作为揭露日的论者往往认为，立案调查公告对于理性的投资者，已经起到了充分的风险提示作用，具有高度的警示性，足以影响投资决策；而否认立案调查公告作为揭露日的观点则认为内容空泛的立案调查通知无法对投资者的判断起到作用。统计学的研究证明，立案调查通知公告的确存在警示性。

一项针对 2002 年至 2011 年共计 10 年间发生的中国证监会立案调查样本的研究表明，“立案公告事件已经使得市场投资者重新调整了其对所投资公司的预期，并产生了足够重大的负反应，且负反应程度已远远超过了监管机构处罚公告附近的市场负反应……因此潜在的虚假陈述行为与立案公告日附近的投资者损失之间体现出因果关系，因此该情形存在经验证据的支持”[①]。

在上述统计学的证据支持下，立案调查通知公告之时已经确定对投资者财富发生影响，而根据《2003 年若干规定》对于投资差额损失的计算方式，如果不将立案调查公告日作为揭露日，则投资者在立案调查公告之日因股价下跌而产生的损失很难得到补偿，若揭露日在立案调查公告之后，股价又往往波动不大，甚至出现所谓“利空即利多”的状况，投资者因虚假陈述行为而遭受的损失难以得到补偿。因此，在立案调查通知公告之日导致股价波动时，立案调查公告应作为揭露日。

其次，信息披露之后股价发生波动可能也无法作为揭露日。前文提及，满足揭露日需要具备内容一致性的要件，若披露的虚假陈述行为不是中国证

---

① 吴溪、张俊生：《上市公司立案公告的市场反应及其含义》，载《会计研究》2014 年第 4 期。

监会所认定和处罚的虚假陈述行为，则即便发生股价波动，也无法作为虚假陈述行为，如在“张某与汉某科技股份有限公司证券虚假陈述责任纠纷上诉案”中，尽管2011年5月20日深圳证券交易所发出问询函，当日和之后几日媒体的相关报道导致汉某科技的股价下跌，但是由于该日披露的虚假陈述行为并非中国证监会认定虚假陈述行为，所以无法作为揭露日。[①]

最后，是揭露日但未必伴随股价波动。事实上，在揭露日股价未产生波动系因当前投资差额损失采取所谓“事后观点”所导致的，采“事后观点”，“在揭示日之后，如果有其他利好消息能够抵消虚假陈述被揭示所带来的股价下跌，虚假陈述行为人将少赔甚至不赔。面对这样的诱惑，虚假陈述行为人极有可能在虚假陈述被揭示的前后，通过披露利好（不论真假）消息来抵消虚假陈述被揭示所导致的股价下跌”。[②]

也即在此种情形下，尽管股价没有下跌，但是揭露形式的要件仍然具备，此时股价未波动系因其他因素的影响，非揭露信息不够彻底，亦非揭露媒体不够权威。因而，在此种情形下，股价不是认定揭露日的必要条件。正是基于此，才有学者提出所谓投资差额损失的“事前观点”，“该方法计算出的是投资者在交易同时所多付出的价款，该价款即为投资者的损失，在交易当时即确定。因此，该损失不受交易之后其他因素的影响。”[③]

之所以有观点认为只有股价发生波动才会成为揭露日，系因只有股价波动才会有损失，才会衍生赔偿诉讼。但是，依据前述，实际上这只是在投资差额损失“事后观点”的框架下得出的结论。而依照“事前观点”，投资者损失是在交易时确定的，所谓揭露伴随的股价波动对于投资差额损失计算没有影响。司法实践中，实际上也有裁判提出了该观点，如在“上海某华案”中，法院认为，“证券市场虚假陈述行为造成投资者损失的主要原因并非虚

---

① 详见“张某与汉某科技股份有限公司证券虚假陈述责任纠纷上诉案”，北京市高级人民法院（2016）京民终277号民事判决书。

② 樊健：《论证券虚假陈述投资者损失计算的“事前观点”》，载《清华法学》2017年第3期。

③ 樊健：《论证券虚假陈述投资者损失计算的“事前观点”》，载《清华法学》2017年第3期。

假陈述行为被揭露后股票价格的下跌，而是投资者基于对上市公司或其他义务主体虚假陈述的信任，买入并持有了存在虚假陈述因素的股票，故分析原告是否具有损失，应以原告买入并持有系争股票的行为动机为依据”[①]。

因此，通过上述论证可以看出，揭露日认定时，基于司法解释所采用的投资差额损失计算方法，应考虑揭露伴随的股价波动，一般而言，揭露日会随着股价波动，但是二者并非一一对应且充分必要。在立案调查通知公告后，若在该日及之后交易日发生了股价波动，则立案调查调查公告之日成为揭露日，此时的股价波动弥补了立案调查通知内容上的欠缺性，立案调查通知符合内容一致性与股价波动性两项因素，大概率可以被认定为揭露的表现形式，立案调查通知公告之日作为揭露日也就具有了正当性。若立案调查公告之后未发生股价波动，加之内容上的欠缺，大概率不会被认定为揭露日。《九民会议纪要》第 84 条也指出，“原则上，只要交易市场对监管部门立案调查、权威媒体刊载的揭露文章等信息存在着明显的反应，对一方主张市场已经知悉虚假陈述的抗辩，人民法院依法予以支持”。

第四节
揭露日判断原则的具体应用

一、立案调查公告作为揭露日的正当性解释

由前述章节可得出以下结论：第一，有些立案调查通知，尽管内容简略，但是借助对内容的宽泛解释与股价波动性对其的弥补，其作为揭露的表现形

① “周某与上海某华（集团）股份有限公司诉讼案”，上海市第一中级人民法院（2007）沪一中民三（商）初字第51号民事判决书。

式不失正当性；第二，股价波动性因素在大多数案件中与揭露日相伴而生，但是二者之间并没有绝对的充分必要关系；第三，立案调查通知公告作为揭露日实际上并非简单因素的判断，而是一个多因素的综合衡量过程，包括但不限于立案调查通知本身的内容形式、立案调查公告之后股价的波动情况，立案调查公告前后其他揭露形式的时间及其市场影响。在具体案件中，因案情的不同，各因素所占的权重不同，并进而影响裁判者的判断，在有些案件中因案情的差别，可能内容的一致性要件格外重要，有些案件中，股价的波动性又格外重要，各因素在各案件中的特殊性不尽相同。裁判者最终选择的揭露日可能并不是最真实的，但是在综合衡量之后，选择的一定是一个“最合适”的揭露日。[①] 因此，基于前述的论证，立案调查通知公告之日作为揭露日有其正当性解释。

由此延伸，本书认为，在修订《2003 年若干规定》时，对揭露日（更正日）的规定不应仅限于列举揭露形式，更应着重于判断揭露日的实质因素，即证券虚假陈述责任纠纷中揭露日（更正日）的判断应结合揭露形式所揭示的内容繁简程度、揭示内容与虚假陈述行为的对应程度、揭露信息之后的股价反应，对比与虚假陈述行为有关的各事件的发生时间及其影响等因素，以保护投资者利益为原则，进行综合衡量判断。

二、更正日的判定

如前所述，更正日亦为揭露日的一种形式，以下将前述提出的揭露日判断原则应用于更正日之中。

（一）案例的引入

2011 年 1 月，某公司的股票在上海证券交易所上市交易。2012 年 4 月 11 日，某公司公告了 2011 年年度报告。2013 年 3 月 7 日，某公司公告关于前期会计差错更正的提示性公告，并按规定履行停牌手续。经自查发现，某

---

① 关于一个虚假陈述行为是否应当有两个及两个以上揭露日，理论与司法实践均存争议，目前采取先行赔付的案件如海联讯、万福生科、欣泰电气案认定了多个揭露日。

公司2011年年度财务报表的有关账务处理存在会计差错。某公司财务管理制度规定公司确认收入需同时满足以下三项条件：（1）公司已与客户签订销售合同；（2）货到现场后双方已签署设备验收手续；（3）完成吊装并取得双方认可。但在2011年年度确认收入的项目中部分项目设备未到项目现场完成吊装，导致2011年年度的销售收入及成本结转存在差错。根据自查情况，相关会计差错更正事项对2011年年度财务报告主要会计数据的影响如下（合并报表口径，单位：万元）：

表2　会计差错导致的差异影响

项　目	2011年报公布数据	会计差错导致的差异	差异比例
所有者权益	1386144	–16835	–1.21%
营业收入	1043552	–92903	–8.90%
营业成本	991854	–66171	–6.67%
净利润	77572	–16835	–21.70%

2013年3月7日，上证指数收盘于2324.29点，相较于前一交易日下跌0.98%；某公司股价收盘于6.05元，相较于前一交易日下跌3.04%。2013年3月8日，上证指数收盘于2318.61点，某公司股价收盘于5.93元。2013年3月11日，上证指数收盘于2310.59点，某公司股价收盘于5.80元。2013年3月12日，上证指数收盘于2286.60点，某公司股价收盘于5.62元。

2013年5月30日，某公司发布关于被中国证监会立案调查的公告。因涉嫌违反证券法律法规，中国证监会根据《证券法》的有关规定，决定对某公司进行立案调查。

2015年11月5日，中国证监会作出行政处罚决定书，主要内容包括：

1. 某公司的违法事实。2012年4月11日，某公司披露2011年的年报，确认风电机组收入1686台，营业总收入10435516390.57元，营业总成本9918543020.04元，利润总额739440394元，报告期内风电工程项目适用的会计政策为商品销售收入。该年报签字董事为韩某等。受风电行业政策的影响，2011年全行业业绩急剧下滑。为粉饰上市首年业绩，在韩某安排下，某公司财务、生产、销售、客服等4个部门通过伪造单据等方式提前确认收入，在2011年年度提前确认风电机组收入413台，对2011年年度财务报告的影响为：虚增营业收入2431739125.66元、营业成本2003916651.46元，多预提运费31350686.83元，多计提坏账118610423.77元，虚增利润总额277861363.60元，占2011年利润总额的37.58%。某公司在2011年年报中通过提前确认收入的方式虚构营业收入、虚增利润的行为，违反了《证券法》（2005年修订）第63条关于发行人、上市公司依法披露的信息，必须真实、准确、完整，不得有虚假记载、误导性陈述或者重大遗漏的规定，构成《证券法》（2005年修订）第193条第1款所述的发行人、上市公司或者其他信息披露义务人未按照规定披露信息，或者所披露的信息有虚假记载、误导性陈述或者重大遗漏的行为。

2. 中国证监会的有关认定。（1）某公司提出的税金扣除问题，涉及采用虚增利润还是虚增净利润概念描述某公司虚增业绩情况的问题，属于表述问题，不影响实质认定。（2）关于14台机组收入确认问题。根据某公司2011年年报披露的商品销售收入确认和计量方法，公司关于收入确认的具体依据为同时满足以下三项条件：公司已与客户签订销售合同；货到现场后双方已签署设备验收手续；完成吊装并取得双方认可。经复核，某公司大唐齐齐哈尔碾子山项目涉及的11台机组实际在2012年完成吊装，公司在2013年取得业主说明认可吊装完成，但2013年取得的业主说明不能作为公司在2011年确认收入的依据；美国项目涉及的3台机组的销售合同中对风险转移时点的约定，与国内项目的销售合同或我国合同法关于风机风险转移的约定并无实质差异，从收入确认的角度讲国外项目与国内项目并无本质区别。某公司在2011年未完成上述14台机组的吊装情况下，伪造吊装单确认收入，不符合其一贯的会计政策。因某公司虚假信息披露行为涉嫌构成违规披露、不披露重要信息犯罪，司法机关聘请的司法审计会计师事务所在对某公司2011年相关财务数据进行核对时，发现证据表明证监会此前认定的某公司华能山东利津项目中的1台机组实际在2011年完成了吊装，公司可以在2011年年度确认收入。经复核，证监会对此予以认可，并对相关数据进行了调整。（3）某公司自一上市，即进行有预谋、有策划、系统性、有组织、大比例的财务舞弊，情节严重，性质恶劣；某公司所称自查自纠、主动报告和披露会计差错，系韩某卸任后，公司编制 2012 年年报期间发现涉案问题后才开展的行为；某公司提出的成功化解债务危机、完成重组，其稳定发展对于广大投资者利益至关重要等申辩，属于案外、事后情况。

依此，中国证监会对某公司以及相关责任人员依法进行了处罚。

李某系一名投资者，依据《2003 年若干规定》的规定，要求某公司赔偿因某公司虚假陈述给其造成的损失。诉讼中，双方对本案的揭露日、更正日产生争议。某公司主张 2013 年 3 月 7 日为本案虚假陈述的更正日；李某对此不予认可，其主张 2013 年 5 月 30 日为该案虚假陈述的揭露日。

法院经审理认为，本案中 2013 年 3 月 7 日为虚假陈述更正日。理由如下：首先，《2003 年若干规定》第 20 条第 3 款规定，虚假陈述更正日，是指虚假陈述行为人在中国证券监督管理委员会指定披露证券市场信息的媒体上，自行公告更正虚假陈述并按规定履行停牌手续之日。本案中，从某公司于 2013 年 3 月 7 日发布的关于前期会计差错更正的提示性公告的内容可以看出，其系自行更正了某公司 2011 年年度财务报告中的“所有者权益、营业收入、营业成本及净利润”等主要会计数据，并按规定于 2013 年 3 月 4 日履行了股票停牌手续，符合确认虚假陈述更正日的形式要件。其次，虚假陈述行为被揭露或被更正的意义在于因虚假陈述行为被揭露或被更正后，其对证券市场发出了一个警示信号，提醒投资人重新判断股票价值，进而对市场价格产生影响。本案中，从某公司 2013 年 3 月 7 日至 12 日收盘价的涨跌情况看，其发布更正公告当天的收盘价相较于前一交易日下跌 3.04%，随后至 2013 年 3 月 12 日，其收盘价均处于连续下跌状态，据此可以看出，某公司该公告的发布已对投资人产生了提示作用，亦对市场价格产生了影响。因此，虽然某公司自行更正的前述财务数据与证监会在行政处罚决定书中认定的财务数据存在差异，但因其更正行为已起到了提示和警示作用，故本案的虚假陈述更正日应确认为 2013 年 3 月 7 日。①

① 详见北京市高级人民法院（2017）京民终 81 号民事判决书。

（二）更正日判定中的内容一致性与股价波动要件

本案争议焦点是某公司虚假陈述揭露日的判断。一种观点认为，本案不存在揭示日的问题，2013 年 3 月 7 日是某公司虚假陈述行为的更正日。理由为，该日某公司发布关于前期会计差错更正的提示性公告，自行更正财务数据并对投资者进行了提示，故 3 月 7 日为更正日。另一种观点认为，本案中虽然某公司对财务数据进行了自行更正，但是此次更正数据与最终中国证监会行政处罚决定书中认定的财务数据存在较大差别。在中国证监会最终的处罚中，认定某公司“虚增营业收入 2431739125.66 元、营业成本 2003916651.46 元，多预提运费 31350686.83 元，多计提坏账 118610423.77 元，虚增利润总额 277861363.60 元，占 2011 年利润总额的 37.58%”。自行更正的数据与处罚结果存在巨大差异，故不应以 2013 年 3 月 7 日作为更正日，应以 2013 年 5 月 30 日某公司发布关于被中国证监会立案调查的公告之日作为揭露日。

上述两种观点的争议实际上产生的抽象问题是：更正日中的“更正”是否要求实施虚假陈述行为的发行人在更正虚假陈述行为时必须真实准确，抑或更正的相关内容不应与中国证监会最后行政处罚的结果相差过大？进一步而言，如果不要求更正的信息准确，实施虚假陈述行为的发行人是不是就可以利用更正日来减少对投资者的赔偿？如果司法裁判认为更正不准确信息的日期可以作为更正日，是不是在鼓励发行人实施不诚信的行为？

本案中，法院经审理认为 2013 年 3 月 7 日应为某公司案件中虚假陈述行为的更正日，2013 年 5 月 30 日不作为揭露日。本书作者赞同此认定，具体理由及分析如下：

第一，2013 年 3 月 7 日作为更正日符合《2003 年若干规定》对于更正日的定义，股价的变化与波动情况尤其能够对此作出佐证。《2003 年若干规定》第 20 条对更正日的定义为：“虚假陈述行为人在中国证券监督管理委员会指定披露证券市场信息的媒体上，自行公告更正虚假陈述并按规定履行停牌手续之日。”从更正日以及揭露日的意义上看，“虚假陈述被揭示的意义在于其对证券市场发出了一个警示信号，提醒投资人重新判断股票价值，进而对市场价格产生影响”。[①]也就是说，更正日和揭露日的目的在于风险提醒的发出，只要达到了提醒投资者的目的，就可以作为更正日或者揭露日。事实也证明，在2013年3月7日公告之后，某公司的股价连续4个交易日下跌：同日，某公司股价收盘于6.05元，相较于前一交易日下跌3.04%；2013年3月8日某公司股价收盘于5.93元；2013年3月11日某公司股价收盘于5.80元；2013年3月12日某公司股价收盘于5.62元。由此证明该日的更正信息达到了警示投资者的作用，并且投资风险得到释放。

反观2013年5月30日之后的交易日，某公司股价并没有很大的波动，原因在于前期的更正日已经向市场释放了信号，市场也作出了前述反应，利空的消息已经出尽，该日作为更正日并不符合揭露日、更正日导致股价变动的内涵，也不符合其中的“首次”原则。

因此，更正日或者揭露日的确定，股价的波动情况能提供佐证。

从另一个角度看，对投资者而言，本案数据上的差异对投资者的投资决策影响不大。在财务数据造假的数目绝对值已经较大的情况下，对于普通股民投资者来讲，虚增的数目其实意义不大，重要的是是否存在虚假陈述行为。这可能是大部分投资者都未将2013年5月30日作为揭露日的原因。

第二，在财务造假此种虚假陈述行为上，信息“质”的确定性比信息“量”的准确性更为重要，所谓的一致性更应该是“质”的一致性，具有“弹性”。

所谓信息被揭露的内涵，是被掩盖的信息与被揭示的信息应当具有前后一致性，否则不存在“揭示”一说。因此，若前后信息并不具有一致性，则难以认定该信息被揭露。所以，在揭露日、更正日的认定上，一致性亦应是除“首次”“对股价产生波动”等之外的另一个重要因素。

但是本书认为，所谓一致性要求，应区分不同虚假陈述行为的类型以及虚假陈述行为被揭露的程度。具体而言，在财务造假此种虚假陈述行为之下，发行人通常通过粉饰财务报表、虚增收入、利润等方式来操作，虚假陈

---

① 李国光主编：《最高人民法院关于审理证券市场虚假陈述案件司法解释的理解与适用》，人民法院出版社2015年版，第256页。

述行为的“质”是财务造假，“量”则是财务造假的具体数据。通过案件情况，只要认定财务造假这一“质”的事实被揭露，且对市场产生了警示作用，即可认为该日作为揭露日或者更正日，“量”的差异并非最重要的判断依据。也就是说，只要在行为性质的“质”上保持前后一致性，即是揭露日、更正日中“一致性”的内涵。

具体至本案，在某公司2013年3月7日发布的关于前期会计差错更正的提示性公告中阐述了有关前期会计差错更正事项的原因及说明，即“公司关于收入确认的具体依据为同时满足以下三项条件：（1）公司已与客户签订销售合同；（2）货到现场后双方已签署设备验收手续；（3）完全吊装并取得双方认可。根据目前自查情况，公司发现2011年年度确认收入的项目中部分项目设备未到项目现场完全吊装，导致2011年年度的销售收入及成本结转存在差错。”在中国证监会的行政处罚决定书中认定，“某公司财务、生产、销售、客服等四个部门通过伪造单据等方式提前确认收入，在2011年年度提前确认风电机组收入413台”。核心的虚假陈述行为“提前确认收入”在关于前期会计差错更正的提示性公告得到披露，最终中国证监会的处罚也确实认定某公司是通过提前确认收入的方式来粉饰财务信息。从这个角度看，虚假陈述行为在更正日的揭露与最终的认定结果上存在一致性，在更正日时主要的虚假陈述行为已经得到披露。

第三，从实践的角度而言，无论是更正日更正的信息还是揭露日揭示的信息，都不能完全要求更正日和揭露日的更正和披露与中国证监会认定的虚假陈述行为具有高度的一一对应性和完全的一致性。

首先，如本书前述，从客观角度而言，若要求高度的一致性，则虚假陈述行为的揭露日就只剩下一种可能，就是在中国证监会的行政处罚决定书或者行政处罚事先告知书被公布之日，因为无论是从主体认知、事实掌握情况还是从主观目的而言，自行更正、媒体报道等虚假陈述行为的揭示方式都不会与中国证监会行政处罚决定书中最终认定的违法事实完全一致。若紧扣一致性，要求将中国证监会公布行政处罚决定书之日作为揭露日，既与司法实践不符，也对投资者不公平。

具体而言，在司法实践中，很多案件的虚假陈述行为揭露日均为发行人发布关于收到中国证监会立案调查（或稽查）的公告之日。事实上，在这种认定中，立案调查公告中任何虚假陈述行为类型都没有被公告和显示，但是也不妨碍在具体案件中将其作为揭露日，对此本书已进行阐述。

其次，从主观角度而言，更正的信息与中国证监会认定的不一致属于正常现象。由于在中国证监会具体调查过程中的各种情况，如发现新的证据、事实，或者基于对违法行为和事实的考量，中国证监会决定进行处罚的具体违法行为与其先前立案调查认为上市公司存在的虚假陈述行为可能存在差异，即中国证监会最终的处罚结果与先前公布的（无论是自行更正还是揭露）信息不一定就是一一对应的。在财务数据方面，更正的财务数据信息与中国证监会最终的认定存在差距的原因也很有可能是对相关财务科目、财务规范的认知和认识存在差异等其他原因所造成，不一定就是恶意隐瞒。

因此，从主客观角度而言，不能完全要求更正日的更正与中国证监会认定的虚假陈述行为具有高度的一一对应性和完全的一致性。

第五节
《2022年若干规定》有关揭露日的认定规则

《2022年若干规定》相较于《2003年若干规定》，在揭露日认定规则上作出了更为丰富的规定，充分吸收了既有司法实践所形成的共识。

一、揭露日的实质因素

《2022年若干规定》第8条就揭露日的确定采取了定义加列举的方式，而且列举的形式为推定揭露日。第1款首先就揭露日的定义作出规定，在揭露形式上，由《2003年若干规定》的“全国范围发行或者播放的报刊、电台、电视台等媒体”扩张为“具有全国性影响的报刊、电台、电视台或监管部门网站、交易场所网站、主要门户网站、行业知名的自媒体等媒体”，增加了监管部门网站、交易场所网站、主要门户网站以及行业知名的自媒体，顺应了近些年来传媒与自媒体的强势发展，而且在一些司法案件中，自媒体等形式的披露也被确认为揭露日。在揭露日实质上，除了延续“首次被公开揭露”之外，还强调了“为证券市场知悉”。对于如何判断揭露为投资者知悉，第2款提供了以市场反应作为判断标准，即“应当根据公开交易市场对相关信息的反应等证据，判断投资者是否知悉了虚假陈述”，前文业已陈述，揭露日在绝大部分情形下均与股价波动相关。

二、揭露日的推定规则及其与诉讼时效规则的联合影响

《2022年若干规定》第8条第1款、第2款为揭露日的实质因素，为了帮助人民法院更便利判断揭露日，第8条第3款规定了揭露日的推定规则，换言之，在以下两种情形下，除非当事人有证据反驳，否则应确定为揭露日，这两种情形为：监管部门以涉嫌信息披露违法为由对信息披露义务人立案调查的信息公开之日；证券交易场所等自律管理组织因虚假陈述对信息披露义务人等责任主体采取自律管理措施的信息公布之日。

立案调查公告之日作为推定揭露日，具有一定的理论与实践基础，立案调查公告是司法实践中最为常见的揭露日形式，符合揭露日的实质因素。至于证券交易场所的自律措施，在前置程序背景下，相较于监管机关的立案调查公告，证券交易场所的自律措施处于虚假陈述行为监督的“前线”，无论是投资者进行投资决策，还是人民法院查明虚假陈述事实，证券交易场所的自律措施都是重要的参考依据，因此，司法解释将之推定为揭露日有其道理。

不过，需要关注的是揭露日推定规则与诉讼时效规则联合之后所产生的体系效应。有无前置程序会对诉讼程序造成一定的影响，典型如诉讼时效的问题。因为按照《2003年若干规定》第5条的规定，证券虚假陈述案件的诉讼时效直接与前置程序挂钩。一旦取消前置程序意味着诉讼时效的起算将欠缺“支点”。《2022年若干规定》第22条第1款规定揭露日为诉讼时效起算之日。

如果立案调查公告之日、证券交易场所采取自律措施之日作为推定揭露日，而且新规发布即生效，这就意味着在《2022 年若干规定》生效之后，有一些证券虚假陈述责任纠纷案件的诉讼时效已经经过，这似乎对部分投资者而言并不公平，尤其是在一些案件中，法院采取的是示范判决机制，平行案件的一些当事人因示范判决未生效而尚未起诉。因此，对于因此而产生的问题，本书作者认为最高人民法院可以通过个案批复、指导案例或者补充通知等方式，给这部分投资者以保护。

三、特殊虚假陈述行为下的揭露日

《2022 年若干规定》还针对特殊情形下揭露日的判断规则作出规定，主要有两种情形。首先，如果虚假陈述行为呈现出连续状态的，则以首次被公开揭露并为证券市场知悉之日为揭露日。这种情形，表面上虽然是多个虚假陈述行为，但实质上仅仅为一个虚假陈述行为，因此是一种“假多个虚假陈述行为”，这在司法实践中并不少见。如在“韦某与福建某和股份有限公司（以下简称某和股份）、许某成证券虚假陈述责任纠纷案”中，法院指出：某和股份所实施的上述一系列虚假陈述行为，均是因《信托贷款合同》到期违约以及为此而采取的相关经营活动所引发，各违法行为之间相互关联，行为持续期间相互重合，上述系列虚假陈述行为已构成一个难以分割的整体，可以认定为同一个虚假陈述行为的延续，故应以该系列虚假陈述行为的首次实施日为本案虚假陈述的实施日，以最后一个揭露日为本案虚假陈述的揭露日，故本院对投服中心关于本案虚假陈述行为实施日为 2016 年 2 月 15 日、揭露日为 2017 年 9 月 12 日的建议予以采纳。①

在“周某航与云南某投生态环境科技股份有限公司（某大地公司）证券虚假陈述责任纠纷案”中，法院也认为：从本案事实来看，某大地公司的虚假陈述行为从发布《招股说明书》开始一直延续至 2009 年年报为止，只有虚增资产和收入一种虚假陈述行为。2010 年 3 月 18 日，某大地公司发布的 2010-010 公告载明，因某大地公司涉嫌信息披露违规，根据《证券法》的

① 福建省福州市中级人民法院（2020）闽 01 民初 774 号民事判决书。

有关事项，证监会决定对某大地公司立案调查。该文件并未明确针对某大地公司某一阶段、某一文件或仅针对年报中虚假陈述行为进行调查，具有调查对象的不特定性；2013年证监会的行政处罚决定包含了某大地公司在《招股说明书》中的虚假陈述行为，亦能印证证监会2010年3月18日的调查包含了某大地公司在《招股说明书》中的虚假陈述行为。从举证责任来看，周某航未举证证明证监会立案调查的“信息披露违规”未包含某大地公司在股票发行中信息披露违规的情形，应当承担举证不能的不利后果。从立法本意来看，虚假陈述揭露日是在虚假陈述行为被确认之后，为认定虚假陈述行为与投资人损失之间的因果关系而追溯的一个时点，其意义在于对证券市场发出一个警示信号，提醒投资者重新判断股票价值。故能否引起投资者警示应为判断是否成为虚假陈述揭露日的标准。本案中，2010年3月18日某大地公司发布的公告称因涉嫌信息披露违规，证监会决定对其立案调查。此时，投资人已得到一个警示信号，即虚假陈述行为可能存在。此后投资者即应谨慎决策，若其基于对市场的判断继续进行投资，则属市场风险。故2010年3月18日系某大地公司的虚假陈述行为的首次揭示，2011年3月18日已不符合虚假陈述揭露日“首次揭示”的认定标准，故该日非虚假陈述揭露日。综上，本院确认，某大地公司虚假陈述揭露日仅有一个，为2010年3月18日。[①]

其次就是“真多个虚假陈述行为”，即信息披露义务人实施多个相互独立的虚假陈述的，此时应当分别认定其揭露日。早在“大庆联谊虚假陈述案”中，一、二审法院均认为，该案存在两个虚假陈述行为：其一为欺诈上市虚假陈述，具体表现在1997年4月26日的《招股说明书》和《上市公告》，该虚假陈述行为的实施日为1997年4月26日；其二为1997年年报虚假陈述，该虚假陈述行为的实施日为年报公布日1998年3月23日。与此对应，法院认为该案存在两个揭露日：欺诈上市的揭露日为2000年4月27日；1997年年报的揭露日为1999年4月21日。[②]

---

① 云南省高级人民法院（2015）云高民二终字第196号民事判决书。

② 详见“陈某华等23名投资人诉大庆联谊公司、申银证券公司虚假陈述侵权赔偿纠纷案”，载《最高人民法院公报》2005年第11期。

既然揭露日有多个，一般也就意味着实施日有多个，不过，还有可能存在的情形是：虽有一个实施日，但是多个揭露日（更正日）。较为典型的案件是采取先行赔付方式的“万福生科（湖南）农业开发股份有限公司虚假陈述案”与“深圳海联讯科技股份有限公司虚假陈述案”。前者中，《平安证券有限责任公司关于设立万福生科虚假陈述事件投资者利益补偿专项基金的公告》确立了一个揭露日、三个更正日，将“被立案稽查公告日”2012 年 9 月 15 日视同虚假陈述揭露日，将 2012 年 10 月 26 日认定为“中报虚假陈述更正日”，将 2013 年 3 月 2 日作为“2008 年至 2011 年财务信息虚假陈述更正日”。虽然这主要是基于对投资者的保护，但是在法理上是否妥当值得商榷，有观点即指出，对于同一案件中的多项虚假陈述行为，应当作出恰当的切割，使各项虚假陈述行为与其各自一一对应的揭露日或更正日均构成应予赔偿的情形，若存在对同一虚假陈述行为以“挤牙膏”的方式分次加以揭示的情形，也应当将每一次部分揭露或部分更正之日均视为具有独立性的揭露日或更正日，从而形成多种补偿情形，以充分保护投资者的合法权益。[①]

① 参见汤欣、杨祥：《虚假陈述损害赔偿的最新实践及法理检视——以万福生科与海联讯补偿方案为例》，载《证券市场导报》2015 年第 3 期。

第五章

债券虚假陈述责任纠纷中的中介机构责任

本章导读〉〉〉

当前的司法实践中，关于债券纠纷的诉讼类型主要是违约诉讼，也主要是针对债券发行人的诉讼，而对于以其他责任主体尤其是中介机构为被告的债券虚假陈述案件，虽然相对较少，但是亦逐渐增多且多备受关注。这主要是因为随着近年来刚性兑付的打破，债券发行人兑付的危机日趋明显，仅仅是发行人本身可能已经无法偿付投资者的债券本息，因此，投资者以侵权损害赔偿请求权作为请求权基础、以证券虚假陈述责任纠纷为案由提起诉讼并请求中介机构承担责任的案件才逐渐增多。再加上 2019 年修订的《证券法》第 95 条第 3 款规定了特别代表人诉讼机制，随着《证券纠纷代表人诉讼规定》的出台，在债券的虚假陈述责任纠纷中，同样会有代表人诉讼机制的适用，由于特别代表人诉讼机制的扩张威力即“默示加入、明示退出”，投资者将中介机构拉入诉讼承担责任的情形预计也会成为诉讼中的常态。因此，债券虚假陈述纠纷中中介机构的责任将成为诉讼中的重点与焦点。为解决债券纠纷中的若干问题，最高人民法院于 2020 年 7 月 15 日发布《债券会议纪要》，其中第六部分专门规定了债券承销机构、债券服务机构的责任认定规则，因此本章将结合《债券会议纪要》的相关规则对中介机构的责任认定进行分析，以期实现对相关规则的妥当适用。此外，最高人民法院在 2022 年初发布了《2022 年若干规定》，其中也有不少关于证券中介机构责任的规定，本章一并分析。

第一节

债券承销机构的责任认定与司法适用

一、《债券会议纪要》对中介机构责任的“严”与“宽”

当前，司法裁判对中介机构责任认定的主要法律依据是《债券会议纪要》，从《债券会议纪要》的具体规则看，其在保护投资者的同时，也为中介机构的责任抗辩提供法律依据，尤其是与《债券会议纪要》的征求意见稿相比之后，更能体现《债券会议纪要》对中介机构责任的“宽严相济”。

首先，《债券会议纪要》在第 27 条连带责任的主体中删除了征求意见稿中关于“承销商、债券服务机构与发行人共同承担连带责任”的规定，原征求意见稿的规定与《证券法》第 85 条、第 163 条的规则一致，即要求承销机构、会计师事务所等中介机构与发行人承担连带责任，但是最终没有被《债券会议纪要》采纳，这就为“软化”《证券法》的连带责任机制提供了解释空间与契机。

其次，《债券会议纪要》将第 30 条第 2 项要求承销机构针对没有债券服务机构专业意见支持的内容要进行尽职调查和独立判断，当债券承销机构有合理的理由相信这些内容与真实情况相符时，承销机构即不具有过错。此条规定将征求意见稿“有合理、谨慎的理由相信”中的“谨慎”删除。[①] 第 30

① 征求意见稿第 29 条第 2 项规定：“对信息披露文件中没有债券服务机构专业意见支持的内容，经过尽职调查和独立判断，有合理、谨慎的理由相信该部分信息披露内容与真实情况相符。”

条第 4 项将征求意见稿中尽职调查工作虽然存在“轻微瑕疵”改为“瑕疵”，[①] 使得承销机构的抗辩范围更广。

再次，在征求意见稿中，原本区分故意与过失来确定责任的，仅限于会计师事务所。[②] 其法律依据在于《会计师事务所侵权司法解释》，[③] 该司法解释针对会计师事务所主观状态的不同，分别确定不同的责任形态。《债券会议纪要》延续该司法解释对于会计师事务所责任认定的司法态度，并进行了范围扩大，即除会计师事务所外，律师事务所、资产评估机构以及信用评级机构等债券服务机构也通过区分主观故意与过失来确定责任。

最后，在《债券会议纪要》关于虚假陈述信息重大性的要求上，均与偿付能力相关，即必须是“发行人财务业务信息等与其偿付能力相关的重要内容”，这是与股票虚假陈述责任中的重大性不同的，后者在 2019 年《九民会议纪要》第 85 条有所规定，根据该规定，重大性主要是指有可能影响投资者投资决定的相关信息，如果虚假陈述行为人的虚假陈述行为被证券监督管理部分等行政机关处罚，一般就可以认定该虚假陈述行为具有重大性。故在股票的虚假陈述中，信息重大性相对宽泛，这也是股票与债券在价格形成机制上的区别；《债券会议纪要》的规定意味着行政处罚与民事赔偿会有差异，在债券虚假陈述中，虚假信息必须与偿付能力有关，不一定与行政处罚有关，因此即便出现了监管机关对中介机构的行政处罚，中介机构在民事赔偿责任中不见得必然承担责任。

因此，总体上《债券会议纪要》的规则在保护投资者的同时，也为承销机构的抗辩提供了明确、细致的规范指引。

---

① 征求意见稿第 29 条第 4 项规定：“尽职调查工作虽然存在轻微瑕疵，但即使完整履行了相关程序也难以发现信息披露文件存在虚假记载、误导性陈述或者重大遗漏。”

② 征求意见稿第 30 条第 2 款规定：“会计师事务所的过错认定和责任承担，依照《最高人民法院关于审理涉及会计师事务所在审计业务活动中民事侵权赔偿案件的若干规定》处理。”

③ 第 5 条规定：“注册会计师在审计业务活动中存在下列情形之一，出具不实报告并给利害关系人造成损失的，应当认定会计师事务所与被审计单位承担连带赔偿责任……” 第 6 条规定：“会计师事务所在审计业务活动中因过失出具不实报告，并给利害关系人造成损失的，人民法院应当根据其过失大小确定其赔偿责任……”

二、承销机构的过错认定标准

（一）《债券会议纪要》第 29 条与第 30 条的理解

《债券会议纪要》第 29 条从正面规定了人民法院认定承销机构具有过错的标准，第 30 条规定了免责事由，这两条规范互相呼应。《债券会议纪要》的规定主要参考了中国证券业协会《公司债券承销业务尽职调查指引》（2020 年修正）、中国银行间市场交易商协会《非金融企业债务融资工具主承销商尽职调查指引》（中国银行间市场交易商协会公告〔2020〕32 号）、《银行间债券市场非金融企业债务融资工具中介服务规则》（中国银行间市场交易商协会公告〔2020〕13 号）等相关的行业规范与自律规范，为裁判中认定承销机构的过错以及承销机构抗辩提供了指引。

值得注意的是，承销机构的责任在归责原则上属于过错推定责任，因此从法律规则的设置角度，只需要规定第 30 条即可，即只规定承销机构举证证明自己无过错的情形即可，但是《债券会议纪要》第 29 条也同时规定了判断承销机构具有过错的标准与过错类型。因此，有观点认为《债券会议纪要》动摇了《证券法》关于承销机构的过错推定责任。本书作者认为，第 29 和第 30 条两条规定并没有推翻承销机构过错推定责任的认定原则，第 29 条与第 30 条属于“裁判规则”，二者结合在一起能较好地帮助裁判者判断承销机构是否存在过错。

《债券会议纪要》第 29 条第 1 项、第 3 项实际上是承销机构与发行人存在共同侵权行为，对于共同侵权行为的责任承担，《民法典》第 1168 条规定，共同侵权人对被侵权人承担连带责任，《民法典》第 1169 条规定，教唆、帮助他人实施侵权行为时，教唆、帮助人与行为人承担连带责任。因此，《债券会议纪要》的规定符合共同侵权行为责任承担的基本法理。

第 29 条第 2 项提出了承销机构尽职调查工作中的三个重要原则，即“合理性、必要性和重要性”，同时特别强调了尽职调查的程序性原则，不得随意改变计划与省略步骤。从反面而言，如果承销机构在尽职调查中履行了完备的程序，则可以认定其没有过错，即便在尽职调查中存在瑕疵，这就体现在第 30 条第 4 项上。

第 29 条第 4 项则要求承销机构对相关债券服务机构出具专业意见的重要内容进行审慎核查并进行必要的调查、复核工作，这也就意味着承销机构对于其他专业意见不得不加辨别地予以引用。一般而言，承销机构的主要职责在于，审查其他中介机构业务及工作人员资质等，包括其他中介机构之前所从事的项目、受处罚情况、持牌情况等，并进行充分尽职调查，确保其他中介机构能够勤勉尽责；审慎核查其他中介机构出具的专业意见是否与实际情况相同，其他中介机构出具的专业意见所依据的材料是否真实可靠、是否有重大瑕疵，相关程序是否合理、有效等；审慎确认其是否有合理理由相信其他中介机构出具的专业意见。[①] 相应的第 30 条第 3 项规定，承销机构在履行了审慎核查和必要的调查、复核工作的基础上，排除了原先的合理怀疑，即可认定其无过错。有所区别的是，针对信息披露中那些没有其他机构意见支撑的内容，第 30 条第 2 项要求承销机构采取尽调并进行独立的判断，当其有合理的理由相信这些内容符合真实情况时，承销机构即不具有过错，不承担责任。对比上述规则可以发现，对于有其他债券服务机构意见支持的内容，适用更低的信赖标准，排除合理怀疑即可；而对于没有债券服务机构意见支持的内容，要求有理由相信，对承销机构的论证负担更重。这样的规则与美国证券法的标准基本一致。[②]

第 29 条第 5 项是有关过错判断的兜底规则，当承销机构严重违反相关法律、监管规则、自律规则、行业规则对尽职调查的要求时，承销机构即具有过错。首先，在行为违反的严重程度上应为“严重违反”；其次，此项规则表明承销机构在尽职调查工作中，最重要的是遵循监管机关的规范性文件以及行业执业规范、行业自律规范。因此，相应地，第 30 条第 1 项规定，已经按照法律、行政法规和债券监管部门的规范性文件、执业规范和自律监管

① 参见夏东霞、范晓：《科创板注册制背景下对中介机构“看门人”角色的再思考》，载《财经法学》2019 年第 3 期。

② 赵英杰、杨卓：《美国证券发行承销商法律责任研究——以承销商职责界定和判断其是否尽职为视角》，载黄红元、徐明主编：《证券法苑》（第十六卷），法律出版社 2016 年版，第 346 页。

规则要求，通过查阅、访谈、列席会议、实地调查、印证和讨论等方法，对债券发行相关情况进行了合理尽职调查的，承销机构没有过错。

故总体上看，对于承销机构的尽职调查，《债券会议纪要》更看重以下两个方面。第一，承销机构是否以“一个谨慎明智的人在管理自己财产的标准”，[①]或者说承销机构勤勉尽责应以行业一般水平为准。第二，尽职调查是否程序完备，这里的程序主要是指行业规范与执业规范所设定的程序。法律不强人所难，承销机构也没有特殊的技术侦查手段，很多问题难以核查，遵循了行业规范与执业规范，可最大限度避免被追责。

（二）承销机构的限缩解释

首先，债券承销机构仅应对债券“发行”过程中信息披露的问题担责，但是对于在债券存续期间发行人的信息披露问题，债券持有人无权要求承销机构承担责任。

其次，债券承销往往是由承销团进行的，有主承销商和其他承销团成员的区分，除主承销商之外的承销团成员一般只负责纯粹的证券销售，不进行尽职调查、不对信息披露负责，因此，符合此种情形的承销机构不应承担连带责任。

三、《债券会议纪要》规则与《证券法》规则

《债券会议纪要》在第六部分的前言指出，对于债券承销机构与债券服务机构的责任认定，应结合过错的程度进行认定。此处关于承销机构的责任认定标准与《证券法》明显不同，后者第 85 条明确规定的是承销的证券公司与发行人承担连带责任。因此，在司法实践中，债券持有人或依据《证券法》第 85 条要求承销机构与发行人承担连带责任，而承销机构则依据《债券会议纪要》的上述规则，要求人民法院判决其承担与其过错程度相应的责任，由此产生争议与冲突，故在司法裁判中不可避免地面临如何对二者进行

---

① 其宽:《失职者承担责任——Escott v. BarChris Construction Corp》，载《金融法苑》2000 年第 12 期。

解释以至进行妥当的法律适用。

在司法实践中，法院多依据《证券法》的规定判决连带责任，如在“某德证券有限责任公司（以下简称某德证券公司）与李某凯、沈机集团昆明某股份有限公司（以下简称昆某公司）、沈阳某（集团）有限责任公司（以下简称沈某公司）证券虚假陈述责任纠纷上诉案”中（本案为股票的虚假陈述责任纠纷案件），法院指出：本案中，昆某公司、沈某公司、某德证券公司作为案涉证券信息披露义务人，均违反了披露信息不得有重大遗漏的义务，实施了虚假陈述行为，按照2014年修正的《证券法》第173条“证券服务机构为证券的发行、上市、交易等证券业务活动制作、出具审计报告、资产评估报告、财务顾问报告、资信评级报告或者法律意见书等文件，应当勤勉尽责，对所依据的文件资料内容的真实性、准确性、完整性进行核查和验证。其制作、出具的文件有虚假记载、误导性陈述或者重大遗漏，给他人造成损失的，应当与发行人、上市公司承担连带赔偿责任”及《2003年若干规定》第27条：“证券承销商、证券上市推荐人或者专业中介服务机构，知道或者应当知道发行人或者上市公司虚假陈述，而不予纠正或者不出具保留意见的，构成共同侵权，对投资人的损失承担连带责任”之规定，一审认定昆某公司、沈某公司、某德证券公司应对李某凯的损失承担连带赔偿责任具有法律依据。因《2003年若干规定》第27条系该规定“六、共同侵权责任”项下条款，条款内容亦明确专业中介服务机构应就虚假陈述承担共同侵权的连带责任，故一审基于李某凯的诉请，依据《侵权责任法》第11条、第13条之规定，在本案中仅判令某德证券公司对李某凯扣除30%系统风险所致损失后的剩余损失承担赔偿责任，适用法律并无不当。虽某德证券公司提起本案诉讼后，2014年修正的《证券法》第170条已被2020年3月1日起施行的《证券法》修订，但《2003年若干规定》第27条未被废止，且按照2020年3月1日起施行的《证券法》第163条“证券服务机构为证券的发行、上市、交易等证券业务活动制作、出具审计报告及其他鉴证报告、资产评估报告、财务顾问报告、资信评级报告或者法律意见书等文件，应当勤勉尽责，对所依据的文件资料内容的真实性、准确性、完整性进行核查和验证。其制作、出具的文件有虚假记载、误导性陈述或者重大遗漏，给他人造成损失的，应当与委托人承担连带赔偿责任”及《民法总则》第 178 条：“二人以上依法承担连带责任的，权利人有权请求部分或者全部连带责任人承担责任”之规定，李某凯有权诉请某德证券公司与其委托人就证券虚假陈述行为承担连带赔偿责任，亦可诉请某德证券公司单独承担赔偿责任，李某凯对诉讼责任主体的选择，是其对诉权的自由处分，一审基于李某凯的诉请及审理查明的事实，仅判令某德证券公司承担赔偿责任，亦符合上述法律规定。某德证券公司认为一审法院在李某凯未诉请西藏某光公司承担赔偿责任的情况下，判令某德证券公司单独承担赔偿责任错误的上诉理由，不能成立，本院不予支持。[①]

本书认为，就交易所债券，承销机构的责任仍然为《证券法》第 85 条的连带责任，《债券会议纪要》本身并没有对承销机构创设新的责任类型，只不过是在过错认定标准上作出了相对宽松的标准，为承销机构抗辩留下空间。这样的结论理由在于：第一，《债券会议纪要》的法律效力层级明显低于《证券法》，《证券法》对承销机构的责任是非常明确的，解释空间较小，在法律规范适用上应首先适用法律；第二，《债券会议纪要》所述将“责任承担与过错程度相结合”只是在《债券会议纪要》第六部分的前言，而并没有体现在具体的条文中，这与《债券会议纪要》对债券服务机构的规则设计完全不同，后者区分故意与过失是明确体现在条文规则中的。因此，从《债券会议纪要》的具体规定看，承销机构的责任仍然是“0 或 1”。

为了降低连带责任的刚性，有不少观点指出，私募债券不适用于《证券法》关于承销机构连带责任的规定。因为《证券法》第 29 条规定，证券公司在承销证券时，仅是对“公开发行”时的募集文件进行核查。有学者指出，虽然《债券会议纪要》所规定的裁判路径和责任承担规则可以适用于公募债券与私募债券，但是私募债券中相关主体的责任是否当然适用过错推定责任和连带责任则不无疑问。[②]

但是，值得注意的是，《债券会议纪要》未在法律规则层面区分公募与

---

① 云南省高级人民法院（2020）云民终 1054 号民事判决书。

② 洪艳蓉：《债券市场化改革下半场　投资者权益保护新篇章》，载《人民法院报》2020 年 7 月 3 日，第 5 版。

私募，反而强调法律规则适用的统一。此外，私募债券不适用《证券法》的观点与现行规则是否相符也不无疑问。有观点指出，私募债券除了在定价配售方式上可与投资者协商定价外，其在发行文件、承销安排方面均与公募债券并无本质差异，投资者均是根据承销商制作的“募集说明书”等发行文件作出投资，不是个别磋商，不存在个别投资者与发行人协商约定债券条款。[①]因此，从目前私募债券的发行程序与规则观察，其与公募债券的区别并不明显。因此，除非存在投资者与发行人个别磋商的实践，否则将私募债券排除在外仍然较为困难。司法实践中，如“中某证券华南股份有限公司（以下简称某州证券）与安某证券股份有限公司、某粮食集团收储经销有限公司（以下简称某粮收储公司）、某粮食集团有限公司（以下简称某粮集团）证券虚假陈述责任纠纷案”，该案中私募债的债券承销机构认为，《证券法》有关连带责任的规制并不适用于案涉私募债券项目，依据《证券法》判决承销机构承担连带赔偿责任缺乏最基本的法律支撑，系法律适用根本性错误；投资者以侵权为由提起本案诉讼，应适用《侵权责任法》分析查明侵权责任是否成立，进而进行具体责任分配。一审法院判决了私募债的债券承销机构承担连带责任，该案最终以二审调解结案，其中一审法院指出：关于某州证券应否承担侵权责任的问题。2017年10月10日，中国证券监督管理委员会广东监管局作出〔2017〕59号行政监管措施决定书《关于对某州证券采取出具警示函措施的决定》认定：某州证券作为某粮收储公司非公开发行2014年中小企业私募债券的承销商和受托管理人，在尽职调查工作中对发行人股权结构等事项主要依靠发行人提供的材料，核查措施单一。2017年10月19日中国证券业协会作出〔2017〕41号自律惩戒措施决定书《关于对某州证券采取自律惩戒措施的决定》认定：某州证券在“14某粮债”项目中作为主承销商对发行人实际控制人股权披露与事实不符，同时尽职调查过程中对发行人对外担保情况披露不足、未能充分核实发行人与担保人财务状况与实际情况差异等情况。依据上述两份决定中认定的事实可知，某州证券对于某粮收储公司的

---

① 叶茂：《私募债券虚假陈述案件中主承销商民事责任分析》，载微信公众号“高杉LEGAL”，2020年10月20日。

对外担保情况、财务状况以及担保人某粮集团的股权结构完全听信某粮收储公司以及某粮集团的陈述，作为“14 某粮债”的承销商未完成核查义务，依据《证券法》第 69 条的规定，应对发行人某粮收储公司给安某证券股份有限公司造成的损失承担连带赔偿责任。[①]

第二节
债券服务机构的法律责任

一、《债券会议纪要》的规则分析

相对于承销机构的责任认定，《债券会议纪要》要求债券服务机构“勤勉尽责”，一方面对专业领域内的事项与内容负特别注意义务，而另一方面对其他内容与事项负普通注意义务。在具体承担责任时，“区分故意、过失等不同情况，分别确定其应当承担的法律责任”。《债券会议纪要》的规则与《证券法》第 163 条所规定的连带责任存在明显不同。

《证券法》第 163 条并没有从主观方面作故意和过失的区分，不少观点指出，连带责任看似既能达到对中介机构的威慑目的，又能增加受损投资者获得赔偿的可能，但是违背了“责任与过错相匹配”的理念。[②] 对《证券法》上述连带责任作出限缩规定的主要就是前述《会计师事务所侵权司法解释》，其在第 5 条、第 6 条、第 10 条根据注册会计师不同的主观过错形态，分别确定了连带责任和补充责任两种不同的责任方式，补充赔偿责任以不实审计金额为限。

但是有观点指出，《会计师事务所侵权司法解释》对于会计师事务所的

① 详见吉林省高级人民法院（2019）吉民终 458 号民事判决书。

② 冯果、刘怿:《债券投资者司法救济规则建构论纲》，载《财经法学》2020 年第 3 期。

责任承担规定不尽合理。一方面，“不实审计金额”的大小与第三人遭受的损失数额和会计师事务所应承担的最终责任份额都没有必然关系，[①]按照不实审计金额从而限制会计师事务所的赔偿责任是否妥当值得商榷。[②]另一方面，补充责任是指由两个或者两个以上的民事主体按照先后序位对受害人承担损害赔偿责任的共同责任；[③]补充赔偿责任意味着“顺序性”，尤其是在执行阶段，具体的执行程序的适用也要保障补充责任履行的“顺序性”。[④]这样的规则显然对投资者保护不力。

或许正是由于上述原因，在相关的证券虚假陈述责任纠纷中，《会计师事务所侵权司法解释》的规则也并没有得到适用。典型如在“某智慧证券虚假陈述案”中，法院指出：

《证券法》(2014 年修正）第 173 条规定：“证券服务机构为证券的发行、上市、交易等证券业务活动制作、出具审计报告、资产评估报告、财务顾问报告、资信评级报告或者法律意见书等文件，应当勤勉尽责，对所依据的文件资料内容的真实性、准确性、完整性进行核查和验证。其制作、出具的文件有虚假记载、误导性陈述或者重大遗漏，给他人造成损失的，应当与发行人、上市公司承担连带赔偿责任，但是能够证明自己没有过错的除外。”据此，若有证据证明会计师事务所等证券服务机构违反前述规定，未勤勉尽责，制作、出具的文件有虚假记载、误导性陈述或者重大遗漏，给他人造成损失，就要与上市公司对投资者损失承担连带赔偿责任，除非证券服务机构能够证明自己没有过错。

基于本案已经查明的事实，证监会因某智慧公司 2013 年年度报告采取提前确认收入、以“打新股”等为名进行营销、延后确认年终奖、少计当期成本费用等方式，共计虚增 2013 年年度利润 120666086.37 元，于 2016 年 7

---

① 彭真明:《论会计师事务所不实财务报告的民事责任——兼评上海某智慧公司与曹某荣等证券虚假陈述责任纠纷案》，载《法学评论》2020 年第 1 期。

② 王亚明:《浅谈会计师事务所出具不实审计报告对第三人的侵权责任类型——以立信涉某智慧案为例》，载《中国注册会计师》2020 年第 2 期。

③ 王轶:《论侵权责任法中的损失分配制度》，载《社会科学战线》2010 年第 9 期。

④ 宋春龙:《〈侵权责任法〉补充责任适用程序之检讨》，载《华东政法大学学报》2017 年第 3 期。

月20日对某智慧公司及其高管人员作出〔2016〕88号《行政处罚决定书》；同日因某信所作为某智慧公司2013年财务报表审计机构，出具了标准无保留意见的审计报告，对某信所及签字注册会计师作出〔2016〕89号《行政处罚决定书》。〔2016〕89号《行政处罚决定书》认定某信所在审计过程中存在未对销售与收款业务中已关注到的异常事项执行必要的审计程序等多项违法事实，违反《证券法》第173条、第223条关于证券服务机构制作、出具审计报告等法律文件“应当勤勉尽责，对所依据的文件资料内容的真实性、准确性、完整性进行核查和验证”，以及制作、出具的文件不得“有虚假记载、误导性陈述或者重大遗漏”的规定。据此，某信所作为证券服务机构与上市公司承担连带赔偿责任的事实基础已经存在，而某信所现有证据尚不能证明其在审计某智慧公司2013年财务报表、出具无保留意见的审计报告时不具有过错。在此情况下，一、二审判决某信所应与某智慧公司对投资者的损失承担连带赔偿责任，有相应的事实与法律依据。

某信所主张其作为审计机构，依据《注册会计师法》第42条和《会计师事务所侵权司法解释》第2条的规定，仅仅对利害关系人承担民事赔偿责任，而本案投资者并非其利害关系人；某信所的行为仅属于轻微过失，应根据《会计师事务所侵权司法解释》第6条承担与其“过失大小”相适应的责任，而非连带赔偿责任的理由不能成立。因为在证券市场中，会计师事务所作为证券服务机构出具的审计报告对于众多投资者的投资行为具有重大的，甚至决定性的影响，某信所主张投资者对审计报告的信赖既不存在，也不合理，更未实质性影响其交易决策，显然与客观事实不符，也与现行法律规定相悖。《会计师事务所侵权司法解释》尽管根据会计师事务所在审计业务活动中的主观过错程度，对其责任承担形式进行了区分，但《证券法》第173条明确规定了会计师事务所等证券服务机构在虚假陈述责任纠纷中以推定过错作为承担连带责任的构成要件，并未进一步区分故意或者过失，在某信所不能证明其无过错的情况下，一、二审判决据此未支持某信所的该项主张，并无不当。[①]

---

① 详见最高人民法院（2019）最高法民申2397号民事裁定书。

在“某信会计师事务所（特殊普通合伙，以下简称某信所）与某亚科技公司、周某辉、李某强证券虚假陈述责任纠纷上诉案”中，一审、二审法院均判决会计师事务所承担连带责任，二审法院指出：

关于某信所对投资者应否承担赔偿责任以及承担责任的范围应如何确定的问题。某信所上诉称，会计师事务所的过错类型区分为故意和过失，对应的责任区分为故意情形下的连带赔偿责任和过失情形下的补充赔偿责任；本案中，其未勤勉尽责，主观上并不存在故意，仅仅是过失或疏忽所致，应依据《会计师事务所侵权司法解释》承担与其过失大小相适应的责任，而不应就某亚科技公司的行为给投资者造成的全部损失承担连带赔偿责任。

对此，本院认为，根据《2003 年若干规定》第 27 条关于“证券承销商、证券上市推荐人或者专业中介服务机构，知道或者应当知道发行人或者上市公司虚假陈述，而不予纠正或者不出具保留意见的，构成共同侵权，对投资人的损失承担连带责任”的规定，判断专业服务机构是否应对上市公司虚假陈述行为给投资者造成的全部损失承担连带责任，关键是该机构对上市公司虚假陈述行为是否“知道或者应当知道”；如果系“知道或者应当知道”，则构成共同侵权，需承担连带责任。结合上诉人引用的《会计师事务所侵权司法解释》第 5 条的内容分析，审计机构在按照执业准则、规则，依法履行审计职责后，应当知道被审计单位存在会计报表的重要事项有不实内容等情形，不予指明仍出具不实报告的，即应当认定审计机构对被审计单位的侵权行为“知道或者应当知道”。

本案中，从中国证监会对某信所作出的《行政处罚决定书》所列多项事实看，某信所在履行对某亚科技公司基本账户函证程序，以及公司重大合同审查程序时，未严格遵守审计执业准则，独立进行审计、对相关询证函保持控制，未尽到最基本的注意义务，最终导致诸如涉及金额 3.1 亿元的公司合同未签字盖章等异常情况、某亚科技公司伪造大量财务资料事项均未予发现。换言之，作为专业的审计机构，某信所如果按照审计执业规则勤勉尽责，尽到必要的注意义务，某亚科技公司虚假陈述行为即应当被发现，即其过错并非一般疏失，而应系重大过错，符合《2003 年若干规定》第 27 条“知道或者应当知道”的情形。

据此，一审判决认定某信所对某亚科技公司的虚假陈述行为“知道或者应当知道”，进而依照《2003 年若干规定》第 27 条的规定，判令某信所对某亚科技公司因虚假陈述行为给投资者造成的损失承担连带责任，并无不当。[1]

尽管如此，《债券会议纪要》对于债券服务机构的责任认定区分故意与过失定责；同时，《债券会议纪要》并没有明确“承担相应的法律责任”到底是什么责任，这样的规则有利于司法实践灵活裁判之外，也为理论与实践留下了疑问。

二、《债券会议纪要》规则与《证券法》规则

如上所述，对于债券服务机构的责任，《证券法》第 163 条也明确规定了连带责任，而《债券会议纪要》则区分故意与过失并由人民法院确定“相应的法律责任”。由此，也发生了《债券会议纪要》与《证券法》的分歧。本书作者认为，《债券会议纪要》的规则是妥当的，人民法院可依据《债券会议纪要》作出灵活的处理，理由如下。第一，《债券会议纪要》对于债券服务机构的责任认定与《会计师事务所侵权司法解释》的规则设计理念一致，即会计师事务所不是一概承担连带责任，因此，对于债券服务机构的责任承担，最高人民法院相关的司法文件在理念上具有延续性；第二，与债券承销机构的责任规则不同，《债券会议纪要》对债券服务机构的责任体现在具体的条文中，最高司法机关态度明确；第三，结合债券服务机构在债券发行中的收费、权力、职责，要求其承担相应责任亦是权责相当的体现。

正是基于上述理念，司法实践中出现了对债券服务机构责任作出限定的方式，第一种方式是对服务机构适用“比例补充责任”，在股票虚假陈述案件中已经有裁判实践作出灵活处理，如在“江苏某千里视像科技集团股份有限公司（以下简称某千里公司）证券虚假陈述责任纠纷案”中，法院判决某信评估公司承担 30% 的补充赔偿责任，并作出了详细论证，法院指出：

现代证券市场交易的涉众性、标准化、虚拟化和即时性特征，使其高度

---

① 四川省高级人民法院（2020）川民终 1240 号民事判决书。

依赖充分有效的信息披露，而市场又存在信息不对称和非均衡等固有缺陷，因此，一个充分有效的市场，必须确保信息披露的真实性、准确性和完整性。正因为此，证券市场围绕信息服务的专业分工越来越细，市场主体的重大交易、投资者特别是中小投资者的投资决策越来越依靠中介机构提供的专业意见和信息，越来越离不开对专业中介机构的信赖，而市场监管法律法规体系也相当部分围绕信息披露建立。可以说包括评估审计机构在内的各类专业中介机构作为市场“守门人”角色对证券市场公平有效运行至关重要。《证券法》(2014 年修正）第 173 条与第 223 条对专业机构出具资产评估报告的勤勉义务以及对所依据的文件资料内容的真实性、准确性、完整性进行核查和验证的义务作出了规定。《2003 年若干规定》对中介机构违反上述义务的责任进一步进行了明确。为了确保证券市场的审计评估机构认真履职，监管机构还制定了《资产评估准则》等相关业务指引提出具体要求。另外，从中介机构的工作特点和成本考量，为了保障中介机构能够充分适当履行职责，也不应对中介机构科以过重乃至于超出其职责范围的注意义务，而是需要保持一定的平衡。否则，动辄得咎必然会打破市场各方的责任边界，走向良好目的的反面，也不利于市场投资者的理性成长。重温这些常识，是因为本院认同专业中介服务机构对与其有关的证券虚假陈述行为是否承担民事赔偿责任、承担何种性质的民事赔偿责任，应该取决于不同行为的性质、主观过错种类和过错程度，责任与过错应该相适应。

《证券法》(2014 年修正）第 173 条规定，证券服务机构为证券的发行、上市、交易等证券业务活动制作、出具的文件有虚假记载、误导性陈述或者重大遗漏，给他人造成损失的，应当与发行人、上市公司承担连带赔偿责任，但是能够证明自己没有过错的除外。原告据此主张被告某信评估公司承担连带赔偿责任。被告某信评估公司抗辩称该条应采取目的性限缩的法律解释方法，适用范围仅限定于证券服务机构故意或者推定故意的场合。本院认为，《2003 年若干规定》第 24 条规定，专业中介服务机构及其直接责任人违反《证券法》(1998 年颁布）第 161 条和第 202 条的规定虚假陈述，给投资人造成损失的，就其负有责任的部分承担赔偿责任。《2003 年若干规定》第 27 条规定，证券承销商、证券上市推荐人或者专业中介服务机构，知道或者应当知道发行人或者上市公司虚假陈述，而不予纠正或者不出具保留意见的，构成共同侵权，对投资人的损失承担连带责任。《证券法》（1998 年颁布）第 161 条的具体规定为：“为证券的发行、上市或者证券交易活动出具审计报告、资产评估报告或者法律意见书等文件的专业机构和人员，必须按照执业规则规定的工作程序出具报告，对其所出具报告内容的真实性、准确性和完整性进行核查和验证，并就其负有责任的部分承担连带责任。”此处责任性质虽然仍规定为连带责任，但强调是对“其负有责任的部分”而非全部连带责任。不难看出，《2003 年若干规定》制定时，根据当时《证券法》的具体规定对证券服务机构民事责任类型作了明确区分。2005 年《证券法》修改后，原第 161 条的上述规定被修改后的第 173 条内容所取代，具体规定中未再区分中介机构故意或过失情况。因此，在司法解释没有修改的情况下，《2003 年若干规定》第 24 条规定与修改后的《证券法》第 173 条是否存在对应关系不乏争议。但是，2007 年颁布的《会计师事务所侵权司法解释》第 5 条和第 6 条，不仅对会计师事务所审计业务中故意和过失侵权造成利害关系人损失的赔偿责任作出了不同规定，而且比《2003 年若干规定》更为明确地列举规定了认定故意和过失的不同情形。本院认为，虽然会计师事务所审计业务和评估业务侧重有所不同，相应判断会计师执行职务时谨慎注意义务的侧重也应有所不同，但没有本质区别。《会计师事务所侵权司法解释》对认定会计师事务所的民事责任类型和大小具有重要参考适用价值。该司法解释立法意旨与《2003 年若干规定》基本一脉相承，依照该司法解释规定，如果中介机构承担连带赔偿责任，主观上需要有与发行人或者上市公司恶意串通等知道或应当知道的故意，构成共同侵权。而在过失的情况下，人民法院应根据其过失的大小确定其赔偿责任。根据 2009 年颁行的《侵权责任法》第 8 条的规定，应承担连带责任的共同侵权是指二人以上共同实施侵权行为。理论上，共同侵权行为通常表现为主观上行为人之间有意思联络或者多个行为人之间对侵权行为知道或者应当知道。《侵权责任法》第 12 条规定：“二人以上分别实施侵权行为造成同一损害，能够确定责任大小的，各自承担相应的责任；难以确定责任大小的，平均承担赔偿责任。”综上，考察相关法律规定的沿革背景，本院认为，判断中介机构的责任类型时应考量其过错性质，才符合立法意旨。

最后，关于某信评估公司赔偿责任的性质和范围。理论上，一般将共同责任划分为按份责任、连带责任和补充责任。按份责任是指由多数人按照法律规定或合同约定各自承担特定份额的责任。连带责任是由于违反连带债务或共同侵权行为而产生的民事责任。补充责任，是指在应承担责任主责任人的财产不足以给付时，补充责任人对不足部分予以补充的责任。不难看出，责任产生的原因和当事人之间的法律关系决定着责任的具体承担方式。就补充责任而言，既强调了共同责任中多个责任主体的主从顺位，也反映了多个责任主体之间过错性质和程度的不同。从实践看，补充责任人要么与主责任人之间存在某种法律上的监督管理或利益支配关系，要么对主责任人的债务不履行行为具有一定的过错。在侵权性的补充责任中，补充责任人承担的是过错补充责任。最高人民法院《关于会计师事务所为企业出具虚假验资证明应如何承担责任问题的批复》（法函〔1998〕13号）指出："在民事责任的承担上，应当先由债务人负责清偿，不足部分，再由会计师事务所在其证明金额的范围内承担赔偿责任。"这是关于侵权性补充责任的直接规定，会计师事务所出具虚假验资报告，存在过错自不待言，对虚假验资企业对外债务清偿不足部分，批复要求验资会计师事务所在其"证明资金的范围内"承担赔偿责任，不难看出，此时会计师事务所承担的是有限的补充责任。综上，根据民法公平原则和权利与义务、过错与责任相一致的一般原则，如前所述，本案虚假陈述行为是某千里公司、庄某等一致行动人故意作假，共同侵权，属于主责任人和连带责任人，对投资者损失应承担连带清偿责任；某信评估公司在评估过程中，疏忽大意，把关不严，使本来可以避免的或者减少的损失得以发生或者扩大，属于补充责任人，对投资者损失应承担补充赔偿责任。

某信评估公司还抗辩称，基于处罚决定认定的事实，存在造假的合同对应虚增某千里公司估值为2.7亿元，占整个公司估值28.8亿元的大约9.48%；评估报告对某千里公司未来收入预测误差、对某千里公司股价和投资者损失的影响比例不超过10%，故其只应在不超过10%范围内承担补充赔偿责任。本院认为，即使某信评估公司主张属实，但虚增估值占比也仅仅是一个因素。

从造假合同的数量占比来看，评估依据的某千里公司相关意向性合同一共有28份，其中有9份存在造假情况，占比近30%；案涉虚假陈述行为的市场影响非常恶劣，造成了股票持续跌停。如前所述，市场中介机构严格履行职责，对投资者的投资决策具有重要影响。综合考量某信评估公司行为的过错程度、虚增估值占比、对市场的影响及其与原告所遭受损失的因果关系等因素，本院酌定某信评估公司对某千里公司因虚假陈述应赔偿原告损失30%的部分承担补充赔偿责任。①

第二种方式是对中介机构适用"比例连带责任"，典型如"某商证券公司、某华会计师事务所（特殊普通合伙，以下简称某华事务所）等与某安科公司证券虚假陈述责任纠纷上诉案"，该案中，一审法院判决中介机构承担连带责任，二审法院判决中介机构承担比例连带责任，对此，二审法院指出：

关于证券服务机构对投资者损失承担赔偿责任的形式，《证券法》（2014年修正）第173条规定："证券服务机构为证券的发行、上市、交易等证券业务活动制作、出具审计报告、资产评估报告、财务顾问报告、资信评级报告或者法律意见书等文件，应当勤勉尽责，对所依据的文件资料内容的真实性、准确性、完整性进行核查和验证。其制作、出具的文件有虚假记载、误导性陈述或者重大遗漏，给他人造成损失的，应当与发行人、上市公司承担连带赔偿责任，但是能够证明自己没有过错的除外。"两被上诉人据此要求证券服务机构承担连带赔偿责任，两上诉人则认为即使法院判决认定其承担赔偿责任，也应当限制在与其行为及过错相适应的范围之内。对此本院认为，关于证券虚假陈述民事赔偿中，在证券服务机构存在过错及虚假陈述行为的前提下，是否一概承担全额连带责任问题，《证券法》（1998年修订）第161条规定了专业机构和人员应就其负有责任的部分承担连带责任，《2003年若干规定》第24条也据此对专业中介服务机构及其直接责任人虚假陈述承担相应部分赔偿责任予以进一步明确。尽管在2005年修改

① 参见深圳市中级人民法院（2019）粤03民初1078、1079、1679-1682、1684、1685、1687-1698、1700、1834-1837、1840-1843、1845-1847号民事判决书。

后的《证券法》中不再区分中介机构故意或过失等情况，但从上述法律规定来看，连带赔偿责任并非仅限于全额连带赔偿，部分连带赔偿责任仍是法律所认可的一种责任形式。此外，2007 年《会计师事务所侵权司法解释》第 5 条、第 6 条对会计师事务所审计业务中故意和过失侵权造成利害关系人的赔偿责任作出了不同规定，在会计师事务所主观过错为过失的情况下，应根据其过失大小确定赔偿责任。根据上述法律规定，本院认为，证券服务机构的注意义务和应负责任范围，应限于各自的工作范围和专业领域，其制作、出具的文件有虚假记载、误导性陈述或者重大遗漏，应当按照《证券法》及相关司法解释的规定，考量其过错程度、造成投资者损失的原因力等因素，分别确定其应当承担的法律责任。

关于某商证券公司的赔偿责任范围。关于某商证券公司的赔偿责任范围：其一，从虚假陈述的内容来看，案涉证监会行政处罚涉及“班班通”项目、“智慧石拐”项目和“BT”项目等。如前所述，就“班班通”项目，某商证券公司未能依据独立财务顾问的执业准则尽到勤勉尽责义务。关于“智慧石拐”项目和“BT”项目，主要涉及收入确认等财务会计、审计问题，并非某商证券公司作为独立财务顾问的专业范围，某商证券公司对上述事项仅承担一般注意义务，审核过程中不存在明显过错。其二，从主观过错程度来看，案涉重大资产重组中，某安科公司系案涉交易信息的直接披露者，某安消技术公司系案涉交易的信息提供者，两者对有关交易信息的真实性、准确性、完整性负有法定义务。某商证券公司的主观过错表现为对重大资产重组中的重要事项未予充分关注和审核，尚无证据证明其与某安科公司、某安消技术公司存在恶意串通等明知或应当明知的情形。某商证券公司在其出具的《独立财务顾问报告》中也就其所依据的资料来源和法律责任作了声明。因此，与某安科公司、某安消技术公司相比，某商证券公司的过错程度相对较轻。其三，从原因力的角度而言，投资者根据案涉重大资产重组等市场信息作出投资决策，其中盈利预测、交易定价等均是投资者判断公司价值的重要因素。案涉“班班通”项目占某安消技术公司 2014 年度预测营业收入的 26%，构成相关评估和交易定价的重要基础，从而对某安科股票价格和投资者交易决策造成一定影响。综上，整体考量某商证券公司的行为性质和内容、过错程度、与投资者损失之间的原因力等因素，本院酌定某商证券公司在25%的范围内对某安科公司的证券虚假陈述民事责任承担连带赔偿责任。一审法院对于某商证券公司的责任范围认定结论有所不当，本院予以纠正。

关于某华事务所的赔偿责任范围。首先，从某华事务所的虚假陈述行为内容来看，主要涉及“智慧石拐”项目的收入确认问题。关于案涉盈利预测审核，鉴于盈利预测本身具有不确定性，审计机构仅承担有限保证责任。从现有证据来看，某华事务所作为外部审计机构，其基于某安消技术公司提供的框架协议等材料进行盈利预测审核，并不存在明显过错。案涉4个“BT”项目所涉虚假陈述金额较小，对于审计重要性而言相对较低。其次，从主观过错程度来看，本案中亦无证据证明某华事务所与某安科公司、某安消技术公司存在虚假陈述的共同故意或明知相关材料虚假。因此，与某安科公司、某安消技术公司相比，某华事务所的主观过错程度相对较轻。最后，从对投资者的决策影响来看，认定为虚假记载的营业收入5551万元（其中5000万元为“智慧石拐”项目）占到2013年财务报告中母公司营业收入的19.4%，合并报表口径为3.7%。同时，考虑到2013年某安消技术公司财务报告同样构成其盈利预测的基础之一，“智慧石拐”项目收入确认对于盈利预测及评估和交易定价也产生一定影响。据此，综合考量某华事务所虚假陈述所涉事项及其过错程度等因素，本院酌定某华事务所在15%的范围内对某安科公司的证券虚假陈述民事责任承担连带赔偿责任。一审法院对于某华事务所的责任范围认定结论有所不当，本院予以纠正。①

本书认为，从解释论角度看，后一种方式相较前一种方式更为妥当，一方面，如前所述，补充责任与连带责任的含义完全不同，二者属于平行概念，补充责任已经超出连带责任本身的含义。另一方面，“比例连带责任”有其结论依据。第一个依据是1998年《证券法》、2004年《证券法》，均规定了，为证券的发行、上市或者证券交易活动出具审计报告、资产评估报告或者法律意见书等文件的专业机构和人员，必须按照执业规则规定的工作

① 上海市高级人民法院（2020）沪民终666号民事判决书。

程序出具报告，对其所出具报告内容的真实性、准确性和完整性进行核查和验证，并就其负有责任的部分承担连带责任。第二个依据是《2003 年若干规定》第 24 条，其规定，“专业中介服务机构及其直接责任人违反证券法第一百六十一条和第二百零二条的规定虚假陈述，给投资人造成损失的，就其负有责任的部分承担赔偿责任。但有证据证明无过错的，应予免责”。该条明确表述的是“就其负有责任的部分承担赔偿责任”，并非对发行人的全部责任承担连带责任。上述规定就为“比例连带责任”提供了法律依据。并且，从其他共同侵权的法律规定看，“比例连带责任”也有体现，如《最高人民法院关于审理环境侵权责任纠纷案件适用法律若干问题的解释》第 3 条第 3 款规定，“两个以上侵权人分别实施污染环境、破坏生态行为造成同一损害，部分侵权人的污染环境、破坏生态行为足以造成全部损害，部分侵权人的污染环境、破坏生态行为只造成部分损害，被侵权人根据民法典第一千一百七十一条规定请求足以造成全部损害的侵权人与其他侵权人就共同造成的损害部分承担连带责任，并对全部损害承担责任的，人民法院应予支持”。

第三节

银行间债券市场的法律适用

一、银行间债券市场承销机构的过错认定

交易所债券的中介机构尽职调查规则规定在中国证券业协会《公司债券承销业务规范》中，在银行间债券市场，承销机构尽职调查的程序规则主要规定在《非金融企业债务融资工具主承销商尽职调查指引》（中国银行间市场交易商协会公告〔2020〕32 号）中。那么可能产生的问题是，承销

机构在尽职调查中会更多地遵循行业规范、自律规范，由于不同债券市场在尽职调查的规则上有所不同，是否会导致过错判断标准的差别，进而导致实质不公。

本书认为，虽然《债券会议纪要》的规定更多地参考了《公司债券承销业务规范》，但是承销机构的过错认定已经抽象并上升为一般规则；而且《债券会议纪要》开宗明义指出，“对具有还本付息这一共同属性的公司债券、企业债券、非金融企业债务融资工具适用相同的法律标准”，因此，对于银行间债券市场承销机构，尽管其不适用《公司债券承销业务规范》，但是在具体的过错判定上，《债券会议纪要》的一般规则会对承销机构的过错判断产生影响。

二、银行间债券市场的中介机构责任

2019 年修订的《证券法》仍然不涉及银行间债券市场的相关问题，虽然近年来债券市场统一的力度在加大，但是 2020 年 2 月 29 日国务院办公厅出台的《关于贯彻实施修订后的证券法有关工作的通知》（国办发〔2020〕5 号）中也未包含银行间债券市场的内容。因此，不少观点认为，《证券法》对于中介机构连带责任的规定不适用于银行间债券市场，银行间债券市场的虚假陈述适用《民法典》侵权责任编的一般规定。

本书作者认为，《证券法》第 85 条规定的是“承销的证券公司”与发行人等相关主体承担连带责任，而在银行间债券市场中，承销机构为商业银行，因此，仅从法律条文本身的文义看，银行间债券市场中承销机构的责任不能适用《证券法》的规则。但对于银行间债券市场中中介机构的法律责任，可以适用《债券会议纪要》的规则与《民法典》侵权责任编的规则，因此，与交易所债券不同的是，对银行间债券市场的债券，人民法院在承销机构的责任认定上，或可作出灵活处理，不受过错推定原则与连带责任的限制。但是在本质上均属于还本付息的有价证券却被区分适用不同规则，或不符合实质公平与公正的原则，对债券行业发展造成不良引导。值得注意的是，2020 年 12 月 15 日，中国人民银行、国家发改委、中国证监会联合发布《公司信用类债券信息披露管理办法》（中国人民银行、国家发展和改革委员会、中国证券监督管理委员会公告〔2020〕第22号)，其中第39条、第40条基本采纳了与《证券法》第85条相类似的表述，[①]明确了中介机构的连带责任与过错推定责任，具有重要的参考与指导意义，银行间债券市场中介机构的连带责任与过错推定责任当无疑义。

第四节 《2022年若干规定》有关中介机构责任认定的新规

《2022年若干规定》对证券虚假陈述责任纠纷中的中介机构责任作出了规定，回应社会各界对中介机构的责任关切，其中第17条、第18条、第19条、第23条涉及中介机构责任。

一、中介机构责任新规的“变”与“不变”

（一）债券承销机构责任

《2022年若干规定》中不少规定延续了《债券会议纪要》的规则精神。除了中介机构责任之外，发行人内部责任人的过错认定（第14条）也延续了《债券会议纪要》第28条。保荐机构、承销机构的过错认定（第17条）

---

① 第39条规定："企业等信息披露义务人未按照规定履行信息披露义务或所披露信息存在虚假记载、误导性陈述或重大遗漏，给债券投资者造成损失的，应当依法承担赔偿责任。企业的控股股东、实际控制人、董事、监事、高级管理人员和其他直接责任人员，以及承销机构及其直接责任人员，应当依法与企业承担连带赔偿责任，但是能够证明自己没有过错的除外。"第40条规定："为债券的发行、上市、交易等业务活动制作、出具审计报告及其他鉴证报告、资产评估报告、财务顾问报告、信用评级报告或者法律意见书等文件的证券服务机构，其制作、出具的文件有虚假记载、误导性陈述或重大遗漏，给他人造成损失的，应当依法与委托人承担连带赔偿责任，但是能证明自己没有过错的除外。"

延续了《债券会议纪要》第 30 条，但在措辞上有所变化。其一，对于保荐机构、承销机构而言，尽职调查的依据是法律、行政法规、监管部门制定的规章和规范性文件、相关行业执业规范的要求，具体方式可采取查阅、访谈、列席会议、实地调查、印证和讨论等方法；其二，区分有专业服务机构意见支撑的内容和无专业服务机构意见支撑的内容，前者要排除职业怀疑并形成合理信赖（合理信赖为《2022 年若干规定》第 17 条所新增），后者则要审慎尽职调查并形成独立判断。

需要注意的是，《2022 年若干规定》第 17 条并未保留《债券会议纪要》第 30 条第 4 项“尽职调查工作虽然存在瑕疵，但即使完整履行了相关程序也难以发现信息披露文件存在虚假记载”这一抗辩事由。本书认为，《2022 年若干规定》第 13 条明确了证券虚假陈述责任中的过错只有故意与重大过失，一般过失并不具有法律责任上的意义，因此《债券会议纪要》第 30 条第 4 项所提到的“瑕疵”符合《2022 年若干规定》的精神，在司法实践中还可以继续适用。

（二）债券服务机构责任

证券服务机构的过错认定（第 18 条）也延续了《债券会议纪要》第 31 条，对于是否存在过错的判断需要依照法律、行政法规、监管部门制定的规章和规范性文件、行业执业规范规定的工作范围和程序要求等内容。这里没有提到《债券会议纪要》第 31 条所规定的“职业道德”，或许是考虑到职业道德的内容一般会融入行业执业规范，而且既然为职业道德，就意味着与法律规范性文件确定的义务所有区别。

《2022 年若干规定》第 19 条对于注册会计师的审计责任特别作出规定，其理由大抵有二：其一，在既有的司法实践中，财务造假等与审计业务相关舞弊问题最为突出；其二，有关注册会计师审计业务侵权的问题，最高人民法院有《会计师事务所侵权司法解释》在前，《2022 年若干规定》也必须要对其与《会计师事务所侵权司法解释》之间的法律适用关系作出明确规定。

对于会计师事务所的过错认定与免责，《2022 年若干规定》第 19 条也基本延续了《会计师事务所侵权司法解释》第 7 条的规定，[①] 主要的变化有三。其一，《2022 年若干规定》第 19 条第 2 项在《会计师事务所侵权司法解释》第 7 条第 2 项处增加了“发行人的供应商、客户等相关单位”，这与《2022 年若干规定》第 22 条“追帮凶”的规则相呼应，该条规定，“有证据证明发行人的供应商、客户，以及为发行人提供服务的金融机构等明知发行人实施财务造假活动，仍然为其提供相关交易合同、发票、存款证明等予以配合，或者故意隐瞒重要事实致使发行人的信息披露文件存在虚假陈述，原告起诉请求判令其与发行人等责任主体赔偿由此导致的损失的，人民法院应当予以支持”；其二，会计师事务所对被审计单位的舞弊迹象提出警告后，还必须在审计业务报告中发表审慎审计意见，不能仅仅指明；其三，《2022 年若干规定》第 19 条没有延续《会计师事务所侵权司法解释》第 7 条第 4 项、第 5 项有关验资的规定，主要是证券发行业务中并不涉及验资。

二、中介机构与发行人间补偿协议效力

如前所述，由于《证券法》第 85 条、第 163 条仅规定了违反信息披露所产生的连带责任，故司法解释也仅仅可以针对连带责任进行规则的补充完善。如第 23 条明确指出，连带责任当事人之间的分担与追偿，依照《民法典》第 178 条确定。对于连带责任的内部分担，依据当事人意思自治，原则上当事人可作约定，不过，《2022 年若干规定》第 23 条第 2 款对保荐机构、承销机构等责任主体与发行人及其控股股东、实际控制人之间的补偿约定作出了限制，即司法裁判并不认可此种约定的有效性。在实践中，基于《证券法》第 85 条、第 163 条的连带责任，保荐机构、承销机构会与发行人签订

---

① 第 7 条规定：“会计师事务所能够证明存在以下情形之一的，不承担民事赔偿责任：（一）已经遵守执业准则、规则确定的工作程序并保持必要的职业谨慎，但仍未能发现被审计的会计资料错误；（二）审计业务所必须依赖的金融机构等单位提供虚假或者不实的证明文件，会计师事务所在保持必要的职业谨慎下仍未能发现其虚假或者不实；（三）已对被审计单位的舞弊迹象提出警告并在审计业务报告中予以指明；（四）已经遵照验资程序进行审核并出具报告，但被验资单位在注册登记后抽逃资金；（五）为登记时未出资或者未足额出资的出资人出具不实报告，但出资人在登记后已补足出资。”

合同，承诺发行人所提供的材料与信息真实、准确、完整，若因发行人虚构材料、隐瞒事实导致其向第三方赔偿的，发行人应当向保荐机构、承销机构承担相应的赔偿责任。此类条款的存在将导致保荐机构、承销机构将本应自己承担的责任转嫁于发行人，故无论其自身是否勤勉尽责，都不必承担终局责任，进而诱发道德风险，新司法解释对此类条款进行了限制，目的或在于防止保荐机构、承销机构通过此类条款转嫁责任。

不过，《2022 年若干规定》第 23 条第 2 款在表述上采用的是“保荐机构、承销机构等责任主体”，是否包括除了保荐机构、承销机构之外的证券服务机构如会计师事务所、律师事务所等？对此或存在两种不同观点，否定者认为从资本市场现状看，保荐机构、承销机构与证券服务机构在获利、成本、话语权等方面存在差异，因此该条规定只是限制保荐机构、承销机构。本书倾向于认为，基于防范道德风险的规范目的，承担连带责任的中介机构都会存在相同问题，故“等”字似应包含会计师事务所、律师事务所等证券服务机构。

三、中介机构责任新规下连带责任的解释空间

尽管理论界与实务界对证券中介机构责任有不少的分歧与呼声，但是囿于司法解释的权限，《2022 年若干规定》并没有在条文中直接突破《证券法》第 85 条、第 163 条有关违法信息披露义务时的连带责任，仅仅是对连带责任的内部追偿作出规定。虽然如此，但是《2022 年若干规定》仍然为突破中介机构的责任承担形式预留了空间，主要表现在三个方面。

其一，诸多关于过错认定的规则为软化连带责任提供空间。虽然《2022 年若干规定》第 17 条、第 18 条、第 19 条等仅仅是过错认定或者责任抗辩的规定，但是这并非从 0 直接到 1，中间存在着不少形态，因此，此时必须衡量中介机构的过错程度并确定赔偿范围。

其二，《会计师事务所侵权司法解释》并未废除。值得注意的是，《2022 年若干规定》的施行直接废除了《2003 年若干规定》，但是并没有废除《会计师事务所侵权司法解释》，而恰恰是《会计师事务所侵权司法解释》中存在着非连带责任的相关规定。如前所述，《会计师事务所侵权司法解释》第 6

条规定，“会计师事务所在审计业务活动中因过失出具不实报告，并给利害关系人造成损失的，人民法院应当根据其过失大小确定其赔偿责任”。第10条更是指出补充责任的责任形态，并限定责任范围为不实审计金额。由于这些规定没有被废止，因此在司法实践中还可以继续适用。而且，2021年面向社会公开征求意见的《注册会计师法修订草案（征求意见稿）》第89条指出，会计师事务所过失情形下应承担补充责任，延续了《会计师事务所侵权司法解释》第10条所确定的规则。因此，未来立法尤其是在注册会计师责任方面，可能会突破《证券法》的连带责任。

其三，许多规定未采用连带责任的表述。除了中介机构的责任之外，新司法解释中还存在一些规定，依照一般理论应表述为连带责任但未实际表述为连带责任的规定。如第14条、第15条、第16条有关发行人内部人责任和独立董事责任的规定，都没有采用连带责任的规定，反而是采用了综合判断的表述；尤其是《2022年若干规定》第22条有关帮助侵权的规定，财务造假等虚假陈述行为多有“帮凶”，《民法典》第1169条还规定了帮助、教唆侵权时的连带责任，《2022年若干规定》第22条即为客户、供应商、金融机构帮助侵权时与发行人承担连带责任的规则，但是并没有直接提及上位法依据《民法典》第1169条，也没有提及连带责任，或许是考虑到即便是“帮凶”，其帮助的程度、范围、主观状况等均有不同，司法解释未采用连带责任的表述，为以后裁判实践根据个案情况具体判断提供了空间。

第五节

债券中介机构的“门槛”和“深度”规则

前述对中介机构的责任分析系在解释论层面，而对于发行人与债券中介机构的赔偿责任，从侵权法理论的角度看，本质上属于多数人侵权的责任分担问题，故在立法论层面，对于此一问题的解决或可从侵权法理论进行进一步分析与反思。

我国侵权法的理论在多数人侵权问题上的主流观点仍然是以共同侵权与非共同侵权的二元划分为基础，前者实行连带责任，后者按通说实行按份责任。但是连带责任与按份责任之间还存在巨大的解释空间，侵权法的不少理论均提出限制连带责任的适用，在比较法上的趋势也是如此。而且为了增强多数人侵权责任分担机制的灵活性和适应度，在国内外的理论和实践中针对不同的多数人侵权案型已经出现了除连带责任和按份责任以外的多种混合责任形态，这预示着多数人侵权责任的分担机制将朝着多元化的方向发展。①

例如，颇具解释力的一种理论为“门槛”和“深度”规则。美国部分州通过立法，从最终责任份额角度限制连带责任的成立范围。首先，设置一定的法定“门槛”（legal threshold），即只有超过法律规定的最终责任比例的被告才根据连带责任规则对全部损害负责，也就是说不是所有具有过错的行为均要承担连带责任。美国各州对于“门槛”的设定大多在10%—60%之间。但是这样仍然可能存在不公平，即过错有10%的责任人可能还是要承担连带责任。为此，又设置了“深度”规则，为连带责任人承担的责任数额设置最高倍数，如美国有的州规定，承担连带责任的被告承担责任的绝对范围不超过其责任份额的2倍。最后，“门槛”规则与“深度”规则相结合，最终形成较为灵活、公平的责任承担机制。例如，可以由10%以下最终责任人承担不超过2倍的责任，10%—20%的最终责任人承担不超过3倍的责任，20%—25%的最终责任人承担不超过4倍的责任，超过25%的最终责任人则对全部损害承担连带责任。②

上述侵权法的理论与实践对于债券服务机构的责任认定具有一定的参考价值，能够实现投资者和债券服务机构的利益平衡，在保护投资者的同时，做到责任与过错的均衡，避免了只有1%过错的责任人承担100%的责任。

---

① 参见李中原：《多数人侵权责任制度的历史与现状》，载《苏州大学学报》（哲学社会科学版）2014年第2期。

② 参见王竹：《论客观关联共同侵权行为理论在中国侵权法上的确立》，载《南京大学法律评论》2010年第1期。

第六章

债券发行与交易中的担保责任

本章导读〉〉〉

担保的存在能够为债券发行人还本付息提供保障。担保方式可以分为人的担保与物的担保，一般而言，就债券发行与交易中的担保问题，依照《民法典》以及相关法律、司法解释可得以解决。但是,《民法典》以及《担保制度司法解释》对担保制度作出了一些较以往不同的变化，对债券交易中的担保设定与担保责任有所影响，首先，本章拟阐述民法典以及司法解释在人的担保、物的担保方面的变化、重要影响、司法适用；其次，债券发行与交易又具有其特殊性，有些担保问题需要着重阐述，典型的即为债券发行中担保物权的设定与构造；再次，在司法实践中，公司债券交易纠纷中涉及最多的就是公司对外担保的问题，本章也将结合公司对外担保的新规进行阐述；最后，近年来债券违约的处置方式逐渐多元化，债券展期、发新还旧、债券置换以及破产程序等均逐渐加以运用，多元化债券处置方式对债券担保的影响，亦需要加以阐述。

第一节

民法典担保规则的变化及其影响、适用

民法典的担保制度共由两部分组成，分别是合同编的“保证合同章”与“物权编”的担保物权分编，也就是通常所说的“人的担保”与“物的担保”，前者就是以保证人的全部责任财产为债权提供担保，后者以特定的物为债权提供担保。

人的担保，也就是保证，在民法典之前存在于《担保法》《担保法解释》。物的担保，先是存在于《担保法》，后进入《物权法》中。在《民法典》生效之后，《担保法》《物权法》废除，物的担保制度可以继续留在《民法典》物权编，但是人的担保制度将付之阙如，因此，《民法典》合同编在原来《合同法》15 种有名合同基础上，增加了保证合同章，把原来《担保法》《担保法解释》关于保证的规则纳入其中，使得保证合同的裁判有法可依。此外，《担保法》中还存在定金制度，《民法典》将之放在了合同编的违约责任部分，使之成为违约责任的一部分。如此，形成了现在的担保制度体系。

这种隔离的思路在体系化上也存在一定的问题，因为，无论是保证还是物的担保，尤其是后者，都需要借助“合同”这一通道，所以两者之间存在共同的规则。而分编之后将导致“各自为政”，并产生在法律适用上的问题。比如，《民法典》第 695 条、第 696 条、第 697 条、第 701 条、第 702 条分别规定了主合同变更对保证责任的影响、主债权转让对保证责任的影响、主债务移转对保证责任的影响、保证人对主债务人抗辩、抵销权、撤销权的沿用。但是这些规则都只是规定在保证责任中，物权编没有这些规则，导致法律漏洞，因为物的担保也有这些规则的适用场景，《担保制度司法解释》第

20条将这个漏洞进行填补，明确规定，“人民法院在审理第三人提供的物的担保纠纷案件时，可以适用民法典第六百九十五条第一款、第六百九十六条第一款、第六百九十七条第二款、第六百九十九条、第七百条、第七百零一条、第七百零二条等关于保证合同的规定”。

《民法典》在担保制度方面的变化深刻地影响着民商事交易，因此，本节就担保制度的主要变化及其适用进行阐述。

一、《民法典》合同编保证合同章的变化、影响与适用

相较于原来的《担保法》,《民法典》保证合同章的条文主要包括“文字修改完善型条文”和“重大修改和新增型条文”两类。“文字修改完善型条文”多是对《担保法》保证合同的相关规定进行文字、语言、词句方面的完善与调整，此种条文的设立主要基于以下三个原因。

第一，为立法语言的准确。如《民法典》第683条不得为保证人的类型，来源于《担保法》第8条、第9条，因《民法典》对法人类型的重述，故将原条文中的国家机关、事业单位、社会团体修订为机关法人、非营利法人。第二，为立法语言的简洁。如第684条保证合同的一般内容，来源于《担保法》第15条第1款，但删除了原规定中的“（六）双方认为需要约定的其他事项”和第2款“保证合同不完全具备前款规定内容的，可以补正”。此为立法语言的简洁目的，因为合同条款的补正自不待言。又如第687条第2款第2项关于一般保证人先诉抗辩权的除外情形，来源于《担保法》第17条第3款第2项，但删除了原规定中“中止执行程序的”。因依据《企业破产法》第19条，破产案件受理后，执行程序中止乃当然之意，故不必再赘述。再如第692条第2款法定保证期间的规定和权利主张，来源于《担保法》第25条第1款、第26条第1款,《民法典》不再区分一般保证与连带保证，而是进行统一规定，均系为立法语言的简洁。第三，为立法资源的节约。如第689条反担保的定义，来源于《担保法》第4条，但是删除了原规定的“反担保适用本法担保的规定”。概因反担保也是担保，并不需要赘述适用本法的规定。同样，第691条保证担保的范围来源于《担保法》第21条，但是删除了原规定的第2款，“当事人对保证担保的范围没有约

定或者约定不明确的，保证人应当对全部债务承担责任”。亦为节省立法笔墨。“文字修改完善型条文”虽然其对于原《担保法》的相关规定进行了调整、修改甚至删除，但是这些条文对既有的金融实践与司法适用不产生实质影响。

“重大修改和新增型条文”，是指对于《担保法》的规定进行了重大修改，并新增规定，而非仅仅作文字修改完善，该种类型的条文对于金融实践与司法适用产生重大影响。保证合同章主要有以下五个方面的重大修改和新增。

第一，丰富保证合同的定义。第 681 条保证合同的概念来源于《担保法》第 6 条，但是增加了承担保证责任的条件，即“或者发生当事人约定的情形时”。同样，第 688 条连带责任保证的定义来源于《担保法》第 18 条，也增加了“或者发生当事人约定的情形时”。保证合同的此种定义与担保物权的定义相一致（《民法典》第 386 条）。此系因为，在实践中，有保证合同约定，保证责任的承担条件除了主债务人不履行债务之外，还基于以下约定，如“借款合同履行期间借款人被宣告破产、被解散、改变贷款用途等其他足以影响其偿债能力的情况”“借款合同加速到期”等，对于上述约定是否应予以承认以及效力存在观点分歧，《民法典》保证合同章对于实践中的此种约定予以认可。

第二，对独立保证作出限制。首先，第 682 条第 1 款系保证从属性的例外，来源于《担保法》第 5 条，但是原规定的但书是“担保合同另有约定的，按照约定”，现在变成了“但是法律另有规定的除外”。即从约定例外变为法定例外，在独立保证的态度上发生重大转向。该条实际上表明，整个保证合同章其实规制的是保证中的从属保证，没有独立保证，并且独立保证只能通过法律的明确规定。目前，独立保证在我国被明定承认的是《独立保函司法解释》中的独立保函。在《民法典》编纂过程中，不少专家学者主张应将独立保证纳入《民法典》之中，示范法上《欧洲示范民法典草案》（DCFR）区分从属保证与独立保证而进行分别规定，提供典范。但是，《民法典》最终系基于保证本质上的担保功能，从而限定独立保证的适用范围，与当前经济下行背景下保护保证人的司法政策相契合。因此，裁判实践中，裁判者应以

《民法典》对于独立保证的法定限制为导向裁判案件。[①] 其次，“但是法律另有规定的除外”，系指《民法典》关于最高额抵（质）押合同、最高额保证合同相对独立性的规定。在最高额担保法律关系中，最高额担保与连续发生的具体债权之间并无一一对应关系，其中某一主合同被认定无效，并不影响担保合同的效力。[②] 最后，排除担保从属性的约定无效不影响保证合同其他部分的效力。即便当事人间排除从属性的约定无效，保证合同中有关保证期间、保证方式等约定仍然有效。值得注意的是,《九民会议纪要》第 54 条规定，“此时，如果主合同有效，则担保合同有效，担保人与主债务人承担连带保证责任”。上述规定径直将此时的保证方式推定为连带责任保证，值得商榷，况且,《民法典》第 686 条第 2 款保证方式的推定已然发生变化，该规定在《民法典》生效之后不应继续适用。

第三, 推定保证方式的改变。第 686 条第 2 款保证方式的推定来源于《担保法》第 19 条，但是将未约定、约定不明确的保证方式推定为一般保证，此为防止民法过度商事化，彻底改变了原《担保法》对于保证人的严苛责任。需要指出的是,《民法典》此一规定的转向带来的更深层次的影响是，金融与商事交易实践中大量如差额补足、流动性支持等增信措施，也被称为“非典型担保”, 一旦这些非典型担保被认定为保证, 则其在适用保证合同章规定时，在保证方式上就是一般保证，这对于交易实践与司法适用将产生重大影响。对金融从业者与司法裁判者而言，一般保证规则的重要性也将大大提升。

第四，增加先诉抗辩权的消灭情形。第 687 条第 2 款系一般保证人先诉抗辩权的消灭规定，其新增第 3 项，即如果债权人有证据证明债务人的财产不足以履行全部债务或者丧失履行债务能力的，先诉抗辩权消灭。从德国、瑞士、日本的规定来看，如果主债务人虽未被宣告破产但是有确凿证据表明主债务人已经资不抵债，债权人先行就主合同起诉或申请仲裁以及后续的强制执行程序都毫无意义, 此时保证人的先诉抗辩权消灭。[③]《民法典》亦增加

---

① 实际上这样的理念也体现在《九民会议纪要》中，如第 54 条独立担保的规定、第 55 条保证范围的规定等，均体现了保证从属性的强调与强化。

② 高圣平:《民法典担保从属性规则的适用及其限度》，载《法学》2020 年第 7 期。

③ 程啸:《保证人先诉抗辩权的疑点分析》，载《人民司法》2005 年第 7 期。

此一类型。

第五，增加保证人抗辩的沿用。第701条保证人抗辩的沿用来源于《担保法》第20条，但是将原规定中的“抗辩权”改为“抗辩”，并删除原第2款关于抗辩权的规定。此一字之差不容小觑。因为抗辩与抗辩权不同。一方当事人主张权利时，他方当事人所提出的对抗或异议，称为抗辩，广义言之，包括抗辩与抗辩权。前者分为权利障碍抗辩与权利毁减抗辩，在诉讼进行中当事人纵未提出，法院亦应审查事实。而抗辩权的效力不过对已存在的请求权，发生一种对抗的权利而已，惟他方在诉讼上主张时，法院即有审究的义务。[①]借由此修改，有关争议即可解决。如法院是否应主动审查保证期间，在裁判实践中素有争议。[②]现如今，根据第701条人民法院便可主动审查保证期间是否经过。前述“重大修改和新增型条文”对金融实践与司法适用的影响有二。首先，前述条文完全改变了原《担保法》规范的价值判断结论，并增加新的规范。其次，“重大修改和新增型条文”是未来金融实践中应重点关注的问题。

除此之外，《民法典》的编纂充分吸取了司法解释的有益规则，在保证合同章亦不例外。相较于《担保法解释》的规则，保证合同章的条文类型也主要有两种类型。

第一，“吸收司法解释型”。如第685条第2款保证合同的订立，吸收了《担保法解释》第22条第1款；第687条第2款第1项一般保证先诉抗辩权的消灭情形吸收了《担保法解释》第25条。[③]

---

① 王泽鉴:《民法总则》(增订新版)，新学林出版股份有限公司2014年版，第121页。

② 最高人民法院民一庭:《对保证期间是否经过的案件事实，人民法院应职权主动审查》，载《民事审判指导与参考》，人民法院出版社2016年版，第160页。

③ 吸收的相关规则还有：第692条第3款主债务履行期不明的保证期间起算吸收了《担保法解释》第33条；第694条第2款连带保证保证期间与诉讼时效的关联，吸收了《担保法解释》第34条第2款；第695条第2款主合同变更对保证期间的影响吸收了《担保法解释》第30条第1款、第2款，区分是减轻债务还是加重债务，同时，基于立法语言的简洁和概括，不再采用列举式；第696条第1款债权转让对保证责任的影响吸收了《担保法解释》第28条；第697条第1款债务承担对保证责任的影响吸收了《担保法解释》第29条；第698条吸收了《担保法解释》第24条。

第二，“修改司法解释型”。保证合同章的一些规则修改了《担保法解释》的相关规则。典型之处有二。

一是二年保证期间规则的删除。第692条第2款法定（约定不明的）保证期间的规则，修改了《担保法解释》第32条第2款，但是删除了《担保法解释》创造的二年保证期间。就《担保法解释》的此条规则，在创立之初就备受质疑。因自体系解释而言，《担保法》关于保证期间的适用仅有约定和法定两种，在约定保证期间与法定保证期间之间不存在约定不明的独立情形。在解释上，对保证期间约定不明，即视为没有约定，而应适用法定保证期间。《担保法解释》第32条第2款在对保证期间“有约定”“没有约定”之外，还规定一种“约定不明”，并为其推定一个不同于《担保法》规定的法定保证期间（两年），实有越权之嫌。[①]《民法典》予以纠正，当为正确。

二是第694条第1款一般保证保证期间与诉讼时效的关联，来源于《担保法解释》第34条第1款，但是将原规定中一般保证计算保证债务诉讼时效的起点由原来的“判决或者仲裁裁决生效之日”修改为“保证人拒绝承担保证责任的权利消灭之日”。而保证人拒绝承担保证责任的权利消灭之日即一般保证人先诉抗辩权消灭之日。该规则亦修正了《担保法解释》的错误规则，因为根据《担保法解释》的规定，判决或者仲裁裁决生效之日，一般保证的保证人仍然可以拒绝承担保证责任，保证债权的诉讼时效并不起算。[②]

“吸收司法解释型”和“修改司法解释型”对于金融实践与司法适用的影响亦有二。其一，“吸收司法解释型”和“修改司法解释型”所对应的《担保法解释》规则将不再适用；其二，最高人民法院应及时清理《担保法解释》中被《民法典》所吸收的规则和修改的规则，《担保制度司法解释》中有所体现。

---

① 高圣平:《担保法论》，法律出版社2009年版，第124-126页。

② 叶金强:《担保法原理》，科学出版社2002年版，第58页。

二、《民法典》动产和权利担保制度变化、影响与适用

世界各国在动产担保制度设计上存在差异，主要表现为形式主义和功能主义两种立法模式。[①] 形式主义（formalistic）将担保物权区分为不同类型并分设不同规则，功能主义（functionalistic）不区分担保物权的形态，具有担保功能的担保方式适用统一规则。[②] 后者体现在《美国统一商法典》、联合国国际贸易法委员会《动产担保交易立法指南》和《动产担保交易示范法》以及《欧洲示范民法典草案》等国家、地区法律和示范法中。近年来在世界银行营商环境调查与评估中，我国在"获得信贷"的二级指标"合法权利力度"指数方面得分不高，[③] 该指数主要评估被调查国调整担保交易的法律是否有利于借贷双方使用动产和权利作为担保品，指数设计参考前述比较法中的担保功能主义。世界银行专家认为，我国没有建立功能统一的动产担保制度，不存在统一的优先权规则，融资租赁、应收账款转让、所有权保留等具有担保功能的交易形式不必遵守与担保交易同样的公示和优先权规则。[④]

与此同时，我国中小企业不像大型国企那样有大量的不动产作为担保品，其担保品多为动产或者权利，而银行等金融机构往往不愿意接受或者低价接受；但是动产和权利数量大，不像不动产那样具有稀缺性，融资潜力又比较大，因此，出现了中小企业融资难、融资贵的现状。

基于上述优化营商环境的政策目标，[⑤]《民法典》对前述担保功能主义的立法模式有所吸收。但是由于我国形式主义的法制传统以及《民法典》整体

---

① 参见各国动产担保法制演进的介绍，参见高圣平：《动产担保交易制度比较研究》，中国人民大学出版社 2008 年版，第 17–68 页。

② 参见王利明：《担保制度的现代化：对〈民法典〉第 388 条第 1 款的评析》，载《法学家》2021 年第 1 期。

③ 关于详细的问卷与得分、失分情况，参见罗培新：《论世行营商环境评估"获得信贷"指标得分的修法路径——以我国民法典颁布为契机》，载《东方法学》2020 年第 1 期。

④ 参见伊莱恩·麦凯克恩：《获得信贷便利度相关指标分析》，载《中国金融》2019 年第 7 期。

⑤ 参见王晨：《关于〈中华人民共和国民法典（草案）〉的说明》，载《人民日报》2020 年 5 月 23 日，第 6 版。

编纂的思路，《民法典》动产担保物权部分的修改采取了功能主义与形式主义相结合的路径，[①] 初步形成了一个“形散而神聚”的“动产和权利担保”体系。[②] 最高人民法院于2020年底发布《担保制度司法解释》，其中的相关规则继续解释、延审动产担保功能主义。本部分拟结合《民法典》与《担保制度司法解释》阐述动产担保制度的变革以及司法适用。

（一）物权法时代动产担保制度所存在的问题

在《民法典》颁布之前，我国动产担保制度主要存在以下三个方面的问题。

第一，融资租赁、所有权保留交易、让与担保交易等与担保制度隔绝。之前，融资租赁、所有权保留交易都是在典型的有名合同之中，不考虑与担保制度的关联，因为融资租赁交易、所有权保留交易涉及的是所有权，而在担保物权领域贯彻物权法定原则，担保物权仅限于债权人在他人财产的交换价值上设定限定物权，与所有权并不产生关联。但是，融资租赁、所有权保留以及让与担保中的所有权功能已经发生了“异化”，所有权起着担保租金债权、担保买卖价金债权的作用，所有权实质上起着担保的作用。而让与担保更是因为物权法禁止流抵、流押而没有获得法律承认。

第二，优先顺位规则欠缺。担保物权顺位问题是担保物权体系中的核心问题。实践中，担保物上往往存在多个债权人的担保物权，以便物尽其用。但是过去只有《物权法》第199条的抵押权顺位规则，没有其他有关动产和权利担保之间的顺位规则，如抵押权与质权同时存在如何排序、权利质权之间同时存在如何排序等，均没有优先顺位规则。

第三，动产担保登记机构“九龙治水”。在《物权法》时代，不同种类的动产担保所对应的登记机构不同，如企业原材料、半成品、成品、设备的动产抵押登记、非上市公司股权质权登记由市场监督管理部门负责；应收

---

① 参见高圣平：《动产担保交易的功能主义与形式主义——中国〈民法典〉的处理模式及其影响》，载《国外社会科学》2020年第4期。

② 参见龙俊：《民法典中的动产和权利担保体系》，载《法学研究》2020年第6期。

账款质押登记由中国人民银行征信中心负责；基金份额和上市公司股权质权登记由证券登记结算机构负责；知识产权质押登记由各知识产权主管部门负责；各类特殊动产（机动车、航空器、船舶）由各自行政主管部门负责。除此之外，各个登记机构之间的登记规则、登记材料不相统一，也没有普及电子化登记，给当事人融资带来极大的不便。虽然 2019 年 10 月国务院颁布《优化营商环境条例》（国务院令第 722 号），其第 47 条第 2 款明确规定，“国家推动建立统一的动产和权利担保登记公示系统，逐步实现市场主体在一个平台上办理动产和权利担保登记。纳入统一登记公示系统的动产和权利范围另行规定”。但是较为笼统，而且由于物权法作为法律的明确规定，也缺乏可实施性。

（二）民法典动产担保“以小见大”的变革与规则适用

鉴于民法典“编纂”奉行“惯性原理”，不可能在动产担保制度上作大刀阔斧的改革，也不可能直接移植比较法上的动产担保制度体系。因此，民法典对动产担保制度的改变都是很微小的，但是其修改之后体系作用却是巨大的。具体而言主要有三个方面的变动。

其一，使具有担保功能的交易形式适用担保规则。《民法典》第 388 条新增加“其他具有担保功能的合同”亦属于担保合同，扩大了担保合同的范畴，也就是说担保合同不再仅限于抵质押合同。这里的担保合同是“融资租赁、保理、所有权保留等非典型担保合同”。[①]《民法典》合同编买卖合同章第 641 条增加规定“出卖人对标的物保留的所有权，未经登记，不得对抗善意第三人”；融资租赁合同部分增设第 745 条“出租人对租赁物享有的所有权，未经登记，不得对抗善意第三人”。通过这样的变化之后，融资租赁、所有权保留交易实际上变得与动产抵押权一样，也采登记对抗主义，并且被纳入担保合同的范畴。之所以采登记对抗主义，主要考虑到消除隐性担保所产生的弊端。因为融资租赁、所有权保留中的所有权不需登记，所有权人可

---

① 参见王晨：《关于〈中华人民共和国民法典（草案）〉的说明》，载《人民日报》2020 年 5 月 23 日，第 6 版。

以直接主张自己的所有权，这就极有可能产生道德风险，尤其在执行、破产程序中，虚构、编造存在所有权，进而给其他债权人带来极大的风险，而最重要的是对于这种风险其他债权人是无法预知的，通过登记则可以对其他债权人产生警示和预防作用。

上述变化带来的“辐射效应”就是，动产抵押权的规则不仅仅是动产抵押权的规则，而且是动产与权利担保的一般规则，动产抵押规则发挥着动产担保交易一般规则的功能。也就是说，法官在审理融资租赁、所有权保留交易的案件时，除了要适用《民法典》合同编的规则外，还要适用动产抵押权的规则。这点在司法解释中也完全得以进一步体现，主要有以下四个方面。第一，《担保制度司法解释》第 1 条明确指出，“因抵押、质押、留置、保证等担保发生的纠纷，适用本解释。所有权保留买卖、融资租赁、保理等涉及担保功能发生的纠纷，适用本解释的有关规定”。第二，在未登记动产抵押权法律效果上，《担保制度司法解释》第 67 条明确，所有权保留与融资租赁交易中，出卖人、出租人所有权未经登记的法律效果参照第 54 条，如此，登记对抗规则统一于所有动产担保交易。第三，在正常经营买受人规则方面，《担保制度司法解释》第 56 条亦将所有权保留交易与融资租赁交易纳入其中。第四，在购买价金担保权方面，《担保制度司法解释》第 57 条将之拓展至所有权保留交易与融资租赁交易。

这里需要注意的是，尽管融资租赁、所有权保留交易等适用担保制度规则，但是并非只要涉及融资租赁、所有权保留、保理交易就一定适用担保规则，即只有这些非典型担保的设立、公示、优先顺位和实现，才适用担保规则，其他问题应适用《民法典》总则编、物权编的相关规定。[①]

此外，《民法典》的上述改变也将会对相关的法律、司法解释产生影响，典型的就是《企业破产法司法解释二》，其第 2 条对所有权保留的构造仍为所有权构造，故债务人在所有权保留买卖中尚未取得所有权的财产不属于债务人财产，出卖人可以基于所有权行使标的物取回权；其第 35 条至第 38 条

---

① 参见高圣平：《担保法前沿问题与判解研究》（第五卷），人民法院出版社 2021 年版，第 5-6 页。

将所有权保留置于破产管理人挑拣履行权之下；其第 37 条规定，买受人破产时，买受人未支付的价款属于共益债务。上述规则在民法典担保功能主义的视角下，或应发生变化：所有权保留采担保权构造后，所有权仅具有担保功能，买受人破产时，出卖人对标的物不享有所有权，标的物属于债务人财产；所谓的取回权并非基于所有权而生，而是为标的物变价提供条件；在对标的物变价后，债权人行使优先受偿权未能完全受偿的，未受偿的债权是普通债权，出卖人应以普通债权人身份申报债权。因此，《企业破产法司法解释二》有关所有权保留的规则均应作出修改。2020 年修正的《查封规定》第 14 条、第 16 条已经结合《民法典》对所有权保留担保化的处理作出修改。①

其二，构建以公示先后为标准的优先顺位规则。世界银行的营商环境评估要求建立统一的优先顺位规则，即以公示时间先后作为判断优先顺位的标准，实际上《物权法》第 199 条对于多重抵押权顺位的规定与世界银行所倡导规则的核心意旨相符合：先登记的优先于后登记的、已登记的优先于未登记的。结合前述所提到的动产抵押作为动产担保交易一般规则，《民法典》第 414 条增加了第 2 款："其他可以登记的担保物权，清偿顺序参照适用前款规定"，从而将这一条改造为一切担保物权优先顺位的通用性规则。可以登记的"担保物权"不仅包括动产抵押权和权利质权，也包括合同编中的所有权保留和融资租赁，合同编的第 768 条有关多重保理的优先顺位规则也是这一规则要旨的体现。

当然，除了登记的公示方法外，传统的动产质权以占有作为公示方式，因此《民法典》第 415 条也规定，动产抵押权与动产质押在同一物上同时存在时，按照登记、交付的时间先后排序，也就是按照公示的时间先后排序。②这样也使得民法典中关于优先顺位的规则更加丰富。

《担保制度司法解释》在优先顺位规则方面，继续贯彻以"公示先后"确定担保物权的竞存顺位，《担保制度司法解释》第 59 条就仓单多重质押

---

① 详见《十八件新修订执行类司法解释重点问题理解与适用》，载《法律适用》2021 年第 5 期。

② 对于动产抵押与动产质权的竞存，参见曹明哲：《刍议动产抵押权与动产质权竞存的优先顺位》，载《南方金融》2019 年第 1 期。

规定，“保管人为同一货物签发多份仓单，出质人在多份仓单上设立多个质权，按照公示的先后确定清偿顺序”；在多重保理、应收账款质押、应收账款转让竞存方面，《担保制度司法解释》第 66 条明确指出，同一应收账款同时存在保理、应收账款质押和债权转让，当事人主张参照《民法典》第 768 条的规定确定优先顺序的，人民法院应予支持。当然，这一规则也体现了“使具有担保功能的交易形式适用担保规则”的变化，因为保理合同的规范重心在于债权让与一般规范，[①] 因此保理合同的许多规则属于债权让与一般规则，而债权让与又与债权质押两者在经济功能与法律规则上高度相似，[②] 因而在功能主义的视角下，多重保理的顺位规则亦应适用于多重应收账款质押与转让。

其三，删除所有关于动产和权利担保的登记机构。《民法典》删除了过去《物权法》所规定的涉及动产和权利担保的登记机构的规定，为建立统一的动产抵押和权利质押登记制度留下空间，但在删除的同时，《民法典》未明确具体的登记机构为何，为交易实践留下疑问。这个问题在《国务院关于实施动产和权利担保统一登记的决定》（国发〔2020〕18 号）中得以解决，该规则明确指出，“自 2021 年 1 月 1 日起，在全国范围内实施动产和权利担保统一登记”，将原由市场监管总局承担的生产设备、原材料、半成品、产品抵押登记和人民银行承担的应收账款质押登记，以及存款单质押、融资租赁、保理等登记，改由人民银行统一承担。对于目前的动产和权利担保统一登记制度，需要注意的是：

首先，目前的动产和权利担保登记只是有限的统一，机动车抵押、船舶抵押、航空器抵押、债券质押、基金份额质押、股权质押、知识产权中的财产权质押仍然由相应的监管部门负责。

其次，动产和权利担保登记中，登记机构为“形式审查”。登记机构对登记申请材料的审查有实质审查与形式审查之分，就不动产登记而言，不

---

① 详见李宇：《保理合同立法论》，载《法学》2019 年第 12 期。

② 详见李宇：《民法典中债权让与和债权质押规范的统合》，载《法学研究》2019 年第 1 期。

动产登记簿具有较强的权利推定效力，即在不动产登记簿中的记载事项推定与真实物权情况一致，在此之下，不动产登记机构对不动产登记具有实质审查义务，不动产登记机构也存在因登记错误而产生的赔偿责任。但是，动产和权利担保登记的构造与法律效力与不动产登记不同，动产和权利担保的登记只是对于交易第三人具有提示和警示义务，登记机构无法保障真实权利情况，故登记机构只对登记材料进行形式审查。因此，《国务院关于实施动产和权利担保统一登记的决定》（国发〔2020〕18号）明确指出，“动产融资统一登记公示系统自主办理登记，并对登记内容的真实性、完整性和合法性负责。登记机构不对登记内容进行实质审查”。这一点在《担保制度司法解释》第61条有关应收账款质押登记的规则中也有所体现，该条明确指出，“质权人不能举证证明办理出质登记时应收账款真实存在，仅以已经办理出质登记为由，请求就应收账款优先受偿的，人民法院不予支持”。也就是说，质权人不能仅仅以已经办理了应收账款质押登记为由主张优先受偿，原因就在于动产担保的登记不具有公示公信力，与不动产登记截然不同。

（三）动产担保制度的补充完善规则与适用

《民法典》大致形成了动产担保功能主义的框架结构，但是在一些具体的规则上仍然需要进一步细化，《担保制度司法解释》对购买价金担保权、正常经营活动买受人规则、让与担保规则作出进一步解释与细化。

其一，购买价金担保权是《民法典》第416条所新增的规则，也被称为“超级优先权”，是动产担保体系中的重要规则。早在物权法立法之时，即有学者主张引入购买价金担保权并给予“超级优先顺位”，刺激信用消费。[①] 民法典编纂过程中不少学者亦主张创设购买价金担保权。[②]《民法典》于第416条终作规定。

首先，购买价金担保权与浮动抵押相伴而生。例如债务人以自身的生产

---

① 参见高圣平：《我国动产担保物权立法研究》，载《南都学坛》2006年第6期。

② 参见董学立：《论动产担保物权法的编纂》，载《山东法官培训学院学报》2017年第6期。

设备、原材料、半成品、成品为A商业银行设立浮动抵押。后债务人因生产的需要，需借贷资金购入一台生产设备，便向B商业银行贷款200万元，并且以该200万元购入了生产设备，同时以该设备抵押担保B商业银行的200万元贷款。此时，依据浮动抵押的特性，此新购入的生产设备也自动加入了浮动抵押的抵押物范畴，属于A商业银行优先受偿的范围；且依据《九民会议纪要》第64条浮动抵押与固定抵押竞存规则，因浮动抵押设立在先，其应当处于优先顺位，因此A商业银行对此生产设备也享有了优先受偿权。[①]但是应当看到，正是因为有了B商业银行的200万元贷款，才有了融资人可以增加生产的机器设备的机会，如果让B商业银行处于劣后的顺位，则对于B商业银行有所挫伤，导致无人愿意在此种情形下继续给债务人融资，“使其（浮动抵押权人）再就单独抵押之财产仍有优先于他人而受偿的权利，则无异于赋予其双重优先权，其待遇过于优惠，对于付出相应对价而获得单独财产之抵押权人而言，则颇有不公”。[②]因此，此时可以使B商业银行的抵押权获得超级优先权的地位，而不论设立时间先后，进而优先于先设立的浮动抵押。可以看到《担保制度司法解释》第57条第1款即将购买价金担保权置于浮动抵押的背景下。

其次，如前所述，尽管《民法典》第416条规定于民法典担保物权中的抵押权一章中，但是，其对于融资租赁、所有权保留交易同样适用。可以看出，《担保制度司法解释》第57条将该规则也拓展至所有权保留交易与融资租赁交易。

最后，《民法典》第416条规定了购买价金担保权与其他在先的动产担保物权之间的优先顺位，但是在同一标的物上也可能同时存在两个以上购买价金担保权进而发生竞存。就此问题，联合国贸易法委员会《动产担保交易立法指南》、[③]美国《统一商法典》第9-324条赋予担保物价金（亦即，为出

① 对浮动抵押与固定抵押的竞存参见曹明哲：《论动产浮动抵押权与固定抵押权的竞存——兼论价金担保权的设立与适用》，载《金融理论与实践》2020年第10期。

② 刘保玉：《物权法学》，中国法制出版社2007年版，第346页。

③ United Nations Commission on International Trade Law，UNCITRAL Legislative Guide on Secured Transactions，United Nations，2010，p.364–365.

卖人而创设）的购买价金担保权优先于担保贷款发放的购买价金担保权的顺位。其主要理由是法律对于出卖人的同情胜于贷款人。[①]本书作者认为，既然购买价金担保权既适用于贷款抵押情形，也适用于所有权保留、融资租赁交易，这表明在本质上，不同交易类型中的购买价金担保权人并无明显不同，否则也就不会适用统一的规则，使得出卖人的购买价金担保权优先于贷与人的购买价金担保权与前述规则统一适用的结论相矛盾。因此，就不同购买价金担保权之间的竞存顺位，遵循动产担保物权竞存的一般规则即先登记者优先更为妥当，这也在《担保制度司法解释》第 57 条第 3 款中有所体现。[②]

其二，正常经营活动买受人规则。就正常经营买受人规则，《民法典》第 404 条修改《物权法》第 189 条第 2 款，将之扩展至一般动产担保交易，使得买受人不必负担查询登记的义务，提升交易效率，保护市场主体在交易时的合理预期。根据《民法典》第 404 条，正常经营买受人规则主要涉及“正常经营活动”“已经支付合理价款”“取得抵押财产”三个构成要件，《担保制度司法解释》重点对“正常经营活动”作出解释，采取“定义 + 列举排除”的方式，从正反两方面规定。

《担保制度司法解释》第 56 条第 2 款指出，正常经营活动是指出卖人的正常经营活动，即正常经营活动指向的是“出卖人”，非买受人。就何谓正常经营活动，司法解释提供两个标准，分别是“营业执照记载”与“持续销售同类商品”。“营业执照记载”标准虽然在判断上较为容易、操作亦较为简单，但是也有学者提出质疑。一方面，以营业执照为准往往不符合买受人的交易习惯，而且买受人在合法、公开市场上购买合法产品时，往往不可能判断出卖人的经营范围，而是会假定对方的出售行为合法合理；而且，大部分情形下，我国法不存在对通用商品和服务范围的管制，[③]更有观点指出，在鼓

① 参见美国法学会、美国统一州法委员会：《美国〈统一商法典〉及其正式评述》（第三卷），高圣平译，中国人民大学出版社 2006 年版，第 237 页。

② 详见曹明哲：《民法典价金担保权的司法适用》，载《山东法官培训学院学报》2020 年第 4 期。

③ 参见谢鸿飞：《动产担保物权的规则变革与法律适用》，载《国家检察官学院学报》2020 年第 4 期。

励营业自由的大背景之下，抵押人是否具有相应经营资格，并不在“正常经营活动”的文义之列。[①]但也有观点认为，经营范围能对买受人起到提示作用，经营范围内的交易，保障性更强。[②]比较法上，《动产担保交易立法指南》对正常经营活动的阐述为，资产出卖人必须是经营该类资产销售的人，担保资产不能是出卖人通常不出售的物品。此外，不可采用与出卖人通常采用的方式不同的方式进行出售。[③]《美国统一商法典》在第1–201条对正常经营的定义是“以出卖该类有体动产为业”。[④]就此，本书作者认为，营业执照就经营范围的记载一般与出卖人经营范围相同，但即便二者不同，只要客观上使得买受人有理由相信出卖人是从事销售该类动产的，也应认定符合正常经营活动；而“持续销售”标准在比较法上未有相关依据，且何谓持续或有争议，出卖人初次营业或者出卖人营业中改变商品销售种类的，也仍然属于正常经营活动，但不属于持续销售。故《担保制度司法解释》第56条第2款对正常经营活动的界定属于典型情形，但无法涵盖所有情形。

其三，让与担保的规则。让与担保，是指债务人或第三人为担保债务的履行，将担保物的所有权移转于债权人，债务清偿后，担保物应返还于债务人或第三人；债务不获清偿时，债权人得就该担保物受偿的一种担保形式。[⑤]《物权法》第186条明确禁止流押，质押亦同理。这样规定是为了保护弱势的债务人，防止债权人在债务人急迫窘况的境地中利用流（押）质条款谋取不正当利益。但是作为担保物权实行方法的约定，流（押）质条款本属当事人意思自治的体现，法律不应过多干涉；由于《物权法》的明确规定，司法实践对其效力亦有所争议。

故《民法典》在流（押）质条款上更新了理念，于第401条规定，“抵

---

① 参见高圣平：《民法典动产担保权登记对抗规则的解释论》，载《中外法学》2020年第4期。

② 刘竞元：《民法典动产担保的发展及其法律适用》，载《法学家》2021年第1期。

③ See United Nations Commission on International Trade Law，UNCITRAL Legislative Guide on Secured Transactions，United Nations，2010，p.202.

④ 参见美国法学会、美国统一州法委员会：《美国〈统一商法典〉及其正式评述》（第三卷），高圣平译，中国人民大学出版社2006年版，第212页。

⑤ 参见王利明：《物权法研究》（第四版），中国人民大学出版社2016年版，第1267页。

押权人在债务履行期限届满前，与抵押人约定债务人不履行到期债务时抵押财产归债权人所有的，只能依法就抵押财产优先受偿”。此规定改变了物权法对流（押）质条款的绝对禁止，明确了流（押）质条款存在时当事人间对抵押财产的清算义务，既保障了担保物权人的优先受偿权，又保护了弱势债权人的利益，更彰显了意思自治。

《担保制度司法解释》第68条、第69条对让与担保作出进一步解释。一方面，尽管《民法典》第401条一改《物权法》第186条的立场，但是未明确此时当事人间的合同效力，《担保制度司法解释》第68条第2款规定，所有权归属的约定无效，但是不影响当事人提供担保的意思表示。在让与担保的实现方式上，理论有归属清算与处分清算两种，《担保制度司法解释》第68条采纳了处分清算，“对于在担保物权可得实现之前达成流质契约所可能给担保人带来的不利益，可以通过强制性地课以担保物权人清算义务加以解决”①。

另一方面，就股权让与担保，在交易实践中得到了广泛应用，《担保制度司法解释》第69条主要明确了其外部效力，基于股东出资瑕疵需对公司债权人承担责任的规则，公司债权人在诉讼中以名义股东（担保权人）为共同被告，或者执行中追加名义股东（担保权人）为被执行人，对于担保权人（名义股东）是否承担责任，司法实践存在两种观点，一种观点认为，名义股东即担保权人不应承担责任；另一种观点则认为，名义股东不得对抗第三人。②《担保制度司法解释》第69条采纳了第一种观点。主要理由在于，名义股东实际地位为债权人，其不负有出资义务，股权让与担保安排中的股权受让人实际为有担保的债权人，其受让股权非真正意义上的股权转让。基于担保目的和实际操作，担保权人大多数情况下并不享有也不行使股东权利，公司亦不允许其行使股东权利，此时由其对第三人承担责任，为权责失衡。

---

① 高圣平：《论流质契约的相对禁止》，载《政法论丛》2018年第1期。

② 高圣平、曹明哲：《股权让与担保效力的解释论——基于裁判的分析与展开》，载《人民司法》2018年第28期。

第二节
附担保公司债券中担保物权的私法构造

一、附担保公司债券中担保物权的特殊性

依照公司债券有无担保，可将公司债券分为信用公司债券与担保公司债券或者附担保公司债券。[①]附担保公司债券有助于投资者控制和锁定投资风险，有助于强化投资者的投资信心，因而对投资者具有较强的吸引力。[②]但是，在附担保公司债券发行中，为每一个债券认购人办理抵押登记或者交付质物势必影响交易效率，尤其是在债券持有人将所持债券转让时，债券所附的担保物权每次都要随之转让，重新办理登记等公示手续，极为不便。

因此，为提高交易效率、降低交易成本，在附担保的公司债券发行与交易中，往往由第三方即债券受托管理人统一持有和享有担保物权。如中国证监会《公司债券管理办法》第59条第7项规定，在债券发行前，由债券受托管理人取得担保财产或者权利凭证，并尽到保管义务。[③]甚至在某些债券发行中，担保物权是必须具备的，如中国证监会《上市公司股东发行可交换公司债券试行规定》（中国证券监督管理委员会〔2008〕41号）第7条规定，“预备用于交换的股票及其孳息（包括资本公积转增股本、送股、分红、派息等），是本次发行可交换公司债券的担保物，用于对债券持有人交换股份和本期债券本息偿付提供担保”。

在上述模式下，债券发行人只需向债券受托管理人授予一份担保权益，在债券转让时，就无须为了保护新受让担保债券持有人的权益重新订立担

---

① 范建、王建文：《公司法》（第五版），法律出版社2018年版，第374页。

② 刘俊海：《现代证券法》，法律出版社2011年版，第462页。

③ 该条规定：“发行人为债券设定担保的，债券受托管理人应在债券发行前或债券募集说明书约定的时间内取得担保的权利证明或其他有关文件，并在增信措施有效期内妥善保管。”

保条款。[①]

但是，上述模式导致了司法实践中认定此种担保物权效力的分歧，尤其是担保物权享有主体的分歧。如在“上海某富金融服务有限公司与金湖县某远农村小额贷款有限公司、江苏某联投资担保有限公司等民间借贷纠纷案”中，发行人指出，“原告（债券持有人）要求对被告孟某、何某燕、何某萍、某达公司分别持有的股权享有优先受偿权没有依据，本案的质权人是某统公司（受托管理人），不是原告，原告无权对出质的股权享有优先受偿权”。[②]在“朱某风与扬州某塘光电产业投资开发有限公司、苏州某赛投资发展集团有限公司公司债券回购合同纠纷案”中，法院认为：“根据《私募债认购合同》第8条第2款的约定，发行人某赛公司将公司占比15%的股权质押给债券受托管理人上海某统资产管理有限公司，故该质押的质权人并非本案朱某风，朱某风无权主张该质权实现。”[③]但是也有裁判认为，债券持有人享有担保物权。[④]

值得注意的是，最高人民法院于2020年7月15日发布《债券会议纪要》，其中第18条就担保物权的行使问题作出了规定，明确了债券受托管理人具有主张行使担保物权的权利，明确了担保权益的归属，即归属于债券持有人，并且债券持有人需要按照债券持有份额享有担保物权。这样的规定解决了实践中就附担保公司债券中担保物权的相关争议问题。《担保制度司法解释》第4条亦对此进行了规定，明确“债权人或者其受托人”可以主张担保物权，这样的规定与《债券会议纪要》第18条在担保物权行权主体上存在差别。由此，以下问题值得研究：第一，如何在理论上认识附担保公司债券中的担保物权构造？在理论上应如何解释此种担保物权模式？第二，债券

---

① 李霞、徐梦云、侍获：《债券受托管理人制度的英美法实践》，载《清华金融评论》2018年第12期。

② 江苏省金湖县人民法院（2015）金商初字第00350号民事判决书。

③ 江苏省苏州市中级人民法院（2017）苏05民终3473号民事判决书。

④ 如北京市高级人民法院（2019）京民终215号民事判决书；重庆市第五中级人民法院（2016）渝05民初29号民事判决书；江苏省金湖县人民法院（2015）金商初字第00350号民事判决书；等等。

受托管理人可以主张行使担保物权的理由为何？第三，债券持有人是否可以向法院主张行使并享有担保物权？第四，如何理解并协调前述《债券会议纪要》与《担保制度司法解释》的规定？本节拟结合上述规定以及相关理论与实践，就附担保公司债券中担保物权的法律构造进行探讨。

二、日本与我国台湾地区附担保公司债券中的担保物权构造

对于附担保公司债券中的担保物权，从结果上看，这样的担保物权构造实现了债权人与担保人的分离，突破了传统担保物权法理。换言之，债券持有人为发行人的债权人，但是其在形式上并不是担保物权人，因为担保物权并不登记于其名下；而债券受托管理人虽然形式上是担保物权人，但是其在实质上并不是债权人。因此，只有在理论上妥当地解释此种债权与担保物权的“分离”，才能进一步明确担保物权的享有主体。为了更为准确地把握附担保公司债券中担保物权的理论构造，本节首先阐述日本和我国台湾地区附担保公司债券的模式与理论构造，以期对分析我国附担保公司债券担保构造提供借鉴。

（一）日本附担保公司债券信托模式

“日本在战后相当长的一段时间里，公司发行的公司债都是附带物上担保公司债。”[①] 中日甲午战争以及 1904 年至 1905 年的日俄战争之后，为了筹集战后重建资金，特别是重工业重建资金，急迫地需要从外国取得投资，因此要发行附担保的公司债，日本参照英国的做法于 1905 年制定了《附担保的公司债法》；[②]1993 年日本《商法》修正公司债制度，关于公司债受托人制度正是重点所在；[③] 之后，作为特别法的《附担保公司债信托法》也经历了多次修改，其最近一次修订在 2008 年，经过多次修改，《附担保公司债信托法》

---

① ［日］神田秀树：《公司法的精神》，朱大明译，法律出版社 2016 年版，第 149 页。

② 赵廉慧：《日本信托法修改及其信托观念的发展》，载《北方法学》2009 年第 4 期。

③ 参见廖大颖：《公司制度与企业金融之法理》，元照出版公司 2003 年版，第 289-290 页。

与之前版本相比，其条文大量精简，由1979年的120条变为70条。[①]

在日本民法中，“所谓的抵押权是指对自己的债权享有优先受偿的权利，一般认为不能承认债权人以外之人享有抵押权。《附担保公司债信托法》是例外规定，没有明文规定的场合，不能承认这种设立方式。但是，除发行公司债以外的情形，同样，受托人保有、管理担保权，债权人为受益人之制度的必要性被提倡。这就是所谓的担保权信托”[②]。但是《附担保公司债信托法》只是特别法的规定，是否能够适用于其他场合债权与担保物权分离的场合，存有疑义。日本有学者试图从信托法的定义中解释出担保权信托，认为担保物权可以从债权中分离出来进行信托；但是学者也指出，在日本旧信托法下，对于是否可以承认将担保物权从被担保债权中分离出来进行信托，是不明确的。日本旧信托法对于第1条关于信托的定义，称“财产权转让和其他处理行为令他人……进行财产管理和处理”，从委托人到受托人的担保权的设定性移转是否算作“其他处理行为”。[③]

故日本在2006年修订《信托法》时，明确规定了以担保权作为信托财产的信托等信托类型。[④]《日本信托法》第3条第1项和第2项增加“设定担保”，[⑤]使得债权与担保物权分离的情形得到信托法的承认，使得债权与担保物权分离的情形可以广泛适用于除公司债之外的其他场合。故有观点指出，“附担保公司债信托法已是一部功成身退的法律”。[⑥]

① 参见余宁：《附担保公司债信托研究——以公司债债权人利益保护为核心》，中国政法大学2010年硕士学位论文。

② ［日］道垣内弘人：《信托法入门》，姜雪莲译，中国法制出版社2014年版，第38页。

③ ［日］参见新井诚：《信托法》，刘华译，中国政法大学出版社2017年版，第123页。

④ 文杰：《信托法专题研究》，中国社会科学出版社2012年版，第32页。

⑤ 该条第3条第1项和第2项规定：“信托可依下列方式设立：（一）与特定的人达成协议（下文称信托协议），向其转让财产，授予财产担保权或者为其他处分，由其按照确定的目的管理、处分该财产，并实施为实现该目的所必要的行为；（二）订立一份遗嘱，将财产转移给特定的人，授予财产担保权或者为其他处分，由其按照确定的目的管理、处分该财产，并实施为实现该目的所必要的行为。”参见何宝玉：《信托法原理研究》，中国法制出版社2015年版，第558页。

⑥ 参见［日］三菱日联信托银行编著：《信托法务与实务》，张军建译，中国财政经济出版社2010年版，第28页。

在日本的担保权信托，存在直接设定方式（Direct Creation Method）以及“二阶段设定方式”（Two-Step Creation Method）。“直接设定方式是指债务人为委托人，在设立信托时，以受托人为担保权人设立担保权之设定方式，与之相对的，二阶段设定方式是指，首先在债务人与债权人之间设立担保权，以债权人为委托人，将担保权移转给受托人的方式设立信托，以委托人之债权人为受益人之设定方式。”[①]

简言之，债权与担保物权的分离，在日本法上最初起源于附担保公司债券，借助信托原理解释，并制定特别法；后修改《信托法》将“设定担保”纳入信托的定义之中，使债权与担保物权的分离获得一般法上的认可。

（二）我国台湾地区附担保公司债信托模式

我国台湾地区所谓“公司法”（2015年修订）第五章第七节系关于公司债的规定，其中第256条对于附担保公司债信托作出了明确规定，“公司为发行公司债所设定之抵押权或质权，得由受托人为债权人取得，并得于公司债发行前先行设定。受托人对于前项之抵押权或质权或其担保品，应负责实行或保管之”。即公司债之物上担保，得由受托人为公司债债权人取得，且此一物上担保得于公司债发行前先行设定，故其担保权人为受托人，而非公司债债权人。惟受托人虽取得担保权，却为公司债债权人而取得，故真正受益人乃系公司债债权人。[②]其方式系以公司债发行公司为委托人，以信托公司为受托人，以公司债债权人为受益人，为将来所有公司债债权人享受共同担保利益之目的，由公司债发行公司与信托公司之间缔结信托契约，在发行公司自己之一定财产上，以受托人为担保权人，设定担保权。有学者指出，附担保公司债信托在信托成立、信托财产、受托人资格、受益人、信托类型等方面存在不同。[③]

---

① 参见[日]道垣内弘人：《日本法中的担保权信托》，载董学立主编：《担保法理论与实践》（第三辑），中国法制出版社2018年版，第17页。

② 王文宇：《公司法论》，元照出版公司2008年版，第427页；柯芳芝：《公司法论》（修订八版）（下），三民书局股份有限公司2009年版，第424页。

③ 参见杨崇森：《信托业务与应用》，三民书局股份有限公司2010年版，第50-53页。

目前我国台湾地区利用信托理论解释债权与担保物权的分离，仅限于附担保公司债，系一种特别法上的制度，而无法扩展到其他领域。我国台湾地区所谓“信托法”第 1 条规定，“称信托者，谓委托人将财产权移转或为其他处分，使受托人依信托本旨，为受益人之利益或为特定之目的，管理或处分信托财产之关系”。有观点指出，所称“将财产权移转”，是指委托人将其财产权主体变更为受托人名义；所称“为其他处分”，是指委托人于其财产权上设定地上权、抵押权、质权等他项权利，使受托人成为权利人。[①] 似乎系通过解释的方式使信托的定义包含担保权信托这一类型。我国台湾地区学者呼吁规定担保权信托。例如，关于我国台湾地区信托业商业同业公会 2008 年 8 月提出由学者专家所研拟之“信托法修正建议草案”中，即参考英美金融实务之 SECURITY TRUST 制度，引进担保信托，于委托人将财产权移转或为其他处分之外，增订设定担保物权亦可成立信托。该修正建议草案第 1 条谓：“称信托者，谓委托人将财产权移转、设定担保物权或为其他处分，使受托人依信托本旨，为受益人之利益或为特定之目的，就信托财产为管理、处分或其他必要行为之关系。”[②]

（三）小结

由上述相关规定与理论阐述来看，在附担保公司债担保物权的构造上，系以信托作为法理基础，在《日本信托法》中，在信托的定义中更是明定了通过信托“设定担保”。

三、担保权信托：我国附担保公司债券的理论构造

在我国，对于前述证监会关于附担保公司债担保权设定的相应规则设计，有观点认为，《公司债券管理办法》“借鉴了境外的附担保公司债信托制

① 信托法制编撰委员会：《信托法制》（增修订三版），优彩股份有限公司 2005 年版，第 23 页。

② 李智仁、张大为：《信托法制案例研习》，元照出版公司 2010 年版，第 255 页。

度，试图引入信托关系来解决债券担保成立的难题”[①]。但是，也有观点指出，中国证监会制定《公司债券管理办法》《上市公司股东发行可交换公司债券试行规定》（中国证券监督管理委员会〔2008〕41号）等并没有采用日本、我国台湾地区的附担保公司债信托模式，因为这种模式与我国现行物权制度相抵触，故而采用了信托让与担保的模式。所谓信托让与担保是指债务人为担保债权，在担保期间，将担保标的物的所有权信托移转给债权人或受托人，而使债权人或受托人在担保目的范围内取得担保标的物的所有权。在这一模式中，发行人发行债券，与债券受托管理人签订信托合同，设定信托，以发行人（债务人）为委托人、债券受托管理人为受托人、债券持有人（债权人）为受益人，以其持有的预备交换的股票为信托财产，以担保为信托目的。[②]

结合前述附担保公司债券信托模式，本书并不赞同附担保公司债券采用的是或者应该采用“信托让与担保”，并认为附担保公司债券信托结构在我国法中并无理论障碍，附担保公司债券中的担保物权，在理论构造上就应是担保权信托，理由如下。

第一，所谓信托让与担保只是借信托解释让与担保的概念。

事实上，所谓信托让与担保也在我国台湾地区出现。让与担保在我国台湾地区最初在有效性上存在疑义，故我国台湾地区学者“将让与担保披上信托之外壳，内含担保之血肉，令其如此模样侧身于非典型担保之列”。[③]故此种观念是以信托之概念来为让与担保的有效性进行辩护。尽管让与担保与信托在移转标的物所有权上存在相同之处，但是让与担保并非担保权信托，让与担保与信托存在诸多不同，其中的重要一点是，于让与担保之情形，债权人得为保全自己的债权而行使担保权。信托与此最大的不同在于受托人必须完全为受益人的利益而行使权限。在让与担保逐渐采担保权构造以及我国台湾地区“信托法”制定后，学者已经明确指出，“在信托法制定后，实不宜

---

① 陈赤：《附信托私募企业债初探——信托业务创新的一个设想》，载《西南金融》2014年第4期。

② 何艳春：《可交换公司债券担保法律分析》，载《证券市场导报》2009年第8期。

③ 陈荣隆：《让与担保之借壳信托契约》，载《月旦法学杂志》1997年第27期。

再以信托之概念解释让与担保”[①]。“不应再假信托担保之形骸，致让与担保问题之解决治丝益棼。”[②]“让与担保在理论上应非信托法上所承认之信托，且其与担保信托不同者，在于担保物之归属主体有所不同，自然也形成框架与效力上之差异。”[③]同样，在我国就让与担保，采担保权构造已经成为有力之说的情况下，[④]在让与担保概念和构造以及信托的概念已经逐渐厘清的我国，使用信托让与担保解释担保权信托实为错误。

第二，信托让与担保的解释并不符合交易现状。

理论解释需要基于现实。在公司债券设定担保的实践中，并没有让与担保的真实存在。如《最高人民法院关于〈国土资源部办公厅关于征求为公司债券持有人办理国有土地使用权抵押登记意见函〉的答复》(〔2010〕民二他字第16号）中指出，“在法律没有禁止性规定以及当事人之间没有禁止代为办理抵押登记约定的情形下，应认定公司债券受托管理人可代理全体公司债券持有人申请办理土地抵押登记”[⑤]。为了消除登记机构为债券受托管理人办理抵押登记的顾虑，最高人民法院在上述答复中要求登记机构为债券受托管理人办理抵押权登记。这里的登记是抵押登记即他物权登记，而不是所有权变更登记。因而，让与担保的解释并不合理，亦与交易实践不符。

第三，对信托的定义不应狭隘理解。

在附担保公司债信托的典型模式中，担保权信托中的信托财产是担保物权，“由发行公司与公司债受托人之间设定的信托契约，即以该物上担保之抵押权或质权等为信托财产”[⑥]；而2015年《公司债券发行与交易管理办法》关于附担保公司债信托的构造中，明确指出“信托财产是担保财产”，第50

---

① 王志诚：《信托之基本法理》，元照出版有限公司2005年版，第56页。

② 陈荣隆：《让与担保之借壳信托契约》，载《月旦法学杂志》1997年第27期。

③ 李智仁、张大为：《信托法制案例研习》，元照法律出版社2010年版，第247页。

④ 就让与担保的详细分析可参见高圣平：《动产让与担保的立法论》，载《中外法学》2017年第5期。

⑤ 参见最高人民法院民事审判第二庭：《金融案件审判指导》，法律出版社2015年版，第229-230页。

⑥ 廖大颖：《公司债法理之研究——论公司债制度之基础思维与调整》，正典出版文化有限公司2003年版，第220页。

条规定，“发行人为债券设定担保的，债券受托管理协议可以约定担保财产为信托财产，债券受托管理人应在债券发行前或债券募集说明书约定的时间内取得担保的权利证明或其他有关文件，并在担保期间妥善保管”。之所以采这样的观点，系对委托人（发行人）能否拥有物上担保权的疑问，即“委托人就担保标的物享有所有权，但并不享有质权，无从将质权作为信托财产委托给受托人”。[①] 本书认为，对设立信托的理解并不能过于狭隘。设立信托本质上是财产处分行为，委托人将自己财产中的担保权益处分给受托人，属于设立担保物权，同时也是信托行为，“虽然可以说信托财产为担保物权，但是设立信托行为并非转让担保物权的行为。不仅把真金白银和不动产转移给受托人的行为构成设立信托的处分行为，把自己的财产上设立担保，或者把担保利益转移给受托人的行为也是设立信托的处分行为，此理解并无理论和实践的障碍。把‘担保利益转让行为’理解为‘担保物权转让行为’既不准确，亦徒增无限烦恼”[②]。这也是为何前述日本和我国台湾地区，在信托法并未明文规定信托设定担保之时，学者在理论上对“处分”进行扩大解释。在2021年修订的《公司债券管理办法》第59条已经对原来的第50条作出修改，规定“发行人为债券设定担保的，债券受托管理人应在债券发行前或债券募集说明书约定的时间内取得担保的权利证明或其他有关文件，并在增信措施有效期内妥善保管”，不再表述担保财产为信托财产。

第四，对于担保物权设立方式的理解也不应机械化。

的确，附担保公司债券信托结构中，担保物权的设立不同于我国现行物权法中的物权变动模式。以不动产抵押权的设立为例，《不动产登记暂行条例实施细则》（2019年修正）第66条第1款规定：“自然人、法人或者其他组织为保障其债权的实现，依法以不动产设定抵押的，可以由当事人持不动产权属证书、抵押合同与主债权合同等必要材料，共同申请办理抵押登记。”即不动产抵押权的设立需要“抵押合同（主合同）+抵押权登记”；而依照前

---

① 何艳春：《可交换公司债券担保法律分析》，载《证券市场导报》2009年第8期。

② 赵廉慧：《信托法问答（4）：附担保公司债信托的信托财产问题》，载新浪微博，http://blog.sina.com.cn/s/blog_4c9062ff0102v4lj.html。

述附担保公司债券信托的结构，设立不动产抵押权则为“信托合同（债券募集说明文件或债券受托管理协议）+抵押权登记”。也即，实际上信托合同（债券募集说明文件或债券受托管理协议）具有与不动产抵押合同（主合同）一样的创设担保物权的功能，这与目前物权法中关于不动产担保物权设定方式不同。

对于此种担保物权设立方式，有学者担心登记机关能否接受信托合同作为登记依据。[①] 此种担心不无道理，也正基于此，才有前述最高人民法院对登记机构的〔2010〕民二他字第16号复函。但是，目前的登记和交易现实表明，这样的“异常”担保物权设立模式至少在附担保公司债券的发行中并没有遇到太多障碍。一方面，在不动产抵押登记方面，尽管一些不动产登记机构不接受债券受托管理人作为不动产抵质押权人，[②] 但是最高人民法院的前述复函起到了一定作用；另一方面，在证券交易所上市交易的公司债券中，以上市公司股票作为担保物的为多数，依照原《物权法》第226条“以基金份额、证券登记结算机构登记的股权出质的，质权自证券登记结算机构办理出质登记时设立”的规定，[③] 这些股权质押由属于证监会内部系统的中国证券登记结算有限公司进行登记，可方便操作，在流程上无协调成本和沟通障碍。因此，在我国，登记实践实际已经接受了上述担保物权的方式。

综上，对于附担保公司债中的担保物权构造，实际上有不少观点均提出参照信托法律关系，但是往往只是蜻蜓点水，未深入论及，抑或存在信托让与担保这样对担保权信托的误解。附担保公司债券中债权与担保物权的分离应系采信托构造，即所谓担保权信托。为了不破坏我国现行法关于担保物权的体系结构，本书作者建议参照《日本信托法》的做法，在我国《信托法》的定义中，明定信托可设定担保，明确担保权信托，辅以信托登记的完善，在为附担保公司债券担保物权的设立提供制度基础的同时，也能够为其他债权与担保物权分离的交易结构提供制度保障和法律基础。

---

① 赵廉慧：《信托法解释论》，中国法制出版社2015年版，第9页。

② 刘晓琴：《论债券违约的法律救济机制——暨对〈公司债券发行与交易管理办法〉的评述》，载《浙江金融》2015年第9期。

③《民法典》已经将该条中的登记机构删除。

四、附担保公司债券中担保物权的主体与实现

（一）信托法理下受托管理人为担保物权主体

在信托的法理下，债券持有人为信托法律关系中的受益人，债券受托管理人为信托法律关系的受托人。按照信托法的基本原理，一般而言，“如果受托人对信托的管理和运作是恰当的，在管理行为持续过程中，受益人（也是自益信托中的委托人）并没有权利干涉，而只能等待信托利益的给付。但如果受托人对信托财产进行了不当的管理和运作，没有及时给付信托利益，受益人可以采取措施，强迫受托人适当管理、及时给付”[①]。依照我国《信托法》第2条的规定，信托是指委托人基于对受托人的信任，将其财产权委托给受托人，由受托人按照委托人的意愿以自己的名义，为受益人的利益或者特定目的，进行管理和处分行为。由此，在附担保公司债券中，真正的担保物权享有主体应该是债券受托管理人，《债券会议纪要》第18条的规定当属正确，其在规定债券受托管理人有权主张担保物权的同时，也规定人民法院应当明确所得权益归属于债券持有人。

（二）债券持有人可否主张行使担保物权

值得注意的是，前述结论的前提应是债券受托管理人统一代表债券持有人主张担保物权，而在司法实践中，除了债券受托管理人代表债券持有人主张担保物权外，不少情形都是债券持有人自行主张权利。那么，此种情形下债券持有人是否享有担保物权？若认为否，则债券持有人只能等待债券受托管理人主张担保物权，或对债券持有人保护不力；若认为是，则与前述依据担保权信托所得结论有所不符。

本书认为，在债券持有人与债券受托管理人均可以主张权利的情形和现实下，在解释上可认定，债券持有人亦享有主张担保物权的权利并享有担保物权。这样的结论可从以下两个方面得以论证。

---

① 赵廉慧：《信托法解释论》，中国法制出版社2015年版，第405页。

第一，参照法定分离模式的结论。除附担保公司债券中这种意定的债权与担保物权的分离之外，事实上，在现行法中存在一种法定的“债权与担保物权相分离的模式”。详言之，在债权转让时，主债权转让，从权利一并转让。由此，在以登记为生效要件的不动产抵押权、权利质权中，当主债权转让时，担保物权仍然登记在原债权人（债权转让人）名下；在上述担保物权未办理变更登记时，债权受让人不是名义上的担保物权人，名义上的担保物权人又不是实质意义上的债权人。如此，在附担保的债权转让中，在一段时间内，实现了担保物权人与债权人的分离。在这种情形下，对于债权受让人是否同时享有担保物权，是否要求债权受让人必须办理变更登记之后才能享有相应的担保物权，理论与实践已达成共识，即便担保物权没有登记在债权受让人名下，债权受让人也仍然享有担保物权，只不过担保物权人无法通过担保物权实现程序即非讼程序实现担保物权而已。这一点，在《九民会议纪要》第62条、《民法典》合同编第547条中均予以明确。故法定的债权与担保物权的分离中，真实债权人可以享有担保物权。由此，基于对上述结论的参照，在意定分离时，债券持有人作为真实债权人也同样可享有担保物权。

第二，基于保证担保的相似结论。就公司债券的担保问题，最高人民法院在《关于沈阳市信托投资公司是否应当承担保证责任问题的答复》（法民二〔2001〕50号）中指出，“我国《担保法》所规定的保证，……‘保证人和债权人约定’系指双方均为特定人的一般情况。由于公司向社会公开发行债券时，认购人并不特定，不可能要求每一个认购人都与保证人签订书面保证合同，因此，不能机械地理解和套用《担保法》中关于‘保证’的定义。向社会公开发行债券时，债券发行人与代理发行人或第三人签订担保合同，该担保合同同样具有证明担保人之真实意思表示的作用。而认购人的认购行为即表明其已接受担保人作出的担保意思表示。你院请示中的第一种意见，即只要沈阳市信托投资公司的保证意思是自愿作出的，且其内容真实，该保证合同即应为有效，该公司应对其担保的兑付债券承担保证责任。”[①] 即债权

---

① 人民法院出版社法规编辑中心：《解读最高人民法院司法复函》（上），人民法院出版社2016年版，第428页。

与担保的分离系债券发行的特性，应予以尊重并认定有效。尽管此答复系关于保证担保，其道理也应适用于物的担保。

因此，《担保制度司法解释》第 4 条规定“债权人”亦可以主张行使担保物权有其道理。但也应注意的是，《债券会议纪要》特别强调充分发挥债券受托管理人以及债券持有人会议制度的作用，制度设计上也鼓励集体行权，明确提出“对于债券违约合同纠纷案件，应当以债券受托管理人或者债券持有人会议推选的代表人集中起诉为原则，以债券持有人个别起诉为补充”，依照《债券会议纪要》第 6 条，债券持有人的单独行权须以债券持有人会议的相关决议为前提，只有在符合债券持有人单独行权的条件时，债券持有人才可以单独主张担保物权。故本书作者认为，在解释上可认为《债券会议纪要》在债券方面的特殊规则构成《担保制度司法解释》第 4 条第 1 项中“债权人”主张担保物权的前提。

（三）担保物权顺位和优先受偿方面的特殊性

在普通的附担保的债权债务纠纷中，在债务人不履行到期债务或者发生当事人约定的实现担保物权的情形，担保物权人可以与担保人协议以担保财产折价或者以拍卖、变卖担保财产所得的价款优先受偿，法院也一般判决债权人在担保的债权范围内，可就担保财产折价或者拍卖、变卖担保所得的价款优先受偿。对于担保范围，依照《民法典》物权编第 389 条或者当事人的约定，往往包括主债权及其利息、违约金、损害赔偿金、保管担保财产和实现担保物权的费用，此并无疑义。

但是，在附担保公司债券中，当债券发行人违约，债券持有人向法院起诉请求就担保财产的变价款优先受偿时，法院是否也应当像前述普通的附担保债权债务纠纷的裁判方式一样，判决债券持有人在前述债权担保范围内优先受偿，或存在疑义。目前来看，司法实践中的多数裁判均采用此种方式，[①]

---

① 可参见北京市高级人民法院（2019）京民终 215 号民事判决书；安徽省合肥市中级人民法院（2018）皖 01 民初 767 号民事判决书；重庆市第五中级人民法院（2016）渝 05 民初 29 号民事判决书；江苏省金湖县人民法院（2015）金商初字第 00350 号民事判决书；等等。

并没有就附担保公司债券中担保物权实现问题进行特殊处理。

但是，本书作者认为，在附担保公司债券中，当债券持有人或者债券受托管理人主张享有并行使担保物权时，采用像普通的有担保债权债务纠纷一样的裁判方式，可能会产生以下问题：担保财产可能价值不高并存在贬值，同时随着发行人违约的时间累积，在担保范围内的债权（如债券利息、违约金）数额都在不断地累计增加，若此时法院生效裁判认定债券持有人或者债券受托管理人可以在其全部债权范围内就担保财产的变价款优先受偿，则将导致担保财产的剩余价值不足以清偿剩余以及潜在的债券持有人的债券本金和其他债权，这对未起诉的债券持有人是不公平的。在附担保公司债券模式下，原则上，各个债券持有人在担保物权的优先顺位上是同一的，并无优先顺位的先后之分，而采用像普通的附担保债权债务纠纷一样的裁判方式与执行模式，会导致“先诉先得”的情况发生，导致债券持有人之间不公平的法律后果。

故本书作者认为，为防止上述后果的发生，首先，应当明确，债券持有人对担保物权所享有的权益系同一顺位，无先后之分；其次，在裁判中，法院应判决债券持有人在担保范围内，按照债券持有比例，对担保财产拍卖、变卖所得价款优先受偿。即债券持有人的优先受偿范围受到“双重限制”，分别是担保债权范围限制和债券持有比例限制。日本和我国台湾地区的学者也均持此观点。如日本学者指出，“首先预定发行公司债的最高额，然后在此设定担保权，在达到最高额为止多次分割发行公司债，每次发行的公司债债权人对此担保保持同一顺位”[①]。即“全体公司债权人（受益人）依其债权金额平等享受担保利益”。[②]我国台湾地区学者也认为，“由于附担保公司债可分次发行，故发行在后的公司债债权人，不问发行公司债日期之先后，可享有同顺位之担保权，而与民法担保权先后顺序之理论大异其趣”。[③]故《债

① ［日］末永敏合：《现代日本公司法》，金洪玉译，人民法院出版社2000年版，第229页。

② ［日］三菱日联信托银行编：《信托法务与实务》，张军建译，中国财政经济出版社2010年版，第28页。

③ 杨崇森：《信托业务与应用》，三民书局股份有限公司2010年版，第55页。

券会议纪要》第18条规定“受托管理人仅代表部分债券持有人提起诉讼的，人民法院还应当根据其所代表的债券持有人份额占当期发行债券的比例明确其相应的份额”当属正确。在《债券会议纪要》颁布之后，裁判实践也多以此进行判决，如在“安徽某天投资集团有限公司（以下简称某天公司）与某信永丰基金管理有限公司（以下简称某信公司）公司债券交易纠纷上诉案”中，法院指出：“涉案质押股票的登记质权人虽然是某城证券股份有限公司，但某城证券股份有限公司仅是以受托管理人的身份接受全体债券持有人的委托并代表全体债券持有人签署《股票质押合同》，而质押股票的实质权利归属于全体债券持有人。某信公司作为涉案公司债券的持有人之一，依法享有债券持有人应当享有的权利，对涉案质押股票享有质权；但同时，某信公司主张的‘16配投02债券’项下质押股票大富科技8180万股，系‘16配投02债券’项下所有债券持有人共同享有的质权，并非某信公司独自享有，因此，某信公司对该质权的行使应当受到一定的限制。根据《发行结果公告》公布的涉案公司债券的实际募集资金8.14亿元来看，某信公司所购8000万元债券所占比例为9.828%，故某信公司对某天公司质押在‘16配投02债券’项下的大富科技股票8180万股中的8039304股享有质权，并就质押财产折价、拍卖或变卖所得价款应享有优先受偿权。”①

第三节

债券纠纷中的公司担保

公司对外担保尤其是涉及《公司法》第16条的相关问题一直是司法实践的热点、难点问题，在债券纠纷中亦不例外，债券纠纷司法实践中，涉及

① 广东省高级人民法院（2020）粤民终1026号民事判决书。

最多的担保问题当属公司对外担保的相关问题。最高人民法院在《九民会议纪要》中就公司担保相关争议问题作出规定之后，于《担保制度司法解释》中对公司担保又作出了全新的规定，本部分拟结合《担保制度司法解释》的相关规定与债券纠纷中涉及的相关公司担保问题进行阐述。

一、公司担保的裁判思路

既往的理论与实践中，对于公司对外担保的效力，也就是公司法定代表人未经决议程序对外提供担保时，担保合同效力如何公司是否承担责任等，存在较大的分歧。曾经的一种思路是“规范性质论”，即《公司法》第16条属于效力性强制规定或者管理性强制规定，在债券纠纷中，这种裁判思路也有所体现，如在“安徽省某担保集团有限公司与安徽省某文新能源有限公司等追偿权纠纷案”中，法院即认为：“《公司法》第16条第1款规定属于非效力性强制规定，调整的是公司内部关系，有关公司内部决议程序，不得约束善意第三人，且本案并无证据证明该担保合同是双方恶意串通而订立的”。[①]

但是，这种路径备受批评，如原《合同法》第52条第5项中的“法律、行政法规的强制性规定”指的是以维护社会公共利益为目的的强制性规定，《公司法》第16条关于公司为他人担保之规定并非以维护社会公共利益为目的，《公司法》第16条与原《合同法》第52条第5项无关。试图运用“效力性强制规定”与“管理性强制规定”的概念区分回答公司为他人担保行为的效力问题注定不能获得令人满意的结论，一如将其用于回答限制行为能力人未经法定代理人同意实施法律行为的效力问题。[②]还有观点指出，“规范性质论”的论证在逻辑上就存在问题，其本质上是循环论证。[③]

之后，有力的学说认为，对《公司法》第16条的违反，形成私法上的越权代表。《民法典》第61条规定，“依照法律或者法人章程的规定，代表

---

① 安徽省合肥市中级人民法院（2017）皖01民初300号民事判决书。

② 杨代雄：《公司为他人担保的效力》，载《吉林大学社会科学学报》2018年第1期。

③ 高圣平：《公司担保相关法律问题研究》，载《中国法学》2013年第2期。

法人从事民事活动的负责人，为法人的法定代表人。法定代表人以法人名义从事的民事活动，其法律后果由法人承受。法人章程或者法人权力机构对法定代表人代表权的限制，不得对抗善意相对人”。《民法典》第504条规定，“法人的法定代表人或者非法人组织的负责人超越权限订立的合同，除相对人知道或者应当知道其超越权限外，该代表行为有效，订立的合同对法人或者非法人组织发生效力”。也就是说，对《公司法》第16条系从“权限规范”“效果归属规范”的角度去理解。

这种观点得到了《九民会议纪要》第17条的印证，该条指出，“违反《公司法》第16条构成越权代表”，“法定代表人未经授权擅自为他人提供担保的，构成越权代表，人民法院应当根据《合同法》第50条关于法定代表人越权代表的规定，区分订立合同时债权人是否善意分别认定合同效力：债权人善意的，合同有效；反之，合同无效”。《担保制度司法解释》第7条也予以延续，“公司的法定代表人违反公司法关于公司对外担保决议程序的规定，超越权限代表公司与相对人订立担保合同，人民法院应当依照民法典第六十一条和第五百零四条等规定处理”。

二、相对人的审查义务

（一）相对人具有合理审查义务

在越权代表的思路下，公司越权对外担保是否有效、是否能够对公司发生效力，主要看相对人是否善意，或者说相对人是否尽到了相应的审查义务。《担保制度司法解释》第7条第1款规定，相对人善意的，担保合同对公司发生效力；相对人请求公司承担担保责任的，人民法院应予支持。相对人非善意的，担保合同对公司不发生效力；相对人请求公司承担赔偿责任的，参照适用本解释第17条的有关规定。

就所谓“善意”的含义，《九民会议纪要》第18条规定，“是指债权人不知道或者不应当知道法定代表人超越权限订立担保合同”；“债权人对公司机关决议内容的审查一般限于形式审查，只要求尽到必要的注意义务即可，标准不宜太过严苛”。《担保制度司法解释》第7条第3款则规定，“第一款所称善意，是指相对人在订立担保合同时不知道且不应当知道法定代表人超越权限。相对人有证据证明已对公司决议进行了合理审查，人民法院应当认定其构成善意，但是公司有证据证明相对人知道或者应当知道决议系伪造、变造的除外”。

可以看到，《担保制度司法解释》第7条较《九民会议纪要》第18条，在相对人审查义务方面有所变化，由“形式审查”变为“合理审查”。尽管如此，《九民会议纪要》第18条关于相对人审查范围的规定仍然应具有参考意义，该条明确，法定代表人伪造或者变造决议、决议程序违法、决议中签章（名）不实、担保金额超过法定限额等，不属于形式审查的内容。

相应地，虽然相对人无须审查股东签章的真实性，但是相对人应当审查公司决议上是否有股东的签章，在“某大证券股份有限公司（以下简称某大证券）与大连某玛商城企业集团有限公司（以下简称某玛商城）等公司债券交易纠纷案”中，法院指出：“大连某寰虽然出具了《担保函》，但其股东会决议上仅加盖了股东某玛商城的印章，另一名股东王某刚并未签名或盖章，由于某玛商城系被担保的债务人，而大连某寰的股东会决议仅有某玛商城的盖章，而对此某大证券只要尽到必要的注意义务就能发现却未发现，存在过错，不属于善意相对人，故大连某寰提供的《担保函》无效。”①

（二）章程是否属于审查内容

有疑问的是，相对人是否应当审查章程，《担保制度司法解释》的释义明确指出，形式审查与合理审查的重要区别在于是否审查章程，因此章程应属于审查范围之内。②本书作者认为，由于相对人需要审查是否存在公司担保的决议，而决议机关在章程中有所规定，因此原则上相对人应当审查章程。但是，此一问题在上市公司对外担保中则存在疑问。

一种观点认为，相对人接受上市公司担保不需要审查章程，依据《担

① 上海市高级人民法院（2019）沪民初33号民事判决书。

② 最高人民法院民事审判第二庭:《最高人民法院民法典担保制度司法解释理解与适用》，人民法院出版社2021年版，第136页。

保制度司法解释》第9条可知，相对人接受上市公司提供的担保必须要审查上市公司是否进行了对外公告，“上市公司对外担保，不仅须依据《公司法》第16条由董事会或股东大会决议，而且还要对决议公开披露，但如果债权人仅仅是根据披露的信息与上市公司签订担保合同，人民法院也认定担保有效，上市公司应承担担保责任”[①]。既然公告属于最重要的事项，如果还要求相对人审查章程，属于“多此一举”；而且当事人基于对上市公司公告的信赖是值得保护的。但是，也有观点认为，章程仍然属于必要的审查内容，一方面，决议的效力可分为主体适格与内容适格，虽然公告表明了内容适格，但是作出决议的主体是否适格还是要看章程；另一方面，2005年11月，中国证监会、原中国银监会共同颁布的《关于规范上市公司对外担保行为的通知》（证监发〔2005〕120号）第1条明确指出，上市公司在办理贷款担保业务时，应向银行业金融机构提交《公司章程》、有关该担保事项董事会决议或股东大会决议原件、刊登该担保事项信息的指定报刊等材料。因此章程是必须进行审查的内容。

（三）公司对外担保决议机关的缺省

此外，在实践中，有一些公司的章程中并没有明确规定，公司对外担保应由股东会还是董事会决议，有观点认为此时意味着公司对外担保无须决议，如在“抚顺某石油公司与某海信托公司、某益实业集团有限公司、宋某铭、某源公司债券交易纠纷上诉案”中，某海信托公司认为，担保合同系由抚顺某石油公司的法定代表人出面加盖公章，应属有效，某海信托公司在签约时曾进行过审查，鉴于该公司的章程并未明确规定对外担保的决策要求，因此其认为在对外担保问题上抚顺某石油公司的法定代表人即可代表公司，无须股东会或董事会决议。[②]

那么公司章程未就公司对外担保决策机构作出明确规定时，是否还需要

---

① 最高人民法院:《民法典担保制度司法解释系列解读之二:“关于一般规定”部分重点条文解读》。

② 上海市高级人民法院（2020）沪民终402号民事判决书。

担保决议，如需要，由何种机构来决策？对此，理论与实践存在不同观点。

第一种观点认为，由股东（大）会作为公司担保决策机构。该观点认为，章程不作授权或者未规定担保决策机构，一律推定由股东会决策，即公司所有者阶层决策。[①] 因为既然公司章程未作规定，即可认为股东未通过公司章程授权董事会对公司担保问题作出决策，董事会自无公司担保决策权。[②] 公司担保事项并非公司经营事项，非属董事会职权的当然范围。董事会所谓经营决策权仅仅是股东会"经营方针"的具体落实，由此可见，由于公司担保行为并非公司经营事项，董事会未经股东（大）会授权，自无决定权。在股东（大）会中心主义和董事会中心主义之争下，我国基本上采取股东（大）会中心主义。公司章程未对争议决策事项作出明确划分的，应按照股权主权思想，将该事项解释为股东（大）会的决策事项。[③] 公司对外担保属于特殊的经营行为，担保行为创设的债务对公司及其股东蕴含着巨大风险。担保债权人索要股东会或者股东大会的决议有助于尊重广大股东的知情权与决定权，符合《公司法》第 16 条的立法目的和价值取向。[④]

第二种观点认为，董事会有权作出决议。理由在于，其一，在公司章程规定缺位时，要求必须由股东会来决议对外担保，不仅成本高昂，而且也不利于适应市场经济瞬息万变的复杂情势。对许多公司而言，因股东人数众多，召集程序较为复杂，股东会或股东大会的召开并非易事。由股东会作出对外担保的决议，虽然有助于控制公司担保的风险，但势必降低市场交易的效率，不利于公司融资或其他业务的顺利、便捷开展。其二，从比较法的角度来看，

---

① 参见曹士兵：《公司法修订前后关于公司担保规定的解读》，载《人民司法》2008 年第 1 期。

② 罗培新：《公司担保法律规则的价值冲突和司法考量》，载《中外法学》2012 年第 6 期。最高人民法院公司法司法解释小组：《最高人民法院关于适用〈中华人民共和国公司法〉若干问题的规定（三）研讨会综述》，载最高人民法院民事审判第二庭编：《民商事审判指导》2008 年第 4 辑，人民法院出版社 2009 年版，第 14 页。

③ 高圣平：《公司担保相关法律问题研究》，载《中国法学》2013 年第 2 期；华德波：《论〈公司法〉第 16 条的理解与适用》，载《法律适用》2011 年第 3 期。

④ 华德波：《论〈公司法〉第 16 条的理解与适用》，载《法律适用》2011 年第 3 期。

许多国家（地区）公司法均允许董事会就公司对外担保作出决议。[①]其三，虽然我国公司法暂时未彻底采行董事会中心主义的立法态度，但是，从长远看，股东会中心主义的权利配置应该让位于董事会中心主义。[②]如果有的公司章程原文照抄《公司法》第16条，此时，对外借款和担保的决定权应当属于董事会。这是因为从有利于促进交易、有利于对合同相对人利益保护的角度出发，只要满足公司法的最低要求即可，应当认为只需经过董事会决议就可以认为已经符合要求。[③]

第三种观点认为，由股东（大）会或董事会作为公司担保决策机构均可。即章程没有明确规定决议机构权限的，股东会和董事会作出的决议都是可以接受的有效文件。[④]《公司法》第16条规定了担保权人的最低注意义务，只要担保权人在接受担保时审查了担保人的公司决议即可，无论该决策是由股东（大）会作出的还是由董事会作出的，担保权人均已尽注意义务。[⑤]董事会至少也是有权为担保意思的“备选机关”，立法解释应该立足于提供最低限度、最便捷的解决方案，也符合一般人阅读该条款的理解预期。[⑥]公司章程未规定担保决议机构与决议程序是公司内部的治理机制不完善，这种不完善本身具有道德上的可谴责性与法律上的可归责性，造成的成本与风险不应当由外部人即合同相对人来承担，否则不利于交易的开展与相对人利益的保护。[⑦]

本书认为，由股东（大）会或董事会作为公司担保决策机构均可，这符合合理审查义务的内涵，在前述“抚顺某石油公司与某海信托公司、某益实

---

① 详见冉克平：《论公司对外担保合同的效力——兼评〈公司法〉第149条第3款》，载《北方法学》2014年第2期。

② 冉克平：《论公司对外担保合同的效力——兼评〈公司法〉第149条第3款》，载《北方法学》2014年第2期。

③ 梁上上：《公司担保合同的相对人审查义务》，载《法学》2013年第3期。

④ 甘培忠：《企业与公司法学》，北京大学出版社2007年版，第245页。

⑤ 参见最高人民法院公司法司法解释小组：《最高人民法院关于适用〈中华人民共和国公司法〉若干问题的规定（三）研讨会综述》，载最高人民法院民事审判第二庭编：《民商事审判指导》2008年第4辑，人民法院出版社2009年版，第14页。

⑥ 李建伟：《公司非关联性商事担保的规范适用分析》，载《当代法学》2013年第3期。

⑦ 梁上上：《公司担保合同的相对人审查义务》，载《法学》2013年第3期。

业集团有限公司、宋某铭、某源公司债券交易纠纷上诉案”中，虽然法院未明确审查机构，但是法院明确指出，“本案并无证据显示抚顺某石油公司的决策机关曾就系争担保事宜作出决议，原法定代表人王某洋出面签订《担保合同》系属未经授权擅自为他人提供担保，构成越权代表，债权人某海信托公司无法证明其在订立《担保合同》时对抚顺某石油公司的董事会决议或者股东（大）会决议进行了审查，故无法认定其构成善意”。[①]

（四）公司对外担保的决议豁免情形

考虑到目前我国公司治理的现状，很多公司对外担保均没有决议，因此，《九民会议纪要》第19条规定了四种无须机关决议的例外情况，分别是公司是以为他人提供担保为主营业务的担保公司，或者是开展保函业务的银行或者非银行金融机构；公司为其直接或者间接控制的公司开展经营活动向债权人提供担保；公司与主债务人之间存在相互担保等商业合作关系；担保合同系由单独或者共同持有公司三分之二以上有表决权的股东签字同意。在债券纠纷中，即有法院依据上述例外裁判公司担保无须决议，如在“某时代证券公司与某弘控股公司、某弘卓业集团有限公司、某弘卓业公司、王某红公司债券回购合同纠纷案”中，法院即指出：“某弘卓业公司是持有某弘控股公司26.55%股份的第一大股东，其亦是持有某弘控股公司流通A股48.33%的第一控股大股东；王某红持有某弘卓业公司100%股份，王某红亦与某时代证券公司签订了《保证合同》。本院据此认定某弘卓业公司为某弘控股公司提供担保，符合上述相关规定中有关公司为其直接或间接控制的公司开展经营活动向债权人提供担保的情形，系某弘卓业公司的真实意思表示，且不存在损害某弘卓业公司中小股东利益的问题。故某弘卓业公司与某时代证券公司签订的《保证合同》合法有效。”[②]

但是《九民会议纪要》的上述例外并非都妥当，比如“公司与主债务人之间存在相互担保等商业合作关系”的情形，本意是表明此时的公司担保非

① 上海市高级人民法院（2020）沪民终402号民事判决书。
② 北京市高级人民法院（2018）京民初246号民事判决书。

无偿行为，而是有对价的商业行为，但是此条件过于宽泛，容易产生“负负得正”、两个不合规行为放在一起却合规的观感。因此，针对《九民会议纪要》上述例外情形，《担保制度司法解释》第8条作出一些调整，删除了“公司与主债务人之间存在相互担保等商业合作关系”的情形，将“公司为其直接或者间接控制的公司开展经营活动向债权人提供担保”改变为公司为其全资子公司提供担保；同时明确了上市公司对外担保不适用上述例外规定。

三、未经决议对外担保时的公司责任

公司对外担保未经决议，相对人未尽审查义务，此时应如何分配或者处理各方当事人之间的责任，根据《担保制度司法解释》第7条规定，相对人善意的，可以请求公司承担责任；相对人非善意的，担保合同对公司不发生效力，相对人请求公司承担赔偿责任的，参照适用该司法解释第17条的有关规定。即此时是按照《担保制度司法解释》第17条规定进行处理，在债券纠纷中，绝大多数案件也均是遵循此种思路。

但是，这并非没有争议。有观点指出，相对人未尽到合理的审查义务不构成表见代表，公司亦不追认公司法定代表人的越权担保行为时，担保协议“对公司不生效力”，在担保合同的效果不归属于公司的情况下，应参照无权代理的规则处理，无权代理规则解决的是代理人所订立合同的法律后果是否归属于本人，在《民法典》第171条第4款之下，本人并未追认无权代理行为，自不必承受相应法律行为的后果，亦无损害赔偿责任可言，相应损失应在代理人和相对人之间基于过错进行分担。越权代表准用这一规则之时亦应做相同解释，《担保法解释》第7条（对应《担保制度司法解释》第7条）即无适用余地。[①]

最终《担保制度司法解释》并未采纳此观点，一方面是基于越权代表与无权代理之间存在差异。[②] 但是尽管如此，《担保制度司法解释》还是规

---

① 高圣平:《公司担保中相对人的审查义务——基于最高人民法院裁判分歧的分析和展开》，载《政法论坛》2017年第5期。

② 详见最高人民法院民事审判第二庭:《最高人民法院民法典担保制度司法解释理解与适用》，人民法院出版社2021年版，第136–138页。

定了一种例外情形，即第 9 条第 2 款规定，“相对人未根据上市公司公开披露的关于担保事项已经董事会或者股东大会决议通过的信息，与上市公司订立担保合同，上市公司主张担保合同对其不发生效力，且不承担担保责任或者赔偿责任的，人民法院应予支持”。此时担保不对公司发生效力，上市公司不承担任何责任。需要注意的是，此规则仅应适用于 2021 年 1 月 1 日后发生的担保行为，不应赋予其溯及既往的效力，虽然第 9 条制定的依据是《公司法》第 16 条，且《公司法》并未修改或者废止，但由于《公司法》第 16 条并无关于上市公司提供担保的特别规定，因此《担保制度司法解释》关于上市公司对外提供担保的规定属广义的法律解释，不应赋予其溯及既往的效力。①

四、特殊类型公司担保

（一）关联担保

依据《公司法》第 16 条，公司对外担保有关联担保与非关联担保两种类型，在关联担保情形下，公司为公司股东或者实际控制人提供担保的，被担保的股东或者受被担保的实际控制人支配的股东，不得参与担保事项的表决。因此，无论是当事人审查决议时，还是适用“担保合同系由单独或者共同持有公司三分之二以上对担保事项有表决权的股东签字同意”的例外情形时，都应看排除关联股东之后的表决权结果是否满足决议通过的要求，如在“某大证券与某玛商城、大连某玛超市连锁有限公司等公司债券交易纠纷案”中，法院即指出在排除关联股东后，无法达到担保事项通过的决议要求：“原告提供的《某寰公司股东会决议》表明某寰公司共有两名股东，其中一名持股比例为 71.5% 的股东即被告某玛商城，另一名持股比例为 28.5% 的股东系案外人王某某，而该《某寰公司股东会决议》出具目的即为被告某玛商城提供对本期债券本金、利息等承担连带保证责任，则某寰公司为某玛商城提供担保的行为属关联担保，某玛商城应回避表决该担保事项。在为公司股东或

① 林文学、杨永清、麻锦亮、吴光荣：《〈关于适用民法典有关担保制度的解释〉的理解和适用》，载《人民司法》2021 年第 4 期。

者实际控制人提供关联担保的情况下，原告作为债权人主张担保合同有效，应当提供证据证明其在订立合同时对该《某寰公司股东会决议》进行了审查。具体而言是审查决议的表决程序是否符合《公司法》第16条的规定，即在排除被担保股东（本案中即某玛商城）表决权的情况下，该项表决由出席会议的其他股东所持表决权的过半数通过。现该《某寰公司股东会决议》没有王某刚签字，即使该次股东会的召开符合某寰公司章程的约定，也缺失唯一一名有权进行表决的股东个人签字。”①

此外，《公司法》第16条规定，“公司为公司股东或者实际控制人提供担保的，必须经股东会或者股东大会决议”，其中的“公司股东或者实际控制人”是否包括公司股东以及实际控制人的公司？司法实践中一种观点认为，这里的“公司股东或者实际控制人”是特定的，而不能作扩大解释；另一种观点认为，这里的“公司股东或者实际控制人”也包括公司股东以及实际控制人的公司。本书认为后一种观点更为合理，“否则就无法避免大股东或者实际控制人通过公司担保损害中小股东的利益”，② 前述中国证监会、原中国银监会《关于规范上市公司对外担保行为的通知》（证监发〔2005〕120号）第1条规定，“应由股东大会审批的对外担保，必须经董事会审议通过后，方可提交股东大会审批。须经股东大会审批的对外担保，包括但不限于下列情形……对股东、实际控制人及其关联方提供的担保。股东大会在审议为股东、实际控制人及其关联方提供的担保议案时，该股东或受该实际控制人支配的股东，不得参与该项表决，该项表决由出席股东大会的其他股东所持表决权的半数以上通过”。这里在《公司法》第16条所规定的“公司股东或者实际控制人”之外，还增加了“关联方”即是此种观念的体现。

（二）上市公司控股子公司对外担保

由于上市公司对外担保受到诸多法律、法规的限制，在实践中，有上市

---

① 上海金融法院（2019）沪74民初435号民事判决书。

② 最高人民法院民事审判第二庭：《最高人民法院民法典担保制度司法解释理解与适用》，人民法院出版社2021年版，第144页。

公司通过下沉担保主体——利用控股子公司对上市公司的控股股东、实际控制人提供担保——的方式回避公司担保的限制性规定。对此，中国证监会、原中国银监会《关于规范上市公司对外担保行为的通知》（证监发〔2005〕120 号）第 1 条规定，“上市公司控股子公司的对外担保，比照上述规定执行。上市公司控股子公司应在其董事会或股东大会做出决议后及时通知上市公司履行有关信息披露义务”。此后监管机关以及交易所的诸多文件中均强调此点，如《深圳证券交易所上市公司规范运作指引（2020 年修订）》（深证上〔2020〕125 号）第 6.3.12 条规定，“上市公司控股子公司为上市公司合并报表范围内的法人或者其他组织提供担保的，上市公司应当在控股子公司履行审议程序后及时披露。上市公司控股子公司为前款规定主体以外的其他主体提供担保的，视同上市公司提供担保，应当遵守本节相关规定”。

《担保制度司法解释》第 9 条第 3 款对上述监管规则作出回应，规定“相对人与上市公司已公开披露的控股子公司订立的担保合同，或者相对人与股票在国务院批准的其他全国性证券交易场所交易的公司订立的担保合同，适用前两款规定”。这也在一定程度上体现了监管与司法在某些问题上的趋同与一致。

第四节
债券发新换旧、置换、展期与担保责任

对于债券违约危机的化解，当事人除了可以通过司法程序主张权利外，还有一些多元化的处置方式，即债券的发新换旧、债券置换、债券展期等，应当说，这些违约处置措施在近年来尤其是新冠肺炎疫情暴发以来，发挥了重要作用。如 2020 年 2 月 3 日中国银行间市场交易商协会《关于进一步做好债务融资工具市场服务疫情防控工作的通知》指出，“支持受疫情影响较

重地区和行业企业注册发行。对注册地或实际经营地在湖北省等疫情较重地区的企业，加强注册发行特别是发新还旧服务”。《河北省人民政府办公厅关于打好新型冠状病毒感染的肺炎疫情防控阻击战促进经济社会平稳健康发展的若干措施的通知》（冀政办字〔2020〕14号）、《中共浙江省委、浙江省人民政府关于坚决打赢新冠肺炎疫情防控阻击战全力稳企业稳经济稳发展的若干意见》等均有类似规定。

2020年中国人民银行、国家发改委、中国证监会《关于公司信用类债券违约处置有关事宜的通知》指出，要建立健全多元化的债券违约处置机制，提高处置效率，市场参与主体在坚持市场化、法治化的前提下选择合理的债券违约处置方式和方案。发行人与债券持有人双方可以在平等协商、自愿的基础上通过债券置换、展期等方式进行债务重组，并同时做好对相关债券违约处置的信息披露，将债券违约处置进展及结果真实、及时、完整地告知全体债券持有人。加大上市公司债券违约风险排查化解力度，协调金融机构为面临暂时流动性困难，但主业竞争性优势突出、经营情况正常的上市公司提供必要的帮扶救助，鼓励公司与投资者协商达成债券展期等安排，帮助公司度过困难期。

债券的发新换旧、债券置换、债券展期的应用过程中，或涉及担保的安排以及担保人的责任，本节拟结合相关理论就债券的发新换旧、债券置换、债券展期中的担保责任进行简要阐述。

一、债券发新还旧与担保责任

关于债券发新还旧中的担保责任，虽然现行法律法规并无此方面的规则，但是对于借款的“借新还旧”则有相关规则，二者具有一定的相似性，其中所要解决的核心问题是，如果新债与旧债均有担保或者其中之一有担保，则应如何认定担保人的责任。而关于借款借新还旧时的担保责任，《担保法解释》第39条针对保证责任作出规定，主要区分新贷与旧贷是否为同一保证人以及保证人是否知道（应当知道）借新还旧来确定保证人是否承担责任。《担保制度司法解释》第16条第1款基本延续了《担保法解释》第39条的思路。首先，如果新贷与旧贷均有担保人，且担保人为同一人，则担保人仍应当承担担保责任，此时并不会造成担保人的不利；其次，在旧贷没有担保或旧贷与新贷的担保人不是同一人的情况下，新贷的担保人不知道或不应当知道主合同当事人借新还旧的，担保人不承担责任，其理由在于，此时的借新还旧不仅是债权人与债务人串通变更主合同的贷款用途，未征得担保人的同意，而且担保人承担担保的可能是一笔坏账，对担保证人不公，[①]担保人不应承担担保责任；最后，若新贷担保人知道或者应当知道以贷还贷的，担保责任不能免除，此时没有对担保人特别保护的必要。

由于《担保法解释》第39条仅仅规定借新还旧对保证责任的影响，而未规定对物的担保的影响，因此在司法实践中就《担保法解释》第39条是否适用于物的担保产生争议，《担保制度司法解释》第16条第1款将规则统一适用于物的担保与人的担保。但是同时，物的担保相较于人的担保其特殊性在于，其或同时涉及登记，如不动产抵押权的情形，故第16条第2款又针对借新还旧对物的担保的影响作出规定。

《担保制度司法解释》第16条第2款的规则来源于《九民会议纪要》第57条，后者规定旧贷因清偿而消灭的，担保物权亦消灭，贯彻消灭上的从属性；同时也规定，如果在当事人约定继续为新贷提供担保而不涂销担保物权登记的情形下，担保物权并不消灭。其主要理由在于抵押人“仅须对新贷承担担保责任，对其并无不公”，[②]而且标的物既然存在着登记状态，已对第三人形成公示，于交易安全并无危害。《担保制度司法解释》第16条第2款虽然未延续《九民会议纪要》第57条的规定，但是其通过顺位规则表明，在旧贷的物上保证人同意继续为新贷提供物保且未涂销登记时，担保物权不仅不会消灭，而且还优先于新贷订立前设立的担保物权。当然，《九民会议纪要》与《担保制度司法解释》的上述规定并非没有争议，无论是在《九民会议纪要》的起草过程中，[③]还是在《担保制度司法解释》的征求意见中，该问

---

① 参见刘言浩：《担保法典型判例研究》，人民法院出版社2002年版，第175页。

② 最高人民法院民事审判第二庭：《〈全国法院民商事审判工作会议纪要〉理解与适用》，人民法院出版社2019年版，第355页。

③ 该条在《九民会议纪要》中的演变参见高圣平：《担保法前沿问题与判解研究》（第四卷），人民法院出版社2019年版，第117–118页。

题一直存在观点分歧。

与《担保制度司法解释》第16条第2款相反的观点认为，在旧贷的物上保证人同意继续为新贷提供物保且尚未涂销登记时，订立新的贷款合同前担保人又以该担保物为其他债权人设定担保物权，其他人的担保物权应优先于新贷债权人的担保物权。因为按照担保物权消灭上的从属性原理，主债权消灭，担保物权消灭，以新贷偿还旧贷，主债权（旧贷）消灭，故旧贷担保物权应消灭；采登记生效主义的担保物权设立，与当事人是否涂销登记以及是否同意继续为新贷提供担保无关，新贷上的担保物权未办理登记即未设立。批评意见指出，上述规则违反《民法典》第414条公示在先、顺位在先的规定，违反《民法典》第214条所示不动产物权的变动自记载于不动产登记簿时发生效力的原则，[①]与《九民会议纪要》《担保制度司法解释》本身所贯彻的从属性理念不符，存在评价冲突，客观上造成了担保物权顺位的固定，与我国通说所采取的顺位升进主义立场相矛盾。[②]

本书认为，《担保制度司法解释》的上述规定有其政策考量。借款的借新还旧在金融机构尤其是商业银行贷款中较为常见，其在客观上达到了延长借款期限即展期的目的。但是受制于部门规章以及金融监管政策的规定，展期往往受到时间以及次数的诸多限制，例如《贷款通则》（中国人民银行令〔1996〕2号）第12条规定："短期贷款展期期限累计不得超过原贷款期限；中期贷款展期期限累计不得超过原贷款期限的一半；长期贷款展期期限累计不得超过3年。国家另有规定者除外。借款人未申请展期或申请展期未得到批准，其贷款从到期日次日起，转入逾期贷款账户"；《汽车贷款管理办法》（中国人民银行、中国银行业监督管理委员会令〔2017〕第2号）第6条规定："汽车贷款的贷款期限（含展期）不得超过5年，其中，二手车贷款的贷款期限（含展期）不得超过3年，经销商汽车贷款的贷款期限不得超过1年。"金融机构为符合监管要求，只能采用借新还旧的措施来在合规与保障借款人资金流方面达至平衡；尤其是在2020年新冠肺炎疫情暴发以来，贷款借新还

---

① 崔建远：《论保证规则的变化》，载《中州学刊》2021年第1期。

② 高圣平：《民法典担保从属性规则的适用及其限度》，载《法学》2020年第7期。

旧、债券发新还旧作为缓解企业流动性压力的重要措施被广泛利用，如果规定借新还旧中新贷担保物权的劣后顺位，将打击当前借新还旧的秩序，抑制借新还旧的适用，最终影响借款人的融资。

二、债券展期与担保责任

对于债券展期的性质，可参照《最高人民法院关于展期贷款超过原贷款期限的效力问题的答复》(法函〔2000〕12号)，其规定："展期贷款性质上是对原贷款合同期限的变更。"同时，《民法典》第543条规定，"当事人协商一致，可以变更合同"。第678条规定，"借款人可以在还款期限届满前向贷款人申请展期；贷款人同意的，可以展期"。可见，我国现行法对展期的规定倾向于合同关系成立后当事人通过协商的方式对合同内容进行变更，这体现的是法律对于双方意思自治权利的尊重。此外，对于已经成立的法律关系，法律更倾向于保护与维持，而不是彻底否定，以维护法律关系的相对稳定状态。因此，可以认为，债券展期并未产生新的债权债务关系，是原债权债务关系的延续，本质上是对合同期限的变更，从法律上属于合同变更的范畴，法律规则适用上可适用《民法典》合同编第六章关于合同变更的规定，相应地，债券展期对于担保人的影响，可以参照合同履行期限变更对担保人的影响进行分析。

(一)债券展期对保证人责任的影响

首先，未经保证人书面同意的，保证期间不受影响。合同为当事人双方意思之合致，依法成立的合同即具有法律约束力，任何一方均不得擅自变更或者解除合同，对于附随有保证合同的主合同尤应如此。依据担保的从属性，主合同内容的变更改变了主债权人和主债务人之间的权利义务的内容，从属于主合同的保证合同必将会因主合同的变更发生影响。

对此，《担保法》第24条规定："债权人与债务人协议变更主合同的，应当取得保证人书面同意，未经保证人书面同意的，保证人不再承担保证责任。"由此可见，根据《担保法》的规定，未经保证人书面同意的主合同变更将导致保证责任的消灭。《担保法》的上述规定广受批评。该规定旨在防止因主合同的变更而加重保证人的保证责任，但主合同的变更并不必然导致保证责任的加重，如果主合同的变更对保证人保证责任承担没有产生任何不利影响，何以要让保证责任消灭呢？该条没有将其规定建立在合同变更对保证责任的影响的基础上，或者说没有从合同变更对保证责任的影响这一出发点考虑问题，从而丧失了基本合理性。①

《担保法解释》作了相应修正，第 30 条规定："保证期间，债权人与债务人对主合同数量、价款、币种、利率等内容作了变动，未经保证人同意的，如果减轻债务人的债务的，保证人仍应当对变更后的合同承担保证责任；如果加重债务人的债务的，保证人对加重的部分不承担保证责任。债权人与债务人对主合同履行期限作了变动，未经保证人书面同意的，保证期间为原合同约定的或者法律规定的期间。债权人与债务人协议变动主合同内容，但并未实际履行的，保证人仍应当承担保证责任。"

《民法典》第 695 条吸收《担保法解释》，规定"债权人和债务人未经保证人书面同意，协商变更主债权债务合同内容，减轻债务的，保证人仍对变更后的债务承担保证责任；加重债务的，保证人对加重的部分不承担保证责任。债权人和债务人变更主债权债务合同的履行期限，未经保证人书面同意的，保证期间不受影响"。具体至债券展期，应属于《民法典》第 695 条第 2 款的对主合同履行期限的变更，此时保证期间不受影响，所谓保证期间不受影响应作如下理解：在新的主债务履行期限届满之前，主债务人保有期限利益，可以对债权人的提前履行请求行使抗辩权，根据《民法典》第 681 条的规定，此时不会出现"债务人不履行到期债务或者发生当事人约定的情形"，保证人无须承担保证责任；因此，在新的主债务履行期限届满之前开始计算保证期间没有意义，自新的主债务履行期限届满之日开始计算保证期间的剩余期间，如果在新的主债务履行期限届满前，原定的保证期间已经届满，则保证债务归于消灭。②

① 孔祥俊：《担保法及其司法解释理解与适用》，法律出版社 2001 年版，第 136 页。

② 详见高圣平：《民法典担保制度及其配套司法解释理解与适用》，中国法制出版社 2021 年版，第 207 页。

其次，关于债券展期与特约排除的效力。根据《民法典》第 695 条，债权人与债务人协议变更主合同导致担保人担保责任加重时需要征得保证人书面同意，但若保证人与债权人通过特别约定的方式将法定情形予以排除，是否有效？尽管《民法典》第 695 条并没有规定“当事人另有约定除外”，但是在理论上应当无争议。

（二）债券展期对物上保证人责任的影响

值得注意的是，《民法典》并没有对主债务履行期限变更对物上保证人的影响作出规定，前述《民法典》第 695 条只是主债务履行期限变更对保证人责任的影响，但是在《民法典》没有关于担保责任的一般规定时，保证责任的规定事实上发挥着担保一般规定的功能，正因如此，《担保制度司法解释》第 20 条特别强调，保证合同章的上述相关规则可以适用于物的担保，实现了担保规则的体系化。由于物上保证不存在保证期间的问题，所以《民法典》第 695 条第 2 款关于保证期间的规定不能适用。

此时主要涉及担保物权是否应当变更登记的问题，《不动产登记暂行条例实施细则》（2019 年修正）第 68 条规定，“有下列情形之一的，当事人应当持不动产权属证书、不动产登记证明、抵押权变更等必要材料，申请抵押权变更登记：（一）抵押人、抵押权人的姓名或者名称变更的；（二）被担保的主债权数额变更的；（三）债务履行期限变更的；（四）抵押权顺位变更的；（五）法律、行政法规规定的其他情形。因被担保债权主债权的种类及数额、担保范围、债务履行期限、抵押权顺位发生变更申请抵押权变更登记时，如果该抵押权的变更将对其他抵押权人产生不利影响的，还应当提交其他抵押权人书面同意的材料与身份证或者户口簿等材料”。可见，按照规定，债券展期属于履行期限的变更，原则上担保物权是应当办理变更登记的。本书作者认为，《民法典》第 393 条规定，“有下列情形之一的，担保物权消灭：（一）主债权消灭；（二）担保物权实现；（三）债权人放弃担保物权；（四）法律规定担保物权消灭的其他情形”。由于债券展期并没有消灭主债，因此应认为担保物权并未消灭，发生展期，即便未变更登记，物上保证人仍应承担担保责任。

三、债券置换与担保责任

如前所述，债券置换是目前化解债券违约的手段之一并在实践中广泛应用，上海证券交易所、深圳证券交易所均发布了相关的债券置换规则。依据《上海证券交易所关于开展公司债券置换业务有关事项的通知》（上证发〔2020〕58号）第1条，债券置换业务是指公司债券发行人发行公司债券（置换债券）置换上海证券交易所上市或挂牌的公司债券（标的债券），对现有债券进行主动管理，优化债务期限结构和财务成本的行为。

发行人开展债券置换业务应当采用要约方式，以公告形式向标的债券全部持有人发出要约，并明确置换方案。持有人应确保接受债券置换要约的标的债券不存在质押或冻结等其他权利受限情形，如存在相关情形的，持有人所持标的债券不得接受要约。标的债券持有人接受要约后，应根据要约内容办理置换债券的认购等事宜，标的债券持有人接受要约后，对应的标的债券不得交易或转让。①

债券置换的法律效果方面，对于债券持有人未接受要约的标的债券，发行人应当继续按照标的债券募集说明书等相关约定履行偿付义务。对于债券持有人接受要约的标的债券，发行人应当于约定日期申请注销；标的债券全部置换的，发行人应当及时申请标的债券摘牌及退出登记。②

此外，发行人应当履行信息披露义务，在债券置换要约起始日前披露债券置换目的、标的债券、要约对象、置换比例、置换债券已获注册或确认情况、置换债券基本要素、要约期限、标的债券持有人申报方式、申报撤销条件、超额认购后的配售安排、置换后标的债券注销安排、置换债券的上市/转让安排等相关信息。

从债券置换的流程看，其与发新还旧具有一定相似性，就债券置换所涉及的担保责任可参照发新还旧。

---

① 《上海证券交易所关于开展公司债券置换业务有关事项的通知》（上证发〔2020〕58号）第2条、第4条、第7条。

② 《上海证券交易所关于开展公司债券置换业务有关事项的通知》（上证发〔2020〕58号）第8条。

第七章

债券纠纷的诉讼模式

本章导读〉〉〉

债券纠纷的诉讼处理应适用《民事诉讼法》当无疑义，但是债券纠纷又有其独特性，即债券持有人的群体性、团体性，尤其是在证券虚假陈述责任纠纷方面比较明显。近年来，为公正高效化解证券虚假陈述责任纠纷，人民法院在诉讼模式上先后探索了“示范判决机制”“代表人诉讼机制”等，尤其是后者，在《证券法》修订中得以重构，并发展出“特别代表人诉讼机制”。这些诉讼模式多以股票的虚假陈述责任纠纷为适用场景，但是在债券的虚假陈述责任纠纷案件亦可以适用，司法实践中的一些债券虚假陈述责任纠纷案件即采用了代表人诉讼模式。故本章拟对典型的“示范判决机制”“代表人诉讼机制”等相关问题进行阐述。本章首先阐述示范判决机制生成的过程与制度构造；其次就代表人诉讼机制的基础问题以及其与示范判决机制的关系进行分析。

第一节
“示范判决 + 多元调解”的诉讼模式

“示范判决 + 多元调解”的诉讼模式是以股票类的证券虚假陈述责任纠纷为原型发展而来，但是此种模式亦可适用于债券纠纷，因为证券虚假陈述责任纠纷这一案由是股票类虚假陈述案件与债券类虚假陈述案件的共同案由，故本节以股票类虚假陈述案件为原型进行分析。

一、证券虚假陈述案件的审理模式及其困境

“示范判决 + 多元调解”的诉讼模式是基于证券虚假陈述责任纠纷案件的特点以及难点而来。

证券虚假陈述责任纠纷是指证券市场投资人以信息披露义务人违反法律规定，进行虚假陈述并致使其遭受损失为由，而向人民法院提起诉讼的民事赔偿案件。近年来随着证券市场监管的加强、投资者保护意识的提高等，各地法院对此类案件的审理逐渐增多，此类案件主要存在以下四个特点。第一是“多”，案件数量逐年增多。据统计，2014 年，全国各级人民法院共审结证券期货虚假陈述责任民事一审案件 1450 件；2015 年，全国各级人民法院共审结证券期货虚假陈述责任民事一审案件 2795 件，同比上升 92.76%；2016 年，全国各级人民法院共审结证券期货虚假陈述责任民事一审案件 3750 件，同比上升 34.17%，[①] 案件数量逐年攀升。第二是“小”，原告多为中小投资者，即所谓普通散户，“我国证券市场并不以机构投资者为主，而是

① 山西省高级人民法院课题组：《证券期货虚假陈述责任案件专题分析报告》，载《法律适用》2018 年第 2 期。

以散户即自然人投资者为主的市场结构，散户市场的基本特征之一是投资者普遍存在信息不对称、专业知识缺乏、短期逐利心理较重等问题，这一特征决定了证券民事赔偿案件呈现分散、小额、人数众多的特点”。[①]第三是“久”，即收案周期及审理周期长。第四是“难”，即案件专业性强，审理难度和争议较大。虽然《2003 年若干规定》为法院审理此类案件提供了法律依据，但该司法解释自 2003 年实施以来已经过去了近 20 年，近年来立案登记制改革、证券法修改、公司证券以及诉讼法理论的完善、金融市场发展、金融监管政策的变化等，给此类纠纷的审理带来了诸多新情况、新问题及不确定因素，这些都增加了此类案件的审理难度。

但是，在既往司法实践中，许多法院在审理此类案件时，仍将此类案件作为普通一审商事案件进行审理，而按照普通的一审商事案件审理此类纠纷，使法院陷入以下审理困境。

第一，无效与重复工作过多。以此类纠纷中非常典型的被告逐案提出管辖权异议为例。出于各种原因，被告提出管辖权异议是证券虚假陈述案件中的常态，同时，由于案件的数量较多，被告便针对投资者起诉每一案件逐案提出管辖权异议并针对每一裁定提出上诉，中国裁判文书网存在不少这样的重复性的管辖权裁定。被告不断提出管辖权异议，法院重复作出几乎相同的裁定，一个没有争议且已经没有意义的管辖问题不断地在上下级法院、各方当事人之间处理，造成大量的重复与无效工作。

第二，案件周期长。此类案件从被告管辖权异议申请的提出、人民法院作出裁定、上诉、上诉移送、上一级法院作出终审裁定，一般需要 3—4 个月的时间。而加之此类案件在重大性、因果关系、系统风险、投资差额损失计算等方面均存在争议，由此导致此类纠纷的处理耗时更长。有学者统计，截至 2013 年 3 月 31 日，证券虚假陈述责任纠纷中，案件审理的平均值达到了 405.1 日（13.5 月），中位值也有 351.7 天（11.7 月）。[②]甚至有的法院“在

---

① 钱玉林：《示范判决的案例指导功能》，载郭文英、徐明主编：《投资者》（第四辑），法律出版社 2018 年版，第 112 页。

② 黄辉：《中国证券虚假陈述民事赔偿制度：实证分析与政策建议》，载黄红元主编：《证券法苑》（第九卷），法律出版社 2013 年版，第 978 页。

等待两年的诉讼时效届满后才开始安排审理”。[①]

第三，成本高、资源浪费。对于法院证据交换和开庭而言，多数案件仍然是按照普通的三人合议庭的组成进行审理，导致不同原告及其代理人与被告重复性就同一问题举证质证发表意见，法院重复性地组织开庭审理，对法院和原被告均造成时间和司法成本的浪费。对于裁判文书的制作和出具而言，除了原告投资者买入卖出涉案股票的具体交易情况不同，其余案件事实和裁判理由完全一样。按照普通一审案件的审理模式，人民法院要针对每一个原告单独出具法律文书。而对于当事人及其代理人而言，传统的审理模式也造成较高的时间和资源成本。[②]

第四，审判资源无法集中。前述的各类程序性、重复性事项耗费了法院的大量精力，导致法院在真正的实体争议上往往投入不足，法院无法做到“好钢用在刀刃上”；同时，由于此类案件后续仍有较多数量，法院的“个案审判思维”忽略了实体问题在批量案件中的示范作用，可能出现因为赶时间、赶结案、赶审限而急于出具裁判文书，进而可能出现在前案中草率处理重大实体争议问题，对后续案件将产生不利影响。

综上，在这样的审理模式下，“受害者如果纷纷起诉，法院就须对相同或类似的案件反复进行立案和审理，不仅程序繁复，法院和原被告都将不堪重负，而且极不经济”。[③] 由此，证券虚假陈述的审判中，快捷、高效、低成本、资源有效利用的诉讼程序审判模式必须取代传统的审判模式。

---

① 黄辉：《中国证券虚假陈述民事赔偿制度：实证分析与政策建议》，载黄红元主编：《证券法苑》（第九卷），法律出版社 2013 年版，第 978 页。

② 有学者指出，“东方电子案的起诉中，当薛洪增律师向青岛市中院递交 198 名投资者的共同诉讼请求时，青岛市中院要求投资者进行单独诉讼，但可以将投资者分成 10 人一组进行处理。为此，薛律师多花了两天的时间，将 198 名投资者分成 20 个小组，重新准备 20 份诉状，此外，由于列举了 5 个被告，每份诉状还要交 5 份副本，以送达各个被告，薛洪增不得不因此重新准备了 120 份诉状”。参见章武生：《我国证券集团诉讼的模式选择与制度重构》，载《中国法学》2017 年第 2 期。

③ 耿利航：《群体诉讼与司法局限性——以证券欺诈民事集团诉讼为例》，载《法学研究》2006 年第 3 期。

二、“示范判决＋多元调解”出现的必然性

（一）基于其他审理模式的排除：以构建成本最低为标准

事实上，就证券类案件审判模式的构建，理论界对此的研究浩如烟海。借鉴国际上的经验和我国立法情况，理论界和实务界主要提出以下四种模式。第一，集团诉讼模式，以美国的“默示加入、明示退出式”为代表。采此模式可减少成本，对案件批量处理。第二，公益诉讼模式。近年来我国立法与实践加大了对公益诉讼的探索，有观点认为在证券侵权领域引入公益诉讼，可以最大限度节省管理诉讼成本，提升诉讼效率。[①] 在我国台湾地区，所谓“证券投资人及期货交易人保护法”创设了证券团体基于证券投资人及期货交易人授权提起损害赔偿之诉的证券团体诉讼制度。[②] 第三，代表人诉讼模式，基于人数不确定的代表人诉讼“经判决或裁定生效而结案时，这种裁判的效力不仅及于参加诉讼的所有当事人，还会发生‘效力范围的扩张’，即判决、裁定可以被没有登记也未参加诉讼的权利人所援引适用”，[③] 将人数不确定的代表人诉讼的此种原理运用到证券虚假陈述责任纠纷中。第四，德国的示范诉讼模式。即将群体性诉讼中的共同事实或法律问题交给上级法院，由后者在一种“两造诉讼”的框架内先行审理，并以审理结果作为解决所有个别纠纷的基础。[④] 对此，德国颁布专门的《投资者示范诉讼法》进行详细规范。[⑤]

---

① 焦津洪、高旭：《美国证券欺诈赔偿检诉制度对我国的启示》，载《法学论坛》2015 年第 5 期。

② 具体可参见薛永慧：《台湾证券团体诉讼制度：规范与借鉴》，载《台湾研究集刊》2016 年第 3 期。

③ 王亚新、陈航平、刘君博：《中国民事诉讼法重点讲义》，高等教育出版社 2017 年版，第 149 页。

④ 吴泽勇：《〈投资者示范诉讼法〉：一个群体性法律保护的完美方案？》，载《中国法学》2010 年第 1 期。

⑤ 对德国《投资者示范诉讼法》的介绍，详见上海市第一中级人民法院课题组：《德国〈投资者示范诉讼法〉译文》，载郭文英、徐明主编：《投资者》（第三辑），法律出版社 2018 年版，第 219 页。对于德国投资者示范法的评议和不同意见，详见吴泽勇：《〈投资者示范诉讼法〉：一个群体性法律保护的完美方案？》，载《中国法学》2010 年第 1 期。

就司法机关而言，应以“若无必要，勿增实体”为理念，以制度构建成本最低为标准，因为司法机关不能触动民事诉讼基本构造，不能借助立法创设新制度，以此为标准，示范诉讼模式为最佳选择。

首先，集团诉讼备受争议。在2019年《证券法》修订之前，集团诉讼在我国没有实践、立法的支持，若采用此模式则需要创设新的诉讼制度，制度构建成本较高。而且在《2003年若干规定》中，起草者指出在证券虚假陈述责任纠纷中不采用美国的集团诉讼模式。[①] 此外，基于集团诉讼的弊端，即便在美国其也备受争议，国内不少观点也认为应摒弃集团诉讼。[②]

其次，缺乏实践的公益诉讼。公益诉讼本身在我国起步比较晚，目前仍然处于探索阶段，主要是在环境和消费者公益诉讼方面探索。在证券领域更是尚缺乏立法支持和实践支撑，具体的起诉主体、公益诉讼的起诉主体是否能获得赔偿金、如何管理赔偿金等问题欠缺系统的研究和立法，制度构建成本仍然较高。尽管如此，但是并不排除在公益诉讼的相关实践和立法完备的情况下在证券民事赔偿领域适用。

最后，曾经被“束之高阁”的代表人诉讼。《民事诉讼法》有关代表人诉讼制度在实践中基本被“束之高阁”，属于“休眠条款”。人数确定的代表人诉讼在证券领域由于法院的限制规则很少运用，人数不确定的代表人诉讼绝大多数法院是不愿适用的。[③] 以至有学者指出，《民事诉讼法》第57条的规定几乎已成为具文。[④] 其中的原因，一方面是人数不确定的代表人诉讼不符合人民法院和证券市场的现有条件，另一方面则是代表人诉讼无法摆脱当事人与代表人之间众口难调、达成契约的成本过高的困境。[⑤] 但是尽管如此，

---

① 参见李国光主编：《最高人民法院关于审理证券市场虚假陈述案件司法解释的理解与适用》，人民法院出版社2015年版，第171–172页。

② 参见李激汉：《我国证券民事赔偿诉讼路径赔偿方式改革的路径选择》，载黄红元、卢文道主编：《证券法苑》（第二十三卷），法律出版社2017年版，第464–482页。

③ 章武生：《我国证券集团诉讼的模式选择与制度重构》，载《中国法学》2017年第2期。

④ 参见范愉：《集团诉讼问题研究》，北京大学出版社2005年版，第54页。

⑤ 林晓镍、单素华、黄佩蕾：《上海金融法院证券纠纷示范判决机制的构建》，载《人民司法》2019年第22期。

在2019年修订《证券法》之前，代表人诉讼是唯一在现行民事诉讼法上有法可依的群体性诉讼制度。也正因如此，2019年6月20日最高人民法院发布的《关于为设立科创板并试点注册制改革提供司法保障的若干意见》（法发〔2019〕17号）第13条也指出，“立足于用好、用足现行代表人诉讼制度，对于共同诉讼的投资者原告人数众多的，可以由当事人推选代表人，国务院证券监督管理机构设立的证券投资者保护机构以自己的名义提起诉讼，或者接受投资者的委托指派工作人员或委托诉讼代理人参与案件审理活动的，人民法院可以指定该机构或者其代理的当事人作为代表人”。2019年4月26日公开征求意见的《证券法》（修订草案三次审议稿）第105条曾规定，“投资者提起虚假陈述、内幕交易、操纵市场等证券民事赔偿诉讼时，当事人一方人数众多的，可以依法推选代表人进行诉讼”。但是当时还没有规定特别代表人诉讼制度。

在这种背景下，示范判决机制是人民法院司法实践的较好选择。即便是在《证券法》重构代表人诉讼后，示范判决机制仍然具有其优势。有观点指出，代表人诉讼机制尤其是特别代表人诉讼是只可能作为应对群体性证券侵权纠纷的补充手段；启动特别代表人诉讼绝非法院或者投资者保护机构的一厢情愿，因为启动特别代表人诉讼往往决定上市公司的生死，牵涉多方利益，协调难度也大；因此在没有根本消除代表人诉讼制约因素的前提下，代表人诉讼非各地法院在处理群体性证券侵权纠纷时优先考量的程序路径。而示范诉讼或许是各地法院的现实选择，因而更有生命力。①

（二）基于顶层设计与地方的实践探索

《最高人民法院关于进一步推进案件繁简分流优化司法资源配置的若干意见》（法发〔2016〕21号）第7条规定：“探索实行示范诉讼方式。对于系列性或者群体性民事案件和行政案件，选取个别或少数案件先行示范诉讼，

① 秦拓、罗娜：《示范诉讼：现实选择与程序完善》，载微信公众号“尚法言清”，2021年5月31日。原文原载于郭锋主编：《证券法律评论》（2021年卷），中国法制出版社2021年版。

参照其裁判结果来处理其他同类案件，通过个案示范处理带动批量案件的高效解决。”

在具体的证券领域，2016 年最高人民法院、中国证监会《关于在全国部分地区开展证券期货纠纷多元化解机制试点工作的通知》（法〔2016〕149 号）第 13 条规定，“建立示范判决机制，对因虚假陈述、内幕交易、操纵市场等行为所引发的民事赔偿纠纷，需要人民法院通过司法判决宣示法律规则、统一法律适用的，人民法院应当及时作出判决”。2018 年最高人民法院、中国证监会《关于全面推进证券期货纠纷多元化解机制建设的意见》（法〔2018〕305 号）第 13 条亦继续规定建立示范判决机制，即“证券期货监管机构在清理处置大规模群体性纠纷的过程中，可以将涉及投资者权利保护的相关事宜委托调解组织进行集中调解。对虚假陈述、内幕交易、操纵市场等违法行为引发的民事赔偿群体性纠纷，需要人民法院通过司法判决宣示法律规则、统一法律适用的，受诉人民法院可选取在事实认定、法律适用上具有代表性的若干个案作为示范案件，先行审理并及时作出判决；通过示范判决所确立的事实认定和法律适用标准，引导其他当事人通过证券期货纠纷多元化解机制解决纠纷，降低投资者维权成本，提高矛盾化解效率”。同时，2019 年的最高人民法院《关于为设立科创板并试点注册制改革提供司法保障的若干意见》（法发〔2019〕17 号）第 16 条也规定了全面推动证券期货纠纷多元化解工作，推广证券示范判决机制。

在具体落实层面，2019 年，上海金融法院、北京市高级人民法院分别就证券领域的示范判决机制作出了细化规定。2019 年 1 月，上海金融法院制定《关于证券纠纷示范判决机制的规定（试行）》（以下简称《上海规定》），并于 2019 年 4 月 30 日公布，并在 2019 年 5 月 5 日，适用示范判决机制公开宣判了原告潘某等诉被告某正科技集团股份有限公司证券虚假陈述责任纠纷案。北京市高级人民法院也在 2019 年 4 月 29 日发布《关于依法公正高效处理群体性证券纠纷的意见（试行）》（以下简称《北京意见》）。前者侧重于在示范判决机制选定、审理等各方面，后者除了对示范判决机制的相关问题进行规定外，对于涉及证券虚假陈述纠纷的调解等问题亦进行了详细规定。此外，2019 年 10 月 25 日、2020 年 4 月 20 日，杭州市中级人民法院、深圳市中级人民法院也相继发布了《关于证券期货纠纷示范判决机制的指导意见（试行）》和《关于依法化解群体性证券侵权民事纠纷的程序指引（试行）》。

在顶层设计与地方实践下，“示范判决 + 多元调解”的具体落实有了规范依据。

（三）“示范判决 + 多元调解”与证券虚假陈述纠纷的契合

事实上，从前述相关文件，尤其是最高人民法院和中国证监会联合发布的相关意见中能够看出，示范判决机制一直是与多元调解共同提出的。本书作者认为，示范判决连同多元调解具有以下优点。

首先，示范判决所确定的结果对各方当事人的心理预期划定了底线，各方当事人均可在此结果基础上制定下一步的诉讼或者非诉策略。其次，在结果既定的情况下，对于被告虚假陈述行为人来说，其希冀能够通过其他方式减少损失，挽回在投资者和证券市场中的形象；而原告投资者则希望能够尽快拿到赔偿款。再次，在2016年最高人民法院、中国证监会《关于在全国部分地区开展证券期货纠纷多元化解机制试点工作的通知》（法〔2016〕149号）中所规定的13家专业调解组织均为证券期货领域的权威专业组织，同时，由于专业调解机构的非营利性和社会性，其在运行程序上不会像在诉讼程序中那样有诸多限制，调解机构与当事人之间的沟通更为自由，当事人的各类诉求亦能够较好实现。最后，2016年最高人民法院、中国证监会《关于在全国部分地区开展证券期货纠纷多元化解机制试点工作的通知》（法〔2016〕149号）、2018年最高人民法院、中国证监会《关于全面推进证券期货纠纷多元化解机制建设的意见》（法〔2018〕305号）为调解的司法确认创造了条件，二者均规定，经人民法院委派调解并达成调解协议、当事人申请司法确认的，由委派调解的人民法院依法受理，这就为中级人民法院司法确认提供了制度依据。

总之，示范判决以点带面，将某一案件作为典型的示范案件后，其裁判结果可以作为其他平行案件的参照，能够节省大量无效和重复工作。在示范案件作出后，其他平行案件可加速进行，审理周期减少。示范判决作出后的示范效应，能够向各方当事人明确案件的情况，引导当事人进入调解程序，专业调解机构的介入也能够促进调解与审判的衔接，有利于纠纷的多元化解。在示范判决中将争议问题集中解决，将审判资源集中解决争议问题，“避免多次诉讼导致裁判之间的矛盾，借助判决效力的扩张实现其示范效应，在个案试验后进行反思实现预先纠错”，[①] 因而，“示范判决 + 多元调解”机制是一种可行的选择。

三、“示范判决 + 多元调解”的程序构建

拆解“示范判决 + 多元调解”，主要系示范判决、多元调解两大项，在流程上，主要涉及示范案件的选定、示范案件的判决、平行案件与示范案件的关系、平行案件与多元调解的衔接等。以下将从上述角度进行分析。

（一）示范案件的选定

由于示范案件本身所具有的示范性、典型性，决定了其在整个证券诉讼中的重要性。结合《上海规定》和《北京意见》，示范案件的选定主要从以下两个方面着手。

第一，示范案件的要求。示范案件应当包含同类纠纷共同的事实和法律争议，并具有代表性，为多数案件所具备。同时，本书认为，示范案件并不一定限定为一个，亦可能为两个或者两个以上。例如，证券虚假陈述责任纠纷中的被告除了发行人之外，根据具体情况还可能存在董事、监事、高级管理人员以及专业中介机构等所谓“其他虚假陈述行为人”。因此，此类案件的被告可能含有多个，或许选定的案件中并无除发行人的其他被告；但若在示范案件作出后，出现了部分存在共同被告的案件，则对于此类案件仍可选定作为示范案件，就共同被告承担责任的问题再次进行审理和明确。

第二，示范案件选定标准。首先，示范案件的选定既可以依申请，即当事人认为其案件具有典型性的，可向法院提交申请，请求法院选定其作为示范案件；人民法院也可以依职权在诸多案件中选定具有典型性的案件，对此，

---

① 陈冲：《中国示范诉讼机制的法律构建——以证券欺诈民事纠纷案件为视角》，载郭文英、徐明主编：《投资者》（第一辑），法律出版社 2018 年版，第 72 页。

《上海规定》和《北京意见》均进行了规定。其次，鉴于示范案件的重要性，对于最终决定何者作为示范案件，应由人民法院的庭级法官会议、跨部门法官会议或者审判委员会决定，以此作为示范案件典型性的内部程序性保障。最后，在此处可以借鉴公益诉讼的运行机制，即若是权威性、公益性的机构提起的案件，可以作为选定示范案件的标准，减少确定示范案件中的成本并提升示范案件的权威性。对此，《上海规定》第 6 条指出，由国家机关或依法设立的公益性组织机构支持诉讼且符合示范案件选定条件的，优先选定作为示范案件，此规定值得赞同。

（二）示范案件的判决

第一，示范判决的程序保障。示范判决的作出如示范案件的选定一样，应有重要的程序保障，如《上海规定》第 45 条规定，合议庭对示范案件评议后，作出示范判决前，应当提交本院证券业案件法官专业委员会讨论，必要时可以提请本院审判委员会讨论决定。第二，争议的实体法律问题的完善。由于示范判决涉及案件中共同的法律和事实问题，若要保证示范判决的权威性，就需要保证这些共通性事实与法律问题在价值判断结论上妥当。

（三）平行案件与示范案件的关系

第一，示范判决的直接应用。示范案件作出判决后，对于平行案件，应采取“原则适用、不适用个案审查”的思路，即具有相同情况的案件，法院可依申请或者依职权直接适用示范判决所确定的事实和法律，当事人有异议的，进行个案审查。

第二，示范案件选定后对平行案件的影响。其一是示范性案件选定后应向已经立案的当事人公开，告知示范案件的开庭时间等具体情况，并告知其他平行案件的当事人中止审理；其二是示范案件选定后，示范案件的各项程序性事项优先进行。

第三，平行案件的简化处理。对于适用示范判决的平行案件，《上海规定》和《北京意见》均提出，当事人要求裁判的，可采用表格式、要素式等简化方式明确投资人可以获得的赔偿项目及赔偿金额，以减少重复性工作并提升诉讼效率。

（四）平行案件与多元调解的衔接

第一，平行案件优先进入调解。在示范判决生效后，对于其他平行案件，法院可以在征求当事人意见的基础上优先导入多元调解程序，依托第三方对案件进行调解。《上海规定》和《北京意见》均对平行案件优先进入调解进行了规定。

第二，多元调解应具有相应的激励措施。除了前述程序上的优化，多元调解的激励措施在《北京意见》和《上海规定》中主要表现为诉讼费减免。两个规范意见分别规定了案件受理费可以免予收取、案件受理费可以按照规定标准的四分之一收取的新标准，是对于现行诉讼费收取标准的突破，并且区分了审判进程设置不同的减免标准。

此外，2017 年修正的《民事诉讼法》第 194 条规定，“申请司法确认调解协议，由双方当事人依照人民调解法等法律，自调解协议生效之日起三十日内，共同向调解组织所在地基层人民法院提出”。尽管 2016 年最高人民法院、中国证监会《关于在全国部分地区开展证券期货纠纷多元化解机制试点工作的通知》（法〔2016〕149 号）、2018 年最高人民法院、中国证监会《关于全面推进证券期货纠纷多元化解机制建设的意见》（法〔2018〕305 号）规定了委派调解的法院可受理司法确认，在一定程度上突破了民事诉讼法关于司法确认的管辖规定，不再拘泥于基层人民法院管辖，但其前提是法院委派调解；同时，扩大了司法确认的适用范围，不局限于人民调解委员会的调解。[①] 但是，若非法院委派调解，当事人则仍然需要向基层人民法院申请司法确认，而这与证券虚假陈述由中级人民法院管辖是相违背的。有些基层法院通过向最高人民法院、中国证监会请示，最终拿到“红头文件”，有权对调解组织调解达成的调解协议进行确认。[②] 因而解决此问题要么修订法律、

---

① 对于司法确认程序适用对象及其范围，参见刘家良：《非诉调解协议司法确认程序的实践误区及其矫正》，载《政治与法律》2018 年第 6 期。

② 陈丽：《调解协议司法确认的路径和建议》，载郭文英、徐明主编：《投资者》（第四辑），法律出版社 2018 年版，第 86 页。

司法解释变更证券虚假陈述案件的级别管辖，要么改变司法确认的管辖。

当然，上述问题因全国人民代表大会常务委员会《关于授权最高人民法院在部分地区开展民事诉讼程序繁简分流改革试点工作的决定》而得以解决，部分地区的改革可暂时调整适用 2017 年修正的《民事诉讼法》第 194 条。最高人民法院关于《民事诉讼程序繁简分流改革试点实施办法》（法〔2020〕11 号）进一步作出规定，一方面，将特邀调解组织或者特邀调解员调解达成的民事调解协议纳入司法确认范围；另一方面，允许中级人民法院、专门人民法院受理符合级别管辖、专门管辖标准的司法确认案件。这里的“符合级别管辖标准”是指，司法确认案件在标的额、案件类型、当事人人数等方面，符合民事诉讼法及相关司法解释规定的应当由中级人民法院管辖的第一审案件标准。“符合专门管辖标准”是指，司法确认案件所涉纠纷符合金融法院、知识产权法院管辖第一审案件的标准。[①]2021 年修正的《民事诉讼法》第 201 条正式将民事诉讼繁简分流的改革成果固定，其规定，“经依法设立的调解组织调解达成调解协议，申请司法确认的，由双方当事人自调解协议生效之日起三十日内，共同向下列人民法院提出：（一）人民法院邀请调解组织开展先行调解的，向作出邀请的人民法院提出；（二）调解组织自行开展调解的，向当事人住所地、标的物所在地、调解组织所在地的基层人民法院提出；调解协议所涉纠纷应当由中级人民法院管辖的，向相应的中级人民法院提出”。

第三，借鉴“先行赔付”，调解与执行中引入共管账户模式。《北京意见》第 27 条规定，相关专业机构在调解期间，可与被告设立共管账户，由被告先行存入预付损失赔偿金，用于调解协议生效后，被告向投资人支付损失赔偿金。此种模式称为“共管账户”模式。由于被告虚假陈述行为人先将赔偿款打入共管账户，向投资者表达了调解的诚意，对于吸引投资者调解具有重要作用。

此种共管账户的正当性来源在于近几年在证券虚假陈述赔偿方面的新制

---

① 刘峥、何帆、李承运：《民事诉讼程序繁简分流改革试点实施办法的理解与适用》，载《人民法院报》2020 年 1 月 17 日，第 5 版。

度，即先行赔付制度。先行赔付是指发行人因欺诈发行、虚假陈述或者其他重大违法行为给投资者造成损失的，发行人的控股股东、实际控制人、保荐人及相关证券公司、证券服务机构先于法院司法裁判，主动出资与投资者达成和解，赔付投资者损失。[①]目前，有“万福生科”“海联讯”“欣泰电气”三起证券虚假陈述案件是通过先行赔付制度解决投资者赔偿问题。在这种操作模式中，投资者赔付工作均采用由先行赔付人出资设立专项基金的模式，中国证券投资者保护基金有限责任公司作为第三方机构，接受出资人委托，担任专项基金管理人，负责管理、运作和处分基金资产。

因而，在《北京意见》中的共管账户模式，实际上就是先行赔付制度的借鉴，将已经成熟的非诉经验运用到调解中，值得赞同。在2019年最高人民法院《关于为设立科创板并试点注册制改革提供司法保障的若干意见》（法发〔2019〕17号）中，也对借鉴先行赔付作出了规定，第13条指出，“推动建立投资者保护机构辅助参与生效判决执行的机制，借鉴先行赔付的做法，法院将执行款项交由投资者保护机构提存，再由投资者保护机构通过证券交易结算系统向胜诉投资者进行二次分配”。

（五）示范判决、多元调解中的技术性辅助措施

在证券虚假陈述纠纷的化解工作中，除了程序性问题的简化、合并、创新之外，也有一些技术性问题需要解决。在《北京意见》和《上海规定》中均明确规定专业问题分析、核定损失均可交由第三方完成。但是，在此类纠纷中仍然存在以下两个问题需要进一步明确。

第一，交易数据的统一与调取需要明确。依照民事诉讼举证规则，投资者向法院起诉时需要一并提交其交易涉案证券的交易记录，实践中，这些交易记录来源于投资者所开立账户的证券公司并加盖了证券公司或其营业部的印章。通常而言，此种交易记录的真实性当无问题。但是，在司法实践中，被告往往对于投资者提交的交易数据真实性不予认可，其理由在于，一方面，投资者所提供的交易记录有时往往具有“选择性”，其对于在特定阶段的交

① 巩海滨、王旭：《证券市场先行赔付制度研究》，载《财经法学》2018年第6期。

易记录进行选择性提供，或者只提供买入，或者只提供卖出，甚至是乱序的，这种情况会对投资差额损失的计算产生影响；另一方面，从司法实践情况看，各种证券公司出具的投资者交易记录格式与内容亦不同，有的只包含成交日期，不包含具体时间等。

因而为核实投资者的交易记录，准确计算投资差额损失，人民法院需要向特定的专业机构调取数据，正基于此，《北京意见》和《上海规定》均明确规定法院可依申请、依职权向相关机构调取交易记录。如《北京意见》第4条规定，“对投资人提供的交易记录等凭证，另一方当事人有异议并另行提供交易记录等反驳证据，人民法院无法确认任何一方当事人提交的交易记录等凭证的证明力的，任何一方当事人均可申请人民法院向相关机构调取交易记录等凭证，人民法院应予准许。当事人未提出调取申请的，为查明案情，人民法院应依职权予以调取”。这里应强调的是交易数据的电子化，由于现在投资差额损失均为公式计算，因此，借助信息化手段，投资者的投资差额损失批量计算和一键化生成可以实现，可大量降低工作量。但是，这种方式的基础性工作是电子化交易数据及其格式统一。若相关机构向法院出具的为纸质交易数据，则纸质化数据转化工作无疑加大了损失计算的工作量，这种问题在投资者人数为几十人时尚不成问题，但是在几百人甚至更多时，则成为问题，对于法院和第三人调解机构均是如此。

第二，完善证券市场专业问题的鉴定、分析机制。在过往证券虚假陈述纠纷司法实践中，一个重要难点问题是如何认定《2003年若干规定》第19条第4项中“损失或者部分损失是由证券市场系统风险等其他因素所导致”的证券市场系统风险，对此法院认定有所差异，影响了裁判的权威。[①]具体如何剔除系统风险存在不同的做法，包括“统一确定系统风险直接比例法”“统一确定系统风险相对比例法”“个案计算系统风险直接比例法”等都

① 系统风险裁判思路的梳理，可参见杨旭、何积华：《证券虚假陈述民事案件裁判规则研究》，北京大学出版社2018年版，第128-154页；甘培忠、彭运朋：《论证券虚假陈述民事赔偿中系统风险所致损失数额的认定》，载《甘肃社会科学》2014年第1期；张保生、周伟、刘思远：《证券虚假陈述民事赔偿案件系统风险的认定标准和计算方法》，载郭锋主编：《金融服务法评论》（第七卷），法律出版社2015年版，第313-325页。

有使用。由此，为了解决这一问题，《上海规定》和《北京意见》均规定，法院可委托专业机构进行专业分析。但是问题在于，什么样的专业机构具有能够分析证券市场系统风险的具体系数资质？其算法是否合理？鉴于此，本书作者认为，借鉴普通诉讼中的鉴定问题，一是最高人民法院可划定具有此种核算资质的相关机构供法院和当事人选择；二是可在诉讼中由双方当事人共同选定鉴定机构，再在诉讼中由鉴定机构接受当事人和法院的询问。

第二节
《证券纠纷代表人诉讼规定》的内容及其影响

2020 年 7 月 31 日，最高人民法院发布《证券纠纷代表人诉讼规定》，该司法解释细化了《民事诉讼法》《证券法》所规定的代表人诉讼制度，使“代表人诉讼”真正在证券诉讼领域落地。该司法解释对代表人诉讼中的权利登记公告、代表人的条件与推选、代表人的职责权限、特别代表人诉讼的具体规则等难点、重点问题进行了细化与完善，在为投资者维权提供多元化程序选择的同时，也为人民法院具体实践代表人诉讼制度提供了详细依据，也必将对证券纠纷审判实践产生重大影响。

一、程序规则及其影响

（一）证券代表人诉讼管辖格局的变化

《2003 年若干规定》第 8 条、第 9 条、第 10 条规定了证券虚假陈述责任纠纷的管辖规则，主要是由发行人所在地有管辖权的中级人民法院管辖。2019 年修订的《证券法》第 95 条第 3 款规定了全新的特别代表人诉讼制度，《证券纠纷代表人诉讼规定》第 2 条第 3 款就该特别代表人诉讼的管辖作出特殊规定，明确特别代表人诉讼由涉诉证券集中交易的证券交易所、国务院批准的其他全国性证券交易场所所在地的中级人民法院或者专门人民法院管辖，这就意味着理论上只有上海（上海证券交易所）、深圳（深圳证券交易所）、北京（全国中小企业股份转让系统）相关法院对证券纠纷特别代表人诉讼具有管辖权。

这样的规则也就意味着移送管辖的出现。结合该司法解释第32条，如果具有普通代表人诉讼管辖权的法院在发布权利登记公告后，投资者保护机构在公告期间受50名以上权利人的特别授权作为代表人参加诉讼，那么先受理的人民法院即应当将案件移送至有管辖权的人民法院。

但是，这并非绝对，集中管辖的规定仍然有可能被指定管辖所突破。《民事诉讼法》第38条规定，“有管辖权的人民法院由于特殊原因，不能行使管辖权的，由上级人民法院指定管辖。人民法院之间因管辖权发生争议，由争议双方协商解决；协商解决不了的，报请它们的共同上级人民法院指定管辖”。《民诉法解释》第40条规定，“依照民事诉讼法第三十八条第二款规定，发生管辖权争议的两个人民法院因协商不成报请它们的共同上级人民法院指定管辖时，双方为同属一个地、市辖区的基层人民法院的，由该地、市的中级人民法院及时指定管辖；同属一个省、自治区、直辖市的两个人民法院的，由该省、自治区、直辖市的高级人民法院及时指定管辖；双方为跨省、自治区、直辖市的人民法院，高级人民法院协商不成的，由最高人民法院及时指定管辖”。例如，在“特别代表人诉讼第一案”中，2020年12月31日，广州市中级人民法院受理了顾某、刘某等11名原告共同起诉马某、许某、某美药业等22名被告证券虚假陈述责任纠纷一案；2021年2月10日，广州市中级人民法院经审查决定适用普通代表人诉讼程序审理本案，确定了权利人范围；2021年3月26日，该院发出了《普通代表人诉讼权利登记公告》；2021年4月8日，某证中小投资者服务中心有限责任公司称接受了黄某香等56名权利人的特别授权，向广州市中级人民法院申请作为代表人参加诉讼；最后经最高人民法院指定管辖，广州市中级人民法院适用特别代表人诉讼程序审理本案。

（二）证券侵权诉讼前置程序发生松动

依据《2003年若干规定》第6条，证券虚假陈述案件的受理适用前置程序，即投资者起诉需要提交“有关机关的行政处罚决定或者人民法院的刑事裁判文书”。一直以来，对于证券虚假陈述的前置程序存废问题争议较大，持前置程序保留的观点认为，前置程序保护了举证能力较差的投资者，有利于对散户投资者的保护与权利主张。

在《证券纠纷代表人诉讼规定》第5条第1款普通代表人诉讼的条件中，其第3项规定，原告需要提交“有关行政处罚决定、刑事裁判文书、被告自认材料、证券交易所和国务院批准的其他全国性证券交易场所等给予的纪律处分或者采取的自律管理措施等证明证券侵权事实的初步证据”。此处的表述与《2003年若干规定》第6条明显不同，第5条第1款第3项系从举证以及证据种类的角度明确了投资者的举证责任，即便没有“有关机关的行政处罚决定或者人民法院的刑事裁判文书”，人民法院也应该受理。此外，最高人民法院于2020年7月15日发布的《债券会议纪要》第9条也明确规定，在债券虚假陈述纠纷中不适用前置程序规则，综合理解，证券诉讼领域的前置程序规则或发生改变。

（三）区别于普通一审案件的诉讼费用负担

《证券纠纷代表人诉讼规定》对于与代表人诉讼相关的费用负担规定了与普通民事诉讼不相同的规则。

首先，就代表人诉讼中原告是否预交案件受理费，《证券纠纷代表人诉讼规定》第39条规定，特别代表人诉讼案件不预交案件受理费。按照反对解释的方法进行解释，普通代表人诉讼中的原告似乎应预交案件受理费。其次，值得注意的是，现行《诉讼费用交纳办法》第14条规定，“符合民事诉讼法第五十五条第四款规定，未参加登记的权利人向人民法院提起诉讼的，按照本项规定的标准交纳申请费，不再交纳案件受理费”。再次，依据《证券纠纷代表人诉讼规定》第10条，已经起诉的投资者申请撤诉并加入代表人诉讼的，已经收取的诉讼费予以退还，这与普通案件撤诉之后减半收取案件诉讼费的规定有所不同。最后,《证券纠纷代表人诉讼规定》第 25 条规定,代表人可以请求败诉的被告赔偿合理的公告费、通知费、律师费等费用。就普通案件中的律师费,司法实践予以支持的前提一般是对于律师费负担有事先约定,而此处则没有此类要求,体现了对于投资者的保护。

二、实体规则及其影响

(一)权利人范围确定程序的前移

《证券纠纷代表人诉讼规定》第6条明确了权利人范围的确定与救济方式。

首先,人民法院在公告前,应就被诉证券侵权行为的性质、侵权事实等进行审查。结合 2019 年《九民会议纪要》第 82 条,人民法院“应当先行就被告的行为是否构成虚假陈述,投资者的交易方向与诱多、诱空的虚假陈述是否一致,以及虚假陈述的实施日、揭露日或者更正日等案件基本事实进行审查”。

其次,审查的方式包括阅卷、调查、询问和听证等,并应以裁定的方式确认具有相同诉讼请求的权利人范围,该条中的权利人范围,“指的是因在某一时间段进行了证券交易受到损害而可以向人民法院进行权利登记的投资者,该时间段的确定取决于如虚假陈述实施日、揭露日等关键时点的确定”。此条意味着人民法院在公告之前就应确定实施日、揭露日等,实施日、揭露日等时点的重要性进一步凸显。

(二)投资差额损失“复核”程序的创新

由于投资者人数众多,为了提高效率、节约资源,在已有的司法实践中,人民法院一般将原告的姓名与投资差额损失等信息作为判决书的附件,《证券纠纷代表人诉讼规定》第 26 条第 1 款对此种方式进行了确认。同时,该条第 2 款创新地规定,当事人如果仅仅对计算方法、赔偿金额等有异议的,可以向人民法院申请复核。由于复核程序不是上诉程序,无须进行复杂的上诉程序与二审程序,也无须交纳上诉费,极大地缩短了审理时限、减轻了投资者负担。

（三）证券侵权行为以外其他风险因素确定程序的明确

《2003 年若干规定》第 19 条规定，“损失或者部分损失是由证券市场系统风险等其他因素所导致”，人民法院应当认定虚假陈述与损害结果之间不存在因果关系，即所谓的系统风险抗辩。对于该条中的证券市场系统风险的内涵与外延、系统风险的确定程序与方法、系统风险扣减方法等，在既有的司法实践中产生了较大的分歧。2020 年 7 月 15 日，《债券会议纪要》第 24 条第 4 款规定，若因为市场、政策等与发行人虚假陈述行为无关的其他因素导致债券投资者损失的，应依据原因力大小减轻或者免除发行人责任，该条明确了证券侵权行为以外其他风险因素主要是指市场、政策等与发行人虚假陈述行为无关的其他因素。

《证券纠纷代表人诉讼规定》第 24 条又明确了其他因素以及投资差额损失的“核定”程序，即人民法院委托双方认可或者随机抽取的专业机构进行投资差额损失的核定，并依法进行质证。对于其他风险因素的认定方法、计算方法等具体问题，则交由专业机构进行确定。

三、“团体因素”的理念

《证券纠纷代表人诉讼规定》对于代表人诉讼的审理模式完全不同于既有的一审案件审理模式，其充分考虑到了投资者人数众多、利益同质等所具有“团体因素”，并为优化团体治理设计了相关制度，尤其是重点发挥诉讼代表人在代表投资者方面的重要作用，例如第 7 条直接明确，参加登记即视为对代表人的特别授权，由此减少了不必要的争议。这样的规则设计与 2020 年 7 月 15 日《债券会议纪要》最大限度发挥债券受托管理人的功能以达到集约化审理的规则设计相同。此外，《证券纠纷代表人诉讼规定》第 18 条规定，代表人与被告达成调解协议草案应向法院申请制作调解书等方面的程序设计也非常类似于破产案件中的相关程序。因此，证券代表人诉讼审理模式是一种具有全新理念的审理模式，与既往的审理方式有所不同。

《证券纠纷代表人诉讼规定》尽可能地对代表人诉讼的具体规则进行了细化，但是相关的程序也需要在实践中进一步补充完善。例如，《证券纠纷代表人诉讼规定》多处提及“听证”，如第6条规定权利登记公告前人民法院对相关事实的审查可以采用听证方式，第19条和第20条规定对调解协议的听证等，在代表人诉讼中具体的听证程序或需进一步制定细则；再如，《证券纠纷代表人诉讼规定》第26条规定了当事人对计算方法、赔偿金额的申请复核权，那么当事人申请复核是否有期限等也需要明确。因此，证券纠纷代表人诉讼制度仍然需要在未来的司法实践中进一步发展。

第三节 代表人诉讼机制的“内外兼修”

一、外：代表人诉讼制度与示范判决制度的关系

如前所述，过往的司法实践中，解决证券群体纠纷的路径是示范判决机制，在顶层设计与地方实践下，人民法院主要在“示范判决+多元调解”的机制下开展证券群体纠纷的审理工作。《证券纠纷代表人诉讼规定》的出台增加了人民法院在证券群体纠纷解决方面的程序选择，那么产生的问题是，代表人诉讼机制与示范判决机制两者能否兼容，代表人诉讼制度重构之后，示范判决机制是不是就无用武之地了？

本书作者认为，代表人诉讼制度与示范判决制度的并存具有以下制度优势。

第一，法院有多重制度选择，适用更加灵活。对于法院而言，代表人诉讼制度与示范判决制度并存，其可以根据不同案情选择适用不同制度，不用僵硬地适用固定制度模式，不论是代表人诉讼制度还是示范判决制度都是为了高效便捷化解证券群体性纠纷，但是两种制度适用条件、具体操作都存在差异，证券群体性纠纷发展越来越复杂，情况也不尽相同，单纯适用一种制

度，不能满足现实需求。在职权主义诉讼模式下，法院依法引导适用解决纠纷机制，更能高效化解群体性纠纷，节省司法成本。

第二，当事人能根据自身情况评估适用何种制度。从当事人的角度来看，其亦可以选择适用适合自身情况的纠纷解决模式。有的当事人在看到示范判决的结果符合自己心理预期，能够接受类似的赔偿标准时，其完全可以选择参照示范判决给出的相应赔偿标准，选择与发行人调解结案，迅速解决纠纷，节约时间成本。而有的投资者更愿意选择特别代表人诉讼程序，根据《证券纠纷代表人诉讼规定》第 12 条第 2 款规定，特别代表人诉讼制度中依照法律、行政法规或者国务院证券监督管理机构的规定设立的投资者保护机构可以作为原告参与诉讼。因此两种制度并存亦为不同需求的当事人带来便利。

第三，最大限度调动社会各方资源，妥善处理证券纠纷群体性诉讼。证券群体性纠纷原告人数众多、诉讼周期长、案情复杂、技术性强，法院受理相关纠纷可能需要耗费大量人力、物力，如各方社会资源能够介入，对于妥善处理证券纠纷群体性诉讼大有裨益。两种制度的并存能充分调动相关专业机构的能动性，发挥其在处理证券群体纠纷的优势。

第四，示范判决机制的存在能够克服权利人范围提早划定的缺陷。如前所述，《证券纠纷代表人诉讼规定》第 6 条明确了权利人范围的确定方式，人民法院在公告前，应就被诉证券侵权行为的性质、侵权事实等进行审查，并应以裁定的方式确认具有相同诉讼请求的权利人范围，该条中的权利人范围，也就是说人民法院在公告之前，或者说在对案件进行实体审理之前就应确定实施日、揭露日等。对此，持反对意见的学者指出，“虚假陈述案件开放登记不宜提前划定买卖时段”，哪些投资者应该以怎样的标准获得赔偿，需要经过法院实质审理得出，其中的关键就是所谓的“双日”确定，“双日”是证券虚假陈述赔偿诉讼中争论最激烈的焦点之一，虚假陈述实施日即证券发行人的虚假记载、引人误解的陈述、重大遗漏等开始影响市场的日子，实践中不少案件涉及跨越多个年份的多次多种虚假陈述行为，故而可能会有多个虚假陈述实施日；揭示日更复杂，这包括监管机构、媒体等外部主体揭露虚假陈述的日子，也包括上市公司自我更正、自曝家丑的日子。因此，“双日”的关键事项之确定，应该由诉讼参与人在公开的庭审中充分发表理由来说明；人民法院草率确定虚假陈述实施日和揭示日，也会导致过度赔偿或赔偿不足的实体危害。[①] 本书认为，这的确是提前划定权利范围所产生的弊病，为了克服此一弊病，可借助“示范判决机制”来解决，即人民法院在正式启动代表人诉讼之前，可选择一个示范案件进行实体审理，通过生效裁判使得划定的权利人范围更为科学、合理。由此，体现出了代表人诉讼制度与示范判决机制的结合、配合。

第五，二者能够有效衔接。《证券纠纷代表人诉讼规定》在不同的程序阶段为不能或者不愿参加代表人诉讼的原告提供退出机制，如第 10 条规定已经起诉的投资者不申请撤诉，人民法院不准许其加入代表人诉讼，原诉讼继续进行；第 16 条规定代表人确定后，原告可以撤回权利登记，并可以另行起诉；第 21 条规定不同意调解方案的原告可以提出退出调解的申请，诉讼继续审理。因此，就同一证券违法事实，可能同时存在代表人诉讼与非代表人诉讼。《证券纠纷代表人诉讼规定》第 23 条明确了“代表人诉讼先行”的原则。但是，非代表人诉讼案件具有典型性且先行审理有利于及时解决纠纷的除外，即“除代表人诉讼案件外，人民法院还受理其他基于同一证券违法事实发生的非代表人诉讼案件的，原则上代表人诉讼案件先行审理，非代表人诉讼案件中止审理。但非代表人诉讼案件具有典型性且先行审理有利于及时解决纠纷的除外”。这就为二者的并存提供了法律途径与依据，因此，代表人诉讼程序在适用上不仅不排斥示范判决制度，甚至按照有利纠纷解决的原则，可以优先适用示范判决制度。故两种制度完全可以并存，互相补充，以提高化解证券群体性纠纷的效率。《上海市高级人民法院关于群体性金融纠纷示范判决机制的规定》第 26 条也特别指出，“对于依据《中华人民共和国证券法》第九十五条和《最高人民法院关于证券纠纷代表人诉讼若干问题的规定》适用证券纠纷代表人诉讼的群体性证券纠纷，应加强机制衔接，结合证券纠纷代表人诉讼特点应用本规定的相关机制和措施”。最高人民法院审

---

① 详见缪因知：《虚假陈述案件开放登记不宜提前划定买卖时段》，载《经济参考报》2020 年 7 月 14 日，第 8 版。

委会副部级专职委员刘贵祥在第四届投服论坛上也指出，“大力推广证券示范判决机制，通过证券示范判决所确立的事实认定和法律适用标准，引导其他当事人通过证券期货纠纷多元化解机制解决纠纷，加大对证券期货纠纷特别是群体性案件的柔性化解力度”。

二、内：代表人诉讼信息平台的构建

（一）代表人诉讼信息平台的必要性与优势

《证券纠纷代表人诉讼规定》第4条指出，“人民法院审理证券纠纷代表人诉讼案件，应当依托信息化技术手段开展立案登记、诉讼文书送达、公告和通知、权利登记、执行款项发放等工作，便利当事人行使诉讼权利、履行诉讼义务，提高审判执行的公正性、高效性和透明度”。该条明确了人民法院应当在案件中利用信息化技术手段开展代表人诉讼，在此基础上，有必要建立“代表人诉讼信息平台”，一方面该信息平台的建立能够实现整个代表人诉讼流程的公开、实现司法的公开透明，发挥智慧法院在代表人诉讼案件审理中的优势；另一方面在具体开展代表人诉讼过程中，建立代表人诉讼信息平台为人民法院以及投资者均提供便利。

第一，便利投资者权利登记。权利登记是代表人诉讼开展的第一步，按照《证券纠纷代表人诉讼规定》第7条、第8条的规定，在人民法院指定范围内的投资者应进行权利登记。此时，如果具备登记系统或者信息平台，权利人即可“足不出户”通过登录系统完成权利登记，人民法院也可在线进行审查。《证券纠纷代表人诉讼规定》第8条也明确规定，权利登记可以依托电子信息平台进行。在中国证券投资者保护基金有限公司开展的“万福生科”“海联讯”等证券虚假陈述纠纷先行赔付案件中，符合权利范围的投资者即可登录中国证券投资者基金保护有限公司的官方网站进行登记，高效便捷。

第二，便利代表人的推选。根据《证券纠纷代表人诉讼规定》第14条的规定，代表人的推选实行一人一票，即代表人在一定条件下需要经过投票产生，并且首次推选不出的，还需要进行二次推选。因此代表人推选工作是一个非常关键的环节。通过代表人诉讼信息平台，投资者即可在线上浏览候选人资料并进行投票。

第三，便利诉讼中的各类通知。在《证券纠纷代表人诉讼规定》中，有很多关于通知的内容，其中既有人民法院对代表人、全体原告的通知，也有代表人对全体原告的通知等。前者如《证券纠纷代表人诉讼规定》第 19 条规定，人民法院应当向全体原告送达调解协议草案；第 11 条规定，人民法院应当将审核通过的权利人列入代表人诉讼原告名单，并通知全体原告。后者如第 22 条规定，代表人变更或者放弃诉讼请求、承认对方当事人诉讼请求、决定撤诉的，应当向人民法院提交书面申请，并通知全体原告；第 27 条规定，一审判决送达后，代表人决定放弃上诉的，应当在上诉期间届满前通知全体原告。传统的通知或采取书面邮寄或采取电子邮件或采取电话等方式，产生时间与金钱成本，也正是考虑到这一点，《证券纠纷代表人诉讼规定》第 25 条特别规定，“代表人请求败诉的被告赔偿合理的公告费、通知费、律师费等费用的，人民法院应当予以支持”，该条将可能产生的“通知费”作为损失之一，足见在代表人诉讼中“通知”的重要性以及其产生成本的必然性。如通过代表人诉讼信息平台，拟发送通知的诉讼主体可以一键向目标对象进行通知，节约大量时间与金钱成本。

而且，在平台中还可嵌入常用的通知模板，便利投资者使用，司法实践中，如“上海金融法院拟定了《权利登记公告》《权利义务告知书》《原告名单通知》《代表人推选通知》《代表人推选结果公告》《调解协议草案通知》等一系列格式化文本，为今后代表人诉讼制度的顺利实施提供了可供操作的示范文本，这些文本同步嵌入代表人诉讼在线平台，系统可根据案件实际情况自动生成相应文书，大大提高了诉讼效率”。①

第四，便利赔偿款执行。投资者获得赔偿款是纠纷解决的“最后一公里”，《证券纠纷代表人诉讼规定》第 30 条规定，“人民法院应当编制分配方

---

① 《1.23 亿元赔偿款 315 名投资者 人均获赔 39 万元 证券纠纷普通代表人诉讼首案今宣判》，载上海金融法院官网，http://www.shjrfy.gov.cn/jrfy/gweb/xx_view.jsp?pa=aaWQ9NDA0MAPdcssPdcssz。

案并通知全体原告，分配方案应当包括原告范围、债权总额、扣除项目及金额、分配的基准及方法、分配金额的受领期间等内容”。通过代表人诉讼信息平台，一方面可以直接收集投资者的账户信息，另一方面可以通过信息平台向投资者发送执行分配方案，开展赔偿款的执行工作。

（二）“证券纠纷代表人诉讼信息平台”构建框架

“证券纠纷代表人诉讼信息平台”有助于人民法院、投资者、代表人等诉讼参与主体高效、便捷地开展代表人诉讼制度，充分发挥代表人诉讼制度红利。在具体构建代表人诉讼信息平台中，本书提出以下四点建议。

第一，入口设置应便于查找。为方便投资者查找以及为防投资者受到假冒网站的诈骗，信息平台登录入口可以设置在受理案件法院的官方网站或者官方微信公众号，或者统一设置在高级人民法院官方网站；先设置权利登记入口，待人民法院审查通过后，给予投资者账号信息以便投资者登录信息平台获得操作面板。

第二，环节设置应清晰简单。根据《证券纠纷代表人诉讼规定》所确定的流程，可以设置权利登记、投票、诉讼文书送达、公告和通知、权利登记、执行款项发放等模块；也可以给予每个投资者一个账号和操作面板，投资者在其中可接收人民法院或者代表人的通知以及完成特定的操作行为如推选代表人进行投票、对调解协议进行确认等。

第三，提醒设置应容易接收。建议设置重要环节的手机短信通知功能，即人民法院或者代表人每进行一步操作，如需要向原告通知或者需要投资者确认以及完成特定事项时，在系统中均可通过短信通知的方式告知投资者。

第四，账户设置应有所区别。根据《证券纠纷代表人诉讼规定》，主要的诉讼参与主体有人民法院、普通投资者、代表人，且三者在代表人诉讼中享有各自的权利、义务以及职责，因此，应当根据《证券纠纷代表人诉讼规定》所设置功能的不同，分别设置三类账户以作出区分。

第四节

证券虚假陈述纠纷前置程序的存废争议

一、前置程序由松动到废除

证券虚假陈述责任纠纷的前置程序问题，一直以来都是理论与实践争议的焦点。2002 年 1 月 15 日发布的《最高人民法院关于受理证券市场因虚假陈述引发的民事侵权纠纷案件有关问题的通知》（法明传〔2001〕43 号，已失效）第 2 条规定，“人民法院受理的虚假陈述民事赔偿案件，其虚假陈述行为，须经中国证券监督管理委员会及其派出机构调查并作出生效处罚决定。当事人依据查处结果作为提起民事诉讼事实依据的，人民法院方予依法受理”。《2003 年若干规定》第 6 条规定，“投资人以自己受到虚假陈述侵害为由，依据有关机关的行政处罚决定或者人民法院的刑事裁判文书，对虚假陈述行为人提起的民事赔偿诉讼，符合民事诉讼法第一百零八条规定的，人民法院应当受理。投资人提起虚假陈述证券民事赔偿诉讼，除提交行政处罚决定或者公告，或者人民法院的刑事裁判文书以外，还须提交以下证据：（一）自然人、法人或者其他组织的身份证明文件，不能提供原件的，应当提交经公证证明的复印件；（二）进行交易的凭证等投资损失证据材料”。

不过，在近几年的司法文件中，证券虚假陈述前置程序的规则逐渐发生松动。如 2015 年 12 月 24 日，《最高人民法院关于当前商事审判工作中的若干具体问题》中指出，“依法受理和审理虚假陈述、内幕交易和市场操纵行为引发的民事赔偿案件，维护证券交易市场上投资者的合法权益。根据立案登记司法解释规定，因虚假陈述、内幕交易和市场操纵行为引发的民事赔偿案件，立案受理时不再以监管部门的行政处罚和生效的刑事判决认定为前置条件”。

在债券方面，《债券会议纪要》第 9 条规定，“债券持有人、债券投资者以自己受到欺诈发行、虚假陈述侵害为由，对欺诈发行、虚假陈述行为人提起的民事赔偿诉讼，符合民事诉讼法第一百一十九条规定的，人民法院应当予以受理。欺诈发行、虚假陈述行为人以债券持有人、债券投资者主张的欺诈发行、虚假陈述行为未经有关机关行政处罚或者生效刑事裁判文书认定为由请求不予受理或者驳回起诉的，人民法院不予支持”。这意味着在债券纠纷领域将不适用前置程序。

《证券纠纷代表人诉讼规定》第5条规定，“符合以下条件的，人民法院应当适用普通代表人诉讼程序进行审理:（一）原告一方人数十人以上，起诉符合民事诉讼法第一百一十九条规定和共同诉讼条件;（二）起诉书中确定二至五名拟任代表人且符合本规定第十二条规定的代表人条件;（三）原告提交有关行政处罚决定、刑事裁判文书、被告自认材料、证券交易所和国务院批准的其他全国性证券交易场所等给予的纪律处分或者采取的自律管理措施等证明证券侵权事实的初步证据。不符合前款规定的，人民法院应当适用非代表人诉讼程序进行审理”。

尽管有上述司法文件的规定，但在不少股票的证券虚假陈述责任纠纷中，前置程序仍然发挥着很重要的作用，法院多以投资者没有提交相关行政处罚文书为由驳回起诉或者不予受理。如在“曾某奇与北京数码某讯科技股份有限公司、北京某华会计师事务所（特殊普通合伙）证券虚假陈述责任纠纷上诉案”中，法院以无前置程序为由不予受理：“根据《2003年若干规定》第6条的规定，投资人以自己受到虚假陈述侵害为由，依据有关机关的行政处罚决定或者人民法院的刑事裁判文书，对虚假陈述行为人提起的民事赔偿诉讼，符合《民事诉讼法》（2007年修正）第108条规定的，人民法院应当受理。相关司法解释明确规定，当事人提起证券虚假陈述责任纠纷诉讼的，应当依据‘有关机关的行政处罚决定或者人民法院的刑事裁判文书’证明证券虚假陈述事实的存在，并以此情况作为法院受理相关案件的前提条件。且该司法解释现依然有效，故本院在审查曾某奇起诉是否符合受理标准时仍应依据该司法解释确定的受理条件予以认定。曾某奇起诉并未依据‘有关机关的行政处罚决定或者人民法院的刑事裁判文书’，曾某奇所提诉讼不符合法律规定的受理条件，原审法院依法裁定对其起诉不予受理，符合相关法律规定，本院对于原审法院裁定予以维持。”[①]

在“严某与北京某高创意建筑设计股份有限公司（以下简称某高创意公司）证券虚假陈述责任纠纷上诉案”中，法院特别强调，行政监管措施并非《2003年若干规定》所要求的行政处罚：“严某依据中国证监会北京监管局作出的〔2017〕120号《中国证券监督管理委员会北京监管局行政监管措施决定书（北京某高创意建筑设计）——关于对北京某高创意建筑设计股份有限公司采取出具责令改正措施的决定》及中国证监会北京监管局作出的〔2018〕10号《中国证券监督管理委员会北京监管局行政监管措施决定书——关于对北京某高创意建筑设计股份有限公司采取出具责令改正措施的决定》，认为行政机关已经对某高创意公司给予了行政处罚，本案应予以实体审理。故本案争议焦点为中国证监会北京监管局作出的责令改正措施的决定这一行政行为是否属于行政处罚，即责令改正违法行为是否属于行政处罚的问题。首先，责令改正与行政处罚概念有别。行政处罚是行政主体对违反行政管理秩序的行为依法定程序所给予的法律制裁；而责令改正或限期改正违法行为是指行政机关在实施行政处罚的过程中对违法行为人发出的一种作为命令。其次，两者性质、内容不同。行政处罚是法律制裁，是对违法行为人的人身自由、财产权利的限制和剥夺，是对违法行为人精神和声誉造成损害的惩戒；而责令改正违法行为，其本身并不是制裁，只是要求违法行为人履行法定义务，停止违法行为，消除不良后果，恢复原状。再次，两者的规制角度不同。行政处罚是从惩戒的角度，对行政相对人科处新的义务，以告诫违法行为人不得再违法，否则将受罚；而责令改正则是命令违法行为人履行既有的法定义务，纠正违法，恢复原状。最后，两者形式不同。《行政处罚法》规定了行政处罚的具体种类，具体有：警告，罚款，没收违法所得、非法财物，责令停产停业，暂扣或者吊销许可证、执照和行政拘留等；而责令改正违法行为，因各种具体违法行为不同而分别表现为停止违法行为、责令退还、责令赔偿、责令改正、限期拆除等形式。综上，责令改正违法行为是与行政处罚不同的一种行政行为，一审法院认为责令改正措施不属于行政

---

① 北京市高级人民法院（2017）京民终544号民事裁定书。

处罚，并无不当。严某还提出深圳交易所对某高创意公司及相关当事人给予公开谴责处分，该公开谴责处分发布主体是深圳交易所，其属于对在其场所内实施证券交易的主体实施自律监管的法人机构，不属于行政监管机构，故该公开谴责处分亦不属于行政处罚。”①

在“金某、某健会计师事务所（以下简称某健所）证券虚假陈述责任纠纷上诉案”中，法院虽然认为，不能以前置程序驳回投资者的起诉，但是，最终以投资者证据不足为由驳回其诉讼请求：“2015 年 5 月 1 日起施行的《最高人民法院关于人民法院登记立案若干问题的规定》第 1 条规定，人民法院对依法应该受理的一审民事起诉、行政起诉和刑事自诉，实行立案登记制。同时，该规定第 20 条明确，以前有关立案的规定与本规定不一致的，按照本规定执行。据此，原审法院应当依照上述规定审查原告起诉是否符合《民事诉讼法》规定的起诉和受理条件。经审查，金某的起诉有明确的被告、具体的诉讼请求和事实、理由，属于人民法院受理民事诉讼的范围，符合《民事诉讼法》第 119 条规定的起诉条件，原审法院驳回其起诉不当，应予纠正。”②“本案金某主张某健所为某晶光电公司出具的 2011 年至 2014 年年报审计报告不实，提交了由其本人出具的《分析说明》，用于证明某晶光电公司相关年报存在虚假记载之嫌，某健所为某晶光电公司出具无保留意见的审计报告构成不实报告。但由于其提交的《分析说明》，属于民事诉讼证据中的当事人书面陈述范畴，不能作为依诉讼规则可认定案件事实的依据，故原审法院认定《分析说明》不能证明某晶光电公司 2011 年至 2014 年的年报存在虚假陈述，天健所出具的审计报告为不实报告，有相应的事实依据。在金某不能提交证据证明某晶光电公司存在虚假陈述，某健所存在过错的情况下，应由金某承担举证不能的不利后果。”③

2021 年中共中央办公厅、国务院办公厅印发《关于依法从严打击证券违法活动的意见》，其中指出，“健全民事赔偿制度。抓紧推进证券纠纷代表人

---

① 北京市高级人民法院（2019）京民终 346 号民事裁定书。

② 浙江省高级人民法院（2017）浙民终 72 号民事裁定书。

③ 浙江省高级人民法院（2018）浙民终 786 号民事判决书。

诉讼制度实施。修改因虚假陈述引发民事赔偿有关司法解释，取消民事赔偿诉讼前置程序”。最终，《2022年若干规定》第2条明确人民法院不得仅以当事人未提交行政处罚决定书或者刑事判决书为由裁定不予受理，彻底将前置程序废除。

二、前置程序的利弊与废除效果

《2003年若干规定》之所以要求投资者起诉需要有前置程序，是考虑到我国证券市场虚假陈述等侵权行为时有发生，如果没有民事诉讼前置程序屏障，案件数量可能很大；更主要的是，我国《民事诉讼法》规定原告人提起诉讼的条件之一就是必须有具体的诉讼请求和事实理由，以证券监管机构作出生效处罚决定为受理虚假陈述民事赔偿案件的前提，可以解决原告在起诉阶段难以取得相应证据的困难。①

自前置程序规定以来，就其存废主要有两种不同观点。反对前置程序的观点主要认为，前置程序限制了投资者诉权，该制度的创设超越了司法解释所应有的权限，前置程序即便存在，也并没有在很大程度上更有利于保护投资者利益。②支持前置程序的主要理由在于，取消前置条件可能会产生诉讼爆炸问题，我国证券市场自建立以来证券虚假陈述现象常有发生，如果贸然废除前置条件，涌入人民法院的此类案件可能使法院难以承受；保留前置条件有助于减轻投资者的证明负担，提高法院案件审理效率；取消前置程序后投资者的证据收集负担明显加重，被告的行为是否构成证券虚假陈述将成为诉讼最核心的争议焦点，因为原告必须要寻找各种能够证明被告实施了虚假陈述的各个证据，且这些证据是否具有足够的证明力原告也有权衡的负担，这反而会增加投资者的证明负担，当事人质证和法院的认证负担也将明显加重。③还有观点从美国集团诉讼暴露的弱点考察，在其他应对建议不力的情

---

① 贾纬：《〈关于受理证券市场因虚假陈述引发的民事侵权纠纷案件有关问题的通知〉的内容和理解》，载《法律适用（国家法官学院学报）》2002年第2期。

② 彭冰：《中国证券法学》（第二版），高等教育出版社2007年版，第367页。

③ 范雪飞、连环：《从两个调解案例看上市公司虚假陈述民事诉讼前置条件之缓和》，载郭文英、徐明主编：《投资者》2018年第3辑，第209页。

况下，美国学者提出赋予证券监管机关重新界定个人诉权的观点，该观点既不违反合宪性原则，也充分重视了公共执行的优势，鉴于此，我国应该在保留诉讼前置程序的基础上继续向前推进，即建议立法机关赋予证券监管机构就证券虚假陈述纠纷应否向法院提起诉讼予以审查的职权。[①]

本书认为，《2022 年若干规定》废除前置程序是必然选择。

第一，取消前置程序的进程采取了渐进式路径。《2003 年若干规定》在我国施行多年，已形成惯性，欲对前置程序作出修正，应采取渐进路径，逐步在实践中探索。实际上，从最高人民法院近年来的司法文件与司法政策看，最高人民法院采取的就是渐进式的探索，即先在一定范围内取消前置程序，后通过司法解释正式废除。

第二，从近年来的诉讼发展看，取消前置程序并不会造成诉讼爆炸等问题，毕竟从谁主张谁举证的角度看，投资者也必须提交初步的证据，投资者也必须承担证据不能而败诉的风险；而且监管机关基于执法权还会继续对一些发行人进行行政处罚，投资者还可以继续依照行政处罚决定书来起诉。

第三，取消前置程序，反而有利于强化对发行人监督。监管机关的责任改正等行政监管措施、交易所的自律监管措施等，其重要性都可以体现，也都能够作为证据使用，从而客观上强化了对发行人行为的监督。

第四，从债券的虚假陈述案件取消前置程序开始，并不会有太大的问题，尤其是银行间债券市场，机构投资者占多数，其举证能力较个人投资者要强，这一点在司法实践案件中有所体现，即便没有前置程序，机构投资者也能够举证证明发行人存在欺诈发行或者信息披露问题等。从司法实践看，目前没有前置程序的情况下，出现了投资者请求中介机构承担责任获法院支持的案件，即监管机关虽然对发行人以及相关主体作出行政处罚，但是并未对中介机构作出处罚，投资者请求能获法院支持的理由大抵有二：一方面，如前所述，债券市场机构投资者的举证能力要强于自然人投资者；另一方面，在监管机关对发行人作出处罚后，按照职责划分，发行人呈现的问题能够对应到

---

① 李海龙：《证券虚假陈述民事赔偿诉讼前置程序研究——公共执行与私人执行关系变迁的考察视角》，载《中国政法大学学报》2020 年第 2 期。

相应的责任主体，中介机构没有被行政处罚，但是与中介机构相关的事实是确定的，法院可以对法律责任作出判断与认定。此外，在债券虚假陈述纠纷司法实践中，债券持有人举证的一条路径是从破产程序相关文件中寻找发行人欺诈发行的依据，债券发行人的破产程序中，会对发行人财务状况、关联公司等全面情况梳理，其中的信息或许就与债券发行人发债时募集说明书中的记载相关信息不一致。

三、前置程序取消与配套规则

前置程序的重要性在于，其与证券虚假陈述责任的诸多法律要件相关，包括但不限于案件受理条件、信息重大性判断、实施日认定、诉讼时效认定等，是相关法律制度的“基石”与规则的逻辑起点，因此，废除前置程序后，必须构建相应的配套制度，使得没有前置程序的证券虚假陈述责任纠纷案件审理更为顺畅。对此，《2022年若干规定》主要从以下四个方面构建配套制度。

（一）起诉条件

《2022年若干规定》第2条明确人民法院不得仅以当事人未提交行政处罚决定书或者刑事判决书为由裁定不予受理，彻底将前置程序废除。不过，投资者作为原告必须提交信息披露义务人实施虚假陈述行为的相关初步证据，否则，人民法院虽然不能以前置程序为由裁定驳回投资者起诉，但是仍然可以以投资者证据不足为由判决驳回其诉讼请求。

（二）实施日认定

在前置程序存在的背景下，既有的司法实践中一般会参照行政处罚决定书中认定的事实确定实施日，所以实施日的认定在司法实践中争议比较少，更多的争议集中在揭露日认定上。不过，前置程序取消后，人民法院需要自行认定虚假陈述行为的实施日，因此，司法解释需要补充人民法院认定实施日的规则。

具体来说，证券虚假陈述行为分为积极的作为和消极的沉默，前者典型如虚假记载，后者典型如重大遗漏。相对应地，实施日不仅包括“作出”虚假陈述行为之日，还包括“发生”虚假陈述行为之日（第7条第1款）；同时，与积极的虚假陈述行为不同，消极的证券虚假陈述行为实施日的确定取决于信息披露的法定期限，如中国证监会《上市公司信息披露管理办法》第3条规定，“信息披露义务人应当及时依法履行信息披露义务”，第62条指出，“及时，是指自起算日起或者触及披露时点的两个交易日内”。因此，法定期限届满后的第一个交易日即为消极虚假陈述的实施日（第7条第2款），过往的司法案件中已有相同处理。①

（三）重大性认定

在前置程序背景下，信息重大性的认定一般与行政处罚挂钩，对此2019年《九民会议纪要》第85条特别指出，虚假陈述已经被监管部门行政处罚的，应当认为是具有重大性的违法行为。但是，在取消前置程序后，信息重大性的认定无法再依赖前置程序，故司法解释需要补充信息重大性的认定规则。

第一，推定重大性规则。即如果虚假陈述行为属于《证券法》第80条第2款、第81条第2款规定的重大事件的，或者属于监管部门制定的规章和规范性文件中要求披露的重大事件或者重要事项的（典型如中国证监会《上市公司信息披露管理办法》第22条所规定的重大事件），即可推定信息具有重大性。

第二，价格波动标准。对于重大性的实质判断主要有投资者标准与价格波动标准两种，前者如《九民会议纪要》第85条所指出的“重大性是指可能对投资者进行投资决策具有重要影响的信息”，后者如《证券法》第80条第1款指出的“可能对上市公司、股票在国务院批准的其他全国性证券交易场所交易的公司的股票交易价格产生较大影响的重大事件”。司法解释采取了后者，即导致证券交易价格或者交易量明显变化的事件才是此处的重大事件，价格波动标准更便于司法裁判。

不过，债券与股票不同，在判断发行人的虚假陈述行为与债券持有人损失是否具有因果关系时，需要考察虚假陈述的信息是否具有重大性，即发行

---

① 辽宁省大连市中级人民法院（2020）辽02民初623号民事判决书。

人虚假陈述所涉及的信息是否属于发行人财务业务信息等与其偿付能力相关的重要内容，此时，推定重大性规则仍发挥作用，例如《公司信用类债券信息披露管理办法》（中国人民银行、国家发展和改革委员会、中国证券监督管理委员会公告〔2020〕第22号）第18条规定了在债券存续期内，企业应当披露的可能影响偿债能力或投资者权益的重大事项，有助于人民法院对信息重大性的判断。

第三，预测性信息“安全港”规则。比较法上，免除善意披露预测信息者欺诈责任的制度被称为“安全港”制度，即发行人的披露预测性信息与实际经营状况有差异时可免责。在既往司法实践中，有案件的发行人认为其所披露的是预测性信息，不应对信息不实承担赔偿责任，对此，法院认为，“预测性信息所作的虚假陈述也会产生民事赔偿责任，关键在于预测性信息是否建立在合理的基础上且以诚信方式披露或确认”。[①]《2022年若干规定》第6条确立了预测性信息“安全港”规则，以此鼓励并规范信息披露义务人自愿披露前瞻性信息等软信息，不过，未充分进行风险提示的、预测性信息编制基础明显不合理的、未履行更新义务的除外。这三项除外情形也对应着监管所确立的“合理、谨慎、客观”的预测性信息披露原则。

不过，债券与股票不同，在判断发行人的虚假陈述行为与债券持有人损失是否具有因果关系时，需要考察虚假陈述的信息是否具有重大性，即发行人虚假陈述所涉及的信息是否属于发行人财务业务信息等与其偿付能力相关的重要内容，此时，推定重大性规则仍发挥作用，例如《公司信用类债券信息披露管理办法》（中国人民银行、国家发展和改革委员会、中国证券监督管理委员会公告〔2020〕第22号）第18条规定在债券存续期内，企业应当披露的可能影响偿债能力或投资者权益的重大事项，有助于人民法院对信息重大性的判断。

（四）诉讼时效认定

有无前置程序会对诉讼程序造成一定的影响，典型如诉讼时效的问题，

---

① 贵州省高级人民法院（2020）黔民终668号民事判决书。

因为按照《2003年若干规定》第5条的规定，证券虚假陈述案件的诉讼时效直接与前置程序挂钩，该条规定，投资人对虚假陈述行为人提起民事赔偿的诉讼时效期间，根据下列不同情况分别起算：中国证监会或其派出机构公布对虚假陈述行为人作出处罚决定之日；财政部、其他行政机关以及有权作出行政处罚的机构公布对虚假陈述行为人作出处罚决定之日；虚假陈述行为人未受行政处罚，但已被人民法院认定有罪的，作出刑事判决生效之日。一旦取消前置程序，就意味着诉讼时效的起算将欠缺“支点”。

司法实践中，有观点即指出，前置程序已取消，诉讼时效的起算不应再按照《2003年若干规定》进行认定，如“某信所（特殊普通合伙）与某亚科技公司、金某萍、周某辉证券虚假陈述责任纠纷上诉案”中，上诉人均指出诉讼时效的问题，“一审法院自2015年年底即已经受理部分投资者诉某亚科技公司虚假陈述案，诉讼时效应当自投资者知道或者应当知道之日起计算，本案是系列案件，投资者在2015年即知晓其权利受到了侵害，诉讼时效应当自2015年起算，在不存在诉讼时效中断、中止的情形下，金某萍于2020年1月10日提起本案诉讼，诉讼时效已经经过”。“根据《最高人民法院关于当前商事审判工作中的若干具体问题》（2015年12月24日发布）第2条的内容，因虚假陈述、内幕交易和市场操作行为引发的民事赔偿案件，立案受理时不再以监管部门的行政处罚和生效的刑事判决认定为前置条件。某亚科技公司于2015年6月4日发布《关于收到中国证监会立案调查通知书的公告》后，投资者即知道或应当知道权利受到侵害，结合前述规定，本案应从前述规定发布之日，即2015年12月24日起计算诉讼时效，本案诉讼时效在2018年12月23日即已届满，投资者的起诉应当被驳回。”但是法院认为，“本案系证券虚假陈述引发的诉讼。根据《2003年若干规定》第5条第2款关于‘因同一虚假陈述行为，对不同虚假陈述行为人作出两个以上行政处罚；或者既有行政处罚，又有刑事处罚的，以最先作出的行政处罚决定公告之日或者作出的刑事判决生效之日，为诉讼时效起算之日’的规定，诉讼时效期间应当从最先作出的行政处罚决定公告之日起计算。本案中，中国证监会针对案涉虚假陈述行为先后对某亚科技公司、某信所等作出了行政处罚决定。最先作出的行政处罚决定是针对某亚科技公司、周某辉等主体，公告时间为2018年3月1日。一审法院认定金某萍于2020年1月10日提起本案诉讼并未超过法定诉讼时效期间，认定事实清楚，适用法律正确，应予维持。某信所关于本案诉讼时效期间应当自2015年年底起算的上诉理由不能成立，本院不予支持”。[①]

有观点指出，应遵循民法一般规则，从当事人知道或应当知道权利被侵害之日起计算。[②]《民法典》第188条规定，“向人民法院请求保护民事权利的诉讼时效期间为三年。法律另有规定的，依照其规定。诉讼时效期间自权利人知道或者应当知道权利受到损害以及义务人之日起计算。法律另有规定的，依照其规定。但是，自权利受到损害之日起超过二十年的，人民法院不予保护，有特殊情况的，人民法院可以根据权利人的申请决定延长”。但是在证券虚假陈述责任纠纷中，确定“知道或者应当知道”并非易事，尤其是证券虚假陈述案件属于群体性案件，各投资者知道或者应当知道自己受到侵害的时间并不相同，这将给案件审理带来极大困难。

正因如此，有观点指出，“在取消前置程序前提下，揭露日的认定对民事赔偿案件具有不同寻常的多重价值意义，它不仅是判断投资者范围及损失以及与虚假陈述因果关系的关键因素，也是整个民事赔偿诉讼时效的起算点”。[③] 基于证券虚假陈述责任纠纷的群体性特性，便于代表人诉讼与示范判决的开展，应当认为，即便不同投资者各自知道权利被侵害的时间不相同，但就整个证券民事赔偿案件而言，应以大多数投资者知道或应当知道权利被侵害作为诉讼时效的起算点，这样，揭露日也就成为虚假陈述民事赔偿案件诉讼时效的起算点。[④] 在司法实践中，也有案件的发行人主张以揭露日作为诉讼时效起算点，如“鲁某涛与大连某福控股股份有限公司证券虚假陈

---

① 四川省高级人民法院（2021）川民终179号民事判决书。

② 王敦平、梁会青:《证券投资者利益保护的诉讼法视角——论证券民事赔偿诉讼制度》，载《广西政法管理干部学院学报》2005年第1期。

③ 陈洁:《证券民事赔偿诉讼取消前置程序的司法应对——以虚假陈述民事赔偿为视角》，载《证券市场导报》2021年第5期。

④ 陈洁:《证券民事赔偿诉讼取消前置程序的司法应对——以虚假陈述民事赔偿为视角》，载《证券市场导报》2021年第5期。

述责任纠纷案”，发行人指出本案诉讼时效应从虚假陈述揭露日，即 2016 年 12 月 2 日开始起算，原告诉请已超过法定三年时效，丧失胜诉权。[①]《2022 年若干规定》第 32 条第 1 款增补此一规则，较为符合证券虚假陈述案件的群体性特征，也较为符合诉讼时效自权利人知道或者应当知道其权利被侵害之日起算的原理，对于人民法院审理案件亦更为便利。不过，正如本书前述，揭露日作为诉讼时效起算点的规则与推定揭露日规则相结合，可能导致《2022 年若干规定》实施后部分投资者即已经丧失了提起证券虚假陈述责任纠纷的诉讼时效利益。

① 辽宁省大连市中级人民法院（2020）辽 02 民初 623 号民事判决书。

第八章

债券发行人破产中债券持有人的权益保护

本章导读〉〉〉

在市场化、法治化的债券违约处置中，破产程序是司法化解债券违约危机的重要方式之一。事实上，当债券发行人出现《企业破产法》第2条规定情形从而进入破产程序，在客观上有利于债券持有人利益的保护，尤其是能够保障债券持有人的平等受偿。由于债券持有人属于广义债权人，因此债券持有人在破产程序中多应遵循《企业破产法》一般规定。本章拟就破产程序中涉及债券持有人的特殊问题以及已经在司法实践中出现的相关问题作出阐述，主要包括以下四个部分，一是债券持有人的债权申报、表决权行使；二是破产程序对债券违约诉讼中债券持有人损失认定的影响；三是就偏颇清偿在债券清偿中的适用进行探讨；四是结合《担保制度司法解释》就债券发行人破产时的担保责任进行分析。

第一节

债券类债权的申报模式之选择

无论是破产清算、重整还是和解，对于债券持有人利益的维护均各有其优势，而破产重整程序“作为积极挽救企业的再建型债务解决制度，不像破产清算那样，简单地将债务人的财产公平分配给债权人而使其消灭，也不像和解那样，只是调整债务关系，并不涉及企业的资产与业务重组，消极地避免债务人被宣告破产”[①]。重整是一种“帮助债务人摆脱困境的‘积极’拯救程序”。[②] 因此，在市场化、法治化化解债券违约时，应充分发挥破产程序尤其是破产重整的重要作用。中国银行间市场交易商协会 2019 年 12 月 27 日发布的《银行间债券市场非金融企业债务融资工具违约及风险处置指南》（中市协发〔2019〕161 号）第 15 条、第 17 条提及，破产程序是维护持有人合法权益的重要途径。

近年来，债券市场中发行人被申请破产重整的案件数量逐渐增多，根据光大证券研究所的统计，被申请破产重整的发债主体数量由 2014 年的 1 家升至 2019 年的 20 家（见表 3）；但是同时，由于“现行破产法在制定时未预见到债券市场的快速发展，对于债券类债权在破产程序内的特殊性考虑不足”。[③] 就重整程序中涉及债券的相关部分，日渐凸显出一些亟待解决的法律问题。

---

① 王欣新：《破产法》（第三版），中国人民大学出版社 2011 年版，第 235 页。

② 李永军、王欣新、邹海林、徐阳光：《破产法》，中国政法大学出版社 2017 年版，第 216 页。

③ 李曙光：《以法治保障助力债市发展》，载《金融市场研究》2019 年第 12 期。

表 3 发行人被申请破产重整案件数量[①]

年 份	被申请破产重整的发债主体数量（家）
2014	1
2015	4
2016	3
2017	2
2018	9
2019	20

为此，《债券会议纪要》在多处规定了破产程序中债券持有人权益保护的规则。如第 5 条规定债券受托管理人具有申请发行人破产重整、破产清算的资格；第 16 条规定发行人重整计划草案、和解协议进行表决时债券持有人的重大事项保留权；第 17 条规定债券持有人会议授权的受托管理人或者推选的代表人具有债委会成员资格；第 20 条规定律师费等作为破产程序中的共益费用；第 33 条规定明确破产管理人的信息披露义务，破产管理人亦是信息披露义务主体，对破产管理人提出了较高的要求；第 34 条规定破产管理人无正当理由不予确认债权的赔偿责任，由于《债券会议纪要》明确了债券受托管理人参与破产程序的主体资格，此问题不再有争议，破产管理人应及时对债券受托管理人所申报的债权予以确认。

尽管如此，在破产重整实践中仍有相关争议问题未在《债券会议纪要》中解决，例如，债券持有人在破产程序中首要面临的问题是债权申报。

一、债券类债权申报的三种方式

在人民法院裁定受理发行人破产重整申请后，依据《企业破产法》第六章的相关规定，债权人可以依照相关程序向破产管理人申报债权。就债券发行人破产程序中债券持有人的债权申报，主要有以下三种方式。

第一，债券持有人个别申报，以下简称“个别申报型”。此即债券持有

---

① 张旭、危玮肖、廖雪:《债券违约后续跟踪之破产重整的新变化——债券违约专题研究之十》，载和讯网 2020 年 1 月 13 日，http://bond.hexun.com/2020-01-13/199950148.html。

人依据登记结算机构出具的持有人证明文件向破产管理人申报债权，此为实务中的主要模式。

如本书前述，在债券交易中，债券持有人主要是金融机构及其管理的资管计划，并且后者占绝大多数，即资产管理人通过其管理的资管计划（或资管产品等）购入债券。此时，证券登记结算机构出具的持有人信息显示，债券持有人为资管计划。但是资管计划并非在《民法典》或《民事诉讼法》中所被认可的民事诉讼主体，无论是在诉讼中还是债权申报中，究竟谁来起诉、谁来申报债权都存在争议与不明确。本书此前指出，基于资产管理的信托法律属性，此时的行权主体，也就是民事诉讼的起诉主体与破产程序中债权申报主体，应为资管计划的管理人。[①]《债券会议纪要》第7条明确了资管产品管理人的诉讼主体资格，故当资管计划为“债券持有人”时，应由资管计划的管理人向破产管理人申报。

第二，债券受托管理人代为申报，以下简称“统一申报型”。此即债券受托管理人代债券持有人向破产管理人统一申报债权。就债券受托管理人能否代表债券持有人申报债权，一种观点认为，债券受托管理人有权代表债券持有人申报债权、参与破产程序，这既是债券受托管理人的权利，也是债券受托管理人的义务。另一种观点则认为，债券受托管理人不能代表债券持有人以自己的名义参与破产程序，因其不属于争议法律关系的当事人。2019年12月28日修订通过的《证券法》第92条第3款规定：“债券发行人未能按期兑付债券本息的，债券受托管理人可以接受全部或者部分债券持有人的委托，以自己名义代表债券持有人提起、参加民事诉讼或者清算程序。”该条从法律层面明确了债券受托管理人在发行人破产时参与破产程序的主体资格。需要说明的是，尽管该条表述的是“清算程序”，但是从“参加民事诉讼”这一表述看，应对“清算程序”作扩大解释，应包括破产重整、清算、和解。《债券会议纪要》第34条明确，受托管理人根据债券募集文件或者债券持有人会议决议的授权，依照债券登记机关出具的债券持仓登记文件代表全体债券持有人所申报的破产债权，破产管理人应当依法及时予以确认。

---

① 对此详见本书第二章关于诉讼主体的分析。

第三，债券持有人个别申报与债券受托管理人统一申报相结合，以下简称“混合申报型”。即既有债券持有人自身向破产管理人申报债权，又有债券受托管理人代部分债券持有人申报债券。此系因此，债券受托管理人代债券持有人申报债券，往往需要获得债券持有人会议的授权，如果其未获授权或者尽管债券募集文件赋予债券受托管理人申报债券的权利与义务，但是部分债券持有人仍基于其他原因而自行申报债权。

上述三种方式各有其优劣。“个别申报型”能够最大限度地维护债券持有人自身的利益，保证债权申报的准确性；相应地也导致破产管理人和法院的重复性工作，不利于破产债权申报乃至整个破产程序的推进效率，亦使债券受托管理人的职责形同虚设。“统一申报型”具有效率高、重复性工作少、发挥债券受托管理人职责等优势；而缺点在于可能忽略个别债券持有人的诉求。就“混合申报型”而言，其兼具前两种方式之优势，但是可能导致法律关系的复杂化。

二、应采债券受托管理人统一申报模式

本书认为，债券持有人的债权申报模式，应采“债券受托管理人申报为原则，债券持有人申报为例外”的方式，也即“统一申报型”。

第一，此种方式符合《证券法》第 92 条的立法目的。如前所述，《证券法》第 92 条赋予债券受托管理人提起诉讼、参加民事诉讼、破产程序等方面的职责，此系 2019 年《证券法》修订加强投资者保护的重要方式。因为“近年来随着公司债券打破刚性兑付，违约事件普遍化，债券投资者集体行动难题日益突出。为此有必要建立一套行之有效的债券持有人利益代言机制，打破个体‘理性冷漠’下的维权困境”。[①] 此规定意在压实债券受托管理人职责，发挥其代表债券持有人维护权利的功能，此立法目的应予以贯彻。

第二，此种方式符合破产程序快速推进的目的。就债券发行人的破产程序，有观点认为破产程序耗时耗力，可能发生对债券持有人保护之不利。[②]

---

① 洪艳蓉：《新〈证券法〉债券规则评析》，载《银行家》2020 年第 3 期。

② 王海全、黄滨、姚林华：《我国债券市场违约与债券投资者权益保护问题探析》，载《新金融》2016 年第 10 期。

近年来，为提升破产的效率和优化营商环境，最高人民法院出台不少文件与措施加快破产程序的推进，尤其是近年来《破产会议纪要》《企业破产法司法解释三》《九民会议纪要》等文件中涉及的相关制度，极大地提升了破产程序的效率；最高人民法院2020年发布了《关于推进破产案件依法高效审理的意见》。而在债券持有人的债权申报中，毫无疑问，由债券受托管理人统一申报债权能够提升破产程序的效率，减少破产管理人的重复性审查，“受托管理人对违约债券对应债权的统一申报不仅可以免去个体的持有人反复向破产管理人申报同类债权的麻烦，还便于破产管理人统一沟通债权审查结论并根据审查结论作出相应的偿债安排”①。尤其是随着违约债券转让规则健全，违约债券转让普及后，若债券持有人单独申报，则一旦发生债券转让，不只受让债券的持有人需重复申报，破产管理人也将重复审查；而由债券受托管理人统一申报，则完全可避免此类问题，极大地提升效率。

第三，此种方式符合债券受托管理人的职责定位。债券受托管理人代表全体债券持有人申报债权乃是其基本的职责，规则设计应最大限度地使其发挥该项职能。

第四，此方式符合《债券会议纪要》的相关精神。《债券会议纪要》指出，“应当进一步明确破产管理人及时确认债权、持续信息披露等义务，确保诉讼程序能够及时进行，保护债券持有人的合法权益，切实做到化解风险，理顺关系，安定人心，维护秩序”；同时，从《债券会议纪要》关于诉讼主体资格、管辖等相关规定可以看出，《债券会议纪要》意在节约司法资源、提高诉讼程序效率。因此，“统一申报型”应为最符合《债券会议纪要》精神的债权申报方式。

当然，债券持有人的利益亦不应被忽视，规则设计也应一并注重防止债券受托管理人有侵害债券持有人利益的行为。因此，当债券受托管理人怠于履行职责时，如出现怠于申报债权等行为，应赋予债券持有人自行申报的权利；同时，若因债券受托管理人怠于行使职责而给债券持有人造成损失，债

---

① 袁康、汪舒楠:《破产重整中的违约债券处置及其利益平衡》，载《中国软科学》2021年第5期。

券持有人有权要求债券受托管理人承担损害赔偿责任，此也为《债券会议纪要》第25条所确认，该条明确受托管理人应“勤勉尽责”，否则应承担“相应的责任”。

第二节
债券持有人表决组的设置与表决权行使

一、债券持有人表决组的设置

债券持有人本质上为债权人，其一般对应《企业破产法》第82条中的普通债权人与担保债权人。对此，有观点认为，债券持有人的表决权只能划分到普通债权人中，这种粗略的划分未反映不同利益主体的需求，有碍公平；为保护债券持有人之利益，应当在重整时设立单独的表决组，以维护债券持有人在重整时的利益。[①]《债券会议纪要》对此并无相应规定。

实际上关于债权人分组的问题，非债券类债权人所独有，这涉及重整计划表决中表决组的设置。各国立法对重整程序中债权人的分组有两种规定模式，一种是强制性分组，即在法律列举的分组之外，法院和当事人均不能再设置新的其他组别；另一种是任意性分组，即在法律列举的分组之外，法院和当事人可以再设置新的其他组别。

尽管对于我国《企业破产法》第82条的债权人分组属于强制性分组还是任意性分组在理论上存在争议，但是实践中绝大多数的破产重整表决组均划分为担保债权人组、劳动债权人组、税款人组、普通债权人组四组；在特

① 朱晓娟:《公司重整中债券持有人权利保护机制的构建》，载《社会科学》2019年第6期。

殊情形下，再增加小额债权人组、出资人表决组。因此，一般而言，债券持有人并没有单独的表决组。但为更加精细化地划分债权人，并最大限度地反映不同债权人的意见，提高重整程序的效率，有不少观点提出，法院不应当固守法定的表决组织形式，在法定的同一表决组内，依照需要可以引导当事人设立不同的表决组，对重整计划进行分组表决。[①]

就债券持有人是否单独设置表决组。本书认为，一方面，实践中，不少重整案例在普通债权中区分金融债权与非金融债权，或者在偿债方案中分别规定不同债权人的偿债比例，也具有客观上的分组效果。[②]另一方面，是否单独设置表决组亦应当视破产债务人的具体情形而定，如发行债券的数量、规模等；也应根据债券是债券受托管理人代表债券持有人统一申报、参与，还是债券持有人自己申报、自己参与进行区分，前者可能并无单独设置表决组的必要（当然，存在多只债券的可能需要单独设置表决组），后者则可能更应为债券持有人单独设置表决组。

二、债券持有人表决席位与方式的确定

如果说债权申报模式仅仅是形式或者说程序性问题，那么表决权、表决席位问题则是实质和实体性问题。破产重整中的表决席位至为重要。就重整计划草案的表决，《企业破产法》第 84 条规定，"出席会议的同一表决组的债权人过半数同意重整计划草案，并且其所代表的债权额占该组债权总额的三分之二以上的，即为该组通过重整计划草案"。即重整计划草案的通过需要满足债权人人数过半数和债权额过三分之二两项条件。无论是前述的"自行申报型""统一申报型"还是"混合申报型"，均存在关于表决权席位确定的问题。

（一）"自行申报型"中的表决席位

前文提及，债券持有人往往通过资管计划购入债券，此时应由资管计划

---

① 邹海林:《破产法——程序理念与制度结构解析》，中国社会科学出版社 2016 年版，第 406-408 页。

② 许德风:《破产法论》，北京大学出版社 2015 年版，第 493 页。

的管理人具体申报债权。尽管《债券会议纪要》明确了资管计划的行权资格问题，但是，当多个资管计划购入债券，且多个资管计划的管理人同一时，在破产重整中表决席位如何确定仍有疑问。如a资管计划、b资管计划、c资管计划均购入了发行人发行的某只债券，而前述三个资管计划的管理人均是A金融机构，此时是赋予A金融机构1个表决权还是3个表决权存在争议。一种观点认为，资管计划的管理人是行权主体，资管计划不是法律意义上的主体，故债权人人数为1，表决权数量为1；另一种观点则认为，此时债权人人数应按照资管计划的数量确定，即为多。本书作者赞同后一种观点，理由如下。

第一，从法理逻辑上看，尽管本书前述，资管计划无法成为严格法律意义上的法律主体，进而其行权人只能是资管计划的管理人。但是，不能忽视在金融实践以及相关行业规范中，资管计划被视为“主体”的普遍做法。故在债权人人数确定方面，应区分“形式上的主体”与“行权上的主体”，即资管计划的管理人同一，只表明行使权利的主体都是同一个管理人，但不能因此而将各个资管计划视为一个债权人并只给予一个席位，这样的处理在逻辑上不具有合理性，也不利于债券持有人利益的维护，更是人为地在债券持有人之间作出了区别对待。

第二，从资管计划的内部关系看，尽管资管计划的管理人同一，但不同的资管计划委托人各不相同，在资管计划委托人众多之时，其内部亦有决策机制。依照资管计划内部的决策机制，不同的资管计划的决策结论并不相同；况且就目前尚存的通道业务之下的资管计划，决策权在委托人而不在资管计划管理人。正常情形下，资管计划的管理人会根据不同资管计划的决策机制而作出决定，而将表决权数量化整为一将导致资管计划管理人无法行权，不符合资管计划的运行逻辑与现实情况，因为资管计划管理人管理的a资管计划可能同意重整计划草案，而其管理的b资管计划可能恰恰相反不同意重整计划草案，只有一个表决权席位将导致资管计划管理人难以表决。

故本书认为，多个资管计划管理人同一的，应认定为多个债权人而非只有一个债权人，不能因为不同资管计划的管理人同一就只给予一个表决席位、一个表决权。可以看到，《2022年若干规定》第30条第1款在投资差额损失计算时，特别新增规定，指出“证券公司、基金管理公司、保险公司、信托公司、商业银行等市场参与主体依法设立的证券投资产品，在确定因虚假陈述导致的损失时，每个产品应当单独计算”。这充分表明，虽然证券投资产品的管理人同一，但是不应认为各个证券投资产品丧失独立性，相应地，在前述表决席位确定上亦同。

（二）“统一申报型”与“混合申报型”的表决席位

除了前述“个别申报型”中所面临的表决席位问题，在“统一申报型”和“混合申报型”中也存在同样的问题。在“统一申报型”中，由于债券受托管理人代表全部持有人申报债权，债券受托管理人仅为一人，故产生表决权数量是一还是多的问题。在“混合申报型”中亦然，代表部分债券持有人的债券受托管理人申报债权后，表决权数量是一还是多?

“统一申报型”中，若认为债券受托管理人只有一个表决席位，则有观点认为，这将造成债券持有人处于劣势地位；因为，债券持有人本可自行申报债权并获得表决席位行使权利，由债券受托管理人统一申报反倒导致了其表决席位的减少，不利于债券持有人利益的表达与实现。在“混合申报型”中产生的问题更为严重，因为这种模式导致债券受托管理人代表的持有人与单独申报债权的持有人之间的表决席位差别，由于单独申报可以获得更多的表决席位，可能最终导致债券受托管理人统一申报名存实亡。

本书认为，债券受托管理人申报债权，对应的是表决权席位为一；债券持有人各自申报债权，对应的表决权席位为多。这是两种不同的模式，各有优劣。无论采用哪种方式，都需要保证规则的统一。不能一只债券是债券持有人各自申报，从而债券持有人各自行使表决权，而另一只债券是受托管理人统一申报而享有一个表决权；更不能在一只债券内部，受托管理人统一申报的是一个表决权席位，而自行申报的债券持有人有多个表决权席位。

在规则统一的前提下，才能继续讨论上述两种模式孰优孰劣。前文提及，在债权申报上，应由债券受托管理人统一申报，故相应地，债券受托管理人也享有一个表决席位，具体理由如下。

第一，一个表决席位未必不利于债券持有人。担忧的观点认为，若只赋予债券受托管理人一个表决席位，则对众多的债券持有人利益保护恐有不周。但是从表决机制上来说，重整计划草案的通过需要债权人人数过半同时债权额过三分之二，债券受托管理人在获得一个表决权席位的同时，其代表的债权额数量也同时最大化，债权额数量的增大也意味着拥有更大的话语权。从这个角度而言，债券受托管理人一个表决权席位并不一定就是对债券持有人利益保护的弱化；相反，若债券持有人分别享有表决权，则债券持有人各自分散，其利益诉求也难以得到统一的表达和实现。

第二，债券受托管理人享有一个表决权席位的机制也与前述债权申报模式相一致。此模式能够充分发挥债券受托管理人应有的职能；否则，债券持有人各自具有表决席位、债券持有人各自具有表决席位同时债券受托管理人具有一个表决席位的两种方式，将架空债券受托管理人制度并造成表决机制的混乱。

第三，债券受托管理人享有一个表决席位也与债券持有人会议的运行机制相协调。通过重整计划此种关乎债券持有人根本利益的事项，在债券受托管理人表决时，必然须经债券持有人会议表决通过。若债券持有人会议作出同意或者不同意重整计划的决议，债券受托管理人依此进行表决即可。如此，债券持有人会议与债权人会议相协调，各自发挥功能。有疑问的或许在于，若债券持有人会议作出应当同意或者不同意重整计划的决议，其中持少数意见的债券持有人是否可以单独行使表决权？本书认为不能，一则，此为团体治理和多数决机制的制度运行逻辑，除非债券持有人会议本身存在违反持有人会议规则、法律或者行政法规的强制性规定，存在可撤销或者无效之事由，否则，少数意见应服从依照议事规则而形成的议案。二则，若此时再允许债券持有人单独行使表决权，又再次造成表决机制的混乱。故一旦形成有效决议，债券受托管理人即应按照持有人会议的决议结论在债权人会议中行使表决权。

（三）《债券会议纪要》对表决权的设置

《债券会议纪要》并没有对破产重整程序中表决席位的问题作出明确规定，但是从相关规则中似可以看出《债券会议纪要》对此问题的态度。

首先，《债券会议纪要》第 16 条对债券持有人重大事项决定权的保留作出规定，该条指出，“债券持有人会议授权的受托管理人或者推选的代表人在破产程序中就发行人重整计划草案、和解协议进行表决时，如未获得债券持有人会议特别授权的，应当事先征求各债券持有人的意见或者由各债券持有人自行决定”。同时，《债券会议纪要》第 15 条规定，第 16 条所规定的事项不适用“少数服从多数”的决议规则。也就是说，就破产程序中重整计划草案表决，如果债券持有人对重整计划草案有不同意见的，那么其仍然可以不受债券持有人会议决议结果的约束，自行行使表决权。

由此，就重整计划草案的表决，可能既有债券受托管理人代表部分持有人表决，也有持有人自行表决；如果如本书前述债券受托管理人应持有一个表决权，其他债券持有人分别行使表决权，那么就出现了表决的混乱情况。

可能的解释是，即便债券受托管理人获得了特别授权，但是其具有的表决权数量是给予债券受托管理人特别授权的持有人的数量，如 100 个债券持有人中有 60 人赋予受托管理人特别授权，那么受托管理人拥有的表决权数量是 60，其他 40 名债券持有人分别行使表决权。

换言之，《债券会议纪要》仍然是债券持有人表决权一人一票的机制，此种方式当然具有合理性，但是如前所述，此种方式并不能充分发挥债券受托管理人的职能与优势，同时与债券持有人会议的团体治理不符。

（四）违约债券转让常态下的债权申报与表决席位

“甲之砒霜、乙之蜜糖”，为健全债券违约处置机制，保护投资人合法权益，违约债券转让的规则近年来相继推出。2019 年 5 月 24 日，中国证监会指导沪、深交易所分别联合中证登发布《关于为上市期间特定债券提供转让结算服务有关事项的通知》（上证发〔2019〕59 号、深证上〔2019〕303 号），对违约债券等特定债券的转让、结算、投资者适当性、信息披露等事项作出安排；2019 年 12 月 31 日，中国人民银行发布公告明确银行间债券市场到期违约债券转让有关事宜；2020 年 3 月 24 日，全国银行间同业拆借中心发布《银行间市场到期违约债券转让规则》（中汇交发〔2020〕39 号），明确了银行间市场到期违约债券转让规则。违约债券转让规则日趋完善。

人民法院受理破产申请后，债券持有人仍有权转让债券，此为交易关系私法性质的当然之意。前述关于违约债券的转让规则无疑为债券持有人的权利维护增加了新的渠道与途径，有利于债券违约危机的化解。

但是，在破产程序申报债权与表决席位确定的过程中，仍有以下问题需要明确。需要说明的是，以下两个问题均是债券持有人各自申报债权的模式中存在的问题。

首先，如前文所述，破产重整的表决中，表决席位数量有着重要作用。由此，在重整案件的实践中，有个别债权人为了增加在表决中的话语权，将其持有的债权“分拆出售”，由此增加表决权数量。尽管法律、司法解释并未明确此时应如何行使表决权，但是相关司法实践对此提出规制方案。如北京市第一中级人民法院《北京破产法庭破产重整案件办理规范（试行）》（京一中法发〔2019〕437号）第105条规定，“债权人为控制表决结果，将同一笔债权向多个受让人转让的，人民法院仍然按照转让前的债权状态确定其表决权”。《深圳市中级人民法院破产案件债权审核认定指引》（深中法发〔2017〕5号）第33条规定，“债权人在破产案件受理后转让债权的，受让方自债权转让通知管理人之日起以自己的名义行使权利。但债权人为了增加表决权数量将同一笔债权向多个受让方转让的除外”。《四川省高级人民法院关于审理破产案件若干问题的解答》（川高法〔2019〕90号）规定，“破产程序中不禁止债权转让，但为了避免个别债权人利用债权分割达到多受偿或者控制表决结果的目的，破产程序中的债权转让应当予以规范，不能因债权转让而改变原债权的表决权利，包括金额和表决票数。具体区分下列情形：（1）若一个债权人将其债权进行分割后转让给多个主体，各受让人的表决金额可按其受让债权金额分别统计，但表决票数应合计按一票统计，各受让人的表决票数为其受让债权金额占分割转让前债权金额的比例。同时，为避免债权人利用债权分割转让而获益，债权分割转让后的债权受偿总额不得高于转让前原债权的受偿金额。（2）若转让时多个主体对同一债权概括受让，新债权人彼此之间不区分份额，为共有关系，仍系同一主体，享有一个表决权。（3）若同一主体在破产程序中受让多个债权人的债权，则受让人以其受让的债权总额行使表决权，且仅享有一个表决权。在分组表决时，如受让人受让的债权类型存在于多个表决组，则在各表决组分别享有一个表决权。均有类似规定。因此，若债券持有人存在此种情形，前述规则对于限制表决权行使提供了参考”。

其次，破产债权的申报与确认存在期限，因而不能允许债权无限制地转让。在实践中，破产管理人往往明确确定债权人身份的最后期限，如债权申报届满日、第一次债权人会议召开之日等。债券持有人亦为债权人之一种，亦应遵循破产管理人就债权申报确立的相关规则。由于违约债券转让还涉及相关的交易规则，因此，本书认为，妥当的方式则是在违约债券转让的规则中，加入人民法院受理发行人破产这一情形，明确规定，若人民法院受理发行人破产，则自此之后的特定时间段（如之后的15日、20日等）内可进行转让交易。若以后违约债券转让规则中增加此情形，破产管理人在设置确认债权人身份的相关期限时，应对前述情况加以协调与考虑。

由此可以看出，债券持有人在一般意义上属于债权人的范畴，因而涉及债券持有人的问题，一般依照《企业破产法》及相关法律、司法解释确定的规则即可。但是，债券属于证券之范畴，又有其特殊性和特殊制度，如债券持有人人数的群体性、各债券持有人利益同质性、债券受托管理人制度、债券持有人会议制度以及各交易市场的特殊规则，故在破产重整中也应基于上述特殊性对相关问题作出妥当安排。

第三节
发行人破产对债券持有人损失认定的影响

一、发行人破产对债券违约诉讼的影响

在发行人的破产申请被人民法院受理前或者之后，仍然存在债券持有人请求发行人偿付本息的债券违约诉讼，就此时的损失认定应注意以下方面。

其一，破产申请受理时债券利息连同违约金一并停止计算。《企业破产法》第46条规定，“未到期的债权，在破产申请受理时视为到期。附利息的债权自破产申请受理时起停止计息”。因此，出现发行人破产时，人民法院认定债券利息应依照前述规定。此外，如前所述，有的募集文件明确了到期未付本息时的违约金（逾期利息），对于这部分违约金，在司法实践中亦有裁判采此种处理模式，如在“某海证券股份有限公司与大连某床集团破产债权确认纠纷案”中，法院认为：“在本案审理期间，大连某床集团与某床营销公司均被法院裁定受理重整申请，根据《企业破产法》第46条第2款关于付利息的债权自破产申请受理时起停止计息的规定，虽未明确违约金是否属于应停止计算的利息，但是为了及时确认债权数额，逾期付款违约金的截止时间也应当参照上述规定，故应从2017年2月8日起至2017年11月10日止计算逾期付款违约金的数额为2937068.75元。上述本息与违约金合计53795402.08元。”①

本书作者赞同此种处理方式，这主要是因为，破产停止计息的规则主要是为了在破产程序开始时确定所有债权，保证破产程序的顺利进行和全体债权人的公平清偿，② 停止计算违约金亦为相同道理，这种方式也在地方法院的规范性文件中得以确认。③

其二，人民法院受理发行人破产后，债券持有人的给付请求可以变更为确认债权的请求，人民法院也可以作出给付判决。在人民法院受理发行人破产申请之前，已经有债券持有人向人民法院起诉发行人请求偿付本息以及其他损失。在人民法院受理发行人破产申请后，对于这些未决的债券违约诉讼，

---

① 江苏省常州市中级人民法院（2017）苏04民初135号民事判决书。

② 参见王卫国：《破产法精义》，法律出版社2007年版，第135-136页。

③ 如《深圳市中级人民法院破产案件债权审核认定指引》（深中法发〔2017〕5号）第54条规定：“债权人申报的破产案件受理日以后的需债务人承担的债务利息不予认定”；第55条规定：“本指引所称的债权利息，包括依照法律法规、生效法律文书、合同以及根据交易习惯应当计算的利息、逾期利息、罚息、复利、逾期还款或付款的违约金或滞纳金、资金占用费等。”《北京市高级人民法院企业破产案件审理规程》第157条规定：“破产申请受理前已产生违约金的，该违约金计算至破产申请受理之日。”

实践中有的债券持有人将给付请求变更为确认债权请求，[①]有的人民法院依职权将给付之诉变更为确认债权之诉，[②]还有的债券持有人经人民法院释明后变更诉讼请求。之所以会将给付请求变更为确认债权请求，主要是为了避免与破产程序中发行人不得进行个别清偿的规则发生冲突，实现与破产程序的衔接，《最高人民法院关于〈中华人民共和国企业破产法〉施行时尚未审结的企业破产案件适用法律若干问题的规定》（法释〔2007〕10号）第9条第2款也规定，“债权人就争议债权起诉债务人，要求其承担偿还责任的，人民法院应当告知该债权人变更其诉讼请求为确认债权”。但是，按照2019年《九民会议纪要》第110条的相关精神，人民法院没有必要向当事人释明改为确认之诉，管理人根据给付判决也能够确认债权，但是人民法院应在给付判决中说明，权利人只能在破产程序中依法申报债权，不能据此获得个别清偿。[③]因此，债券持有人变更诉讼请求、人民法院作出给付判决均无不可。

其三，债券受托管理人、债券持有人的各自起诉、申报债权并不矛盾，但债券持有人不能重复获利。在当前的债券违约纠纷中，主要存在两种起诉方式，一种是债券持有人个别起诉，另一种是债券受托管理人集中起诉，二者的关系应当遵从《债券会议纪要》第6条的规定。在破产程序中的债权申报中也同时存在集中申报与个别申请申报两种，既可以由债券持有人依据登记结算结构出具的持有人证明文件向破产管理人申报债权，也可以由债券受托管理人代债券持有人向破产管理人统一申报债权。比较而言，由债券受托管理人统一申报债券，更符合《证券法》第92条的立法目的、破产程序快速推进的目的，也符合债券受托管理人的职责定位。在这样的背景下，实践中，可能出现债券持有人已经单独向破产管理人申报了债权，但是债券受托管理人仍然在诉讼程序中向发行人主张偿付本息的情况，对此应认为，债券持有人申报债权与债券受托管理人集中起诉之间并不矛盾，

---

① 北京市第二中级人民法院（2016）京02民初185号民事判决书。

② 浙江省金华市中级人民法院（2019）浙07民初188号民事判决书。

③ 参见最高人民法院民事审判第二庭：《〈全国法院民商事审判工作会议纪要〉理解与适用》，人民法院出版社2019年版，第559页。

但是，人民法院应当明确，此时各实际债券持有人不能因此而重复享有利益。如在“某山证券有限责任公司（以下简称某山公司）与某阳集团股份有限公司公司债券交易合同纠纷案”中，法院指出：“关于某安信托公司已向管理人申报债权，其债权数额应从某山公司主张的总数额中扣除的答辩意见。如前所述，某安信托公司向管理人申报债权是在破产程序中主张自身的合法权利，并不影响某山公司代理某安信托公司在本案中起诉主张其债权。某山公司的债权经本案确认后，债券持有人可依据本案结果和购买债券的实际情况向某山公司和管理人主张自身的合法权利，本院对此答辩意见不予采纳。但需要说明的是，各实际债券持有人不能因自身的起诉和某山公司代理其起诉、自身申报债权和某山公司代理其申报债权而重复享有利益”。[①]

二、债券发行人破产对担保责任的影响

对于发行人破产程序中的担保责任，多依照《企业破产法》以及《民法典》《担保制度司法解释》的规则进行处理即可，本部分结合债券纠纷司法实践中常见的问题进行阐述。

第一，破产受理时担保债务同时停止计息。《企业破产法》第 46 条规定，“未到期的债权，在破产申请受理时视为到期。附利息的债权自破产申请受理时起停止计息”。对于担保债务是否同时停止计息，《担保制度司法解释》第 22 条明确，人民法院受理债务人破产案件后，担保债务同时停止计息。

对于此问题，理论与实践存在较大分歧，“肯定说”认为，根据担保的从属性原则，担保责任范围应以主债务人实际承担的责任范围为限，故应停止计息；“否定说”则认为，破产止息规则是破产法作出的特殊安排，调整对象为破产债务人与其债权人之间的法律关系，担保人不得援引本条。[②] 在《担

---

① 北京市高级人民法院（2017）京民初 160 号民事判决书。

② 案例与学说梳理参见沈伟、吕启民：《破产止息规则下保证责任从属性之惑及疑解——兼议独立保证入典》，载《上海财经大学学报》2020 年第 1 期。

保制度司法解释》征求意见过程中，破产法学界主流意见亦采否定说。[①]《担保制度司法解释》对“肯定说”立场的选择还是对担保范围从属性的贯彻，将担保人承担责任的范围限定在主债务，防止因债务人破产程序的久拖不决而将担保人拖垮。

第二，发行人破产不影响债券持有人向保证人主张权利。对于债券持有人向破产管理人申报债权后还能否在破产程序终结前向担保人起诉，司法实践曾存在不同做法，在债券纠纷中也存在此类问题，如在“某泰君安证券股份有限公司与林某平公司债券交易纠纷案”中，发行人的担保人即认为，被告承担担保责任的范围需待发行人破产案件终结后才能确定，故本案应中止审理，但是法院不予采纳，同时指出，由于债券受托管理人已经在发行人破产案件中代理债权人申报债权，故法院可以支持的金额中，应扣除债权人在发行人破产程序中可以分得的部分。[②]在“某王集团有限公司（以下简称某王公司）与某弘基金管理有限公司（以下简称某弘公司）公司债券交易纠纷上诉案”中，法院也指出：“根据《企业破产法》第101条的规定，和解债权人对债务人的保证人和其他连带债务人所享有的权利，不受和解协议的影响。本案中，王某就《合作协议》项下的债券购回义务提供不可撤销的连带责任保证担保。债权人在保证期间内、债务人破产程序前已经要求保证人承担保证责任，故上诉人某王公司进入和解程序，不影响被上诉人某弘公司直接向保证人王某主张权利。王某主张某弘公司在申报债权后，只能在破产程序终结之后，再向保证人要求承担未清偿部分的连带责任保证，于法无据，本院不予支持，本案亦不存在需中止审理的情形。需要指出的是，若某弘公司在某王公司和解协议执行程序中获得分配款项，则王某承担连带责任保证所担保的主债权范围也相应减少。王某在向某弘公司承担保证责任后，可以通过申请转付相应清偿份额的方式实现权利救济。”[③]

---

① 参见王欣新：《论债务人进入破产程序后其保证债权应否停止计息》，载《人民法院报》2018年12月12日，第7版。

② 上海金融法院（2018）沪74民初160号民事判决书。

③ 上海金融法院（2020）沪74民终952号民事判决书。

《担保制度司法解释》第23条第1款明确规定，债权人申报债权并不影响其向担保人起诉。2018年发布的《破产会议纪要》第31条规定，“破产程序终结前，已向债权人承担了保证责任的保证人，可以要求债务人向其转付已申报债权的债权人在破产程序中应得清偿部分”。《担保制度司法解释》第23条第2款前句延续上述规定精神，也明确此时的担保人可代替债权人在破产程序中受偿，但债权人未获全部清偿的除外。值得注意的是，此时但书的法律依据是《民法典》第700条，即“保证人承担保证责任后，除当事人另有约定外，有权在其承担保证责任的范围内向债务人追偿，享有债权人对债务人的权利，但是不得损害债权人的利益”。所谓“不得损害债权人的利益”主要是指在担保债权部分清偿时，担保人不能优先于债权人受偿。[①] 故此时担保人不能在破产程序中优先于债权人受偿。此外，依据担保范围从属性，担保人承担的责任范围不能大于主债务，故《担保制度司法解释》第23条第2款后句规定，担保人可就债权人超额受偿的部分，在担保人承担担保责任的范围内请求债权人返还。

第三，破产重整、和解对担保人责任的影响。依据《企业破产法》第124条，债权人依照破产清算程序未受清偿的债权，可要求保证人继续承担清偿责任，依据《企业破产法》第92条第3款、第101条，债权人对保证人享有的权利也不受重整计划或和解协议的影响，上述规则在《担保制度司法解释》第23条第3款前句得以体现，即债权人在破产程序中未获全部清偿的，可以请求担保人继续承担担保责任。

同时，依据《企业破产法》第94条和第106条，按照重整计划、和解协议减免的债务，自重整计划、和解协议执行完毕时起，债务人不再承担清偿责任。故为了防止出现对同一笔破产债权进行重复清偿，[②] 避免发生保证担保的破产债权比其他破产债权获得更多比例的清偿，违反破产法同类债权平

---

① 参见谢鸿飞：《共同担保一般规则的建构及其限度》，载《四川大学学报》（哲学社会科学版）2019年第4期。

② 王欣新：《〈全国法院破产审判工作会议纪要〉要点解读》，载《法治研究》2019年第5期。

等清偿的原则，[①]《破产会议纪要》第31条明确规定，“保证人承担保证责任后，不得再向和解或重整后的债务人行使求偿权”[②]。《担保制度司法解释》第23条第3款后句亦延续上述规定，故此时担保人承担的担保责任范围例外地大于主债务。

这里还延伸出的另一个问题是债券虚假陈述中介机构的责任，即破产程序终结后，因虚假陈述而承担连带责任的债券中介机构，还能否向破产发行人追偿？从上述有关破产程序终结后，承担连带责任的担保人不能向发行人追偿的规则看，债券中介机构也不能再向发行人追偿，《四川省高级人民法院关于审理破产案件若干问题的解答》（川高法〔2019〕90号）第9条规定：“……但保证人或连带债务人履行完剩余的清偿义务后，不能向破产重整的债务人追偿。这是因为保证人或连带债务人所清偿的债务与债权人在重整程序中申报的债务实质上源于同一债务，任何实质上源于同一债务的普通债权，在破产程序中只能得到与其他普通债权相同的受偿比率，而不能得到二次清偿，并因此得到高于其他普通债权人的清偿比率。”

三、维好协议与非典型担保的性质认定

（一）维好协议的性质争议

依据国家发改委《关于推进企业发行外债备案登记制管理改革的通知》（发改外资〔2015〕2044号），外债是指“境内企业及其控制的境外企业或分支机构向境外举借的、以本币或外币计价、按约定还本付息的1年期以上

---

① 贺小荣、葛洪涛、郁琳：《破产清算、关联企业破产以及执行与破产衔接的规范与完善——〈全国法院破产审判工作会议纪要〉的理解与适用》（下），载《人民司法》2018年第16期。

② 在此之前，最高人民法院在《关于代为清偿的连带债务人是否有权向破产和解的债务人继续追偿问题请示的复函》（〔2010〕民二他字第15号）中指出：“债权人如果已在主债务人的破产和解或者重整程序中全额申报了债权，其未得清偿的部分可以向保证人或者连带债务人主张。但保证人或连带债务人履行完剩余的清偿义务后，由于对于任何实质上源于同一债务的普通债权，在破产程序中只能得到与其他普通债权相同的受偿比率，而不能得到二次清偿，并因此得到高于其他普通债权人的清偿比率；因此，保证人或连带债务人承担清偿责任后不得向破产和解、破产重整的债务人追偿。”

债务工具，包括境外发行债券、中长期国际商业贷款等”。目前，我国企业境外发行债券主要有直接发行和间接发行两种模式，间接模式为境内企业通过其注册设立在境外的子公司间接发行境外债券，间接发行又可分为三种模式，即跨境担保模式、维好协议与股权购买承诺模式，以及银行出具备用信用证担保模式。

其中维好协议是指境内母公司的境外子公司或境外子公司下设 SPV 公司作为债券发行人，境内母公司通过提供维好协议（Keepwell Deed）或股权购买承诺（Equity Interest Purchase Undertaking）为债券发行人提供增信支持。[①] 维好协议是境内企业与境外发行人之间签署的协议，按照协议规定，境内企业承诺至少持有一定比例的境外发行人的股份，并为其提供流动性支持，保证其能够保持适当的资产。[②]

在法律上，维好协议的主要问题是，维好协议是否构成我国法上的担保方式，进而债券持有人可否要求维好提供方履行债务；在破产程序的债权申报中，维好协议增信的债权是否应纳入维好提供方破产时的普通债权，有观点指出，从一般维好协议的内容来看，不需要纳入，因为一般维好协议并不是旨在为维好提供方构建直接的担保性债务，即通常维好提供方不具有代为清偿的义务。[③] 在司法实践中，2020 年 9 月 7 日方正集团管理人在《关于北大方正集团有限公司部分债权确认事宜的公告》中，对纽约梅隆银行伦敦分行（作为信托人）因方正集团为 5 笔总额 17 亿美元的债券提供维好及股权回购而申报的普通债权金额全额不予确认。[④]

另外，有的债券持有人则通过在香港特别行政区或者境外法院获得生效判决并在境内申请承认判决的“迂回路径”来解决此一问题，从而使得维好协议具有了强制执行力，如此，在破产程序中的债权确认也就不存问题，因

---

① 粘嘉文:《我国企业境外发债全解析》，载《中国外汇》2019 年第 20 期。

② 吴鹏:《简述会计师事务所为境内企业在境外发行债券提供的服务》，载《中国注册会计师》2019 年第 10 期。

③ 李雯凤:《关于债券发行维好协议的实务争论及其本质分析》，载《西部金融》2020 年第 10 期。

④ https://www.shclearing.com/xxpl/zdsxjqt/202009/t20200907_739656.html.

为依据《企业破产法司法解释三》第7条第1款，“已经生效法律文书确定的债权，管理人应当予以确认”。这方面的典型案件即为上海金融法院“某和全球投资基金SPC-某和价值投资基金（以下简称某和基金）申请认可和执行香港特别行政区法院民事判决案”。[①]

该案中，ZY国际有限公司（以下简称ZY国际）在英属维京群岛设立，是HX国际集团有限公司（以下简称HX集团）的关联实体。2017年10月23日，ZY国际发行了本金为2991万欧元的债券。某和基金购买了ZY国际发行的欧元债券，成为债券的登记持有人。当日，HX集团向某和基金出具“维好协议”，HX集团向某和基金承诺，将采取措施使ZY国际维持合并净值及足够的流动性，以保障债券持有人利益。HX集团在协议中明确表明，该承诺并非担保，但如果HX集团未能履行义务应承担相应法律责任。协议还约定适用英国法律并由香港特别行政区法院管辖。2018年7月24日，某和基金以HX集团违反“维好协议”的约定为由诉至香港特别行政区高等法院原讼法庭，HX集团未应诉，香港特别行政区高等法院原讼法庭作出缺席判决，判令HX集团向某和基金支付债券本金、利息及特定费用。判决生效后，HX集团未履行该判决项下义务，2019年5月，某和基金向上海金融法院申请认可和执行香港法院判决。

上海金融法院认为，“根据《最高人民法院关于内地与香港特别行政区法院相互认可和执行当事人协议管辖的民商事案件判决的安排》（以下简称《安排》），香港特别行政区高等法院原讼法庭作出的缺席判决，符合《安排》中所称的香港特别行政区法院之具有执行力的终审判决。根据《安排》第9条第1款，无论缺席判决还是对席判决，认可和执行香港生效判决的审查标准限于程序事项，案涉‘维好协议’在境内法律效力的实体法问题，不属于案件审查范围。根据‘维好协议’，香港特别行政区法院对双方争议具有专属管辖权。香港特别行政区高等法院审理期间诉状已合法送达HX集团，HX集团关于其未获合法传唤以及案涉判决系以欺诈方式取得，均

① 上海金融法院（2019）沪74认港1号民事裁定书。

不能成立”。[①]

（二）我国法中关于非典型担保的认定

在我国司法实践中，常见的非典型担保（人的担保）主要有差额补足、流动性支持等，性质认定上主要有三种可能。其一是构成保证，如在“华融国际信托有限责任公司（以下简称华融公司）与凯迪生态环境科技股份有限公司（以下简称凯迪生态公司）金融借款合同纠纷上诉案”中，法院指出，“‘差额补足合同’名称并非我国法律规定的有名合同，故判断《差额补足合同》的性质，应根据合同主要内容，尤其是对差额补足责任的界定予以综合分析认定。从双方对差额补足的含义界定来看，符合《担保法》第6条对保证的定义，即‘保证人和债权人约定，当债务人不履行债务时，保证人按照约定履行债务或者承担责任的行为’。《差额补足合同》虽约定华融公司对凯迪生态公司所享有的差额补足责任的债权适用诉讼时效，但并未明确排除该合同适用保证期间，故该约定并不影响保证性质的认定”[②]。

其二是构成债务加入，如在“中信银行股份有限公司北京分行与乐视网信息技术（北京）股份有限公司（以下简称乐视网）金融借款合同纠纷上诉案”中，法院指出，“首先，《并购借款合同》第11条约定了担保方式和具体的担保合同名称，但并未将乐视网承诺差额补足责任的函件列入，说明当事人各方在签订《并购借款合同》及一系列担保合同时并未将乐视网的承诺认定为担保。其次，保证系从合同，保证人是从债务人，是为他人债务负责；并存的债务承担系独立的合同，承担人是主债务人之一，是为自己的债务负责。在乐视网的函件中，乐视网承诺只要出现逾期或拖欠贷款本息的情况，就承担差额补足责任。乐视网的上述承诺，没有保证的意思表示。相反，乐视网的承诺更具有主动加入债务的意思表示。最后，由于保证属典型的担保

① 严剑漪、郑倩、王珊：《上海金融法院审结全国首例涉离岸债券“维好协议”申请认可和执行香港特别行政区法院判决案》，载《人民法院报》2020年11月18日，第3版；胡蝶飞、王珊、郑倩：《内地母公司违“维好协议”约定》，载《上海法治报》2020年11月18日，第6版。

② 最高人民法院（2019）最高法民终560号民事判决书。

方式，其设立、生效、保证期间、履行方式等都有较为严格的规定。在当事人之间没有非常清晰、明确合意的情况下，亦不宜轻易认定为保证。故，乐视网承诺承担差额补足责任的函件属于乐视网自愿作出的、对其股东乐视控股的债务作出的债务加入的意思表示”[①]。

其三是构成独立合同，如在“安通控股股份有限公司（以下简称安通公司）与安康营业信托纠纷上诉案”中，法院指出，“该协议约定的是郭某泽补足安康营业信托年化13%的信托收益、支付信托贷款本金和受让安康营业信托的信托受益权，而非为仁建公司在案涉合同项下所负债务承担担保责任。《差补和受让协议》是双方当事人的真实意思表示，不违反法律、行政法规的强制性规定，合法有效。故安通公司关于案涉《差补和受让协议》是担保合同，属于无效合同，本案应定性为担保合同纠纷的上诉理由不成立”。[②]

对此，《九民会议纪要》第91条规定，“信托合同之外的当事人提供第三方差额补足、代为履行到期回购义务、流动性支持等类似承诺文件作为增信措施，其内容符合法律关于保证的规定的，人民法院应当认定当事人之间成立保证合同关系。其内容不符合法律关于保证的规定的，依据承诺文件的具体内容确定相应的权利义务关系，并根据案件事实情况确定相应的民事责任”。即构成保证的，依照保证的规则处理，不构成保证的，根据合同内容确定当事人间的责任。

《担保制度司法解释》第36条更进一步，分四个层次认定差额补足、流动性支持等非典型人保的性质。第一，如果具有提供担保的意思表示，债权人请求第三人承担保证责任的，人民法院应当依照保证的有关规定处理；第二，如果承诺文件具有加入债务或者与债务人共同承担债务等意思表示的，人民法院应当认定为《民法典》第552条规定的债务加入；第三，难以确定是保证还是债务加入的，人民法院应当将其认定为保证；第四，以上都不符合的，债权人请求第三人承担保证责任或者连带责任的，人民法院不予支持，但是不影响其依据承诺文件请求第三人履行约定的义务或者承担相应的民事责任。

---

① 最高人民法院（2019）最高法民终1438号民事判决书。

② 最高人民法院（2019）最高法民终1524号民事判决书。

因此在我国法中，从实体方面，应依据维好协议的具体内容认定其性质。

第四节
债券清偿与偏颇清偿撤销权的行使

一、债券本息兑付与偏颇清偿的撤销

实践中，在债券发行人偿付债券持有人本息后不到六个月的时间内，即进入破产程序，此时发行人的破产管理人可否依据《企业破产法》第 32 条有关撤销权的规定，对六个月之内发行人的本息兑付行为予以撤销？此方面的典型案例为“山东某通集团股份有限公司（以下简称某通集团）管理人与山东省某际信托股份有限公司请求撤销个别清偿行为纠纷案”，[①] 该案中，破产管理人请求撤销某通集团于 2018 年 11 月 2 日向“山东信托某创锐进 4 号债券投资集合资金信托”等债券持有人兑付某通集团 2015 年度第一期中期票据共计 2120 万元款项的行为。

但是该案中债券持有人认为，第一，在中期票据兑付日，某通集团不存在资产不足以清偿到期债务或明显缺乏清偿能力的情形。2018 年 11 月 2 日，涉案中期票据正常一次性全部兑付；2018 年 10 月 19 日，某通集团还发布了债券复牌的公告。第二，兑付行为不属于对个别债权人进行清偿。某通集团并非对“山东信托某创锐进 4 号债券投资集合资金信托”个别持有人兑付，亦不存在持有人与某通集团私下交易或约定，而是某通集团全额兑付该中期票据。第三，根据某通集团 2018 年第三季度财务报表和 2017 年度第二期中期票据 2018 年付息公告可知，在兑付本案中期票据后，某通集团于 2018 年

① 详见山东省东营市中级人民法院（2020）鲁 05 民初 112 号民事判决书。

11 月 6 日还全额兑付了“17 胜通 MTN002”的到期利息，即某通集团未出现资产不足以清偿全部债务或明显缺乏清偿能力的情形。某通集团 2018 年第三季度财务报表显示，该季度末某通集团净利润 8.788 亿元、现金余额 24.37 亿元、负债率 55.24%，其现金充裕、负债率低。第四，某通集团兑付涉案中期票据的行为使其自身财产受益。如果某通集团未按期兑付将导致发行人在市场上失信、生产经营陷入停顿；而该期票据的正常兑付，使某通集团主体评级得以维持，有利于生产经营及各项工作的顺利开展。撤销公开市场上的交易行为，是对交易安全制度的重大挑战，有违保护交易稳定性的宗旨。银行间交易市场是全国性的公开交易场所，其交易制度的设置以保护交易安全和稳定性为基本价值和宗旨，撤销公开市场交易行为，极大地威胁了交易安全和善意第三人的交易信赖。

法院支持了债券持有人的主张并指出：从本案查明的事实看，案涉中期票据系在全国银行间债券市场公开发行，根据交易规则，其发行对象为全国银行间债券市场机构投资者，即不特定的合格投资者。该中期票据于 2015 年 10 月 29 日发行，2015 年 11 月 3 日即可上市流通转让，即该中期票据可在合格投资者之间流通转让，流通结束日为兑付日前一天即 2018 年 11 月 1 日。某通集团在到期日前五个工作日即 2018 年 10 月 26 日发布公告，案涉中期票据将于 2018 年 11 月 2 日按约支付利息和本金兑付款。2018 年 11 月 2 日，某通集团将利息和本金的兑付款项支付至上海清算所，上海清算所根据最终持有者名册将本息划转至持有人账户。上述事实能够证明，某通集团兑付案涉中期票据的行为属于在银行间市场上的公开兑付行为，关于银行间市场上发行的中期票据的兑付行为是否属于《企业破产法》规定的可撤销的个别清偿行为法律并未明确规定。

《企业破产法》第 32 条规定将破产案件受理前 6 个月内，债务人已发生破产原因的情况下仍然将个别债权人清偿的行为确定为可撤销的行为，并赋予管理人行使破产撤销权的一般规则。司法实践中确实存在债务人在进行破产程序前恶意优先清偿关联企业或亲朋好友的到期债务，该行为导致其他债权人的利益在破产程序中受到损害，赋予管理人撤销破产临界期内的个别清偿行为的权利有利于全体债权人公平清偿。但如果对所有的清偿行为均予以撤销，将损害善意第三人利益，影响交易安全和经济秩序的稳定。为避免这种不利影响的发生，平衡全体债权人和个别债权人之间的利益冲突，破产法及其司法解释对破产临界期内的个别清偿行为撤销的例外情形作了列举。其中，《企业破产法司法解释二》第15条规定，债务人经诉讼、仲裁、执行程序对债权人进行的个别清偿，管理人依据《企业破产法》第32条的规定请求撤销的，人民法院不予支持。但是，债务人与债权人恶意串通损害其他债权人利益的除外。根据该规定，债务人经诉讼、仲裁、执行程序对个别债权人进行的清偿，原则上不能撤销，但"债务人与债权人恶意串通损害其他债权人利益的除外"，即该原则之例外主要判断标准在于当事人是否存在主观恶意。该条的立法宗旨在于保护善意第三人对于诉讼、仲裁、执行程序的合理依赖，维护司法的公示公信力，亦在一定程度上维持交易稳定和交易秩序。案涉中期票据的兑付行为可类推上述法律规定的立法宗旨进行分析评判。

从本案来看，案涉中期票据系在银行间市场公开发行的债券。债券市场是金融市场的重要组成部分，承担着企业直接融资的重要职能，是经济良性运行的重要支撑力量。对于投资者而言，购买债券，是基于对公开市场、公开的交易规则和公开信息的信赖以及债券市场多年来的公序良俗。本案中，投资者基于对某通集团发布的公开信息的信任买入案涉中期票据，并在某通集团公告其经营状况良好时通过上海清算所兑付。如果该兑付行为被撤销，债券市场投资者的投资风险将被无限、不可预期地放大，债券市场投资者将无法信任债券市场多年来的交易规则和公序良俗，对金融市场和直接融资市场的交易规则和交易秩序造成冲击，严重损害债券市场的公信力。

同时，根据本案查明的事实，某通集团在兑付案涉中期票据时亦不存在与投资者恶意串通损害其他债权人利益的行为。理由如下：其一，案涉中期票据2015年发行时承诺2018年11月2日兑付，在2016年、2017年如期支付利息的基础上，票据到期日前5日，发行人某通集团在上海清算所公告案涉票据于2018年11月2日兑付，后案涉中期票据在上海清算所按期公开兑付，不存在提前兑付或私下兑付行为。其二，案涉中期票据发行时评级为AA+，投资者有理由信赖某通集团资信状况良好，不存在资不抵债的情形。其三，在案涉中期票据兑付前2日，某通集团对外发布的资产负债表中未分配利润超过86亿元，净资产超过113亿元。即使某通集团存在资不抵债的情形，投资人亦不知情。

由此产生的一般性问题是，在债券清偿场景下，发行人向全体债券持有人兑付部分或全部债券本息后不满六个月被申请重整或破产清算的，管理人根据《企业破产法》第32条的规定请求人民法院撤销该清偿行为的，人民法院是否应予支持。

二、偏颇清偿的内涵

上述问题主要涉及《企业破产法》第32条有关偏颇清偿行为的撤销。偏颇清偿，也叫作偏袒性清偿、优惠性清偿，指债务人在破产申请受理前的法定期间内，以提前偿还未到期债务、对原无财产担保的债务提供财产担保等方式，使特定债权人取得原没有的优先受偿地位或获得更多清偿。[①] 由于实现集体清偿和债务人财产的价值最大化是当代破产法的重要目标，而实现这些目标的重要途径之一就是最大限度地追回破产前流失的财产，并通过对行为人的制裁来遏制企业管理者导致破产前财产流失的行为。[②] 故各国破产法对此设置了撤销权。

破产管理人行使破产撤销权，需要对破产前已经完成的大量交易进行撤销，这些交易在发生时是合法的，因此撤销必须具备足够充分且正当的理由。其正当理由主要在于公平原则，即确保债权人的平等受偿，偏颇行为会给受益人之外的其他债权人带来不利影响，因为该行为降低了其他债权人的受偿比例，排斥了其他债权人的平等受偿；[③] 偏颇清偿行为并未使债务人财产被转移给第三人，只是导致了债权人内部的分配不均，其所撤销的清偿行为，在破产法之外本是正当合法的行为，若非债务人破产并不会被撤销，故偏颇清偿行为的撤销是"破产法上特有的撤销"。[④]

偏颇清偿行为主要有对未到期债权提前清偿、对无担保债务提供担保、

---

① 王欣新：《撤销权研究》，载《中国法学》2007年第5期。

② 王卫国：《破产法精义》，法律出版社2007年版，第87页。

③ 陈韵希：《论民事实体法秩序下偏颇行为的撤销》，载《法学家》2018年第3期。

④ 许德风：《论偏颇清偿撤销的例外》，载《政治与法律》2013年第2期。

对破产临界期内的个别债务进行清偿等。其中对破产临界期内的个别债务进行清偿行为的撤销（或者称为危机期间的个别清偿）即规定于《企业破产法》第32条，“人民法院受理破产申请前六个月内，债务人有本法第二条第一款规定的情形，仍对个别债权人进行清偿的，管理人有权请求人民法院予以撤销。但是，个别清偿使债务人财产受益的除外”。

三、主观善恶意与撤销权的行使

（一）比较法考察

在前述案例中，法院未支持管理人撤销权的一个重要理由是债券持有人接受发行人的本息兑付有合理期待，并且无主观恶意，法院也明确指出，能否撤销需要看债权人主观系善意还是恶意。从我国《企业破产法》第32条的规定看，其中并不含债权人主观要件，符合破产临界期内的清偿行为即符合行使撤销权的客观要件。

对于偏颇行为的撤销是否需要考察债权人的主观善意和恶意，是一个颇具争议的问题，“破产撤销权的制度设计，是平衡多种相互冲突的社会利益诉求之后的结果；而各个国家不同的社会状态自然会导致不同的破产撤销权制度设计。如果立法者经过权衡认定某种类型的交易属于有害交易，那么就会将其划为破产法上的可撤销权行为。为了达成良性平衡，一种常见的对策是针对不同类型的交易行为设置不同的证明责任分配机制。例如，某些交易行为的撤销必须以受让人在交易发生时知晓特定事实为前提——破产法可以推定其知晓，但也应该允许受让人反证其并不知晓”。[①]

在德国，“破产债权人在程序启动前取得了一个属于他的给付，此类行为本身无可厚非，所以，根据《德国破产法》第130条第1款第1项，只有当法律行为于启动申请前3个月内实施，债务人此时已经支付不能，并且债权人在行为时对此知情时（或者他了解某些情况，而这些情况必定会

① ［美］杰伊·劳伦斯·韦斯特布鲁克等：《商事破产全球视野下的比较分析》，王之洲译，中国政法大学出版社2018年版，第88-89页。

导致支付不能），才有权撤销；如果一项法律行为是在破产申请提出和启动裁定之间实施，则足以认定对启动申请的知情。另外，对于支付停止的知情便足以推定对于支付不能的知情。在这些条件下，债权人不应该相信他能保留这些应付给他的给付。破产管理人须陈述和证明这些条件的存在。只有当法律行为针对关联人实施时，采推定关联人对支付不能或启动申请已经知情”。[①]《德国破产法》第131条也是关于（后来的）破产债权人的取得，只是该取得是债权人所不能要求的，不能以此种方式要求，或不能在这个时刻要求。此类法律行为如在破产申请前1个月内或者申请后实施，则可直接撤销。如果在破产申请前第二个月或第三个月内实施，则在下属情形时可撤销：债务人已经支付不能；或债权人知道该法律行为会对破产债权人不利，或他知道一些情况，而这些情况必定会导致对债权人的不利。陈述和举证责任还是在破产管理人。[②] 即在德国破产法中，是给予善意债权人以保护的。

在日本，“债务人陷入不能清偿后的偏颇行为，以受益人的恶意为要件，成为撤销的对象。对于受益人的恶意，原则上破产管理人承担证明责任，受益人是破产公司的董事、母公司，或者破产人的亲属，或者共同居住人等内部人员的，因其对破产人的财务状况十分熟悉，证明责任转换，由受益人方承担善意的证明责任”。[③]

美国《1898年破产法》曾经明确规定，必须证明该偏颇债权人具有相信债务人在给付时已经资不抵债的合理理由。但是《1978年破产法》却试图抛弃这种立法例，其认为，债权人的主观状态与公平分配原则没有任何关系，如果必须证明债权人对债务人的资不抵债是知情的，对因破产前的偏颇给付而使得能从破产财团获得的分配大大减少的具有相似地位的其他债权人

---

① ［德］莱因哈德·波克：《德国破产法导论》（第六版），王艳柯译，北京大学出版社2014年版，第119–120页。

② ［德］莱因哈德·波克：《德国破产法导论》（第六版），王艳柯译，北京大学出版社2014年版，第120–121页。

③ ［日］山本和彦：《日本倒产处理法入门》（第四版），金春译，法律出版社2016年版，第88页。

来说，偏颇撤销规则所能提供的救济将微乎其微。[1] 根据《1898 年破产法》，管理人实施撤销时需证明在给付时债务人已事实破产，这种举证责任的分配在实践中极大地限制了偏颇撤销规则作用。《1898 年破产法》采纳的解决办法是针对非关联关系人的偏颇清偿，推定债务人在 90 日的偏颇期限内已经破产。[2] 而与此同时，偏颇清偿可得撤销的其中一个例外是常规营业例外，其目的是让债务人常规财务关系不受干扰，因为其并未影响偏颇撤销一般政策目标的实现，即防止债务人或债权人在债务人行将破产时实施反常行为。这项原则的存在似乎还是间接肯定了可责性的原则。[3] 有学者指出，美国破产法虽然未明文提及主观要件而对债权人提供直接保护，但其在现行法上设置了诸多的偏颇清偿例外，以校正未规定主观要件所带来的失衡。[4]

（二）《企业破产法》第 32 条主观要件的分析与解释

如前所述，我国的破产撤销制度在主观方面，采取严格的客观主义立场，不要求债务人或受益人具有恶意。[5] 但是理论界不少观点指出，应适度考虑债权人的主观善恶，如王欣新教授指出，“如果确实需要规定对此类行为的撤销，则应将可撤销行为限定在恶意所为的范围内，并对恶意的认定作出完善的规定。对于为继续生产经营等而进行的必要清偿不应被纳入可撤销的范围内。所谓恶意不仅要求债务人已知其不能清偿到期债务仍对个别债权人予以清偿，而且应要求接受清偿的债权人也明知债务人不能清偿的事实。此外对是否存在恶意，还可以根据被清偿的债权人与债务人有无关联关系或其他特殊利益关系确认”。[6] 许德风教授指出，我国《企业破产法》第 32 条的偏

---

① ［美］查尔斯·J. 泰步：《美国破产法新论》（第三版）（中册），韩长印、何欢、王之洲译，中国政法大学出版社 2017 年版，第 537 页。

② ［美］查尔斯·J. 泰步：《美国破产法新论》（第三版）（中册），韩长印、何欢、王之洲译，中国政法大学出版社 2017 年版，第 563 页。

③ ［美］查尔斯·J. 泰步：《美国破产法新论》（第三版）（中册），韩长印、何欢、王之洲译，中国政法大学出版社 2017 年版，第 577–578 页。

④ 许德风：《论偏颇清偿撤销的例外》，载《政治与法律》2013 年第 2 期。

⑤ 陈韵希：《论民事实体法秩序下偏颇行为的撤销》，载《法学家》2018 年第 3 期。

⑥ 王欣新：《撤销权研究》，载《中国法学》2007 年第 5 期。

颇清偿简略，容易造成打击面过广的情况，进而背离市场规律，危及交易安全，因此，可以利用这种表述模糊性，作出有利于“善意”破产债权人的解释。[①] 司法实践中也有持此观点者，认为偏颇清偿的撤销与合法受偿的个别债权人利益存在冲突，司法应平衡整体利益与个别利益，对于债权人接受债务履行出于善意的，不应撤销。[②]

如果将债权人主观善意恶意考虑在内，则本节开头所述案件的结论颇有道理。本案债券属于公开发行，本息兑付完全系依据募集说明书以及发行人公开公告，债券持有人具有合理期待。从债券发行人的公告以及相应的兑付行为看，债券持有人有合理理由相信发行人并不具备破产原因，因此管理人不满足撤销权的行使要件。而且，根据债券本息的兑付交易实践，本息兑付并非系通过债券持有人与发行人一对一地私下进行，而是通过登记结算机构依法公开进行。如依据《深圳证券交易所公司债券发行上市审核业务指南第1号——募集说明书参考格式》（深证上〔2021〕453号），偿债计划中需明确：“本次债券本金及利息的支付将通过证券登记机构和有关机构办理。支付的具体事项将按照有关规定，由公司在中国证监会指定媒体上发布的公告中加以说明。”如在某债券的募集说明书中就有如下说明：“本公司将于中国证券登记结算上海分公司签订委托代理债券兑付、兑息协议，委托中国证券登记结算上海分公司进行债券兑付、兑息。如本公司未按时足额将债券兑付、兑息资金划入中国证券登记结算上海分公司指定的银行账户，则中国证券登记结算上海分公司将根据协议终止委托代理债券兑付、兑息服务，后续兑付、兑息工作由本公司自行负责办理，相关实施事宜以本公司的公告为准。公司将在本期债券付息日2个交易日前将本期债券的利息足额划付至中国证券登记结算上海分公司指定的银行账户。中国证券登记结算上海分公司在收到款项后，通过资金结算系统将债券利息划付给相应的兑付机构（证券公司或中证登上海分公司认可的其他机构），投资者于兑付机构领取债券利息。”

---

① 许德风：《论偏颇清偿撤销的例外》，载《政治与法律》2013年第2期。

② 张志新：《对个别清偿行为行使破产撤销权的构成要件》，载《人民司法》2010年第6期。

四、危机期间的个别清偿撤销的其他例外

毕竟《企业破产法》第32条没有直接规定主观要件，而只规定了“使债务人财产受益”这一例外，因此有学者指出，偏颇清偿撤销的例外规定过于笼统抽象、晦涩难懂，缺乏必要的详细表述和列举，如何从法理上对“使债务人财产受益”作出具体的解释以因应破产撤销权司法实务的需求，无疑是偏颇行为撤销中亟须解决的问题。[①] 综合我国法律、司法解释的规定，偏颇清偿撤销大抵还有以下例外，或能够为前述案例的分析提供思路。

第一，附担保债权的个别清偿。《企业破产法司法解释二》第14条规定，“债务人对以自有财产设定担保物权的债权进行的个别清偿，管理人依据企业破产法第三十二条的规定请求撤销的，人民法院不予支持。但是，债务清偿时担保财产的价值低于债权额的除外”。因此，《企业破产法》第32条的“对个别债权人进行清偿”，是指对无财产担保债权人的个别清偿，对有财产担保债权人的清偿不在此限，因有财产担保的债权人在破产程序中仍享有优先受偿权。但是在担保物价值不足以清偿担保债权时，债务人对超出担保物市场价值的债权部分的清偿便属于偏袒性清偿。[②] 之所以如此规定，是因为虽然该清偿行为造成破产财产的减少，但在担保财产的价值高于债权额时，被清偿的债权人并未因此清偿获得较之前更有利的地位，其他债权人也并未因此受到不公平对待。因为即使债务人未在危机期间内进行个别清偿，该债权人在破产程序中仍然对债务人设定的担保财产享有优先受偿的权利，因此该清偿行为不构成偏颇清偿。[③]

如本书前述，债券的类型中有附担保公司债，此时，依据上述规定，发行人的本息兑付行为便不属于可撤销的偏颇清偿。就“债务清偿时担保财产的价值低于债权额”时，是撤销整个清偿行为还是只能请求撤销超过担保财产价值部分的清偿，从审判实践看，判断债务清偿时担保财产是否低于债权

---

① 韩长印：《破产撤销权行使问题研究》，载《法商研究》2013年第1期。

② 王欣新：《撤销权研究》，载《中国法学》2007年第5期。

③ 胡利玲：《如何理解破产临界期内个别清偿使债务人财产受益——对我国偏颇清偿例外的重释与情形补足》，载《人民司法》2019年第22期。

额，采取的是评估方式，而担保物权的实现是拍卖，二者之间会存在差异，因此，正确的理解应是整个清偿行为的撤销。[①]

第二，履行生效法律文书或基于执行行为的个别清偿。《企业破产法司法解释二》第15条规定，“债务人经诉讼、仲裁、执行程序对债权人进行的个别清偿，管理人依据企业破产法第三十二条的规定请求撤销的，人民法院不予支持。但是，债务人与债权人恶意串通损害其他债权人利益的除外”。该条依据在于，除法院依法定程序可以撤销执行行为外，其他人是无权否认其效力并加以撤销的，但在债务人丧失清偿能力的情况下，其在可撤销期间内基于对个别债权人的偏袒清偿等非法目的而利用执行名义进行的可撤销行为，违背公平原则，应予以撤销。[②]因此，一般而言，债券持有人或者债券受托管理人取得生效裁判，发行人基于该生效裁判进行本息兑付，不属于偏颇清偿可撤销的范围。

第三，惯常交易。“惯常交易例外”，是指对常规营业中产生的债务，在常规的财务往来或者依照常规的交易条件实施的付款行为，不受破产撤销权的追溯，其积极意义在于，可以鼓励债权人在债务人濒临破产之际继续保持与债务人的常规交易和财务往来，相应地保持债务人营业的连续性；同时防止债务人在濒临破产之际采取非常规的付款或者交易行为。[③]在美国法上，偏颇清偿撤销的一项重要例外是那些符合“债务人正常商业与财务流程”，该项支付无论对债权人还是债务人而言都是通常而非反常的交易，该交易必须符合双方的交易习惯。[④]《企业破产法司法解释二》第16条第1项的“债务人为维系基本生产需要而支付水费、电费等”属于偏颇清偿撤销的例外，即是“惯常交易例外”这一原则的体现。这一原则在解释发行人兑付债券利息上是颇有说服力的，绝大部分情形下，发行人向债券持有人兑付本息均是按照募集

---

① 最高人民法院民事审判第二庭：《最高人民法院关于企业破产法司法解释理解与适用：破产法解释（一）、破产法解释（二）》，人民法院出版社2013年版，第229页。

② 最高人民法院民事审判第二庭：《最高人民法院关于企业破产法司法解释理解与适用：破产法解释（一）、破产法解释（二）》，人民法院出版社2013年版，第232页。

③ 韩长印：《破产撤销权行使问题研究》，载《法商研究》2013年第1期。

④ 许德风：《论偏颇清偿撤销的例外》，载《政治与法律》2013年第2期。

说明书的约定并有规律地偿还，形成发行人与债券持有人之间就利息支付的“交易习惯”，因此，至少债券利息兑付并不属于偏颇清偿撤销的范围。

第四，政策考量。债券涉及诸多利益主体，债券市场以“公开原则”作为基础，投资者基于对债券市场的公开信息参与投资交易，如果债券本息兑付会不受限制地被撤销，将会损害债券市场的权威性，打击投资者投资信心，挫伤投资者合理期待，使投资者面临着无法预知的风险，进而放大金融风险，或影响债券市场的健康发展。国外研究者称，“金融交易往往例外于破产撤销权的原因在于，金融界成功地向立法者们兜售了如下主张：如果要确保金融系统的正确运作，金融交易合同就必须在破产程序中获得特别关照与优待”。①

五、既存债务追加物保的撤销与例外

如前所述，实际上对没有财产担保的债务在破产临界期内追加担保，也属于偏颇清偿，因为实现破产债权人公平受偿是破产法所遵循的原则，在破产程序中，有财产担保的债权较之普通债权优先受偿，债务人在人民法院受理破产申请前一定期限内对没有财产担保的债务提供财产担保，意味着本应用于集体清偿的财产变成了有财产担保的债权人优先受偿的标的，从而使普通债权人通过破产程序所能够获得的清偿数额减少，这显然不符合破产程序实现公平清偿的目标。但是我国《企业破产法》第 31 条第 3 项将“对没有财产担保的债务提供财产担保的”行为与债务人无偿行为规定在一起，有学者指出，这殊为不当。②

在债券交易中，《公司债券管理办法》第 59 条指出，“公开发行公司债券的受托管理人应当按规定或约定履行下列职责：……（五）预计发行人不能偿还债务时，要求发行人追加担保，并可以依法申请法定机关采取财产保全措施；……”因此，无论是在司法实践还是交易实践中，债券持有人或者

---

① ［美］杰伊·劳伦斯·韦斯特布鲁克等：《商事破产全球视野下的比较分析》，王之洲译，中国政法大学出版社 2018 年版，第 88 页。

② 许德凤：《破产法论——解释与功能比较的视角》，北京大学出版社 2015 年版，第 380 页。

受托管理人要求债券发行人追加担保，是十分常见的做法。但是，这一方式会受到破产撤销权的制约，主要就是《企业破产法》第 31 条规定：“人民法院受理破产申请前一年内，涉及债务人财产的下列行为，管理人有权请求人民法院予以撤销：……（三）对没有财产担保的债务提供财产担保的；……”《担保制度司法解释》第 52 条也基于此，对事后设定负担抵押撤销的问题作出规定，“当事人办理了抵押预告登记，抵押人破产，经审查抵押财产属于破产财产，预告登记权利人主张就抵押财产优先受偿的，人民法院应当在受理破产申请时抵押财产的价值范围内予以支持，但是在人民法院受理破产申请前一年内，债务人对没有财产担保的债务设立抵押预告登记的除外”。“在抵押人破产的情形下，由于司法解释赋予了抵押预告登记具有相当于本登记的效力，这就可能导致当事人通过办理抵押预告登记来实现个别清偿。”①

在债券司法实践中，已经出现了此类案件，典型如“某王集团有限公司（以下简称某王集团）管理人与湖南某仁农村商业银行股份有限公司（以下简称湖南某仁农商行）破产撤销权纠纷案”，该案中，法院于 2020 年 2 月 21 日裁定受理某王集团破产和解申请，湖南某仁农商行作为某王集团债券投资人，与某王集团于 2019 年 7 月签署《回售协议》，约定某王集团在 2019 年 9 月 5 日前承担全额买入被告持有的 30 万张某王集团债券。为担保某王集团债券回购义务的履行，某王集团与被告签署《股权质押合同》，约定某王集团以其持有的某王糖业 1.23% 的股权为被告提供质押担保，并于 2019 年 7 月 31 日办理股权出质登记。后被告于 2019 年 10 月 24 日向郴州市中级人民法院提起诉讼，请求判令某王集团支付债券本金 3000 万元、利息 48.08 万元、逾期兑付本息的违约金 39.68 万元及律师费 80 万元；同时请求确认对某王集团质押的某王糖业 1.23% 股权享有优先受偿权。前述诉讼已获郴州市中级人民法院受理但尚未审结。破产管理人认为，某王集团为湖南某仁农商行提供的股权质押担保属于在人民法院受理破产申请前一年内为无财产担保债权提供的财产担保。

---

① 最高人民法院民事审判第二庭：《最高人民法院民法典担保制度司法解释理解与适用》，人民法院出版社 2021 年版，第 461 页。

债券持有人认为，某王集团为持有人提供的股权质押担保行为不属于破产法规定的可撤销担保行为，因为涉案债券为可回购的债券，依规定，如持有人申请某王集团回购，某王集团应当回购；持有人在申请某王集团回购之前，该债券是有价证券，可以在交易场所流通，在持有人提出某王集团回购后，某王集团应当立即支付相应数额的款项，因某王集团无法依约定支付全部回购款，双方协商就回购事宜达成协议，因此形成新的债权债务关系，某王集团为双方新达成的回购协议提供担保的行为，不属于破产法中所称的为无担保债权重新提供担保的情形，不属于可撤销的担保。

法院支持了破产管理人撤销的主张，认为：《回售协议》中某王集团提供股权质押担保的债务为回购被告持有的3000万元“16西王03债券”，该债券原属于无担保债券，被告申请回售，某王集团不能按期回购，被告的债权仍属于无担保债权，但某王集团却为其提供了股权质押担保，且担保行为发生在本院受理其破产和解申请前一年内，故符合破产法应予撤销的担保行为。被告的辩称意见，不符合事实及法律规定，本院不予采纳。①

首先，上述案件中，债券持有人抗辩的理由是为新债务提供担保，依据既存债务追加担保的撤销规则，所针对的必须是“既存债务”追加担保。在破产临界期内，对新债务设置担保是允许的，因为伴随新担保的设置债务人财产获得相应的增加，这并不损害债权人的利益。②也就是同时担保行为不予撤销。同时担保行为也被称为同期交易，企业破产法规定对没有财产担保的债务提供财产担保的行为应予撤销，仅限于对无担保的债务补充提供财产担保，债务人与债权人在可撤销期间内签订主合同同时签订抵押等担保从合同的不在可撤销之列，因其不是对原无财产担保的债权补充提供担保，不具有改善某一债权人只有原有清偿地位的不公平性质，而且抵押担保合同的签订是具有主合同对价利益的。③

---

① 山东省邹平市人民法院（原山东省邹平县人民法院）（2020）鲁1626民初3632号民事判决书。

② 王卫国：《破产法精义》，法律出版社2007年版，第90页。

③ 李永军、王欣新、邹海林、徐阳光：《破产法》（第二版），中国政法大学出版社2017年版，第97页。

其次，上述案件中的股权质押已经完成了登记公示手续，但是，一些情形下，虽然在签订主合同的同时签订了担保合同，但是担保物权的设立未履行相应的公示手续，在破产临界期也就是1年内才履行了公示手续，这时应如何在破产撤销权之下处理？应当说，未办理公示手续的原因比较多，可能是债务人拖延，也可能是债权人怠于行使权利，还有可能是当事人所无法决定的客观因素（如登记机构原因等）。因此，可能的方式是具体问题具体分析，由裁判者判断未办理公示手续的原因为何，若是因债权人自身原因导致，则可认为属于既存债务追加担保而予以撤销；若系因债务人或者其他客观因素导致，则确定债权人提出办理登记请求的时间后，视该请求是否在破产临界期内确定是否可得撤销。

当然，还有观点认为，应视债务人关于担保的承诺是否构成债权人放款的对价，以及担保设定与借款提供之间的时间差是否合理。如果原来的借款合同中约定出借人提供借款的同时债务人提供担保，应认为在借款与担保之间形成互为对价的关系，不得撤销，同时当事人应当在合理的期限内完成担保设定手续，合理期限的确定参考登记流程、市场习惯等因素，如果在借款合同履行后很长时间内未完成登记手续，可认为债权人已就担保的设定为债务人提供了"信用"，可以撤销。①还有观点指出，应参照《美国破产法典》的规定，即只要担保物权在其基础合同生效之日起30日内得以公示登记，那么担保物权的创设与债务的成立就仍可视为实质性同时交易，如果超出30日，则将不受偏颇安全港规则的保护，而应予撤销。②这种做法无疑可以倒逼当事人尽快办理登记，减少争议的发生，但基于对客观原因阻碍登记的考虑，或可将"在基础合同生效之日起"改为"自能够办理公示之日起"。

司法实践中也有此类案件，如在"东营某思特生物工程有限公司（以下简称某思特公司）管理人与长城某信资产管理有限公司破产撤销权纠纷案"中，涉案债券的发行与认购发生在2016年，但是担保协议的签订与担保物权的公示均发生在2018年12月，管理人依据《企业破产法》第31条的规

---

① 许德风：《论偏颇清偿撤销的例外》，载《政治与法律》2013年第2期。

② 任一民：《既存债务追加物保的破产撤销问题》，载《法学》2015年第10期。

定请求撤销，对此法院指出："本案某思特公司管理人诉请的抵押权能否撤销需查明是否具备以下条件：一是抵押行为发生在人民法院受理破产申请前一年内；二是抵押行为系对没有财产担保的债务提供财产担保，该行为损害了全体债权人的利益。本院认为，纵观本案，某思特公司管理人请求撤销某思特公司为16某辰03债券设立抵押权的行为，符合上述条件，应予以撤销。理由如下：其一，2018年12月11日，某思特公司与中山证券公司签订抵押合同。2018年12月19日，双方进行了抵押登记。本案裁定某思特公司重整一案的时间为2019年3月15日。抵押行为发生在本院受理某思特公司破产申请一年内。其二，2016年11月14日，某辰集团面向可以参与私募债券认购和转让的合格投资者非公开发行16某辰03债券，募集说明书中明确载明债券无担保及其他增信措施。某思特公司为某辰集团发行的16某辰03债券提供抵押担保，系用某思特公司的财产对没有财产担保的债务提供财产担保，损害了全体债权人的利益。综上所述，某思特公司用其机器设备为16某辰03债券设立抵押的行为，损害了债权人整体的公平清偿，某思特公司管理人请求撤销该抵押行为，符合《企业破产法》第31条的规定，本院予以支持。"①

对此，也应该注意的是，如果担保物权设立未履行必要的公示手续，本身担保物权没有设立，故也就不存在撤销的问题，如同国外研究者所指出的那样，"如果债权人在设定其担保物权时未能遵守担保法的既有规则，则其自然不应期待其担保物权获得承认，因此，撤销不当设立的担保物权所实现的政策目标，早已在担保法中确立"。② 在我国，不动产抵押权未登记不具有物权效力自不待言，需要特别说明的是动产担保物权。《民法典》第403条规定，动产抵押未经登记，不得对抗善意第三人，也就是说动产抵押权不需公示即可设立，公示只是对抗要件，《担保制度司法解释》第56条明确破产管理人属于不得对抗的第三人之列，换言之，未登记的动产抵押权在破产程

---

① 山东省东营市中级人民法院（2020）鲁05民初299号民事判决书。

② ［美］杰伊·劳伦斯·韦斯特布鲁克等：《商事破产全球视野下的比较分析》，王之洲译，中国政法大学出版社2018年版，第89–90页。

序中不具有优先受偿的效力，故动产抵押权未登记与不动产抵押权未登记一样，在破产程序中均没有优先受偿的效力。

再次，与危机期间个别清偿一样，《企业破产法》第 31 条对既存债务追加担保的撤销，从法条描述上也没有关于债权人善意与恶意的要件。

最后，在比较法上，既存债务追加担保的撤销还有其他例外。如浮动抵押，因为浮动抵押的标的物一直在变动，所以理论上可以说，在破产临界期内的浮动抵押效力所及都属于既存债务追加物保，但是如果作出这样的处理，则将严重削弱浮动抵押的效力，背离浮动抵押设立的初衷。因此，比较法上如美国，将浮动抵押作为既存债务追加物保而撤销的例外，当然，也应根据破产临界期担保物价值的增减作具体调整。[①] 此外，《企业破产法》第 31 条所谓提供财产担保，仅限于债务人自己提供物权担保，需要注意的是，我国立法中尚存法定担保物权，如留置权、建设工程价款优先受偿权等，理论上多认为法定担保物权不属于撤销之列，主要原因在于法定担保的效力是由法律所赋予的。

---

① 许德风:《论偏颇清偿撤销的例外》，载《政治与法律》2013 年第 2 期。

第九章

债券持有人会议的理论与实践

本章导读 〉〉〉

债券持有人会议制度是债券持有人权益维护的特殊制度，2019 年修订的《证券法》正式在法律层面确立了债券持有人会议制度，银行间债券市场和交易所市场也均有关于债券持有人会议的相关规则，涉及债券持有人会议的召集、投票、表决、决议等程序问题。目前司法实践中直接与债券持有人会议相关的诉讼案件不多，一些案件涉及债券持有人会议的效力范围问题。本章拟结合当前债券持有人会议的相关规范，就债券持有人会议的召集、召开、决议、执行等程序与实体问题进行阐述。

第一节
债券持有人会议的召集

债券持有人会议，是“由同次公司债债权人所组成，就有关公司债债权人之共同利害关系事项而为决议，其决议对全体同次公司债债权人均能发生效力之临时合议团体”。[①] 我国最早规定债券持有人会议制度的是中国证监会 2003 年《证券公司债券管理暂行办法》。目前，就债券持有人会议的相关规则，在基本法律层面，系 2019 年《证券法》第 92 条；在司法文件层面，《债券会议纪要》明确指出，“债券持有人会议是强化债券持有人权利主体地位、统一债券持有人立场的债券市场基础性制度，也是债券持有人指挥和监督受托管理人勤勉履职的专门制度安排。人民法院在案件审理过程中，要充分发挥债券持有人会议的议事平台作用，尊重债券持有人会议依法依规作出决议的效力，保障受托管理人和诉讼代表人能够履行参与诉讼、债务重组、破产重整、和解、清算等债券持有人会议赋予的职责。对可能减损、让渡债券持有人利益的相关协议内容的表决，受托管理人和诉讼代表人必须忠实表达债券持有人的意愿”。总体而言，《证券法》《债券会议纪要》对债券持有人会议的规定相对简略。而与此同时，交易所市场和银行间债券市场则均针对债券持有人会议作出了相应的规范，为债券持有人会议提供了备用性规则。

当前的这种法律规则体系安排理由大抵在于，一方面，法律主要解决制度确立的问题，司法解释则主要面向司法裁判解决争议问题，因此，目前上述两个法律层级的法律文件难以对债券持有人会议的具体规则作出细致规

① 王文宇：《公司法论》，元照出版公司 2018 年版，第 556 页。

定，由监管机关或者交易所、自律组织等来制定债券持有人会议的参考文本更为妥当；另一方面，持有人享有债权的依据，包括一系列专业报告、募集说明书、担保契约、受理管理契约等重要契约，债券契约当事人包括发行人和持有人，但持有人并未参与契约拟定，无法通过契约体现自身意志，虽然发行制度和监管机构强制规定募集说明书必备条款，并且进行发行核准，但发行文件繁多，法律制度不可能事无巨细，亦不可能要求审核人员逐条审查，更难指望中介机构站在持有人立场，受限于发行制度和契约的不完备性，债券契约可能存在侵害持有人合法权益的条款，[①] 因此，由相对中立的交易所、自律组织制定规范，也能够平衡债券各方权益。

目前，在公司债券方面，有关债券持有人会议的规范主要是中国证监会《公司债券管理办法》；在交易所方面，主要是《上海证券交易所公司债券上市规则》（上证发〔2018〕109号）、《深圳证券交易所公司债券上市规则》（深证上〔2018〕610号），以及相继出台的《上海证券交易所公司债券存续期业务指南第1号——公司债券持有人会议规则》（参考文本）、《深圳证券交易所公司债券持有人会议规则编制指南》（参考文本）；在银行间债券市场方面，则主要是《银行间债券市场非金融企业债务融资工具持有人会议规程》（中国银行间市场交易商协会公告〔2019〕25号）、《非金融企业债务融资工具募集说明书投资人保护机制示范文本》等。本部分拟结合目前关于债券持有人会议规则的相关规范，就债券持有人会议的相关问题进行分析。

一、债券持有人会议的召集事项

就债券持有人会议的召集事项，比较法上，《法国商法典》第L228-65条规定，“债券持有人全体大会就旨在保护持有人利益和履行借贷合同的一切措施以及旨在修改合同的任何建议进行审议，作出决定，其中尤其包括：1. 有关变更公司宗旨与形式的任何建议；2. 对有争议的权益或者提交司法裁判的权益达成妥协或进行和解的任何建议；3. 对在第L236-13条及第L236-

① 张媛：《论债券持有人弱势地位与持有人会议制度的完善》，载蒋锋、卢文道主编：《证券法苑》（第二十四卷），法律出版社2018年版，第198页。

18 条所指情况下，公司进行合并与分立提出的任何建议；4. 就相对于同期债券持有人的债权而言包含有某种优先权的债券的发行提出的任何建议；就有关全部或者部分放弃对债券持有人提供的担保，推迟支付债券利息的限期以及变更还本方式或利率等问题提出的建议”。①《日本商法典》第 319 条规定，除本法有规定者外，经法院许可，公司债债权人会议可以就与公司债债权人的利害有关的重大事项作出决议。②《意大利民法典》第 2415 条规定，债券持有人大会作出决议的事项为：任命和解除共同代理人；变更债券的条件；对监管经营和破产清算提出建议；为维护共同权益和有关财务报表所需的款项设立基金；其他涉及债券持有人的权益的事项。③

我国交易所和银行间债券市场对债券持有人会议的召集事项同大于异，以交易所公司债为例，根据《公司债券发行与交易管理》、《上海证券交易所公司债券上市规则》（上证发〔2018〕109 号）、《深圳证券交易所公司债券上市规则》（深证上〔2018〕610 号），债券持有人会议的召集事项主要有两大类，分别是“变更类”和“采取措施类”。

前者主要有：拟变更债券募集说明书的约定，主要包括变更债券偿付基本要素（包括偿付主体、期限、票面利率调整机制等）；变更增信或其他偿债保障措施及其执行安排；变更债券投资者保护措施及其执行安排；变更募集说明书约定的募集资金用途；拟修改债券持有人会议规则；拟变更债券受托管理人或者受托管理协议的主要内容，包括但不限于受托管理事项授权范围、利益冲突风险防范解决机制、与债券持有人权益密切相关的违约责任；其他涉及债券本息偿付安排及与偿债能力密切相关的重大事项变更。④

后者主要包括：发行人已经或者预计不能按期支付本息；发行人发生减资、合并、分立、解散、被托管、申请破产或者依法进入破产程序等重大变

---

① 《法国商法典》（上册），罗结珍译，北京大学出版社 2015 年版，第 377-378 页。

② 《日本商法典》，王书江、殷建平译，中国法制出版社 2001 年版，第 100 页。

③ 《意大利民法典》，费安玲等译，中国政法大学出版社 2004 年版，第 589 页。

④ 《上海证券交易所公司债券存续期业务指南第 1 号——公司债券持有人会议规则》（参考文本）第 2.2 条、《深圳证券交易所公司债券持有人会议规则编制指南》（参考文本）第 2.2 条。

化；增信主体、增信措施或者其他偿债保障措施发生重大变化且对债券持有人利益有重大不利影响；发行人管理层不能正常履行职责，导致发行人偿债能力面临严重不确定性；发行人因进行重大债务或者资产重组可能导致重大变化的。对于“采取措施类”召集事项应当关注的是：第一，就上述事项，债券持有人会议应当就是否采取应对措施及应对措施的具体内容进行决议，上述所决议的事项涉及公司经营策略，不仅仅涉及债券持有人与发行人之间的契约问题。第二，由于商业模式在不断更新，也几乎不可能巨细无遗地将所有情形进行罗列，因此应当抓住这一问题的本质——会议是否召开取决于公司行为是否会影响全体持有人利益。[①] 除上述规定外，如果债券募集说明书约定有其他应当召开债券持有人会议情形以及法律、行政法规、部门规章、规范性文件规定有应当召集的情形，也应当召集。

此外，前述召集事项中，如果对债券持有人权益保护不会产生不利影响，受托管理人可以按照相关规定或债券持有人会议规则的约定“简化”债券持有人会议召集程序或决议方式，但应当及时披露相关决议公告。[②] 主要有以下事项：发行人拟变更债券募集资金用途，且变更后不会影响发行人偿债能力的；发行人因实施股权激励计划等回购股份导致减资，且累计减资金额低于本期债券发行时最近一期经审计合并口径净资产的______%的；债券受托管理人拟代表债券持有人落实的有关事项预计不会对债券持有人权益保护产生重大不利影响的；债券募集说明书、债券受托管理协议等文件已明确约定相关不利事项发生时，发行人、受托管理人等主体的义务，但未明确约定具体执行安排或者相关主体未在约定时间内完全履行相应义务，需要进一步予以明确的；受托管理人、提案人已经就具备生效条件的拟审议议案与有表决权的债券持有人沟通协商，且超过出席债券持有人会议且有表决权的持有人所持表决权的二分之一或者达到全体有表决权的债券持有人所持表决权的三分之二以上的债券持有人已经表示同意议案内容的；全部

---

① 伍坚、黄入凌：《债权人参与公司治理视野下的债券持有人会议制度研究》，载《上海金融》2016年第7期。

② 《上海证券交易所公司债券上市规则》（上证发〔2018〕109号）第4.3.2条、《深圳证券交易所公司债券上市规则》（深证上〔2018〕610号）第4.3.5条。

未偿还债券份额的持有人数量不超过4名且均书面同意按照简化程序召集、召开会议的。[①]

银行间债券市场也有同样的规定，如发行人可以在发行文件中约定，因实施股权激励计划或实施业绩承诺补偿等回购注销股份导致减资的，且在债务融资工具存续期内累计减资比例低于发行时注册资本的5%的，可以不召开持有人会议；如未作约定，仍应按照规定召开持有人会议。[②]

二、债券持有人会议的召集人

比较法上，德国债券持有人会议原则上由发行人或持有人的共同代理召集；与此同时，持券规模超过5%的持有人出于如下事由也可以书面方式提议召开会议：任命或免除债券持有人共同代理；根据法律规定，要求撤销违反同等对待原则的持有人会议决议；出于特殊利益须召集持有人会议；在召开会议的合法提议未获实现情况下，债券持有人也可直接向法院申请授权自己召集或由法院指定的会议主席召集会议。[③]《法国商法典》第L228-58条规定，“债券持有人全体大会由董事会、管理委员会或者经理负责召集，或者由债券持有人代表召集，或者在公司清算期间，由公司清算人召集。至少持有同期债券1/30的一名或数名债券持有人，得向公司及同期债券持有人代表提出召开大会的请求。如在最高行政法院提出资政意见后颁布的法令规定的期限内没有召开债券持有人全体大会，提出上述请求的人可以委托其中一人请求法院指定一名代理人负责召集全体大会”。[④]《日本商法典》第320条规定，发行人或者发行人公司债管理公司（即受托管理人）召集，代表公司债总额十分之一以上的公司债债权人，可以向第1款的公司债发行公司或公司债管理公司提出记载会议目的事项及召集理由的书面，请求召集公司债债

---

① 《上海证券交易所公司债券存续期业务指南第1号——公司债券持有人会议规则》（参考文本）第6.2.1条。

② 《银行间债券市场非金融企业债务融资工具持有人会议规程》（中国银行间市场交易商协会公告〔2019〕25号）第10条。

③ 甘霈原、成睿：《德国债券持有人会议制度研究》，载《金融市场研究》2019年第11期。

④ 《法国商法典》（上册），罗结珍译，北京大学出版社2015年版，第375-376页。

权人会议。[①]

我国目前债券持有人会议的召集人也与比较法规则类似。公司债方面，原则上是债券受托管理人召集；发行人、单独或者合计持有本期债券总额10%以上的债券持有人可以向受托管理人书面提议召开；[②]保证人或者其他提供增信或偿债保障措施的机构或个人也可以提议召开。如果是发行人召集的，受托管理人应于五个交易日内向提议人书面回复是否召集持有人会议，并说明会议相关安排或者不召集会议的理由，受托管理人不同意召集或应当召集而未召集债券持有人会议时，发行人、单独或者合计持有本期债券总额10%以上的债券持有人有权自行召集债券持有人会议，受托管理人应当为召开债券持有人会议提供必要协助。[③]在银行间债券市场方面，召集人原则上为本期债务融资工具的主承销商，发行文件另有约定的除外；[④]此外，单独或合计持有30%以上同期债务融资工具余额的持有人可以书面提议召开，[⑤]召集人不能履行或者不履行召集职责的，单独或合计持有30%以上同期债务融资工具余额的持有人、发行人、提供信用增信服务的机构均可以自行召集持有人会议，履行召集人的职责。

三、债券持有人会议议案提起人、参加人

在公司债方面，受托管理人拟召集持有人会议的，发行人、单独或者合计持有本期债券总额10%以上的债券持有人可以提出议案，受托管理人应当将相关议案提交会议审议。[⑥]会议拟审议议案应当最晚于债权登记日前公

---

① 《日本商法典》，王书江、殷建平译，中国法制出版社2001年版，第100-101页。

② 《深圳证券交易所公司债券上市规则》（深证上〔2018〕610号）第4.3.2条。

③ 《深圳证券交易所公司债券上市规则》（深证上〔2018〕610号）、《上海证券交易所公司债券上市规则》（上证发〔2018〕109号）第4.3.3条。

④ 《银行间债券市场非金融企业债务融资工具持有人会议规程》（中国银行间市场交易商协会公告〔2019〕25号）第8条。

⑤ 《银行间债券市场非金融企业债务融资工具持有人会议规程》（中国银行间市场交易商协会公告〔2019〕25号）第9条、第10条。

⑥ 《深圳证券交易所公司债券上市规则》（深证上〔2018〕610号），《上海证券交易所公司债券上市规则》（上证发〔2018〕109号）第4.3.4条。

告。议案未按规定公告的，不得提交该次债券持有人会议审议。[①]

债券持有人会议的参加人相对灵活、宽泛。首先是债券持有人、受托管理人，债券持有人应当配合受托管理人召集持有人会议的相关工作，积极参加债券持有人会议，认真审议会议议案，审慎行使表决权，接受持有人会议通过的决议并配合推动决议的落实，依法理性维护自身合法权益。[②]债券持有人出席债券持有人会议而产生的差旅费用、食宿费用等，均由债券持有人自行承担。因召开债券持有人会议产生的相关会务费用由会议召集人自行承担。债券募集文件等可对此另行作出约定。[③]其次是发行人、债券清偿义务承继方等关联方及债券增信机构。最后是资信评级机构可以应召集人邀请列席会议，持续跟踪债券持有人会议动向，并及时披露跟踪评级结果。[④]此外，持有人会议应当由律师见证，见证律师对会议的召集、召开、表决程序、出席会议人员资格、有效表决权和决议的合法性等事项出具法律意见书，法律意见书应当与债券持有人会议决议一同披露。[⑤]

值得注意的是，由于发行人可能在一段时间内多次发债，因此，这涉及债券持有人会议的成员范围问题，比较法上，《法国商法典》第L228-46条规定，“同期发行的债券持有人，得依法组成一个享有民事资格的群体，维护其共同利益。但是，在连续发行债券的情况下，如每一次发行合同均规定，公司可以将拥有相同权利的债券的持有人组合为单一的债券持有人集体”。[⑥]我国台湾地区所谓“公司法”第263条限定为“本次”。我国在债券持有人会议的相关文件中均明确为“本期”，如《上海证券交易所公司债券存续期

---

① 《深圳证券交易所公司债券上市规则》（深证上〔2018〕610号），《上海证券交易所公司债券上市规则》（上证发〔2018〕109号）第4.3.5条。

② 《上海证券交易所公司债券上市规则》（上证发〔2018〕109号）第4.3.7条。

③ 《上海证券交易所公司债券存续期业务指南第1号——公司债券持有人会议规则》（参考文本）第1.6条、《深圳证券交易所公司债券持有人会议规则编制指南》（参考文本）第1.6条。

④ 《深圳证券交易所公司债券上市规则》（深证上〔2018〕610号）第4.3.7条、《上海证券交易所公司债券上市规则》（上证发〔2018〕109号）第4.3.8条。

⑤ 《深圳证券交易所公司债券上市规则》（深证上〔2018〕610号）第4.3.8条、《上海证券交易所公司债券上市规则》（上证发〔2018〕109号）第4.3.9条。

⑥ 《法国商法典》（上册），罗结珍译，北京大学出版社2015年版，第375页。

业务指南第1号——公司债券持有人会议规则》（参考文本）第1.2条规定，“债券持有人会议自本期债券完成发行起组建，至本期债券债权债务关系终止后解散”。这主要是因为，除数量外，同期持有人涉及的债券要素完全相同，具备一致利益诉求。[①] 这样也就意味着债券要素不同的债券持有人应另行组成持有人会议，《日本商法典》第338条规定，“发行了数种公司债时，应按其种类召集公司债债权人会议”。[②]

第二节
债券持有人会议的召开

一、债券持有人会议的会前准备

（一）债券持有人会议的会前公告

一般而言，持有人会议召开日需发布召开持有人会议的公告，召集人认为需要紧急召集持有人会议以有利于持有人权益保护的除外。债券持有人会议规则另有约定的，从其约定。

公告内容一般包括但不限于下列事项：债券发行情况；召集人、会议负责人姓名及联系方式；会议时间和地点；会议召开形式，可以采用现场、非现场或者两者相结合的形式；会议以网络投票方式进行的，召集人应当披露网络投票办法、计票原则、投票方式、计票方式等信息；会议拟审议议案；会议议事程序，包括持有人会议的召集方式、表决方式、表决时间和其他相

① 张媛：《论债券持有人弱势地位与持有人会议制度的完善》，载蒋锋、卢文道主编：《证券法苑》（第二十四卷），法律出版社2018年版，第198页。

② 《日本商法典》，王书江、殷建平译，中国法制出版社2001年版，第104页。

关事宜；债权登记日，应当为持有人会议召开日前 1 个交易日，有权参加持有人会议并享有表决权的债券持有人以债权登记日为准；委托事项，债券持有人委托参会的，参会人员应当出示授权委托书和身份证明，在授权范围内参加持有人会议并履行受托义务。①

（二）债券持有人会议的召开条件

比较法上，德国债券法规定，参会持有人表决权应达到本期债券存续总表决权的半数以上，会议方具有决议行为能力。②公司债方面，债券持有人会议应当由代表本期债券未偿还份额且享有表决权的二分之一以上债券持有人出席方能召开。③

（三）债券持有人会议的投票

债券持有人可以自行参加会议行使表决权，此外，债券持有人还可以委托债券受托管理人代为出席债券持有人会议，并代为行使表决权。债券受托管理人代为出席债券持有人会议并代为行使表决权的，应当取得债券持有人出具的委托书，应当向债券持有人客观说明债券持有人会议的议题和表决事项，不得隐瞒、误导或者以有偿方式征集。④此处没有说明是否可以委托其他债券持有人投票，依照私法自治，应予以允许。《上海证券交易所公司债券存续期业务指南第 1 号——公司债券持有人会议规则》（参考文本）第 4.1.6 条即明确，债券持有人可以自行出席债券持有人会议并行使表决权，也可以委托受托管理人、其他债券持有人或者其他代理人出席债券持有人会议并按授权范围行使表决权。

---

① 《深圳证券交易所公司债券上市规则》（深证上〔2018〕610 号）、《上海证券交易所公司债券上市规则》（上证发〔2018〕109 号）第 4.3.5 条。

② 甘霈原、成睿：《德国债券持有人会议制度研究》，载《金融市场研究》2019 年第 11 期。

③ 《上海证券交易所公司债券存续期业务指南第 1 号——公司债券持有人会议规则》（参考文本）、《深圳证券交易所公司债券持有人会议规则编制指南》（参考文本）第 4.1.1 条。

④ 《深圳证券交易所公司债券上市规则》（深证上〔2018〕610 号）、《上海证券交易所公司债券上市规则》（上证发〔2018〕109 号）第 4.3.6 条。

二、债券持有人会议的表决

首先，关于表决权的认定，公司债方面，债券持有人进行表决时，每一张未偿还的债券享有一票表决权，[①] 债券持有人会议规则另有约定的，从其约定。对于有投票权的债券持有人认定，债权登记日登记在册的、持有本期债券未偿还份额的持有人均有权出席债券持有人会议并行使表决权，债权登记日为债券持有人会议召开日的前 1 个交易日。债券持有人会议因故变更召开时间的，债权登记日相应调整。[②] 银行间债券市场也有类似规定，债务融资工具持有人及其授权代表行使表决权，所持每一债务融资工具最低面额为一表决权；未出席会议的持有人不参与表决，其所持有的表决权数额计入总表决权数额。[③]

其次，关于利害关系回避表决，债券持有人与债券持有人会议拟审议事项有重大利益关系时，如债券持有人为发行人、发行人的关联方或债券清偿义务承继方的，应当回避表决。[④] 这里的关联方包括发行人的控股股东、实际控制人、合并范围内子公司、同一实际控制人控制下的关联公司（仅同受国家控制的除外）等。[⑤] 此外，还包括本期债券的保证人或者其他提供增信或偿债保障措施的机构或个人。《债券会议纪要》第 15 条第 2 款也规定，债券持有人会议表决过程中，发行人及其关联方，以及对决议事项存在利益冲突的债券持有人应当回避表决。比较法上，《法国商法典》第 L228-61 条所规定的回避表决人为“至少持有发行债券的公司 10% 资本的公司，不得以

---

① 《深圳证券交易所公司债券上市规则》（深证上〔2018〕610 号）第 4.3.9 条、《上海证券交易所公司债券上市规则》（上证发〔2018〕109 号）第 4.3.10 条。

② 《上海证券交易所公司债券存续期业务指南第 1 号——公司债券持有人会议规则》（参考文本）、《深圳证券交易所公司债券持有人会议规则编制指南》（参考文本）第 4.1.2 条。

③ 《银行间债券市场非金融企业债务融资工具持有人会议规程》（中国银行间市场交易商协会公告〔2019〕25 号）第 24 条。

④ 《深圳证券交易所公司债券上市规则》（深证上〔2018〕610 号）第 4.3.9 条、《上海证券交易所公司债券上市规则》（上证发〔2018〕109 号）第 4.3.10 条。

⑤ 《上海证券交易所公司债券存续期业务指南第 1 号——公司债券持有人会议规则》（参考文本）、《深圳证券交易所公司债券持有人会议规则编制指南》（参考文本）第 4.2.2 条。

其所持有的债券在债券持有人大会上投票参加表决”。[①]

最后，债券持有人会议的持有人范围应为“本期”债券内，虽属同期发行的债券，但申请回售在债券制度上已经视为到期处理，未申请回售的债券则尚未到期，二者期限要素已不相同，不具备完全同质性，应视具体议事内容确定是否组成一个会议。[②] 因此，因债券持有人行使回售选择权或者其他法律规定或募集说明书约定的权利，导致部分债券持有人对发行人享有的给付请求权与其他同期债券持有人不同的，具有相同请求权的债券持有人可以就不涉及其他债券持有人权益的事项进行单独表决。[③]

第三节
债券持有人会议决议

一、债券持有人会议决议的成立

就债券持有人会议决议的成立，主要涉及决议普通多数决、特别多数决的问题。比较法上，《法国商法典》第 L228–65 条规定，按照出席会议或者派代表出席会议的债券持有人所拥有的表决票的三分之二多数作出决定。[④] 我国台湾地区所谓“公司法”第 263 条规定，“前项会议之决议，应有代表公司债债权总额四分之三以上债权人之出席，以出席债权人表决权三分之二以上之同意行之，并按每一公司债券最低票面金额有一表决权”。《德国债券

① 《法国商法典》(上册)，罗结珍译，北京大学出版社 2015 年版，第 377 页。

② 张媛:《论债券持有人弱势地位与持有人会议制度的完善》，载蒋锋、卢文道主编:《证券法苑》(第二十四卷)，法律出版社 2018 年版，第 198 页。

③ 《上海证券交易所公司债券存续期业务指南第 1 号——公司债券持有人会议规则》(参考文本)、《深圳证券交易所公司债券持有人会议规则编制指南》(参考文本)第 6.1.1 条。

④ 《法国商法典》(上册)，罗结珍译，北京大学出版社 2015 年版，第 377–378 页。

法》规定，对债券核心条款进行实质性变更则须适用绝对多数决即决议须经参会持有人所持表决权的75%同意方可通过。[①]《日本商法典》第324条则进行区分，该条规定，“公司债债权人会议的决议，以出席公司债债权人表决权的过半数通过。但是，关于第三百零九条之二第一款、第三百一十九条、第三百二十九条第一款、第三百三十条第一款但书及第三百三十三条规定的公司债债权人会议的目的事项的决议，准用第三百四十三条的规定”。第343条即为关于决议特别多数决的规定。[②]

在我国，公司债方面最初不区分表决事项的差异，统一规定债券持有人会议对表决事项作出决议，经超过持有本期未偿还债券总额且有表决权的二分之一的债券持有人同意方可生效，债券持有人会议规则另有约定的，从其约定。[③]但是不区分表决事项的不同，可能使得少数债券持有人的权利被不当侵害。

对此，《上海证券交易所公司债券存续期业务指南第1号——公司债券持有人会议规则》（参考文本）、《深圳证券交易所公司债券持有人会议规则编制指南》（参考文本）第4.3.1条等对上述规则进行了细化，规定以下事项属于重大事项，至少需要经全体有表决权的债券持有人所持表决权的“三分之二”以上同意方可生效：拟同意第三方承担本期债券清偿义务；发行人拟下调票面利率的，债券募集说明书已明确约定发行人单方面享有相应决定权的除外；发行人或其他负有偿付义务的第三方提议减免、延缓偿付本期债券应付本息的，债券募集说明书已明确约定发行人单方面享有相应决定权的除外；拟减免、延缓增信主体或其他负有代偿义务第三方的金钱给付义务；拟减少抵押/质押等担保物数量或价值，导致剩余抵押/质押等担保物价值不足以覆盖本期债券全部未偿本息；拟修改债券募集说明书、本规则相关约定以直接或间接实现上述目的；拟修改债券持有人会议权限范围的相关

---

① 甘霈原、成睿：《德国债券持有人会议制度研究》，载《金融市场研究》2019年第11期。

② 《日本商法典》，王书江、殷建平译，中国法制出版社2001年版，第102页。

③ 《深圳证券交易所公司债券上市规则》（深证上〔2018〕610号）第4.3.10条、《上海证券交易所公司债券上市规则》（上证发〔2018〕109号）第4.3.11条。

约定。

银行间债券市场方面,《银行间债券市场非金融企业债务融资工具持有人会议规程》(中国银行间市场交易商协会公告〔2019〕25号)第31条规定,针对特别议案的决议,应当由持有本期债务融资工具表决权超过总表决权数额90%的持有人同意后方可生效。第26条指出,以下议案为特别议案:变更债务融资工具发行文件中与本息偿付相关的发行条款,包括本金或利息金额、计算方式、支付时间、信用增进协议及安排;新增或变更发行文件中的选择权条款、投资人保护机制或投资人保护条款;解聘、变更受托管理人或变更涉及持有人权利义务的受托管理协议条款;同意第三方承担债务融资工具清偿义务;授权他人代表全体持有人行使相关权利;其他变更发行文件中可能会严重影响持有人收取债务融资工具本息的约定。

二、债券持有人会议决议的效力

(一)债券持有人会议的生效要件

债券持有人会议作出决议后,是立即生效还是须经司法审查后生效,比较法上规则不一。《日本商法典》第325条规定,公司债债权人会议的召集人应自决议通过日起1周内,请求法院认可决议;第327条规定,"公司债债权人会议的决议因法院认可而发生效力"。[①] 我国台湾地区所谓"公司法"第264条(议事录之作成与效力)的规定与之相同,"前条债权人会议之决议,应制成议事录,由主席签名,经申报公司所在地之法院认可并公告后,对全体公司债债权人发生效力,由公司债债权人之受托人执行之。但债权人会议另有指定者,从其指定"。相应地,《日本商法典》、我国台湾地区所谓"公司法"也各自规定了法院不认可效力的事由,《日本商法典》第326条规定,于下列各项情形,法院不得认可公司债债权人会议的决议:召集公司债债权人会议的程序或其决议方法,违反法令或募集公司债事业说明书的记载时;以不公正方法作出决议时;决议显失公平时;决议违反公司债债权人的一般

① 《日本商法典》,王书江、殷建平,中国法制出版社2001年版,第102页。

利益时。[①]我国台湾地区所谓“公司法”第265条（不予认可之决议）规定，“公司债债权人会议之决议，有左列情事之一者，法院不予认可：一、召集公司债债权人会议之手续或其决议方法，违反法令或应募书之记载者。二、决议不依正当方法达成者。三、决议显失公正者。四、决议违反债权人一般利益者”。我国目前不采此种模式，原因在于债券持有人会议的决议多涉及债券违约处置，如要求发行人保证清偿债务、增加担保措施或同意展期等，其需对相关风险作出及时判断，进而为持有人团体争取利益，故若司法审查介入其中，则将有损其效率，且司法审查的认定标准亦无从把握，难免存有司法干涉市场之嫌。[②]《债券会议纪要》第15条明确规定，债券持有人会议根据债券募集文件规定的决议范围、议事方式和表决程序所作出的决议，除非存在法定无效事由，人民法院应当认定为合法有效。

（二）债券持有人会议决议的效力范围

就债券持有人会议的效力范围，交易所与银行间债券市场的规则一致，即债券持有人会议通过的决议，对所有债券持有人均有同等约束力，受托管理人依据债券持有人会议决议行事的结果由全体债券持有人承担。这里的债券持有人，包括所有出席会议、未出席会议、反对议案或者放弃投票权、无表决权的债券持有人，以及在相关决议通过后受让债券的持有人。[③]《银行间债券市场非金融企业债务融资工具持有人会议规程》第7条也规定，发行人应在发行文件中约定，除法律法规另有规定外，持有人会议所审议通过的决议对本期债务融资工具持有人，包括所有出席会议、未出席会议、反对议案或者放弃投票权、无表决权的持有人，以及在相关决议通过后受让债务融资工具的持有人，具有同等效力和约束力。当然，上述所谓的受让，应包括认购、交易、受让、继承或其他合法方式持有本期债券的主体。

---

① 《日本商法典》，王书江、殷建平译，中国法制出版社2001年版，第102页。

② 郑丁灏：《论公司债券治理的组织法构造——以〈公司法〉修订为进路》，载《证券市场导报》2021年第8期。

③ 《深圳证券交易所公司债券上市规则》（深证上〔2018〕610号）第4.3.11条、《上海证券交易所公司债券上市规则》（上证发〔2018〕109号）第4.3.12条。

但是，上述决议亦有例外，《债券会议纪要》第15条明确规定，一般意义上，决议对全体债券持有人具有约束力，但是债券持有人有重大事项决定权的保留权，一是受托管理人根据债券募集文件、债券受托管理协议的约定或者债券持有人会议决议的授权，以自己的名义代表债券持有人提起、参加民事诉讼，或者申请发行人破产重整、破产清算的，持反对意见的债券持有人可不受决议约束；二是债券持有人会议授权的受托管理人或者推选的代表人作出可能减损、让渡债券持有人利益的行为，未获得债券持有人会议特别授权的，应当事先征求各债券持有人的意见或者由各债券持有人自行决定；三是债券持有人会议授权的受托管理人或者推选的代表人在案件审理中与对方当事人达成调解协议，或者在破产程序中就发行人重整计划草案、和解协议进行表决时，如未获得债券持有人会议特别授权的，应当事先征求各债券持有人的意见或者由各债券持有人自行决定。《上海证券交易所公司债券存续期业务指南第1号——公司债券持有人会议规则》（参考文本）第4.3.4条也指出，债券持有人会议拟审议议案涉及授权受托管理人或推选的代表人代表债券持有人提起或参加要求发行人或增信主体偿付债券本息或履行增信义务、申请或参与发行人破产重整或破产清算、参与发行人破产和解等事项的仲裁或诉讼，如全部债券持有人授权的，受托管理人或推选的代表人代表全部债券持有人提起或参加相关仲裁或诉讼程序；如仅部分债券持有人授权的，受托管理人或推选的代表人仅代表同意授权的债券持有人提起或参加相关仲裁或诉讼程序。

（三）债券持有人会议是否对发行人有约束力

在德国，集体多数决的决议并不必然对发行人产生约束效力，而须以与其达成合意为要件，当然在实践中，发行人有时会事先约定涉及特定事项的持有人会议决议无须征得其同意即可执行。但溯其本质，此类约定仍是发行人提前作出的表示同意持有人会议决议内容的意思表示。[①]有观点指出，以下三种情形下，债券持有人会议决议对发行人亦有效，一是持有人会议是由

---

① 甘霈原、成睿：《德国债券持有人会议制度研究》，载《金融市场研究》2019年第11期。

发行人主动发出要约而达成的合意，即发行人提出的议案得到持有人认可，双方达成新的协议并受契约保护；二是决议经过法院认定，在实践中通常发行人会执行；三是在由持有人（或受托管理人）召集的持有人会议中，发行人主动宣布将执行持有人会议决议。除上述三类情形以外的情况，持有人会议无法对发行人产生约束力。①

在司法实践中，也出现了就债券持有人会议的决议是否对发行人产生效力的争议，多数情形下债券持有人主张决议对发行人产生效力的主张并没有得到支持。例如债券持有人会议决议变更争议解决机制，在“某通证券股份有限公司（以下简称某通证券公司）与北京某为投资管理有限公司（以下简称某为投资公司）、某阳集团公司公司债券交易纠纷上诉案”中，某通证券公司称，债券持有人会议有权变更争议解决机制，债券持有人有权单方面变更司法管辖，在未来发行人逾期发生时可触发行使，但是法院认为：“《募集说明书》中仲裁条款体现的是各方当事人对于争议解决纠纷机制的合意，任何一方均无权单方对仲裁条款进行修改，该约定符合法律规定，应属有效的仲裁协议。某为投资公司、某通证券公司以及某阳集团公司均受《募集说明书》的约束。根据《募集说明书》‘第八节第七章（附则）’第42条的约定，‘对债券持有人会议的召集、召开、表决程序及决议的合法有效性发生争议及发生其他与债券持有人会议规则有关的争议，应向华南国际经济贸易仲裁委员会（深圳国际仲裁院）申请仲裁’。因此，在债券持有人会议决议的效力尚存争议的情况下，依据该约定，各方应向华南国际经济贸易仲裁委员会（深圳国际仲裁院）申请仲裁。两审法院根据查明的事实并结合《募集说明书》的相关约定所作裁定，并无不当”。②

再如，募集说明书中没有关于发行人违约金的约定，债券持有人会议决议要求发行人支付违约金，发行人认为，募集说明书和债券受托管理协议中并无关于违约金的约定，决议系债券持有人会议单方制作通过，并未获得发

---

① 黄鑫、沈钰棪：《国际债券市场持有人会议的法律效力及对我国的启示》，载《债券》2019年第2期。

② 北京市高级人民法院（2021）京民申2264号民事裁定书。

行人的认可，对其不具有法律约束力。有法院认为："首先,《募集说明书》和《债券受托管理协议》中并无有关违约金的约定；其次,《关于要求发行人支付迟延履行违约金的议案》对全体债权人有约束力，并不必然对发行人有约束力。某大证券称涉案《募集说明书》明确约定某玛商城应无条件接受债券持有人会议的所有决议。对此本院认为,《募集说明书》第七节第 4 条第 2 款第 2 项约定：某玛商城应无条件接受持有人会议的上述决议。根据该条款所处位置，结合上下文理解，该条款表述的'上述决议'应当指债券持有人是否豁免债券违约的决议。某大证券将其理解为'所有决议'，并以此主张《关于要求发行人支付迟延履行违约金的议案》对某玛商城有约束力，缺乏相应的事实依据，本院不予支持。"①

裁判实践中也有债券持有人会议决议对发行人产生效力的情况，如"某元证券股份有限公司与哈尔滨某林集团股份有限公司、某和黄金制品有限公司公司债券交易纠纷案"中，法院认为，"案涉募集说明书中明确记载债券持有人会议有权要求发行人追加担保，且从第二次债权人通过的决议内容来看，发行人某林公司参加了此次会议，且其对债券兑付的日期作出了新的承诺，某林公司也按照约定追加了部分增信措施，其知晓并参加了此次债券持有人会议，对通过决议的内容未提出异议，该决议应当对其有约束力。第三次债券人会议决议所通过的内容也是建立在第二次债券持有人会议决议的基础上，其中对增加房产抵押担保的时间给予了进一步宽限，并未加重某林公司负担，且债券持有人会议决议公告均通过上海证券交易所进行公告，因此，第三次债券持有人会议决议对某林公司具有约束力。被告某林公司关于此节抗辩理由不能成立"。②

此外，实践中还会出现发行人公司决议内容与债券持有人会议决议内容矛盾的情形，对此，符合制度规定和约定的持有人会议决议，其法律效力高于发行人决议，因为议事范围（甚至整个持有人会议规则）已经由法律、行政法规、规章或者协议明确规范，持有人可能过度干涉公司经营行为的嫌疑

① 上海市高级人民法院（2019）沪民初 33 号民事判决书。

② 安徽省合肥市中级人民法院（2018）皖 01 民初 769 号民事判决书。

已经基本消除，持有人会议仅能就部分重大问题表决；而在涉及公司合并、分立、减资等组织结构发生变化的情形，《公司法》规定应当首先获得债权人同意，债权人不同意则应当提前清偿或者增加担保。[①]

三、异议债券持有人的救济

有权利必有救济，除了应在程序方面明确债券持有人会议的规则以及在实体上明确债券持有人会议的效力之外，还需要对异议债券持有人提供救济途径。理论上提及比较多的，多为赋予债券持有人提起决议无效与撤销之诉的权利，即仿照《公司法》关于股东（大）会决议效力的规定，允许异议持有人针对持有人会议中程序、内容违法或违章的情况提起诉讼，从而确认决议自始无效或将其撤销；[②]确立事后的司法审查机制，即当会议召集程序、表决方式、议事方式等程序存在瑕疵时，债券持有人可以提起决议撤销之诉，如存在决议内容涉及法定无效事由或者决议事项为募集文件明确禁止的实质瑕疵的，债券持有人可以提起决议无效之诉。[③]

比较法上，德国债券法规定，持有人认为决议违反法律或募集说明书约定的，可在异议期（即决议公布之日起一个月内）向发行人注册地州法院提出异议；对决议享有异议权的持有人既包括在会议召集通知发布前已持券并参与表决的持有人，也包括因表决权行使受到不当限制而未能参与表决的持有人。具体而言，债券持有人提出异议的事由包括决议形式瑕疵和内容瑕疵，异议程序下的决议还将产生暂缓执行的效力。[④]《意大利民法典》第2416条也规定，“债券持有人大会作出的决议，可以按照第2377条、第2379条规定被提起诉讼。第2377条规定的比例涉及债券总额和在规范的市场上流通的债券

---

① 张媛：《论债券持有人弱势地位与持有人会议制度的完善》，载蒋锋、卢文道主编：《证券法苑》（第二十四卷），法律出版社2018年版，第198页。

② 伍坚、黄入凌：《债权人参与公司治理视野下的债券持有人会议制度研究》，载《上海金融》2016年第7期。

③ 张文越：《公司债券持有人会议的制度完善——以异议债券持有人利益保护为视角》，载《福建金融》2020年第6期。

④ 甘霈原、成睿：《德国债券持有人会议制度研究》，载《金融市场研究》2019年第11期。

总额。起诉应当由债券持有人的共同代理人在公司所在地的法院提起”。[①] 其中第2377条、第2379条两个条文是有关公司决议撤销与无效之诉的规定。《法国商法典》第L228–59条也规定，“债券持有人全体大会的召集，依照召集股东大会的形式与期限之相同条件；与此同时，召集债券持有人大会的通知应包括最高行政法院提出资政意见后颁布的法令确定的专项内容。不符合规定召集的任何债券持有人大会的予以撤销，但是，如全体同期债券持有人均出席了会议或者委托代表出席了会议，就会议无效提起的诉讼不予受理”。[②]

由于债券持有人会议是集体自治的形式，决议行为也属于《民法典》关于民事法律行为的一种，因此，关于债券持有人决议瑕疵之诉可参照《公司法》及其司法解释关于决议成立、撤销、无效之诉的相关规定进行处理，这也是比较法上的趋势，传统的德国法学界曾认为股票和债券的持有人在属性上存在本质差异，进而对两者进行了严格区分，现行债券法则明显呈现出近年来债券持有人会议与股东大会在程序上越发趋同的立法趋势，此趋同的基础在于两者同为证券持有人，在通过集体决议机制维护共同利益的原理方面具备较大的共性；[③]《意大利民法典》第2415条也规定，有关临时股东大会的规定，适用于债券持有人大会。

第四节

债券持有人会议决议的执行

首先，决议内容应公告。公司债方面，召集人应当最晚于债券持有人会

① 《意大利民法典》，费安玲等译，中国政法大学出版社2004年版，第590页。

② 《法国商法典》(上册)，罗结珍译，北京大学出版社2015年版，第376页。

③ 甘霈原、成睿:《德国债券持有人会议制度研究》，载《金融市场研究》2019年第11期。

议表决截止日次一交易日披露会议决议公告，会议决议公告包括但不限于以下内容：出席会议的债券持有人所持表决权情况；会议有效性；各项议案的议题和表决结果。[①]

其次，债券受托管理人的职责履行。《日本商法典》第330条明确规定，原则上公司债债权人会议的决议由公司债管理公司执行。[②]我国公司债方面，根据相关规范，会议决议内容需要发行人等相关方进一步配合实施的，受托管理人应当按照决议要求及时告知发行人等相关方，发行人等相关方应当及时回复，并及时披露回复情况；[③]受托管理人应当积极落实并督促发行人或其他相关方落实债券持有人会议决议，按规定和约定及时披露决议落实的进展情况及后续安排，发行人或其他相关方未按规定或约定落实持有人会议决议的，受托管理人应当及时采取有效应对措施，切实维护债券持有人法定或约定的权利。[④]

最后，就债券受托管理人执行决议中所产生的费用以及债券受托管理人的报酬。目前相关规范中仅有关于诉讼程序中相关费用的规定，债券持有人授权受托管理人提起、参加债券违约合同纠纷仲裁、诉讼或者申请、参加破产程序的，受托管理人应当按照授权范围及实施安排等要求，勤勉履行相应义务；受托管理人因提起、参加仲裁、诉讼或破产程序产生的合理费用，由作出授权的债券持有人承担，或者由受托管理人依据与债券持有人的约定先行垫付，债券受托管理协议另有约定的，从其约定。[⑤]比较法上，《日本商法典》第336条规定，公司债管理公司、代表人或执行人应得的报酬及处理事务所需费用及其支出日后的利息，以及在处理事务中非因自己过失而受的损害赔偿额，除与发行公司债的公司有契约上的规定外，经法

---

① 《深圳证券交易所公司债券上市规则》（深证上〔2018〕610号）第4.3.11条、《上海证券交易所公司债券上市规则》（上证发〔2018〕109号）第4.3.14条。

② 《日本商法典》，王书江、殷建平译，中国法制出版社2001年版，第103页。

③ 《深圳证券交易所公司债券上市规则》（深证上〔2018〕610号）第4.3.11条、《上海证券交易所公司债券上市规则》（上证发〔2018〕109号）第4.3.15条。

④ 《上海证券交易所公司债券上市规则》（上证发〔2018〕109号）第4.3.15条。

⑤ 《上海证券交易所公司债券存续期业务指南第1号——公司债券持有人会议规则》（参考文本）、《深圳证券交易所公司债券持有人会议规则编制指南》（参考文本）第4.1.2条。

院许可，可以使发行公司债的公司负担；公司债管理公司、代表人或执行人，可以从公司债偿还金额中，先于公司债债权人接受前款报酬、费用及利息的清偿或损害赔偿。[①]

① 《日本商法典》，王书江、殷建平译，中国法制出版社2001年版，第104页。

第十章

债券纠纷重要司法文件与政策解读

本章导读〉〉〉

目前，处理债券纠纷诉讼的法律依据，在法律层面主要是《证券法》，在司法解释和司法文件层面主要是《债券会议纪要》《证券纠纷代表人诉讼规定》《2022 年若干规定》以及《九民会议纪要》，《民法典》作为民商事法律的基本法亦对债券交易有较大影响；监管规则方面，中国证监会 2021 年修订颁布了《公司债券管理办法》，其中的相关修改理念对债券市场发展趋势有所体现，亦较为重要。故本章集中对与债券纠纷相关的重要法律文件与政策进行简要解读。本章首先对 2019 年《证券法》修订中涉及债券的相关规则进行解读；其次对《九民会议纪要》中涉及证券虚假陈述责任纠纷的规则、《债券会议纪要》《证券纠纷代表人诉讼规定》《公司债券管理办法》进行解读；最后就《2022 年若干规定》所贯穿的主线与重要规则进行解读。

第一节

《证券法》涉债券规则内容解读

一、债券发行规定的变化

（一）债券发行注册制确立

《证券法》第9条全面实行证券发行注册制，一改2005年以来的证券发行核准制，公开发行证券，必须符合法律、行政法规规定的条件，并依法报经国务院证券监督管理机构或者国务院授权的部门注册，未经依法注册，任何单位和个人不得公开发行证券。“立法重大调整导致从监管者负责的实质性审查向着以‘完全信息披露’为基础的准入监管转变，由市场取代监管者对证券投资风险进行评判并落地‘买者自负’责任。”[①] 当然，证券发行注册制的具体范围、实施步骤，由国务院规定。为贯彻新《证券法》的实施，国务院办公厅于2020年2月29日发布了《关于贯彻实施修订后的证券法有关工作的通知》（国办发〔2020〕5号），提出稳步推进证券公开发行注册制，落实好公司债券公开发行注册制要求；国家发改委也发布了《关于企业债券发行实施注册制有关事项的通知》（发改财金〔2020〕298号），指出企业债券发行由核准制改为注册制；中国证监会办公厅发布了《关于公开发行公司债券实施注册制有关事项的通知》（证监办发〔2020〕14号），向沪、深交易所明确公司债券公开发行注册制的具体工作纲要，沪、深交易所也先后发布《关于公开发行公司债券实施注册制相关业务安排的通知》（深证上〔2020〕

---

① 洪艳蓉：《新〈证券法〉债券规则评析》，载《银行家》2020年第3期。

129号)。[①]至此，注册制全面铺开。注册制下，中介机构的重要性将愈加体现。

（二）公司债券发行条件简化

其一，《证券法》第15条删除了“股份有限公司的净资产不低于人民币三千万元，有限责任公司的净资产不低于人民币六千万元”“累计债券余额不超过公司净资产的百分之四十”“筹集的资金投向符合国家产业政策”“债券的利率不超过国务院限定的利率水平”的债券发行条件；新增“具备健全且运行良好的组织机构”条件。这使得中小企业也可以通过债券发行融资，满足广大中小企业融资需求。值得注意的是，尽管《证券法》简化了债券发行条件，但是对于在证券法修订之前已经发行的债券，在判断发行人是否为欺诈发行时，依据的仍然是过去《证券法》所设置的债券发行条件。

其二，删除“公开发行公司债券筹集的资金，必须用于核准的用途”的限制性规定，明确募集资金的使用是按照债券募集办法的约定，同时经债券持有人会议决议，募集资金用途可以改变。

其三，为可转债发行创造条件。第15条第3款新增“上市公司发行可转换为股票的公司债券，除应当符合第一款规定的条件外，还应当遵守本法第十二条第二款的规定。但是，按照公司债券募集办法，上市公司通过收购本公司股份的方式进行公司债券转换的除外”。即一般而言，上市公司发现可转债应当符合发行新股的条件，但是上市公司以收购本公司股份的方式进行债券转换的，可以豁免遵循发行新股的条件。与新股发行相比，公司债券或者可转换公司债券在发行条件上相对宽松，在审核上更为简便，在融资成本上较为低廉，但是，如果发行可转换公司债券的上市公司只能采用新股发行实现转股，则会导致可转换公司债券的发行条件与新股发行条件趋同，审核程序必然趋严，发行成本必然更高。[②]因此，2018年《公司法》中股份回购的规定得到了修改，《全国人民代表大会常务委员会关于修改〈公司法〉

---

① 李湛、王静瑶:《公司债和企业债发行步入注册制时代》，载《中国金融》2020年第6期。

② 叶林:《股份有限公司回购股份的规则评析》，载《法律适用》2019年第1期。

的决定》(中华人民共和国主席令第15号)将《公司法》第142条修改为:"公司不得收购本公司股份。但是,有下列情形之一的除外:……(五)将股份用于转换上市公司发行的可转换为股票的公司债券。"之后,中国证监会也发布《可转换公司债券管理办法》(中国证券监督管理委员会令第178号),可转换公司债的规则逐步完善。

二、证券虚假陈述责任纠纷方面的变化

(一)纠纷解决方式将更加多元

《证券法》第95条明确指出,在证券虚假陈述等民事纠纷中,法院可以适用代表人诉讼,这与2019年11月《九民会议纪要》中的规定相呼应,尤其此次修改增加了由投资者保护机构提起的代表人诉讼是"默示加入、明示退出"。《证券法》修订之后,代表人诉讼的适用将为证券虚假陈述纠纷的解决提供更加多元化的纠纷解决方式。

(二)案件类型将增加

一方面,《证券法》第93条规定,先行赔付人可以向发行人及其他连带责任人追偿。因此涉及证券虚假陈述的追偿权纠纷将会成为一种新类型案件。另一方面,《证券法》第94条新增规定,投资者与发行人发生纠纷,可以向投资者保护机构申请调解。据此,未来投资者保护机构将会更大程度地参与此类案件的调解,并向人民法院申请司法确认。但2017年修正的《民事诉讼法》第194条规定司法确认的管辖为基层人民法院,此与证券虚假陈述纠纷由中级人民法院受理冲突。2019年12月28日全国人民代表大会常务委员会审议通过《关于授权最高人民法院在部分地区开展民事诉讼程序繁简分流改革试点工作的决定》,其中在部分地区暂停实施的就有《民事诉讼法》第194条,2021年修正的《民事诉讼法》第201条正式明确中级人民法院、专门人民法院也可以进行司法确认。这意味着证券虚假陈述责任纠纷的司法确认将会为中级人民法院所受理,成为全新的司法确认案件类型。

（三）被告以及举证责任将发生变化

此次修订对违反信息披露相关民事赔偿责任的原《证券法》第 69 条进行了修改，其中，将发行人控股股东、实际控制人的归责原则由原《证券法》第 69 条的过错责任变更为现《证券法》第 85 条的过错推定责任。这一变化减轻了投资者举证责任，将导致投资者更多地在诉讼中增加发行人控股股东、实际控制人作为被告。

三、债券持有人特别保护的制度变化

《证券法》首次在法律层面规定债券持有人大会和受托管理人机制，明确受托管理人可以以自己的名义代表债券持有人参与诉讼，破除了《民事诉讼法》《公司法》《企业破产法》对诉讼主体资格和相关程序资格的障碍，更有利于维护债券持有人权利。①

（一）明确了债券持有人会议机制

债券持有人会议是由同期公司债债权人所组成的，就有关公司债债权人之共同利害关系事项而为决议的临时性决策机构，最早在 2003 年中国证监会《证券公司债券管理暂行办法》（中国证券监督管理委员会令第 15 号）中出现，《证券法》第 15 条、第 92 条均明确指出了债券持有人会议的重要性和部分决议事项。

（二）明确了债券受托管理人机制

债券受托管理人制度滥觞于英美法系国家，该项制度设计的初衷就是应对债券发行后公开发行的涉众性、投资者的分散性、债券的长期性等特点，承担债券持有人大会的组织安排职责，以此解决债券投资者集体决策难题并降低交易成本，中国证监会最早在《公司债券管理办法》中规定了债券受托管理人制度，中国证券业协会也发布了《公司债券受托管理人处置公司债券

① 洪艳蓉：《〈证券法（三审稿）〉债券规则评析》，载《中国法律评论》2019 年第 4 期。

违约风险指引》（中证协发〔2017〕44 号）等专门的债券受托管理自律性文件。[①]《证券法》第 92 条首次在法律层面明确了债券受托管理人机制，尤其针对司法实践中债券受托管理人能否代表持有人提起民事诉讼、参与破产程序的问题，在第 3 款指出“债券发行人未能按期兑付债券本息的，债券受托管理人可以接受全部或者部分债券持有人的委托，以自己名义代表债券持有人提起、参加民事诉讼或者清算程序”。当然，债券持有人以自己的名义提起、参加民事诉讼或者清算程序，不仅仅是发行人不能按照兑付本息，这里的“未能按期兑付债券本息”应作扩张解释，还包括债券募集文件约定的其他事由，也包括发行人预期违约。

第二节
《债券会议纪要》的内容解读

一、《债券会议纪要》对债券纠纷审判实践的影响

（一）债券纠纷审理的集约化更为凸显

因同一发行人债券违约或者虚假陈述而引发的债券纠纷数量较多，在过去的实践中，债券持有人多头起诉、重复查封，引发裁判尺度统一的危机以及审执效率的降低。《债券会议纪要》从以下方面注重债券纠纷的集约审理，以提高审判、执行效率。首先，在管辖上，以集中管辖为原则。不论是债券违约纠纷还是债券虚假陈述纠纷，抑或是发行人破产案件的受理与处理，《债券会议纪要》第 10 条、第 11 条、第 12 条都规定由发行人住所地人民法院

① 吕志强、吴弘：《解析银行间市场债券受托管理人：定位篇》，载《银行家》2020 年第 11 期。

管辖。

其次，在司法程序中，最大限度发挥债券受托管理人的代表功能。在之前的债券诉讼和破产案件实践中，对于债券受托管理人的诉讼和参与破产程序的主体资格存在一些争议，《债券会议纪要》第5条对此予以明确。在起诉方式上，《债券会议纪要》明确以债券受托管理人或代表人的集中起诉为原则、个别起诉为例外，因此无论是起诉还是参与破产清算、重整、和解，都原则上由债券受托管理人代表债券持有人进行，这将极大地提高审执效率。

最后，在审理方式上，可根据情况选择适用代表人诉讼。2019年修订的《证券法》第95条进一步完善了代表人诉讼机制，第3款也规定了中国版的集团诉讼模式。《债券会议纪要》第14条明确了在债券违约纠纷以及虚假陈述纠纷的审理上，也可以根据案件情况选择适用，以达到集约审理。

（二）债券还本付息的属性应予重点把握

债券是还本付息的有价证券，这是其与同为有价证券的股票的不同。因此，《债券会议纪要》在诸多方面的规定均体现了这一点，在裁判中应予以区分适用。

首先，区分请求权基础。一方面，债券持有人可以依据债券募集文件等向发行人主张违约责任，要求发行人还本付息；另一方面，发生欺诈发行与虚假陈述时，债券持有人可以向发行人与相关责任主体主张侵权损害赔偿责任。请求权基础的不同导致法律适用的不同，《债券会议纪要》对此分别配置了不同的规则。

其次，区分《2022年若干规定》与《债券会议纪要》的适用。《2003年若干规定》规定了关于证券虚假陈述纠纷的若干程序与实体审理规则。《债券会议纪要》在不少方面参考了上述司法解释，但是也因债券的还本付息属性而作出了差异性规定。例如，在前置程序上，第9条明确了债券纠纷的虚假陈述诉讼不需要前置程序；在债券虚假陈述的损失计算方法上，《2003年若干规定》依照“欺诈市场理论”确立了以实施日、揭露日（更正日）、基准日为模型的投资差额损失计算方法。《债券会议纪要》参考了上述方法，但是同时也结合了债券还本付息的特点在第22条进行了相应的调整；在因果关系抗辩上，第24条也规定了与《2003年若干规定》略有不同的因果关系抗辩情形与规则。《2022年若干规定》只字未提债券，其中一些程序性规则可通用于债券纠纷，不过在投资差额损失计算方式上，《2022年若干规定》明确为集中竞价、买卖股票，故债券虚假陈述无法适用。

（三）法律适用标准更趋统一

《债券会议纪要》明确了审理债券纠纷的四个原则，其中，在坚持依法公正处理原则中，提及“对具有还本付息这一共同属性的公司债券、企业债券、非金融企业债务融资工具适用相同的法律标准”。此一原则对于之后的法律适用意义重大。

我国目前的债券发行与监管一定程度上较为分散，公司债由中国证监会监管、企业债由国家发改委监管，非金融企业债务融资工具等由中国银行间交易市场协会自律监管。尽管债券的名称不同，在监管上也属于不同的监管部门，但是本质上都属于还本付息的有价证券，在规则适用上应具有统一性。也正是基于此，在监管层面，债券市场统一执法逐步推进。《债券会议纪要》特别强调了法律适用的统一。这也与2020年3月30日《中共中央、国务院关于构建更加完善的要素市场化配置体制机制的意见》相关精神一致，“加快发展债券市场。稳步扩大债券市场规模，丰富债券市场品种，推进债券市场互联互通。统一公司信用类债券信息披露标准，完善债券违约处置机制。探索对公司信用类债券实行发行注册管理制。加强债券市场评级机构统一准入管理，规范信用评级行业发展”。因此，审理此类案件应注重把握各类不同债券的本质，统一法律适用标准。

（四）精细化审理的要求更为突出

债券纠纷的审理涉及多方利益，既涉及投资者、发行人、中介机构等私法主体，也涉及交易所、登记结算机构等服务与管理机构，因此，《债券会议纪要》的相关规则要求裁判者更加精细化地审理债券纠纷。

首先，加强与登记结算机构的联动。《债券会议纪要》第23条明确了损失赔偿后债券的交还与注销，对于人民法院提出更高的要求与责任。审理中，人民法院应当在一审判决作出前向债券登记结算机构调取本案当事人的债券交易情况，并通知债券登记结算机构冻结本案债券持有人所持有的相关债券；而且，无论债券持有人是否提出由发行人赎回债券的诉讼请求，均应当在判项中明确债券持有人交回债券的义务，以及发行人依据生效法律文书申请债券登记结算机构注销该债券的权利。

其次，注意义务、过错与责任的平衡。对于因欺诈发行或者虚假陈述产生的责任，《证券法》第 85 条原则上规定了相关责任主体与发行人的连带责任和过错推定责任。《债券会议纪要》在此基础上细化了《证券法》的规定，明确了司法裁判中相关主体过错与责任的判断标准，并尤其强调责任应与过错程度相吻合。如第 28 条明确发行人内部人的过错认定标准，第 29 条明确债券承销机构的过错认定标准，第 30 条明确债券承销机构的免责抗辩事由，第 31 条明确债券服务机构的过错认定标准等。上述更加精细化的规则，符合资本市场和法律责任的内在逻辑，也要求审理者进行更为精细的裁判。

二、《债券会议纪要》逐条简要解读

（一）关于诉讼主体资格的认定

《债券会议纪要》第 5 条规定债券受托管理人的诉讼主体资格。尽管监管机关如中国证监会《公司债券管理办法》以及中国证券业协会《公司债券受托管理人执业行为准则》（中证协发〔2015〕121 号）等相关规范中，均有债券受托管理人以自己的名义主张权利的规则，但是在司法实践中，债券受托管理人的诉讼主体资格一直存在争议。2019 年 12 月 28 日修订的《证券法》第 92 条第 3 款规定：“债券发行人未能按期兑付债券本息的，债券受托管理人可以接受全部或者部分债券持有人的委托，以自己名义代表债券持有人提起、参加民事诉讼或者清算程序。”对债券受托管理人的诉讼资格予以明确。

《债券会议纪要》也延续《证券法》上述规定的精神，同时，《债券会议纪要》第 5 条比《证券法》第 92 条的规定更为具体详细。因为《证券法》第 92 条的表述系“未能按期兑付债券本息”，仅从文义上看，似乎只是在发行人实质性违约之后，债券受托管理人才具有起诉资格，若发行人出现预期违约等情形时，债券受托管理人似没有权限起诉。但是，这种理解不当限制了债券受托管理人的权限，不利于对持有人的保护。《债券会议纪要》中“债券发行人不能如约偿付债券本息或者出现债券募集文件约定的违约事件时”的表述更为准确，消弭了对《证券法》第 92 条第 3 款的不当理解。

第 6 条规定债券持有人单独和共同诉讼的条件。《债券会议纪要》明确，“对于债券违约合同纠纷案件，应当以债券受托管理人或者债券持有人会议推选的代表人集中起诉为原则，以债券持有人个别起诉为补充”。此规定将改变债券持有人多头起诉的实践。从第 6 条看，《债券会议纪要》也为债券持有人单独起诉提供了空间，存在两种情况：一是债券持有人会议决议授权债券受托管理人代部分债券持有人起诉时，剩余的债券持有人可以单独或共同提起诉讼；二是如果债券受托管理人怠于履行职责，则在债券持有人会议作出自行起诉的决议后，债券持有人依据决议可以单独或者共同起诉。上述两种情形中，均以债券持有人会议相关决议作为前提。

第 7 条规定资管产品管理人的诉讼主体资格。在实践中，登记结算机构出具的债券持有人信息往往显示，债券持有人为某某资管产品，而提起诉讼、申请启动破产程序的则是资管产品的管理人。因此在许多债券案件中，发行人及相关主体往往提出以下抗辩：资管产品应该是适格原告、资管产品中的委托人（受益人）应该是适格原告，即便资管产品的管理人是原告，其也没有正当权利来源等。上述问题在司法实践中产生一定的争议。《债券会议纪要》明确了资管产品管理人的诉讼主体资格，为此问题定分止争。如果从信托法的视角观察资管业务，则资管产品本质上是信托财产（客体），资管产品的管理人是信托财产的受托人，依据受托人有权以自己的名义处理信托事务的基本法理，资管产品的管理人当然具有诉权。资管产品管理人的诉讼资格之所以产生争议，原因在于金融实践将资管产品作为主体（法人）看待，但是信托法等基本法律仍秉持着信托财产的客体论，这背后更为深入的问题就是“信托财产的主体化”。

（二）关于案件的受理、管辖与诉讼方式

第 9 条规定债券虚假陈述不适用前置程序。《2003 年若干规定》第 6 条规定，证券虚假陈述案件的受理适用前置程序。前置程序的存废问题一直争议较大。《债券会议纪要》明确规定了在债券虚假陈述纠纷中不适用前置程序规则。在过往的证券虚假陈述中，持前置程序保留的观点认为，前置程序的存在保护了举证能力较差的投资者，有利于对于散户投资者的保护与权利主张。而在债券虚假陈述中不需前置程序，或是基于债券投资者多是机构投资者，其举证能力、专业性等相较于股票市场的散户更强。

第 10 条规定债券违约纠纷的集中管辖。原则上，民事诉讼法关于合同纠纷管辖的一般规则是被告住所地或合同履行地法院。但是鉴于债券纠纷的群体性，《债券会议纪要》突破了关于合同纠纷管辖的一般规则，规定由发行人所在地法院管辖。上述集中审理的规则一方面有利于节约司法资源，避免多头诉讼，保证裁判尺度统一；另一方面也避免了关于管辖的不少争议，如在既有司法实践中，就合同履行地的问题产生了不少争议，包括但不限于《民诉法解释》第 18 条“争议标的为给付货币的，接收货币一方所在地为合同履行地”是否适用于债券纠纷；债券登记结算机构所在地是否为合同履行地等。

当然，作为一种债权债务纠纷，《债券会议纪要》仍然允许债券募集文件与受托管理协议就管辖另有约定。其中仍然可能存在一些关于协议管辖的争议，典型如债券募集文件与受托管理协议的约定不一致，如在债券受托管理人代持有人向发行人主张权利时，债券募集说明书中的载明的持有人与发行人之间的协议管辖，很有可能就与债券受托管理协议中约定的发行人与债券受托管理人之间的协议管辖不同。

第 11 条规定欺诈发行和虚假陈述案件的管辖。在级别管辖上，由省、直辖市、自治区人民政府所在的市、计划单列市和经济特区中级人民法院管辖；若多被告中有发行人的，则由发行人住所地法院管辖。该规则与《2003 年若干规定》第 8 条中的规则基本一致。可能的原因一方面是保持规则的统一，另一方面是受理证券虚假陈述纠纷的法院，近年来在审理证券虚假陈述

责任纠纷方面积累了一定的经验，由于债券虚假陈述不需要前置程序且是新类型案件，故由这些法院审理涉及债券欺诈发行和虚假陈述案件或更为妥当。不过这一管辖规则在《2022 年若干规定》出台后应不再适用，欺诈发行和虚假陈述案件在管辖上应适用《2022 年若干规定》第 3 条。

（三）关于债券持有人权利保护的特别规定

第 15 条规定债券持有人会议决议的效力。债券持有人会议是保护债券持有人利益的专门性制度。《债券会议纪要》明确，在决议范围内的事项，依照表决规则和表决程序所作出的决议，除非存在法定无效事由，债券持有人会议决议均应当有效，特别强调了“决议范围内”；并明确了约束范围，即对全体债券持有人均具有约束力，但此处也排除了第 5 条、第 6 条和第 16 条规定的事项。也就是说，授权债券受托管理人起诉、重大事项决定权的保留，不适用“少数服从多数”的规则。

就债券持有人会议的具体规则《债券会议纪要》没有规定，或许是因为，无论是公司债还是债务融资工具，交易所与银行间市场交易商协会对于持有人会议的具体问题均有着备用性规则，沪深两个交易所《公司债券上市规则》（上证发〔2018〕109 号、深证上〔2018〕610 号）、中国银行间市场交易商协会《银行间债券市场非金融企业债务融资工具持有人会议规程》（中市协发〔2019〕164 号），均对持有人会议的各方面有着详细的规定，募集说明书等文件也有所引用，而且《证券法》第 92 条规定，“公开发行公司债券的，应当设立债券持有人会议，并应当在募集说明书中说明债券持有人会议的召集程序、会议规则和其他重要事项”。故《债券会议纪要》无须对此作出规定。

第 18 条规定担保物权的行使问题。基于交易便捷以及债券流通的便利，在债券交易的担保设定中，往往由债券受托管理人取得担保物权，为债券持有人统一持有。但是这也导致了债权人与担保权人的分离。对于谁有权主张担保权，裁判实践存在分歧，《债券会议纪要》第 18 条明确债券受托管理人可以主张行使担保物权，人民法院应在判决主文中明确由此所得权益归属于债券持有人。同时，如果受托管理人仅代表部分债券持有人提起诉讼的，人民法院还应当根据其所代表的债券持有人份额占当期发行债券的比例明确其相应的份额。这样的规定保证了债券持有人之间的公平受偿。

（四）关于发行人的民事责任

第21条规定违约责任范围和预期违约的判定。第21条第2款对于债券持有人要求发行人提前偿付本息的，《债券会议纪要》并没有“一刀切”，无疑有利于在司法裁判中具体情况具体分析。要求发行人提前偿还本息，既涉及发行人的预期利益，也涉及债券持有人的保护，二者需要平衡。对于发行人预期违约的判定，投资者认为发行人以自己的行为表明其将到期不履行义务的表现，通过对裁判实践的观察，主要有以下几种：发行人在付息日未能兑付当期利息；发行人发行的其他债券有实质违约（交叉违约），即无法到期兑付本息；发行人存在信息披露问题；发行人涉及诸多诉讼，有应偿债务未偿还，经营存在困难，公司财产被查封、扣押、冻结等；发行人存在转移财产的行为；发行人的信用评级降低；发行人存在变更募集资金用途的行为等。依据具体的某个因素很难直接判定发行人是否需要提前偿付本息，需要结合个案具体分析，在不同的背景下可能结果不同。此外还应考虑具体的债券品种的特性，如永续债、附担保公司债、上市公司股东可交换公司债等。

第22条规定债券欺诈发行和虚假陈述的损失计算。无论是《2003年若干规定》还是《2022年若干规定》中所确立的以实施日、揭露日（更正日）、基准日为模型的投资差额损失计算方法，系以流通的股票为原型。但是股票与债券在价格形成机制、交易市场的流通性等方面存在不同，债券虚假陈述中的投资差额损失计算方法是否能够适用《2003年若干规定》或者《2022年若干规定》的前述模型，存在争议。《债券会议纪要》关于债券虚假陈述的损失计算方法参考了《2003年若干规定》中的投资差额损失计算方法，并结合债券还本付息的特点在第22条进行了调整。

首先，信息重大性方面，必须是就“发行人财务业务信息等与其偿付能力相关的重要内容”，这是与股票虚假陈述责任中的重大性所不同的，后者在《九民会议纪要》第85条有所规定，即重大性是指可能对投资者进行投资决策具有重要影响的信息，虚假陈述已经被监管部门行政处罚的，应当认为是具有重大性的违法行为。关于重大性的判断，《公司信用类债券信息披露管理办法》（中国人民银行、国家发展和改革委员会、中国证券监督管理委员会公告〔2020〕第22号）第18条[①]规定了债券存续期内，企业应当披露的可能影响偿债能力或投资者权益的重大事项，这对于重大性的判断有参考价值。

其次，损失计算方式方面，具有交易因果关系的是在实施日之后、揭露日之前买入的。并进一步区分为两种情形：一是在起诉日之前已经卖出债券，或者在起诉时虽然持有债券，但在一审判决作出前已经卖出的；二是一审判决作出前仍然持有该债券的。对于前者，即为买入价扣减卖出价的投资差额损失，这里实际上是将一审判决作出之日视为基准日；对于后者，债券持有人可以请求按照第21条第1款的规定计算损失赔偿数额。

第23条规定损失赔偿后债券的交还与注销。该条要求，在债券持有人请求违约损害赔偿时，人民法院应向债券登记结算机构调取本案当事人的债

---

① 该条规定："债券存续期内，企业发生可能影响偿债能力或投资者权益的重大事项时，应当及时披露，并说明事项的起因、目前的状态和可能产生的影响。前款所称重大事项包括但不限于：（一）企业名称变更、股权结构或生产经营状况发生重大变化；（二）企业变更财务报告审计机构、债券受托管理人或具有同等职责的机构（以下简称'受托管理人'）、信用评级机构；（三）企业三分之一以上董事、三分之二以上监事、董事长、总经理或具有同等职责的人员发生变动；（四）企业法定代表人、董事长、总经理或具有同等职责的人员无法履行职责；（五）企业控股股东或者实际控制人变更；（六）企业发生重大资产抵押、质押、出售、转让、报废、无偿划转以及重大投资行为或重大资产重组；（七）企业发生超过上年末净资产百分之十的重大损失；（八）企业放弃债权或者财产超过上年末净资产的百分之十；（九）企业股权、经营权涉及被委托管理；（十）企业丧失对重要子公司的实际控制权；（十一）债券担保情况发生变更，或者债券信用评级发生变化；（十二）企业转移债券清偿义务；（十三）企业一次承担他人债务超过上年末净资产百分之十，或者新增借款、对外提供担保超过上年末净资产的百分之二十；（十四）企业未能清偿到期债务或进行债务重组；（十五）企业涉嫌违法违规被有权机关调查，受到刑事处罚、重大行政处罚或行政监管措施、市场自律组织作出的债券业务相关的处分，或者存在严重失信行为；（十六）企业法定代表人、控股股东、实际控制人、董事、监事、高级管理人员涉嫌违法违规被有权机关调查、采取强制措施，或者存在严重失信行为；（十七）企业涉及重大诉讼、仲裁事项；（十八）企业出现可能影响其偿债能力的资产被查封、扣押或冻结的情况；（十九）企业分配股利，作出减资、合并、分立、解散及申请破产的决定，或者依法进入破产程序、被责令关闭；（二十）企业涉及需要说明的市场传闻；（二十一）募集说明书约定或企业承诺的其他应当披露事项；（二十二）其他可能影响其偿债能力或投资者权益的事项。上述已披露事项出现重大进展或变化的，企业也应当及时履行信息披露义务。"

券交易情况，并通知债券登记结算机构冻结本案债券持有人所持有的相关债券。而且如果人民法院判决发行人还本付息的，无论当事人是否提出诉讼请求，均应明确债券持有人交还证券，并注销债券。这样的规定充分考虑到了发行人清偿与债券结算的有效衔接，以及债券作为证券在交易、结算方面的特殊性，也对裁判者提出更高的要求。

第 24 条规定因果关系的抗辩。第 24 条第 1 款规定了不具有交易因果关系的情形，即债券持有人是在虚假陈述被揭露后买入的。第 2 款规定发行人存在其他虚假陈述行为时，即便在揭露日后买入的，债券持有人仍然可主张权利。第 3 款规定了持有人有内幕交易、操纵市场行为时的损害赔偿规则。第 4 款规定了若因为市场、政策等与发行人虚假陈述行为无关的其他因素导致债券投资者损失的，应依据原因力大小减轻或者免除发行人责任。第 5 款规定了专业机构的介入，在既往的证券虚假陈述案件审理中，投资者保护机构参与多元调解、投资差额损失计算、系统风险的评估等，在债券纠纷中亦有投资者保护机构的参与空间，例如相关机构可就第 24 条第 4 款的问题进行评估。

（五）关于其他责任主体的责任

目前实践中关于债券纠纷的诉讼类型主要是违约诉讼，也主要是针对发行人的诉讼，对于以其他责任主体为被告的虚假陈述案件相对较少。《债券会议纪要》对于除发行人之外的其他责任主体的责任认定提供了较为详细的认定依据。

第 25 条明确债券受托管理人的责任，该条明确受托管理人应“勤勉尽责”，否则应承担“相应的责任”；第 26 条明确了增信机构依照增信文件承担的责任；第 27 条明确发行人的控股股东、实际控制人、发行人的董事、监事、高级管理人员或者履行同等职责的人员过错推定责任，与《证券法》第 85 条在归责原则上一致，并明确必须“足以影响投资人对发行人偿债能力判断”。第 28 条规定了发行人内部人的过错认定，提供了一些衡量因素，如在公司中所处的实际地位、在信息披露文件的制作中所起的作用、取得和了解相关信息的渠道及其为核验相关信息所做的努力等实际情况。

第 29 条、第 30 条规定承销机构的过错认定标准与抗辩事由。依据《证券法》第 85 条，债券承销机构承担也是过错推定责任。实践中，承销机构所应尽的工作与义务，主要依据中国证券业协会《公司债券承销业务尽职调查指引》、中国银行间市场交易商协会《非金融企业债务融资工具主承销商尽职调查指引》(中国银行间市场交易商协会公告〔2020〕32 号)等。此条为裁判者认定承销机构的过错和承销机构的抗辩提供了指引。

第 31 条第 1 款规定了其他服务机构的过错认定，归责原则上采用过错推定；第 31 条第 2 款对于会计师事务所等服务机构的过错认定和责任承担，与《会计师事务所侵权司法解释》的相关规则基本一致，其第 5 条、第 6 条区分了注册会计师的故意与过失，并分别规定连带责任、与过失大小相应的责任。《债券会议纪要》也指出“考量其是否尽到勤勉尽责义务，区分故意、过失等不同情况，分别确定其应当承担的法律责任”。值得注意的是，这样的规定是否与《证券法》第 163 条证券服务机构“应当与委托人承担连带赔偿责任”的规定存在矛盾，或有待司法实践的进一步解释与适用。

（六）关于发行人破产

在市场化、法治化的债券纠纷处置中，破产程序是司法化解债券兑付危机的重要方式之一。事实上，当发行人出现《企业破产法》第 2 条规定情形而进入破产程序，在客观上有利于债券持有人利益的保护。例如，在进入破产程序后，发行人的个别清偿无效(《企业破产法》第 16 条)，发行人被司法保全的财产将解除保全措施、正在进行的执行措施中止(《企业破产法》第 19 条)等，上述规定能够实现全体债券持有人的公平受偿。

《债券会议纪要》多处规定了在破产程序中债券持有人权益保护的规则。如第 5 条规定债券受托管理人具有申请发行人破产重整、破产清算的资格；第 16 条规定发行人重整计划草案、和解协议进行表决时债券持有人的重大事项保留权；第 17 条规定债券持有人会议授权的受托管理人或者推选的代表人具有债委会成员资格等。此外，第 33 条还明确破产管理人的信息披露义务，破产管理人亦是信息披露义务主体，这对破产管理人提出了较高的要求。第 34 条明确破产管理人无正当理由不予确认债权的赔偿责任，由于《债券会议纪要》明确了债券受托管理人参与破产程序的主体资格，此问题不再有争议，破产管理人应及时对债券受托管理人所申报的债权予以确认。

第三节
《九民会议纪要》涉证券虚假陈述的内容解读

一、有关诉讼程序的规则

（一）共同管辖的案件移送

投资人针对多个被告提起证券虚假陈述责任纠纷时，依照《2003 年若干规定》第 9 条，管辖方面应按照以下原则进行处理：其一，如果多个被告中有发行人的，则应由发行人所在地的直辖市、省会市、计划单列市或经济特区中级人民法院管辖；其二，如果多个被告中没有发行人，但有其他机构和自然人的，则原告可以选择其中一个机构住所地的直辖市、省会市、计划单列市或经济特区中级人民法院提起虚假陈述民事赔偿之诉；其三，如果被告中只是多个自然人的，则投资人可以选择其中一个自然人所在地的直辖市、省会市、计划单列市或经济特区中级人民法院提起诉讼。

因此，实践中出现投资者不以发行人为被告起诉，而是以中介机构等为被告起诉的情况，如果人民法院经当事人申请、经原告同意或者依职权追加发行人为共同被告，案件的管辖是否发生变化，人民法院是否需要移送案件？

根据《2003 年若干规定》第 10 条的规定，人民法院经当事人申请或者征得原告同意后追加发行人为被告与人民法院依职权追加被告，案件在是否移送管辖上存在区别，具体而言：对于前者，人民法院应当将案件移送发行人所在地有管辖权的中级人民法院管辖；后者不得移送法院。一般而言，案件中追加共同被告并不会改变管辖法院，但是《2003 年若干规定》第 10 条第1款规定，因当事人申请或者征得原告同意追加发行人为被告时要移送管辖，主要原因在于：发行人往往最清楚虚假陈述行为的实际情况，为了便于查清虚假陈述的事实，节约诉讼成本，也为了便于判决的执行，故将案件移送。后者不移送的原因在于，追加共同被告非原告自愿，而是法院依职权，故不应将案件管辖结果强行加到原告身上。

但是不移送管辖会造成相同案件多地审理的情况，因此，《九民会议纪要》第78条规定，若存在投资者已经在发行人所在地法院以发行人为被告起诉的，参照共同管辖时的基本原理，后受理投资者以其他虚假陈述行为人为被告的法院应当将案件移送至发行人所在地法院，否则，将造成因同一虚假陈述行为而生的诉讼由多地法院同时审理，影响裁判尺度的统一和当事人诉讼便利。

不过由于《2022年若干规定》并没有保留《2003年若干规定》中的第9条、第10条，故《九民会议纪要》第78条在以后的司法实践中也不应再适用。

（二）代表人诉讼制度

正如《九民会议纪要》第80条所指出的，证券虚假陈述责任纠纷案件审理方式方面，在传统的“一案一立、分别审理”的方式之外，一些人民法院已经进行了将部分案件合并审理、在示范判决基础上委托调解等改革，初步实现了案件审理的集约化和诉讼经济。但是我国《民事诉讼法》规定了代表人诉讼制度，可用于证券虚假陈述责任纠纷上，因此，《九民会议纪要》在第80条、第81条、第82条细化代表人诉讼制度的相关程序规则，意在激活代表人诉讼制度。

首先，人民法院应采用信息化手段推进代表人诉讼制度。即就案件审理中涉及的适格原告范围认定、公告通知方式、投资者权利登记、代表人推选、执行款项的发放等具体工作，积极协调相关部门和有关方面，推动信息技术审判辅助平台和常态化、可持续的工作机制建设，保障投资者便捷、高效、透明和低成本地维护自身合法权益，为构建符合中国国情的证券民事诉讼制度积累审判经验，培养审判队伍。

其次，权利人范围的划定。人民法院决定采用《民事诉讼法》第57条规定的方式审理案件的，在发出公告前，应当先行就被告的行为是否构成虚假陈述，投资者的交易方向与诱多、诱空的虚假陈述是否一致，以及虚假陈述的实施日、揭露日或者更正日等案件基本事实进行审查。这也就是所谓的权利人范围的提前划定，这样的思路在《证券纠纷代表人诉讼规定》第6条中得以延续。

最后，代表人的选定。代表人选定的程序方面，分为人民法院指定、商定两个阶段；代表人选定时考虑的是诉讼请求的典型性和利益诉求的份额。同时，《九民会议纪要》第83条规定，国家设立的投资者保护机构以自己的名义提起诉讼，或者接受投资者的委托指派工作人员或者委托诉讼代理人参与案件审理活动的，人民法院可以商定该机构或者其代理的当事人作为代表人。这样的规则结合了当时的证券法草案，因为当时的证券法草案中曾原则性地规定了“依法设立的投资者保护机构可以作为代表人参加诉讼”，所以，为体现适度的前瞻性，《九民会议纪要》第83条作出了这样的规定。但是，正式通过的《证券法》第95条第3款作出了不同的制度安排，“投资者保护机构受五十名以上投资者委托，可以作为代表人参加诉讼，并为经证券登记结算机构确认的权利人依照前款规定向人民法院登记，但投资者明确表示不愿意参加该诉讼的除外”。[①] 这使得《九民会议纪要》第83条的该规则难以再适用。

但是，上述规则体现的精神依然可以在“示范判决机制”中得以适用。本书前文提及，代表人诉讼制度被《证券法》重构后，示范判决机制仍然有其发挥作用的余地，在选定示范案件时，前述《九民会议纪要》第83条的规则精神可以适用，即由投资者保护机构支持诉讼的案件可以被选定为示范案件。事实上，在司法实践中，投资者保护机构——中证中小投资者服务中心——即采取“支持诉讼＋示范判决”的机制，如在深圳市某建光电股份有限公司证券虚假陈述责任纠纷案件中，中证中小投资者服务中心支持诉讼，2020年12月深圳市中级人民法院即将中证中小投资者服务中心支持诉讼的

---

① 最高人民法院民事审判第二庭：《〈全国法院民商事审判工作会议纪要〉理解与适用》，人民法院出版社2019年版，第446页。

案件选定为示范案件之一。[①]

二、有关实体要件的规则

（一）揭露日和更正日的认定

针对司法实践中揭露日、更正日认定的争议，《九民会议纪要》第 84 条强调两点，一是揭露内容不以“镜像规则”为必要，不要求达到全面、完整、准确的程度，这就为司法实践中立案调查公告之日作为揭露日提供了法律依据，也为更正日的认定提供了法律依据，因为实践中更正的内容与最终行政处罚决定书认定的违法事实并不完全一致；二是股价波动因素在判断揭露日方面有重要作用，也就是市场对揭露的信息存在明显的反应，从司法实践中看，揭露日多伴随着股价的波动。

（二）重大性的认定

针对行政处罚与重大性的关系，司法实践存在分歧，有观点认为虚假陈述行为已被行政处罚，即已经当然说明了虚假陈述行为的重大性，人民法院无须再审查是否具有重大性，“由于虚假陈述具有重大性，信息披露义务人才会被证监会课以行政处罚。因此，行政处罚本身已经能够证明该虚假陈述具有重大性，除非被告推翻行政处罚”；[②] 而也有观点认为，行政处罚与重大性并无关联，如在“马某萍与江苏某利投资控股股份有限公司（以下简称江苏某利控股）证券虚假陈述责任纠纷上诉案”中，法院认为：“虽然四川证监局作出的〔2014〕3 号《行政处罚决定书》认定江苏某利控股在 2012 年度报告中未披露重大关联交易事实，并予以相应行政处罚。但该行为是否属于《2003 年若干规定》第 17 条规定的对于重大事件在披露信息时发生重大遗漏行为，仍需进行司法审查。”“江苏某利控股 2012 年度报告中虽存在违法

---

① 投服中心：《“支持诉讼 + 示范案件”某建光电案一审获深圳中院胜诉判决》，载微信公众号“投服中心”，2021 年 8 月 19 日。

② 樊健：《证券虚假陈述诉讼的新发展及其挑战》，载蒋锋、卢文道主编：《证券法苑》（第二十八卷），法律出版社 2020 年版，第 244 页。

之处，但该行为不属于《2003年若干规定》第17条所规定的对重大事件在披露信息时发生重大遗漏，亦未造成江苏某利控股股票价格和交易量的明显变化，故江苏某利控股的行为不构成证券虚假陈述。”[①] 但是，最高人民法院再审审查认为，“本案中，依据原审查明的事实，2012年，某工公司的控股子公司江苏某良氨纶有限公司（以下简称氨纶公司）与某工公司的关联方江苏某良锅炉有限公司（以下简称锅炉公司）交换承兑汇票1650.83万元，出售承兑汇票给锅炉公司6801.46万元，全年累计与同一关联人进行的有关承兑汇票的关联交易8452.29万元，占江苏某利控股（某工公司）2011年经审计净资产值（165290.07万元）的5.11%。对此，中国证券监督管理委员会四川监管局认为某工公司没有按照《证券法》第63条、第66条和《公开发行证券的公司信息披露内容与格式准则第2号——年度报告的内容与格式》（2012年修订）第31条‘公司应当披露报告期内发生的累计关联交易总额高于3000万元且占公司最近一期经审计净资产值5%以上的重大关联交易事项’之规定，在2012年度报告中予以披露，故对某工公司给予了行政处罚。因此，根据上述法律规定及行政处罚的事实，本案应当认定某工公司构成证券市场虚假陈述”[②]。

《九民会议纪要》第85条将上述裁判思路固定，虚假陈述已经被监管部门行政处罚的，应当认为是具有重大性的违法行为，在案件审理过程中，对于一方提出的监管部门作出处罚决定的行为不具有重大性的抗辩，人民法院不予支持。不过，《2022年若干规定》在重大性方面采取不同的标准，一方面，如果虚假陈述行为属于《证券法》第80条第2款、第81条第2款规定的重大事件的，或者属于监管部门制定的规章和规范性文件中要求披露的重大事件或者重要事项的，即推定具有信息重大性；另一方面，在投资者标准与价格波动标准两种重大性判断标准中，舍弃了《九民会议纪要》第85条“重大性是指可能对投资者进行投资决策具有重要影响的信息”所采取的投资者标准，转而采取价格波动标准。因此，《2022年若干规定》生效后，《九民会

① 江苏省高级人民法院（2016）苏民终732号民事判决书。

② 最高人民法院（2018）最高法民申1738号民事裁定书。

议纪要》第 85 条有关重大性的规则或将不再适用。

第四节
《公司债券管理办法》修订亮点解读

近年来，随着《证券法》的修订以及债券市场监管机关、司法机关相继出台法律法规，我国债券市场法律体系不断完善，债券市场的法治水平不断提升。但由于我国债券市场发展历史较短、发展步伐较快，部分基本法律尚未充分考虑债券的特征，法制短板亟待补齐，2020 年 12 月召开的中央经济工作会议更是特别强调“完善债券市场法制”。2021 年 2 月 26 日，中国证监会发布修订后的《公司债券管理办法》，涉及“落实公开发行债券注册制”“根据《证券法》进行适应性修改”等诸多内容，其中压实发行人及其控股股东、实际控制人以及中介机构责任，是本次修订的重要内容之一。本节拟以此为主题与主线，就《公司债券管理办法》中相关的修改亮点与内容进行分析。

一、压实发行人及其内部人责任：旗帜鲜明地严禁“逃废债”

发行人欺诈发行、信息披露违法违规等行为，基本都是在控股股东、实际控制人以及核心高管人员的操纵下实施的，因此只有在法律层面做到精准打击，才能在根源上遏制损害债券市场中债券持有人利益的行为发生。2020 年 11 月 21 日，国务院金融稳定发展委员会第四十三次会议明确指出，要严厉处罚各种“逃废债”行为，保护投资人合法权益。《公司债券管理办法》第 5 条也增加规定，明确“发行人及其控股股东、实际控制人、董事、监事、高级管理人员不得怠于履行偿债义务或者通过财产转移、关联交易等方式逃废债务，蓄意损害债券持有人权益”。值得一提的是，在 2021 年 3 月 1 日起施行的《刑法修正案（十一）》中，对欺诈发行股票、债券罪以及违规披露、不披露重要信息罪两个罪名增加了控股股东、实际控制人的责任规定，也充分体现了“追首恶”的追责理念。此外，《公司债券管理办法》在以下三个方面注重压实发行人以及内部人责任。

一是“申报即纳入监管”。为适应《证券法》证券发行注册制，《公司债券管理办法》在“公开发行与交易”一章作出不少修改，其中亦有不少强化发行人及其内部人责任的相关制度。如第 18 条明确，发行人及其控股股东、实际控制人、董事、监事、高级管理人员，以及与本次债券公开发行并上市相关的主承销商、证券服务机构及相关责任人员的法律责任，自注册申请文件受理之日始，即所谓“申报即纳入监管”；即便中国证监会作出注册决定以后，根据《公司债券管理办法》第 26 条，发生重大事项的，发行人也应及时向证券交易所报告。

二是限制结构性发债。近年来，一些不具备发债资质的发行人通过直接或者间接认购自己发行的债券，或者购买资管产品平层、劣后级等方式，营造虚假发行的假象，虚增需求，债券票面无法反映发行人真实融资成本以及风险，涉嫌虚假信息披露和欺诈发行。为此，2019 年 12 月 13 日，上海证券交易所发布《关于规范公司债券发行有关事项的通知》（上证发〔2019〕115 号），明确指出：“一、发行人不得在发行环节直接或者间接认购自己发行的债券。债券发行的利率或者价格应当以询价、协议定价等方式确定，发行人不得操纵发行定价、暗箱操作，不得以代持、信托等方式谋取不正当利益或向其他相关利益主体输送利益，不得直接或通过其他利益相关方向参与认购的投资者提供财务资助，不得有其他违反公平竞争、破坏市场秩序等行为。二、发行人的董事、监事、高级管理人员、持股比例超过 5% 的股东及其他关联方参与相关债券认购，属于应披露的重大事项，发行人应当在发行结果公告中就相关认购情况进行披露。三、主承销商在发行结束后应当对本通知第一条及第二条中涉及事项进行充分核查，并在承销总结报告中发表核查意见。四、承销机构及其关联方参与认购其所承销债券的，应当报价公允、程序合规，并在发行业务与投资交易业务之间设立防火墙，实现业务流程和人员设置的有效分离。”2020 年 11 月 18 日银行间交易商协会发布《关于进一步加强债务融资工具发行业务规范有关事项的通知》（中市协发〔2020〕154

号），也明确规定发行人不得在发行环节直接或者间接认购自己发行的债券，如果发行人的董事、监事、高管等关联方参与债券认购的，应当披露相关情况，主承销商亦应当充分核查。《公司债券管理办法》第 45 条第 2 款将上述规则予以体现，一方面严禁发行人自融，另一方面加强对关联方的认购披露。

2021 年 8 月 17 日中国人民银行、国家发改委、财政部、中国银保监会、中国证监会和国家外汇局联合发布《关于推动公司信用类债券市场改革开放高质量发展的指导意见》，也明确指出，要进一步强化对债券募集资金的管理，禁止结构化发债行为，严禁发行人对定价干预。

需要特别说明的是，结构性发债在债券虚假陈述责任纠纷中具有特殊的意义，即在交易因果关系抗辩方面，如果案涉债券发行人采用了结构性发债的方式，就意味着无论发行人的信息披露如何，“债券持有人”均会基于其他目的而购买债券，其并非基于对发行人公开的信息而购买，因此在这个意义上，结构性发债阻却交易因果关系的成立。

三是规范变更募集资金用途的程序。根据修订前的《公司债券管理办法》，债券募集资金必须用于核准或者约定用途，禁止改变募集资金用途。《证券法》第 15 条第 2 款允许募集资金用途的改变，但必须经债券持有人会议决议。《公司债券管理办法》第 13 条也根据《证券法》第 15 条的规则作出相应修改，同时明确，改变资金用途应当履行募集说明书约定的程序。而发行人改变资金用途的行为更会触发《公司债券管理办法》第 15 条禁止再次发债的条件。上述规则的修改能够有效抑制发行人随意改变募集资金用途的违规行为，将改变资金用途的权力交由债券持有人，也有利于根据发行人经营状况和外部环境变化调整资金用途，使直接融资发挥其应有的作用。

二、压实债券受托管理人责任：职责权限更为精准

债券受托管理人制度是解决债券投资者集体决策难题和降低交易成本的独特制度，《证券法》第 92 条特别强调，债券受托管理人应当勤勉尽责，公正履行受托管理职责，不得损害债券持有人利益。2020 年最高人民法院印发《债券会议纪要》第 25 条明确了债券受托管理人的民事责任，即债券受托管理人未能勤勉尽责公正履行受托管理职责，损害债券持有人合法利益的，债

券受托管理人应承担赔偿责任。本次《公司债券管理办法》在压实债券受托管理人责任方面，主要是通过对条文的修改、增加与完善，使债券受托管理人的责任更为清晰。

一是最大限度发挥债券受托管理人制度的优势。《证券法》第92条明确，“公开发行公司债券的，发行人应当为债券持有人聘请债券受托管理人，并订立债券受托管理协议”，这为公开发行债券的发行人设置了法定义务，《公司债券管理办法》第57条也作出相应要求。对于非公开发行公司债券的，《证券法》未明确受托管理如何操作，故《公司债券管理办法》第57条亦增加“非公开发行公司债券的，发行人应当在募集说明书中约定债券受托管理事项”的规定，要求发行人通过约定的方式明确聘请受托管理人的相关事项。

二是精准扩张债券受托管理人职责权限。《公司债券管理办法》第59条就债券受托管理人的职责权限作出修订，明确债券受托管理人的职责源于“规定或者约定”，也就是说，除了中国证监会监管规则、交易所规则、执业准则等相关规定外，募集说明书的约定以及债券持有人会议决议内容也是债券受托管理人的职责与权限来源。这一修改反映了债券作为有价证券以及债券发行、交易所具有的民商法属性，也有利于根据具体情况调整债券受托管理人的职责，以使受托管理人精准履责。

三是消弭债券受托管理人履责的争议。根据修订前的《公司债券管理办法》，债券受托管理人采取司法措施、发动司法程序维护持有人权益的事由为“发行人不能偿还债务”，《证券法》第92条第3款也规定的是“债券发行人未能按期兑付债券本息的”，债券受托管理人可以接受全部或者部分债券持有人的委托，以自己的名义代表债券持有人提起、参加民事诉讼或者清算程序。但是本息兑付方面的违约只是通常情形，对于违反债务约束条款、预期违约等情形是否也可以参考适用，引发疑问。而《公司债券管理办法》第59条第8项在原规定的基础上，增加了“募集说明书约定的其他违约事件”作为债券受托管理人启动司法程序的事由，消弭了《证券法》第92条第3款的表述所带来的一些争议。

四是明晰债券受托管理人在增信措施方面的职责。基于交易便捷以及债券流通的便利，在债券发行的担保设定中，往往由债券受托管理人取得担保物权，为债券持有人统一持有。但是这也导致了债权人与担保权人的分离，对于究竟是债券持有人还是受托管理人有权主张行使担保物权，司法裁判实践存在分歧，《债券会议纪要》第 18 条明确债券受托管理人可以主张行使担保物权，但人民法院应在判决主文中明确由此所得权益归属于债券持有人。可以看到，《债券会议纪要》的上述规则在《公司债券管理办法》第 59 条第 8 项得以体现，《公司债券管理办法》第 59 条第 8 项增加了债券受托管理人可以“代表债券持有人申请处置抵质押物”的规则，使得债券受托管理人在处置担保物方面的职责更加明确。《公司债券管理办法》第 59 条第 7 项还删除了原规定关于“担保财产为信托财产”的表述，并将“在担保期间妥善保管”修改为“在增信措施有效期内妥善保管”，这样的表述也更为准确。因为担保方式可以分为“人的担保”与“物的担保”，前者体现为保证、差额补足、流动性支持等，后者体现为抵押、质押等，在实践中一般统称为增信措施，而“担保财产为信托财产”的表述仅仅指向的是物的担保（如抵押），并不全面。同时，删除“担保财产为信托财产”的表述也避免了由此引发的相关理论争议，但尽管如此，在法理上对附担保公司债券中担保物权的解释，仍然应依托信托法理论。

三、压实中介机构责任：监管与司法的趋同

证券市场中介机构发挥着“看门人”角色，随着近年来刚性兑付的打破，债券发行人兑付的危机日趋明显，仅仅是发行人本身可能已经无法偿付投资者的债券本息，加之《证券法》第 85 条、第 163 条所规定的中介机构连带责任，债券持有人以侵权损害赔偿请求权作为请求权基础、以证券虚假陈述责任纠纷为案由提起民事诉讼，并请求中介机构承担责任的案件逐渐增多。《债券会议纪要》为债券承销机构责任的认定提供了规则依据，《公司债券管理办法》在中介机构勤勉尽责方面的规则，与《债券会议纪要》基本一致，体现了当前金融监管规则与金融司法裁判规则的趋同，有利于就中介机构责任认定达成更多共识。

一是明确债券承销机构尽职调查标准。《债券会议纪要》第 29 条从正面

规定了人民法院认定承销机构具有过错的标准，第 30 条规定了免责事由，这些规定主要参考了中国证券业协会《公司债券承销业务尽职调查指引》、中国银行间市场交易商协会《非金融企业债务融资工具主承销商尽职调查指引》（中国银行间市场交易商协会公告〔2020〕32 号）等相关的行业规范与自律规范，为裁判者认定承销机构的过错以及承销机构抗辩提供了指引。其中第 29 条第 2 项提出了承销机构尽职调查工作中的三个重要原则，即“合理性、必要性和重要性”，同时特别强调了尽职调查的程序性原则，不得随意改变计划与省略步骤。上述规则与《公司债券管理办法》新增的第 41 条第 1 款主承销商的尽职调查原则完全一致。

《债券会议纪要》第 29 条第 4 项要求承销机构对相关债券服务机构出具专业意见的重要内容进行审慎核查并进行必要的调查、复核工作，这也就意味着承销机构对于其他专业意见不得不加辨别地予以引用。相应地，《债券会议纪要》第 30 条第 3 项规定，承销机构在履行了审慎核查和必要的调查、复核工作的基础上，排除了原先的合理怀疑，即可认定承销机构无过错。而对于没有专业机构专业意见支持的重要内容，《债券会议纪要》第 30 条第 2 项要求承销机构进行尽职调查和独立判断，并有合理理由相信部分信息披露内容与真实情况相符。对比上述规则可以发现，对于有其他债券服务机构意见支持的内容，适用更低的信赖标准，承销机构排除合理怀疑即可；而对于没有债券服务机构意见支持的内容，要求有理由相信，承销机构的核查负担更重。这也意味着在诉讼中承销机构举证责任负担的不同。《公司债券管理办法》第 41 条第 2 款的新增规则与《债券会议纪要》的上述规则亦完全一致。

二是明确债券服务机构权责范围。尽管《证券法》第 163 条明确规定债券服务机构的责任类型为连带责任，但是《债券会议纪要》规定，债券服务机构对各自专业相关的业务事项履行特别注意义务，对其他业务事项履行普通注意义务，在责任承担方式上应“区分故意、过失等不同情况，分别确定其应当承担的法律责任”。《债券会议纪要》的规则完全体现在了《公司债券管理办法》第 49 条第 3 款，“证券服务机构及其相关执业人员应当对与本专业相关的业务事项履行特别注意义务，对其他业务事项履行普通注意义务，并承担相应法律责任”，进一步体现了“过错与责任相匹配”的理念。《公司债券管理办法》第 49 条第 2 款明确，债券服务机构应当遵守“法律法规、中国证监会制定的监管规则、执业准则、职业道德守则、证券交易场所制定的业务规则及其他相关规定”，这就意味着债券服务机构如违反上述规则体系所构建的义务与责任，会被判定具有过错。

第五节

《2022 年若干规定》中的三条主线

2022 年 1 月 21 日，最高人民法院发布了《2022 年若干规定》，同时废止了施行近 20 年的《2003 年若干规定》，其中诸多新规则将会对证券虚假陈述责任纠纷案件的司法审理乃至资本市场产生巨大影响。本书认为，在新的司法解释中，主要贯彻着三条主线，分别是“构建前置程序取消后的配套规则”“构建更为科学合理的责任构成要件”“构建司法与监管的协同机制”。虽然其中一些内容只涉及股票的证券虚假陈述，但是仍然具有重要的意义。

一、构建前置程序取消后的配套规则

证券虚假陈述责任纠纷的前置程序问题，一直以来都是理论与实践争议的焦点，近年来从最高人民法院的司法文件看，证券虚假陈述前置程序的规则逐渐发生松动。本次司法解释正式将《2003 年若干规定》确立的前置程序废除。前置程序的重要性在于，其与证券虚假陈述责任的诸多法律要件相关，包括但不限于案件受理条件、信息重大性判断、实施日认定、诉讼时效认定等，是相关法律制度的“基石”与规则的逻辑起点，因此，《2022 年若干规定》废除前置程序后，必须构建相应的配套制度，使得没有前置程序的证券虚假陈述责任纠纷案件审理更为顺畅。对此，《2022 年若干规定》主要在起诉条

件、实施日认定、重大性判断、诉讼时效认定四个方面作出配套规则。[①]

二、构建更为科学合理的责任构成要件

股票与债券不同，后者中投资者不仅可以基于契约关系向发行人提出合同责任的请求，还可以基于信息披露义务人的虚假陈述行为提出侵权责任的请求，即提起证券虚假陈述责任纠纷之诉。理论上，侵权责任的构成要件大抵包括加害行为、过错、因果关系、损失等，司法解释结合民法典、侵权责任一般原理以及既有的司法实践，在证券虚假陈述责任的构成要件方面作进一步优化。

（一）因果关系认定

第一，区分交易因果关系与损失因果关系。司法解释在侵权责任因果关系上区分了交易因果关系（第 12 条）与损失因果关系（第 31 条），这两种因果关系在理论上也被称为“责任成立的因果关系”与“责任范围的因果关系”，前者是指加害行为与权益遭受侵害之间的关联，也就是说只有加害行为与权益被侵害的结果存在关联时，侵权责任方可能成立，解决的是侵权责任是否成立的问题；后者指权益受侵害与损害之间的因果关联，是在侵权责任成立后用来确定损害赔偿范围的因果关系。《2003 年若干规定》第 19 条并没有区分损失因果关系与交易因果关系，失之精确，不过裁判实践中已经有不少法院进行了区分，其区分在民事诉讼中的意义在于举证责任的不同。

第二，交易因果关系类型上更为精准。司法解释第 12 条将《2003 年若干规定》第 19 条第 3 项的投资者明知修改为“知道或者应该知道”，用“证券违法行为”替代《2003 年若干规定》第 19 条第 5 项的“恶意投资、操纵证券市场价格”，拓宽了信息披露义务人的抗辩事由。较为重要的是新增“交易行为系受到实施日之后的其他重大事件影响”这一交易因果关系除外情

---

① 对此，本书作者在第七章第四节“证券虚假陈述纠纷前置程序的存废争议”中已作出详细阐述，此处不作详述。

形，如在过往司法实践的“某大医药案”中，法院认为，姜某买入股票时间主要在某大医药公司证券虚假陈述实施日一年后即2014年下半年“牛市”开始后，也表明了姜某的投资行为未受该代持事项影响，与某大医药公司的信息披露违法行为无关，股份代持事项与姜某投资交易行为没有因果关系。[①]

第三，重构损失因果关系的抗辩事由。《2003年若干规定》第19条第4项只有“证券市场系统风险等其他因素”这一损失因果关系的抗辩事由，失之狭窄，对于“等”字，司法实践一般不对其作扩大解释。新司法解释第31条增加了抗辩事由，包括“他人操纵证券市场”“证券市场的风险”“证券市场对特定事件的过度反应”“上市公司内外部经营环境”等。值得注意的是，其一，“上市公司内外部经营环境”对于债券虚假陈述案件尤为关键，债券发行人的偿付能力受经济形势、经济政策、行业发展等因素的影响较大，不过，若债券为欺诈发行，这一抗辩事由作用发挥的意义有限；其二，除了《2022年若干规定》第31条所确立的前述损失因果关系抗辩事由外，《债券会议纪要》第24条第4款所规定的市场无风险利率水平变化（以同期限国债利率为参考）、政策风险作为抗辩事由也仍然可以适用。

（二）过错认定

侵权责任法理论上的过错层次包括故意、重大过失、一般过失等，《2022年若干规定》第13条明确了证券虚假陈述责任中的过错只有故意与重大过失，一般过失并不具有法律责任上的意义。《2003年若干规定》基本缺失有关信息披露义务人过错认定的规则，《2022年若干规定》完善了责任主体的过错认定体系。

第一，延续既有规定。司法解释不少规定延续了《债券会议纪要》的规则精神，比如对于发行人内部责任人的过错认定（第14条）延续《债券会议纪要》第28条；保荐机构、承销机构的过错认定（第17条）、证券服务机构的过错认定（第18条）延续《债券会议纪要》第30条、第31条，不过《2022年若干规定》第17条并未保留《债券会议纪要》第30条第4项“尽职调查

① 重庆市高级人民法院（2019）渝民终343号民事判决书。

工作虽然存在瑕疵，但即使完整履行了相关程序也难以发现信息披露文件存在虚假记载”这一抗辩事由。对于会计师事务所的过错认定与免责，第 19 条也基本延续了《会计师事务所侵权司法解释》第 7 条的规定。

第二，新增独立董事过错认定规则。除了延续既有规定精神之外，《2022 年若干规定》特别对独立董事的过错认定与免责抗辩事由进行了规定，回应了“康美药业案”以来社会各界对于独立董事责任的关切。

第三，为软化连带责任提供空间。虽然《2022 年若干规定》并没有明确信息披露义务人与其他责任主体之间是否构成“比例连带责任”或者“按份责任”“补充责任”等，但是上述有关过错认定的规则为“软化”或者说解释《证券法》第 85 条、第 163 条的连带责任制度留下了空间。尤其是在会计师事务所责任方面，《2022 年若干规定》并没有完全废止《会计师事务所侵权司法解释》，只是明确旧法与新法不一致的，以新法为准，这就意味着《会计师事务所侵权司法解释》第 10 条等有关补充责任、不实审计金额范围内承担责任等规定仍然可以适用；而且 2021 年《注册会计师法修订草案（征求意见稿）》第 89 条指出，会计师事务所过失情形下应承担补充责任，因此，未来立法可能会突破《证券法》的连带责任。

需要指出的是，在《证券法》第 85 条、第 163 条之下，证券虚假陈述责任中的相关责任主体在归责原则上为无过错责任或者过错推定责任，也就意味着投资者无须举证证明相关责任主体具有过错，《2022 年若干规定》相关过错认定规则仅是在责任主体抗辩时，人民法院审查其抗辩是否成立的法律依据。

（三）损失认定

第一，基准日的认定更为科学合理。《2003 年若干规定》中对基准日的确定标准是累计成交量达到可流通部分的 100% 之日，如果开庭前未确定的，以第 30 个交易日为基准日。不过在司法实践中，即便一些案件中证券累计成交量达到了可流通部分的 100%，法院仍然有可能认定揭露日后第 30 个交易日为基准日。《2022 年若干规定》第 26 条对于基准日的认定规定更加科学，首先，如果证券累计成交量达到可流通部分的 100% 是在揭露日或更正日之后的 10 个交易日内，则直接以第 10 个交易日为基准日，避免了当事人之间对“累计成交量达到可流通部分的 100% 之日”的争议，30 个交易日内换手率没有达到 100% 的，则以第 30 个交易日为基准日，因此基准日会固定在揭露日或者更正日后 10 个交易日至 30 个交易日，使得法律所拟制的基准价相对真实客观。其次，如果出现基准日难以确定的情形，司法也可以根据有专门知识的人的专业意见，参考对相关行业进行投资时通常的估值方式确定，给司法更多的灵活性。

第二，增加诱空型虚假陈述。《2003 年若干规定》以诱多型虚假陈述为模型构建规则，不过，近年来，诱空型虚假陈述在证券市场以及司法实践中并不鲜见，诱空型虚假陈述的主要表现是持股人未按照规定披露大额持股信息、上市公司隐瞒或者推迟披露利好消息。裁判实践中，人民法院多依据“欺诈市场理论”比照诱多型虚假陈述的规则进行裁判，典型如“彩虹精化案”，人民法院对于诱空型虚假陈述因果关系和投资差额损失计算进行了探索。[①]《2022 年若干规定》对于诱空型虚假陈述的规制体现在两个方面，一方面是在交易因果关系上，明确指出诱空型虚假陈述中，虚假陈述实施日之后、揭露日或者更正日之前卖出了相关证券的，具有交易因果关系；另一方面在投资差额损失的计算方式上，诱空型虚假陈述的损失计算以投资者在基准日前是否买回股票为区分标准，揭露日至基准日期间买回证券的，投资差额损失为（买回平均价 – 卖出平均价）× 买回股票数；揭露日至基准日期间未买回的证券，投资差额损失为（基准价 – 卖出平均价）× 未买回股票数（第 28 条）。

（四）责任承担方式

证券虚假陈述责任在责任类型上属于侵权责任，而且基本属于“多数人侵权”，故除非例外情况或特别规定，规则适用上应遵循《民法典》侵权责任编有关多数人侵权的规则，《2022 年若干规定》也根据《民法典》侵权责任编有关多数人侵权的规则进行了补充完善。

第一，连带责任的内部追偿与分担。由于《证券法》第 85 条、第 163

---

① 广东省高级人民法院（2015）粤高法民二终字第 1058 号民事判决书。

条仅规定了违反信息披露所产生的连带责任，故司法解释也仅仅可以针对连带责任进行规则的补充完善。如第23条明确指出，连带责任当事人之间的分担与追偿，依照《民法典》第178条确定。对于连带责任的内部分担，依据当事人意思自治，原则上当事人可作约定，不过司法解释第23条第2款对保荐机构、承销机构等责任主体与发行人等主体之间的补偿条款作出了限制，即司法裁判并不认可此种约定的有效性。值得注意的是，尽管《证券法》第85条、第163条规定了违反信息披露所产生的连带责任，不过当前司法实践仍有突破连带责任的案件，分别出现了“比例连带责任”（“中安消案”）①与“补充责任”（“保千里案”）②的承担方式，对于这种情形下各责任主体之间如何追偿与执行，当下尚无定论。除了补充责任时，承担补充责任人在执行顺位上处于后位之外，其他有关追偿与执行的问题有待理论与实践进一步探索。

第二，帮助、教唆的侵权责任。财务造假等虚假陈述行为多有“帮凶”，此时属于多数人侵权的范畴。在多数人侵权方面，除了二人以上共同实施侵权行为应承担连带责任之外，《民法典》第1169条还规定了帮助、教唆侵权时的连带责任。《2022年若干规定》第22条即为客户、供应商、金融机构帮助侵权时与发行人承担连带责任的规则，不过，其中并没有直接提及上位法依据《民法典》第1169条，也没有提及连带责任，这也为今后司法实践对连带责任的灵活认定提供了空间。

第三，重组交易对方的责任。在重大资产重组交易中，虚假陈述行为的发生有时并非信息披露义务人自身造成的，而是重组的交易对方所提供的信息不实，进而导致信息披露义务人出现虚假记载、误导性陈述或者重大遗漏，此时信息披露义务人、重组交易对方是否承担责任、如何承担责任存在一定争议。如在“某南证券股份有限公司、刘某等证券虚假陈述责任纠纷案”中，作为信息披露义务人的某重股份主张其并非财务造假方，反而是某好集团财

---

① 上海市高级人民法院（2020）沪民终666号民事判决书。

② 深圳市中级人民法院（2019）粤03民初1078、1079、1679-1682、1684、1685、1687-1698、1700、1834-1837、1840-1843、1845-1847号民事判决书。

务造假和中介机构未勤勉尽责的受害者，其不应承担赔偿责任，不过这种观点并未被法院接受。[①]《2022年若干规定》第21条也将上述裁判思路予以固定。

三、构建司法与监管的协同机制

证券纠纷的化解需要监管机关与司法机关的合力。近年来，金融监管与司法审判之间的“互动关系”成为理论与实践的热点，一方面，司法裁判结论的价值判断结论回应了金融监管要求，助力金融监管机关依法行政；另一方面，金融监管规则也积极回应司法所确立的规则。《2022年若干规定》有关司法与监管协同也体现为两个方面。

第一，证券虚假陈述责任的构成要件认定上，司法需要更多关注金融监管规则。其一，在虚假陈述行为的认定方面，除了根据法律、行政法规之外，还需要依据监管部门制定的规章和规范性文件有关信息披露的规定（第4条），而《2003年若干规定》第17条认定虚假陈述行为的依据仅有“证券法律规定”；其二，在信息披露义务人披露的预测性信息与实际经营状况是否有重大差异，需要遵循监管部门（包括证券交易场所）的相关规定（第6条）；其三，在揭露日的认定上，司法解释采取了定义加列举的方式，并推定监管部门的立案调查公告之日和交易场所自律管理措施公告之日为揭露日（第8条），足见监管机关依法行政在司法上的重要影响；其四，在重大性的认定上，如果虚假陈述的内容属于监管部门制定的规章和规范性文件中要求披露的重大事件或者重要事项，则此时可径直推定虚假陈述行为具有重大性（第10条）；其五，保荐机构、承销机构的过错认定（第17条）以及证券服务机构的过错认定（第18条）等方面，都需要参考监管部门制定的规章和规范性文件中有关尽职调查的工作内容。

第二，与司法解释一同发布的最高人民法院、中国证监会《关于适用〈最高人民法院关于审理证券市场虚假陈述侵权民事赔偿案件的若干规定〉有关问题的通知》更是直接体现司法与监管的协同。该通知主要解决的是前置程序取消后，监管机关应如何配合人民法院审理证券虚假陈述责任纠纷案件，

---

① 辽宁省高级人民法院（2021）辽民终1144号民事判决书。

其中确立了四项协同机制。其一，“通报机制”，即人民法院一旦受理证券虚假陈述责任纠纷案件，即应向监管机关通报，这是司法与监管开展协同工作的前提；其二，“取证机制”，过往司法实践中，人民法院并没有认定证券虚假陈述行为的经验，前置程序废除后，为便利人民法院审理案件，人民法院可依照《民事诉讼法》及司法解释有关规定，向监管部门调查取证，监管部门应依法依规协助配合；其三，“咨询机制”，即人民法院可以就证券虚假陈述责任中的相关法律问题，征求包括监管机关在内的行业单位意见，并且征求意见的时间不计入人民法院审理期限，缓解了人民法院审理案件的难度与压力；其四，“推荐机制”，即监管机关可向人民法院推荐专家、专业人士担任人民陪审员，以充分发挥监管机关在证券监管方面的资源优势。

后　记

本书内容是我在 2015 年至 2021 年间从事公司债券交易纠纷、证券虚假陈述责任纠纷审判工作中的一些思考，其中诸多观点的形成，受益于众多既有文献、裁判案例以及与同事的讨论，在此一并表示感谢。我对债券纠纷法律问题的部分思考曾经在一些期刊、报纸、微信公众号等平台发表，感谢这些平台与编辑的厚爱、支持与肯定。特别感谢本书的编辑王佩琳女士为本书的出版竭尽心力，其专业、严谨的态度令人钦佩。债券纠纷中的法律问题很多，本书只是从民商事司法的角度、采用私法的分析方法，阐述了其中有限的一些问题，敬请理论家与实务家批评指正。

曹明哲

2022 年 2 月 7 日于石景山路 16 号

图书在版编目 (CIP) 数据

债券纠纷司法实务精解 / 曹明哲著 .—北京：中国法制出版社，2022.7

ISBN 978-7-5216-2676-6

Ⅰ. ①债… Ⅱ. ①曹… Ⅲ. ①债券市场—经济纠纷—研究—中国 Ⅳ. ① D922.280.4

中国版本图书馆 CIP 数据核字（2022）第 076235 号

策划编辑：王佩琳（wangpeilin@zgfzs.com）
责任编辑：秦智贤（qinzhixian@zgfzs.com） 封面设计：杨泽江

债券纠纷司法实务精解
ZHAIQUAN JIUFEN SIFA SHIWU JINGJIE

著者 / 曹明哲
经销 / 新华书店
印刷 / 三河市国英印务有限公司
开本 / 710 毫米 ×1000 毫米 16 开 印张 / 23.5 字数 / 360 千
版次 / 2022 年 7 月第 1 版 2022 年 7 月第 1 次印刷

中国法制出版社出版
书号 ISBN 978-7-5216-2676-6 定价：85.00 元

北京市西城区西便门西里甲 16 号西便门办公区
邮政编码：100053 传真：010-63141600
网址：http://www.zgfzs.com **编辑部电话：010-63141798**
市场营销部电话：010-63141612 **印务部电话：010-63141606**
（如有印装质量问题，请与本社印务部联系。）